21世纪经济管理新形态教材·会计学系列

高级财务会计
（第2版）

田翠香 ◎ 编 著

清华大学出版社
北京

内容简介

高级财务会计是对中级财务会计知识的延伸学习,侧重于解决专门性、特殊性和综合性的会计问题。本书是在第 1 版《高级财务会计》及《高级财务会计学习指导与训练》的基础上修改编撰而成,包括或有事项、外币折算、所得税、会计调整事项、企业合并、合并财务报表、衍生金融工具与薪酬性股票期权、债务重组、政府补助和租赁等内容。本书注重理论讲解与实务操作相结合,引入上市公司实例,配有大量训练题目,有助于学生深入理解和熟练掌握高级财务会计的各类重要知识点。本书适当引入思政元素和国际元素,以引导正确的职业理念并力求拓宽学生的视野。

本书封面贴有清华大学出版社防伪标签,无标签者不得销售。

版权所有,侵权必究。举报:010-62782989,beiqinquan@tup.tsinghua.edu.cn。

图书在版编目(CIP)数据

高级财务会计 / 田翠香编著. —2 版. —北京:清华大学出版社,2022.9(2023.8 重印)
21 世纪经济管理新形态教材. 会计学系列
ISBN 978-7-302-61805-8

Ⅰ.①高… Ⅱ.①田… Ⅲ.①财务会计-高等学校-教材 Ⅳ.① F234.4

中国版本图书馆 CIP 数据核字 (2022) 第 165153 号

责任编辑:刘志彬
封面设计:汉风唐韵
版式设计:方加青
责任校对:王荣静
责任印制:杨 艳

出版发行:清华大学出版社
网 址:http://www.tup.com.cn,http://www.wqbook.com
地 址:北京清华大学学研大厦 A 座　　邮 编:100084
社 总 机:010-83470000　　邮 购:010-62786544
投稿与读者服务:010-62776969,c-service@tup.tsinghua.edu.cn
质 量 反 馈:010-62772015,zhiliang@tup.tsinghua.edu.cn

印 装 者:北京鑫海金澳胶印有限公司
经　　销:全国新华书店
开　　本:185mm×260mm　　印　张:18.25　　字　数:405 千字
版　　次:2019 年 6 月第 1 版　2022 年 9 月第 2 版　印　次:2023 年 8 月第 2 次印刷
定　　价:55.00 元

产品编号:095601-01

随着我国会计准则体系的不断完善,培养熟悉会计准则体系、能熟练运用具体会计准则解决实际会计问题的高级会计人才迫在眉睫。作为会计学专业的主干课程,高级财务会计课程日益受到重视。高级财务会计对于学生综合利用专业知识解决专门性的实际问题的要求比较高。现有教材和教辅大多存在以下问题:第一,拘泥于会计准则条文,就实务论实务,缺乏理论依据,不利于学生在理解的基础上记忆和应用;第二,知识点难易程度没有有效区分,不能很好地体现学习循序渐进、由易至难的规律;第三,不具有前瞻性,部分内容有过时的现象。

学者们对于高级财务会计的内涵与外延有着不同的见解,主要观点有三种:第一,高级财务会计是针对专门的会计领域和比较深奥的会计专题所展开的论述,内容上应包括所得税会计、外币折算、企业合并、合并财务报表、股份支付、衍生金融工具和租赁等;第二,高级财务会计是一般会计业务以外的特殊业务会计,如分店经营、合伙会计、商誉会计、政府与非营利组织会计、遗产与信托会计等;第三,高级财务会计是对传统会计理论和方法的突破,会计主体、持续经营、会计分期和货币计量这四项基本假设被赋予了新的内涵,体现了较前沿的研究领域,如清算重整会计、物价变动会计、互联网会计、环境会计和人力资源会计等。

从目前已经出版的与高级财务会计相关的教材来看,所包含的章节虽各有不同,但基本上都是围绕已发布的具体会计准则展开,其中具有较高重合度的章目有企业合并、合并财务报表、外币折算、租赁、衍生金融工具、所得税、清算重整和会计调整等。

本书认为,高级财务会计是中级财务会计的延伸和深化,相对于中级财务会计,它有以下特点:①不是对会计要素的有序展开,而是由一个个专题构成,它既包括专门业务,也包括特殊业务。由于企业的经营业务有所不同,对一个企业而言属于特殊业务,对另外的企业可能就不属于特殊业务。例如,对于以租赁为主业的企业而言,租赁便属于日常业务；对于跨国公司而言，外币折算只是寻常业务。正是由于高级财务会计由专题构成，所以很难有严密的知识体系和统一的内容框架。②在难度和深度上，通常会高于中级财务会计。大部分专题，所涉及的会计要素较多，如所得税会计，同时涉及资产、负债、收入、费用和所有者权益等要素；有的专题则涉及账簿记录、报表列报和附注说明等会计循环全过程，以及不同期间的报表调整，如会计政策变更、前期差错更正和资产负债表日后事项等；有的跨越单一会计主体，如企业合并和合并财务报表。

与第1版相比，本版教材在章节内容上做了适当调整：第一，改变上篇和下篇的划分，统一安排各章内容体系。第二，对部分章节进行了整合，将"会计政策、会计估计变更和差错更正"与"资产负债表日后事项"合为一章，修改为"会计变更、前期差错更正和日后事项"；将"金融工具和套期会计"和"股份支付"两章中与衍生金融工具相关的内容，合并为"衍生金融工具与薪酬性股票期权"；删除了不属于专门业务的"公允价值计量"一章，相关内容体现于其他有关章节中。第三，将上市公司实例进行了更新和修改，并将其作为引入案例、习题或案例探讨资料。

本书的章节安排及对应的会计准则编号如下表所示：

章　次	内　容	对应的企业会计准则
第一章	或有事项	CAS 13
第二章	外币折算	CAS 19
第三章	所得税	CAS 18
第四章	会计变更、前期差错更正和日后事项	CAS 28、29
第五章	企业合并	CAS 20
第六章	合并财务报表	CAS 33
第七章	衍生金融工具与薪酬性股票期权	CAS 11、22、24
第八章	债务重组	CAS 12
第九章	政府补助	CAS 16
第十章	租赁	CAS 21

本书的特色体现在以下方面：第一，选取实务中较为常见的会计事项和热点问题构建章节内容，使学生在熟悉初级、中级财务会计相关知识的基础上，掌握常见会计专门业务的处理技能，提升学生解决会计实际问题的综合能力。第二，理论结合实际，图文并茂，力求将晦涩和枯燥的知识点进行通俗式讲解。书中多处融入上市公司实例，并配有大量的训练题目，其中客观测试题和扩展阅读资料以二维码形式呈现，方便学生进行自测和自习。第三，结合有关思政元素，将思政内容有机融入教材，使学生在掌握知识的同时，体会职业道德精神和理念，从而达到全面育人的目的。第四，为了适应会计准则不断修订的现状，培养学生国际视野，在本书中适当介绍了国际会计准则的相关内容及发展趋势。

本书旨在辅助会计学高年级本科生系统学习高级财务会计相关知识，也适合研究生学习，可为学生参加注册会计师考试奠定基础。本书是北方工业大学会计学国家级一流本科专业建设点的建设成果，本书的出版得到北方工业大学经济管理学院学科建设经费资助，在此深表感谢！成书过程中，经管学院和会计系的领导给予了大力支持，李宜老师参与了本书第 1 版的撰写工作，为"企业合并""合并财务报表"两章提供了大量的资料，王丽新老师等其他会计系老师也给予了很多帮助，在此一并致谢！书中多有不足之处，敬请批评指正！

编者

2022 年 5 月

目录

第一章 或有事项 ·· 1
- 第一节 或有事项概述 ··· 1
- 第二节 或有事项的确认和计量 ··· 5
- 第三节 或有事项会计的具体应用 ··· 11
- 第四节 或有事项的列报与信息披露 ·· 19
- 【案例讨论】 ·· 20
- 【业务训练题】 ··· 21

第二章 外币折算 ··· 25
- 第一节 外币折算概述 ·· 25
- 第二节 外币交易的会计处理 ··· 30
- 第三节 外币财务报表折算 ·· 38
- 【案例讨论】 ·· 43
- 【业务训练题】 ··· 44

第三章 所得税 ·· 47
- 第一节 所得税会计概述 ··· 47
- 第二节 资产、负债的计税基础及暂时性差异 ······························· 51
- 第三节 递延所得税的确认和计量 ··· 62
- 第四节 所得税费用的确认和计量 ··· 70
- 【案例讨论】 ·· 79
- 【业务训练题】 ··· 80

第四章 会计变更、前期差错更正和日后事项 ········ 83

- 第一节 会计政策及其变更 ········ 83
- 第二节 会计估计及其变更 ········ 97
- 第三节 前期差错及其更正 ········ 105
- 第四节 资产负债表日后事项 ········ 112
- 【案例讨论】········ 127
- 【业务训练题】········ 131

第五章 企业合并 ········ 135

- 第一节 企业合并概述 ········ 135
- 第二节 同一控制下的企业合并 ········ 141
- 第三节 非同一控制下的企业合并 ········ 150
- 【案例讨论】········ 157
- 【业务训练题】········ 158

第六章 合并财务报表 ········ 161

- 第一节 合并财务报表概述 ········ 161
- 第二节 股权取得日合并财务报表的编制 ········ 174
- 第三节 股权取得日后投资相关合并处理 ········ 183
- 第四节 内部商品交易和债权债务的抵销处理 ········ 199
- 第五节 内部固定资产交易和无形资产交易的抵销处理 ········ 206
- 第六节 所得税相关合并抵销处理 ········ 210
- 第七节 合并现金流量表的编制 ········ 213
- 【案例讨论】········ 218
- 【业务训练题】········ 220

第七章 衍生金融工具与薪酬性股票期权 ········ 224

- 第一节 衍生金融工具概述 ········ 224
- 第二节 套期会计 ········ 229
- 第三节 薪酬性股票期权 ········ 236
- 【案例讨论】········ 242
- 【业务训练题】········ 243

第八章 债务重组 ··· 245
第一节 债务重组概述 ··· 245
第二节 债务重组的会计处理 ··· 248
【案例讨论】 ··· 255
【业务训练题】 ··· 256

第九章 政府补助 ··· 258
第一节 政府补助概述 ··· 258
第二节 政府补助的会计处理 ··· 261
第三节 政府补助的列报 ··· 266
【案例讨论】 ··· 267
【业务训练题】 ··· 268

第十章 租赁 ··· 269
第一节 租赁概述 ··· 269
第二节 承租人的会计处理 ··· 272
第三节 出租人的会计处理 ··· 275
第四节 租赁的列报和信息披露 ··· 277
【案例讨论】 ··· 278
【业务训练题】 ··· 278

参考文献 ··· 279
附录 ··· 281

第一章 或有事项

【本章导读】

企业在其生产经营过程中,经常会面临一些不确定性事件(即或有事项),这些事件可能对企业的经营活动产生不利(少数情况下有利)的影响。本章在界定或有事项概念和特征的基础上,对或有资产、或有负债和预计负债等概念进行辨析,重点讲述因或有事项确认负债和资产的条件,以及未决诉讼或未决仲裁、债务担保、产品质量保证、亏损合同、重组业务等常见或有事项的会计处理方法。最后,概要讲述或有事项相关信息披露要求。

【内容框架】

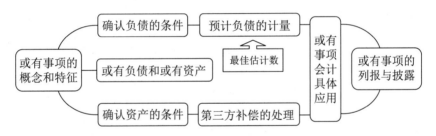

在市场经济中,企业生产经营活动面临着种种不确定性。或有事项作为一种普遍的经济现象,对企业的财务状况和经济成果产生较大的影响。企业现有或有事项的性质、金额及其影响,成为信息使用者关注的重要信息。我国《企业会计准则第13号——或有事项》于2000年制定、2006年修订,旨在规范或有事项相关预计负债的确认和计量,以及或有负债及或有资产等相关信息的披露。

第一节 或有事项概述

【引例】 东方公司的未决诉讼事项。东方公司于20×4年4月收到湖南省岳阳市云溪区人民法院的执行裁定书,裁定东方公司等四家公司因出资不实对被执行人西北亚奥公司1 500万元债务负连带清偿责任。20×4年7月,四家公司向岳阳市中院提交复议申请。同年9月,在岳阳市中院尚未作出裁定的情况下,云溪区人民法院扣划了东方公司银行存款1 000万元。20×5年1月,岳阳市中院裁定驳回该复议申请,四家公司向湖南省高院递交了再审申请书。20×6年11月和20×7年8月,湖南省高院和岳阳市中院分别裁定重审。20×8年8月,岳阳市中院下达终审裁定,对四家公司的异议不予受理。东方公司等表示将继续申诉,维护公司的合法权益。

一、或有事项的概念和特征

引例中的未决诉讼,为东方公司带来重大不利影响,使其财务状况面临重大的不确定性,该公司在其发布的公告中披露了这一或有事项。那么,什么是或有事项,它有哪些特征呢?

(一)或有事项的概念

企业在经营活动中有时会面临一些具有较大不确定性的经济事项,这些不确定事项对企业的财务状况和经营成果可能会产生较大的影响,其最终结果须由某些未来事项的发生或不发生加以决定。例如,企业涉及未决诉讼时,诉讼结果具有不确定性,这种不确定性须等到诉讼结案时才能消除。再如,按照企业的营销政策,对售出商品提供质量保证服务,承诺在商品发生质量问题时由企业无偿提供修理服务。一般情况下,企业都会发生一定金额的售后服务费用,但金额的大小取决于所售出商品的质量以及未来发生修理请求的情况。

按照权责发生制原则,企业不能等到诉讼结案或客户提出修理请求时,才确认相关的支付义务,而应当在资产负债表日对这一不确定事项作出判断,以决定是否在当期确认相应的义务。这种不确定事项在会计上被称为或有事项。

根据《企业会计准则第13号——或有事项》的规定,或有事项是指过去的交易或者事项形成的,其结果须由某些未来事项的发生或不发生才能决定的不确定事项。该定义涉及三个时间点:过去、现在和未来,它们构成一条完整的因果链。如图1-1所示。

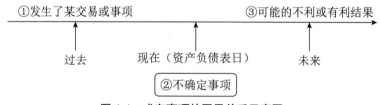

图1-1 或有事项的因果关系示意图

"过去的交易或事项"是形成或有事项的前因,"不确定"是该事项的当前特征,"未来事项的发生或不发生"决定了该事件的最终结果,有可能是不利结果,也有可能是有利结果。

(二)或有事项的特征

常见的或有事项包括:未决诉讼或未决仲裁、债务担保、产品质量保证(含产品安全保证)、亏损合同、重组义务、应收票据贴现、环境污染整治等。或有事项具有以下特征。

1. 或有事项是因过去的交易或者事项形成的

或有事项所反映的一种不确定状况,与企业过去发生的某项交易或者事项存在因果关联。"因过去的交易或者事项形成",是指或有事项的现存状况是过去交易或者事项引起的客观存在。例如,未决诉讼往往是由于企业与其他单位发生经济往来时,因其过去的经济行为(如延期交货)导致被其他单位起诉;又如,产品质量保证是企业对已售出商品或已提供劳务的质量提供的保证,商品出售或劳务提供时所作出的承诺,是导致企业承担质量保证费用的前提。基于这一特征,未来可能发生的自然灾害、交通事故、经营亏损等事项,都不属于或有事项。

2. 或有事项的结果具有不确定性

这种不确定性具体表现为以下方面:①或有事项的结果是否发生具有不确定性。例如,企业面临未决诉讼时,被起诉的一方是否会败诉,在案件审理过程中是难以确定的,需要根据法院判决情况加以推断。又如,企业为其他单位提供债务担保,有可能因此承担连带清偿责任,这便构成了或有事项。如果被担保方到期无力还款,担保方将承担连带责任;如果被担保方有能力偿还到期债务,担保方则无须承担该连带责任。担保方在债务到期时是否承担和履行连带责任,需要根据被担保方能否按时还款决定,其结果在担保协议达成时具有不确定性。
②或有事项的结果预计将会发生,但发生的具体时间或金额具有不确定性。例如,企业对所售出的产品提供质量保证,产品维修费用一般会发生,但具体什么时候客户提出维修申请、维修费用会发生多少,均存在不确定性。又如,企业生产过程中因排污治理不力对周围环境造成了污染,环境管理部门很可能会对该企业实施处罚,但处罚的金额是多少、何时将发生这些支出,都是不确定的。

在会计处理过程中存在不确定性的事项并不都是或有事项,企业应当按照或有事项的定义和特征进行判断。例如,对固定资产计提折旧时,需要对固定资产预计净残值和使用寿命进行判断和估计;又如,赊销形成的应收账款,到期后可能无法收回。这些不确定性的状况是客观存在的,与过去发生的交易或事项不存在因果关系。由于固定资产的原值是确定的,其价值最终会转移到成本或费用中,该事项的结果是确定的,因此,对固定资产计提折旧不属于或有事项。对于应收账款,坏账准备的计提比例依据以往的经验确定,其不确定性在一定程度上是可以控制的,不属于或有事项。

3. 或有事项的结果须由未来事项的发生或不发生来决定

或有事项可能对企业会产生有利影响或不利影响,这种不确定性会持续一段时间,其结果只能由未来事项的发生或不发生来证实。例如,企业为其他单位提供债务担保,该担保事项最终是否会要求企业履行偿还债务的连带责任,取决于被担保方的未来经营情况和偿债能力。如果被担保方经营情况和财务状况良好且有较好的信用,按期还款,那么企业将不需要履行该连带责任;只有在被担保方到期无力偿还债务时,担保方才承担偿还债务的连带责任。

二、或有负债和或有资产

或有事项根据其所表明的不确定性状况给企业带来的影响，可以区分为两类：一是对企业潜在不利的或有事项；二是对企业潜在有利的或有事项。相应地，如果不满足负债和资产的确认条件，会形成或有负债和或有资产。

（一）或有负债

对企业潜在不利的或有事项，当不满足负债的确认条件而不能确认为一项负债时，会形成或有负债。或有负债，是指过去的交易或事项形成的潜在义务，其存在须通过未来不确定事项的发生或不发生予以证实；或过去的交易或事项形成的现时义务，履行该义务不是很可能导致经济利益流出企业或该义务的金额不能可靠计量。

或有负债涉及两类义务：一类是潜在义务；另一类是现时义务。其中，潜在义务是指结果取决于不确定未来事项的可能义务。也就是说，潜在义务最终是否转变为现时义务，须由某些未来不确定事项的发生或不发生来决定。例如，企业为其关联方提供债务担保，签订担保协议至债务到期前，其承诺的代为偿付债务的义务只是潜在义务；如果债务到期被担保方无力偿债，则潜在义务转化为现时义务。或有负债涉及的现时义务，是指企业在现行条件下已承担的义务，该现时义务的履行不是很可能导致经济利益流出企业，或者该现时义务的金额不能可靠地计量。例如，甲公司因合同纠纷被告上法庭，需要为对方的损失作出赔偿。在法院尚未判决之前，甲公司无法根据经验判断未来将要承担多少赔偿金额，因此该现时义务的金额不能可靠地计量，该诉讼案件即形成一项甲公司的或有负债。

（二）或有资产

对企业潜在有利的或有事项，当不满足资产的确认条件而不能确认为一项资产时，会形成或有资产。或有资产，是指过去的交易或者事项形成的潜在资产，其存在须通过未来不确定事项的发生或不发生予以证实。或有资产作为一种潜在资产，其结果具有较大的不确定性，只有随着经济情况的变化，通过某些未来不确定事项的发生或不发生才能证实其是否会形成企业真正的资产。例如，甲公司向法院起诉乙企业侵犯了其专利权。法院尚未对该案件进行公开审理，甲公司是否胜诉尚难判断。对于甲公司而言，将来可能胜诉而获得的赔偿属于一项或有资产，但这项或有资产是否会转化为真正的资产，要由法院的判决结果确定。如果终审判决结果是甲公司胜诉，那么这项或有资产就转化为甲公司的一项资产。如果终审判决结果是甲公司败诉，那么或有资产就消失了，更不可能形成甲公司的资产。

或有负债和或有资产不符合负债或资产的定义和确认条件，企业不应当确认或有负债和或有资产，而应当进行相应的披露。影响或有负债和或有资产的多种因素处于不断变化之中，企业应当持续地对这些因素予以关注。随着时间推移和事态的进展，或有负债和或有资产有可能转为实际的负债和资产。

第二节 或有事项的确认和计量

一、或有事项的确认

或有事项确认资产和负债的条件具有非对称性。基于谨慎性原则，或有事项确认资产的条件更为严苛。

（一）或有事项确认资产的条件

或有事项形成的或有资产，其对应的经济利益只有在基本确定能够收到且其金额能够可靠计量的情况下，才转变为真正的资产，从而予以确认。一般情况下，很少有企业因或有事项确认一项资产，这是因为，或有事项大多给企业带来负面影响，即便是正面影响，其潜在经济利益也必须在基本确定甚至完全确定的情况下，才能作为资产确认。

（二）或有事项确认负债的条件

根据或有事项相关准则确认的各项负债称为预计负债。与或有事项有关的义务应当在同时符合以下三个条件时确认为负债，作为预计负债进行确认和计量：①该义务是企业承担的现时义务；②履行该义务很可能导致经济利益流出企业；③该义务的金额能够可靠地计量。

1. 该义务是企业承担的现时义务

或有事项相关义务包括两类，即潜在义务和现时义务，潜在义务不能确认为一项负债。现时义务必须同时满足两个条件，即很可能导致经济利益流出企业、其金额能够可靠计量时，才能确认为一项负债。

该义务是企业承担的现时义务，即与或有事项相关的义务是在企业当前条件下已承担的义务，企业没有其他现实的选择，只能履行该现时义务。通常情况下，过去的交易或事项是否导致现时义务是比较明确的，但也存在极少情况，如法律诉讼，特定事项是否已发生或这些事项是否已产生了一项现时义务可能难以确定，企业应当考虑包括资产负债表日后所有可获得的证据、专家意见等，以此确定资产负债表日是否存在现时义务。

这里所指的义务包括法定义务和推定义务。法定义务，是指因合同、法规或其他司法解释等产生的义务，通常是企业在经济管理和经济协调中，依照法律、法规的规定必须履行的责任。例如，企业与其他企业签订购货合同产生的义务就属于法定义务。又如，根据《中华人民共和国产品质量法》，当产品的性能和质量不符合企业宣传时，企业应当承担法律责任。但如果是使用人使用保管不当造成的产品问题，企业则不负有赔付的法定义务。推定义务，是指因企业的习惯做法、已公开的承诺或已公开宣布的经营政策等特定行为而产生的义务。由于以往的习惯做法，或通过这些承诺或公开的声明，企业向外界表明了它将承担特定的责任，从而使受影响的各方形成了其将履行那些责任的合理预期。例如，企业对其售出的产品承诺无条件"三包"服务，那么，无论是什么原因造成的产品损坏，企业均承担维修和退换责任，便属于推定义务。通常情况下，推定义务涉及一方对另一方的承诺，但是管理层或董事会的决定在资产负债表日并不一定形成推定义务，除非该决定在资产负债日之前已经以一种相当具体的方式传达给受影响的各方，使各方形成了企业将履行其责任的合理预期。

法定义务与推定义务是相对而言的，在一个国家产生推定义务的事项，在另外一个国家可能会形成法定义务。例如，我国企业对生产经营过程中产生的环境污染目前并不承担治理义务。但在国外可能要承担法定义务。环境保护意识强的企业可能会自觉承担环境修复等义务，这是推定义务。

义务通常涉及指向的另一方，如交易双方或合同双方，义务承担者和权益要求者是明确的。很多时候没有必要知道义务指向的另一方的身份，实际上义务可能是对公众承担的。例如，环境污染治理义务指向的另一方是社会公众。

2. 履行该义务很可能导致经济利益流出企业

履行该义务很可能导致经济利益流出企业，指的是履行与或有事项相关的现时义务时，导致经济利益流出企业的可能性超过50%，即经济利益流出企业的可能性大于其他可能性，但尚未达到基本确定的程度。

履行或有事项相关义务导致经济利益流出的可能性，通常可以用一定的概率区间来加以区别。一般情况下，发生的概率分为以下四个不同的层次：基本确定、很可能、可能、极小可能。其中，"基本确定"是指，发生的可能性大于95%但小于100%；"很可能"是指，发生的可能性大于50%但小于或等于95%；"可能"是指，发生的可能性大于5%但小于或等于50%；"极小可能"是指发生的可能性大于0但小于或等于5%。

各种可能性程度对应的概率，如表1-1所示。

表1-1 不同"可能性"对应的概率

可 能 性	概率 P
基本确定	$95\% < P < 100\%$
很可能	$50\% < P \leqslant 95\%$
可能	$5\% < P \leqslant 50\%$
极小可能	$0 < P \leqslant 5\%$

潜在义务不会导致经济利益的流出，不符合确认负债的条件。企业因或有事项承担了现时义务，且现时义务很可能导致经济利益流出企业时，便需要考虑是否确认一项负债。例如，甲公司承诺为乙企业的银行借款提供全额担保，对于甲公司而言，所承担的担保义务是一项现时义务；假定乙企业的财务状况恶化，且没有迹象表明会发生好转，这表明乙企业很可能违约，甲公司代为清偿债务很可能导致经济利益的流出，这时甲公司便需要考虑是否确认一项负债。

存在很多类似义务，如为售出的产品提供质量保证的情况下，经济利益流出的可能性应通过总体考虑来确定。对于某个特定项目而言，或许经济利益流出的可能性较小，但该类义务很可能导致经济利益流出的，应当视同该项义务很可能导致经济利益流出企业。

3. 该义务的金额能够可靠地计量

由于或有事项具有不确定性，因或有事项产生的现时义务的金额通常需要估计。该义务的金额能够可靠地计量，指的是或有事项相关的现时义务的金额能够合理地估计。只有在其金额能够可靠地估计，并同时满足其他两个条件时，企业才能确认与或有事项相关的负债。例如，某公司涉及一起诉讼案，根据以往的审判结果判断，公司很可能败诉，相关的赔偿金额也可以估算出一个区间，此时，可以认为该公司因未决诉讼承担的现时义务的金额能够可靠地计量。如果缺少先例，无法合理估计赔偿金额，则即便满足其他两个条件，也不能将所形成的义务确认为一项负债。表1-2中列示的或有事项中，产品质量保证、亏损合同和重组义务的相关金额一般能可靠计量，通常会进行确认负债的会计处理；未决诉讼或未决仲裁、债务担保，在符合条件的情况下确认相应的负债；对于环境污染整治，因目前企业未承担法定义务，其金额也难以可靠计量，通常不确认相关负债。

表1-2 潜在不利或有事项及其会计处理

序号	事项	通常确认负债	符合条件即确认负债	通常不确认负债
1	未决诉讼或未决仲裁		√	
2	债务担保		√	
3	产品质量保证	√		
4	亏损合同	√		
5	重组义务	√		
6	环境污染整治			√

由于其涉及的不确定性大于其他负债，预计负债应当与应付账款等其他负债进行严格区分。

二、预计负债的计量

当与或有事项有关的义务符合确认为负债的条件时，应当将其确认为预计负债，预计负债应当按照履行相关现时义务所需支出的最佳估计数进行初始计量。此外，企业清偿预计负债所需支出还可能从第三方或其他方获得补偿。因此，或有事项的计量主要涉及两个问题：一是最佳估计数的确定，二是预期可获得补偿的处理。

（一）最佳估计数的确定

所谓最佳估计数，是指利用当前或报表批准报出前所能获取的证据，合理估计所应承担的义务而确定的金额。最佳估计数是由企业管理部门参考类似事项的经验和独立专家出具的意见，在合理判断的基础上而确定的。最佳估计数的确定应当区分以下情况处理：

1. 所需支出存在一个连续范围

如果预计负债所需支出存在一个连续范围，且该范围内各种结果发生的可能性相同，则最佳估计数应当按照该范围内的中间值，即上下限金额的平均数确定。

【例1-1】20×1年12月8日，甲公司收到证监会下达的《行政处罚决定书》，因存在调增和调减利润总额的情况，导致利润总额与实际情况严重不符。根据《最高人民法院关于审理证券市场虚假陈述侵权民事赔偿案件的若干规定》，因虚假陈述行为导致购买并持有公司股票发生亏损的股东，可以向法院提起民事诉讼，要求公司予以补偿。参照以往的案例，甲公司判断很可能向中小股东作出赔偿，赔偿金额可能是900万元至1 100万元之间的某一金额，而且这个区间内每个金额的可能性都大致相同。

本例中，甲公司应对其虚假陈述给股东带来的损失承担赔付义务。甲公司应依据《企业会计准则第13号——或有事项》的规定，在20×1年12月31日的资产负债表中确认一项1 000万元的预计负债，且在报表附注中对此中小股东诉讼赔偿事件进行相关信息披露。

2. 其他情况

所需支出不存在一个连续范围，或者虽然存在一个连续范围，但该范围内各种结果发生的可能性不相同，那么，如果或有事项涉及单个项目，最佳估计数按照最可能发生金额确定；如果或有事项涉及多个项目，最佳估计数按照各种可能结果及相关概率计算确定。

"涉及单个项目"指或有事项涉及的项目只有一个，如一项未决诉讼或一项债务担保等。"涉及多个项目"指或有事项涉及的项目不止一个，如产品质量保证。在产品质量保证中，提出产品保修要求的可能有许多客户，相应地，企业对这些客户负有保修义务。

【例1-2】20×1年10月2日，乙公司涉及一起诉讼案。截至20×1年12月31日，法院尚未判决。在咨询了公司的法律顾问后，乙公司认为胜诉的可能性为40%，败诉的可能性为60%。如果败诉，80%的可能性需要赔偿300万元，20%的可能性需要赔偿400万元。

本例中，不考虑诉讼费用，乙公司在资产负债表中确认的预计负债的金额，应为最可能发生的金额，即300万元。

【例1-3】丙公司主营A产品的生产和销售。20×1年第一季度，共销售A产品6万件，销售收入为6 000万元。根据公司的产品质量保证条款，该产品售出后6个月内，如发生正常质量问题，公司将负责免费维修。根据以前年度的维修记录，如果发生较小的质量问题，发生的维修费用为销售收入的1%；如果发生较大的质量问题，发生的维修费用为销售收入的2%。根据公司技术部门的预测，本季度销售的产品中，80%不会发生质量问题；15%可能发生较小质量问题；5%可能发生较大质量问题。

本例中,售后维修费用的多少,取决于售出产品发生不同程度质量问题的概率。丙公司应根据可能出现的结果及相关概率计算确定应计提的产品质量保证费。

第一季度应计提的产品质量保证费 = 6 000×(0×80%+1%×15%+2%×5%)= 15(万元)

(二)预期可获得补偿的处理

企业因或有事项确认一项负债时,有时会收到来自第三方的补偿。预期可能获得补偿的情况通常有:发生交通事故等情况时,企业通常可从保险公司获得合理的赔偿;在某些索赔诉讼(如因虚假陈述引发的股民索赔诉讼)中,企业可通过反诉的方式对索赔人或对第三方另行提出赔偿要求;在债务担保业务中,企业在履行担保义务的同时,通常可向被担保企业提出追偿要求。

企业预期从第三方获得的补偿,是一种潜在资产,其最终是否会转化为企业真正的资产(即企业是否能够收到这项补偿)具有较大的不确定性,企业只有在基本确定能够收到补偿时才能对其进行确认。根据资产和负债不能随意抵销的原则,预期可获得的补偿在基本确定能够收到时应当确认为一项资产,而不能作为预计负债金额的扣减;此外,确认的补偿金额不能超过所确认预计负债的账面价值。

【例1-4】20×1年12月31日,丁公司存在一项未决诉讼。根据经验判断,该项诉讼胜诉的可能性为10%,败诉的可能性为90%。如果败诉,除须承担诉讼费用5万元外,很可能性赔偿对方损失100万元。丁公司很可能从第三方收到补偿款10万元。

本例中,丁公司所需支出不存在一个连续范围,应将最可能发生金额105万元(100+5)作为最佳估计数。很可能收到的第三方补偿不能确认为资产,也不能作为预计负债的抵减。20×1年12月31日,丁公司应就此项未决诉讼确认的预计负债的金额为105万元。

(三)预计负债的计量需要考虑的其他因素

企业在确定最佳估计数时,应当综合考虑与或有事项有关的风险和不确定性、货币时间价值和未来事项等因素。

1. 风险和不确定性

风险是对交易或事项结果可能变化的一种描述。企业在不确定的情况下进行判断需要谨慎,使得收益或资产不会被高估,费用或负债不会被低估。企业应当充分考虑与或有事项有关的风险和不确定性,既不能忽略风险和不确定性对或有事项计量的影响,也需要避免对风险和不确定性进行重复调整。过度谨慎会导致负债和费用虚增,同样不可取。

2. 货币时间价值

预计负债的金额通常应当等于未来应支付的金额。但是,如果预计负债的确认时点距离实际清偿有较长的时间跨度,货币时间价值的影响较大,那么在确定预计负债的确认金额时,应考虑采用现值计量,即通过对相关未来现金流出进行折现后确定最佳估计数。例如,某些特殊行业要承担资产弃置义务,即核电站核设施、石油开采设施等的弃置和环境恢复义务。企业承担的资产弃置义务,通常在资产购置之初就加以确认,由于时间跨度较大,应按照弃置费用的现值计算确定应计入固定资产成本的金额和相应的预计负债。

将未来现金流出折算为现值时，需要注意以下三点：①用来计算现值的折现率，应当是反映货币时间价值的当前市场估计和相关负债特有风险的税前利率。②风险和不确定性既可以在计量未来现金流出时作为调整因素，也可以在确定折现率时予以考虑，但不能重复反映。③随着时间的推移，即使在未来现金流出和折现率均不改变的情况下，预计负债的现值也将逐渐增长。企业应当在资产负债表日，对预计负债的现值进行重新计量。

3. 未来事项

某些未来事项，如未来技术进步、相关法规出台等，可能会影响企业履行义务所需支出的金额。例如，某核电企业预计，在生产结束时清理核废料的费用将因未来技术的变化而显著降低。对于这些未来事项，如果有足够的客观证据表明它们将发生，则应当在预计负债计量中加以考虑，但不应考虑预期处置相关资产形成的利得。

三、预计负债的科目设置及账面价值的复核

（一）科目设置

"预计负债"是因或有事项而确认的一项负债，本科目按照企业未决诉讼、债务担保、产品质量保证、亏损合同和重组义务等形成预计负债的交易或事项进行明细核算。

企业由未决诉讼、债务担保和重组义务等产生的预计负债，应按确定的金额，借记"营业外支出"等科目，贷记本科目；由产品质量保证产生的预计负债，应按确定的金额，借记"销售费用"科目，贷记本科目；由资产弃置义务产生的预计负债，应按确定的金额，借记"固定资产"或"油气资产"科目，贷记本科目。在固定资产或油气资产的使用寿命内，按计算确定各期应负担的利息费用，借记"财务费用"科目，贷记本科目。实际清偿或冲减预计负债时，借记本科目，贷记"银行存款"等科目。本科目期末贷方余额，反映企业已确认但尚未支付的预计负债。

（二）预计负债账面价值的复核

企业应当在资产负债表日对预计负债的账面价值进行复核。有确凿证据表明该账面价值不能真实反映当前最佳估计数的，应当按照当前最佳估计数对该账面价值进行调整。在资产负债表日至报表正式批准报出日之间发生的事项，如能提供附加证据，则应根据该附加证据对资产负债表日作出的判断进行修正。

例如，当企业实际发生的维修费用与所计提的产品质量保证费用的差距越来越大时，应考虑维修费用的实际发生额，对预计负债的账面价值进行调整。又如，某化工企业对环境造成了污染，按照当时的法律规定，只需要对污染进行清理。随着国家对环境保护越来越重视，按照最新的法律规定，该企业不但需要对污染进行清理，还很可能要对居民进行赔偿。这种法律要求的变化，会对企业预计负债的计量产生影响。企业应当在资产负债表日对为此确认的预计负债金额进行复核，相关因素发生变化表明预计负债金额

不再能反映真实情况时,需要按照当前情况下企业清理和赔偿支出的最佳估计数,对预计负债的账面价值进行相应的调整。

第三节　或有事项会计的具体应用

以下针对常见的或有事项,讲述其会计处理方法。

一、未决诉讼或未决仲裁

(一)未决诉讼和未决仲裁的概念

诉讼,是指当事人不能通过协商解决争议,因而在人民法院起诉、应诉,请求人民法院通过审判程序解决纠纷的活动。诉讼包括民事诉讼、刑事诉讼和行政诉讼等类别。诉讼活动须遵循一定的法律程序进行。诉讼尚未判决之前,对于被告来说,可能形成一项或有负债或者预计负债;对于原告来说,则可能形成一项或有资产。

仲裁,是指各方当事人依照事先约定或事后达成的书面仲裁协议,共同选定仲裁机构,由其对争议依法作出具有约束力的裁决。仲裁机构与法院不同,通常是民间团体的性质,其受理案件的管辖权来自双方的协议。作为当事人一方,仲裁的结果在仲裁决定公布以前是不确定的,会构成一项潜在义务或现时义务,或者潜在经济利益。

未决诉讼,是指尚未结案的诉讼事件;未决仲裁,是指尚未最终解决的仲裁事件。对于未决诉讼或未决仲裁,由于诉讼或仲裁活动处于进行过程中而尚未终结,因而包含了种种不确定性。以民事诉讼为例,一审案件须经历起诉、立案调查、开庭审理和裁决等程序;一审不服,可向上一级人民法院提出上诉,申请再审。历时越长,诉讼中的不确定性越大。

(二)未决诉讼或未决仲裁事项的会计处理

未决诉讼或未决仲裁,是一项典型的或有事项。以未决诉讼为例,一审判决往往不能代表诉讼的终结;当事人对已经生效的判决认为有错误时,可申请再审和申诉,因此,终审判决有时也不能确定诉讼结案。只要诉讼尚未结案,就是未决诉讼,也就存在着不确定性。对于未决诉讼或未决仲裁,要根据支付义务的可能性大小及金额是否能合理估计,作出相应的会计处理。

【例1-5】20×1年11月11日,甲公司因合同违约而被丙公司起诉。20×1年12月31日,双方尚未接到法院的判决。丙公司预计,如无特殊情况很可能在诉讼中获胜并获得赔偿金额 120 万元。在咨询了公司的法律顾问后，甲公司认为最终的法律判决很可能对公司不利，预计将要支付的赔偿金额为 100 万元至 140 万元之间的某一金额，该区间内每个金额的可能性都大致相同。甲公司另外要承担诉讼费，诉讼费预计为 5 万元。

本例中，丙公司很可能在诉讼中获胜并获得赔偿金，不符合或有事项确认资产的条件，不能确认一项资产。丙公司可以在 20×1 年 12 月 31 日的报表附注中披露或有资产 120 万元的相关信息。

甲公司应在 20×1 年资产负债表中确认一项预计负债，其入账金额包括赔偿金额和诉讼费两部分。预计要支付的赔偿金额作为损失计入"营业外支出"科目，诉讼费计入"管理费用"科目。甲公司的账务处理如下：

（1）确认预计负债 125 万元 [（100+140）÷2+5]。

借：管理费用——诉讼费　　　　　　　　　　　　　　　50 000
　　营业外支出　　　　　　　　　　　　　　　　　　1 200 000
　　贷：预计负债——未决诉讼　　　　　　　　　　　　1 250 000

（2）在 20×1 年 12 月 31 日的报表附注中披露预计负债相关信息。

【例 1-6】 接【例 1-2】，20×1 年 12 月 31 日，乙公司因或有事项而确认了一笔金额为 300 万元的负债；同时，乙公司因该或有事项，基本确定可从保险公司获得 40 万元的赔偿。

本例中，乙公司因或有事项而确认的预计负债，所需支出基本确定由第三方补偿 40 万元，补偿金额未超过所确认的负债的账面价值 300 万元。从保险公司获得的赔偿 40 万元不能冲抵预计负债的金额。乙公司应分别确认一项金额为 300 万元的预计负债和一项金额为 40 万元的资产（其他应收款），并确认营业外支出 260 万元。乙公司的会计处理如下：

借：营业外支出　　　　　　　　　　　　　　　　　　2 600 000
　　其他应收款　　　　　　　　　　　　　　　　　　　400 000
　　贷：预计负债——未决诉讼　　　　　　　　　　　　3 000 000

应当注意的是，对于未决诉讼，企业当期实际发生的诉讼损失金额与已计提的相关预计负债之间的差额，应视具体情况进行相应处理。

第一，企业在前期资产负债表日，依据当时实际情况和所掌握的证据合理预计了预计负债，应当将当期实际发生的诉讼损失金额与已计提的相关预计负债之间的差额，直接计入或冲减当期营业外支出。如果实际发生诉讼损失的金额超过已计提的相关预计负债的金额，则将其差额计入营业外支出；相反，则冲减营业外支出。

第二，企业在前期资产负债表日，依据当时实际情况和所掌握的证据，原本应当能够合理估计诉讼损失，但企业所做的估计却与当时的事实严重不符（如未合理预计损失或不恰当地多计或少计损失），应当按照重大会计差错更正的方法进行追溯重述。

第三，企业在前期资产负债表日，依据当时实际情况和所掌握的证据，确实无法合理预计诉讼损失，因而未确认预计负债，则在该项损失实际发生的当期，直接计入当期营业外支出。

第四，资产负债表日后至财务报告批准报出日之间发生的需要调整或说明的未决诉讼，按照资产负债表日后事项的有关规定进行会计处理，调整报告期财务报表相关项目的金额。

【例 1-7】【例 1-5】中，甲公司因丙公司起诉一事而在 20×1 年资产负债表中确认了 125 万元的预计负债。20×2 年 3 月，诉讼结案，双方服判，甲公司应赔偿丙公司 100 万元，款项尚未支付。假设以下情形：① 结案时甲公司 20×1 年的财务报表已经批准报出；② 结案时甲公司 20×1 年的财务报表尚未批准报出；③ 有证据表明企业所做的估计与当时的事实严重不符，20×1 年不恰当地多计或少计了损失。

本例中，情形①：结案时甲公司 20×1 年的财务报表已经批准报出，该差额 25 万元应冲减 20×2 年的营业外支出；情形②：结案时甲公司 20×1 年的财务报表尚未批准报出，应按照资产负债表日后事项的处理原则进行处理，调整 20×1 年财务报表的相关数字，将预计负债 125 万元予以冲销，确认一项新负债"其他应付款"100 万元；情形③：应当按照重大会计差错更正的方法进行追溯调整，并对 20×1 年报表进行重述。

二、债务担保

（一）未涉及诉讼的债务担保

债务担保是一种常见的经济现象，母子公司之间或其他关联企业之间的债务担保屡见不鲜。一家企业在与银行签订借款协议时，往往需要另一家企业为其提供债务担保。作为提供担保的一方，在被担保方无法履行合同的情况下，常常承担连带责任。如果被担保企业出现财务危机，则偿债义务转移至担保企业。从保护投资者、债权人的利益出发，客观、充分地反映企业因担保义务而承担的潜在风险是十分必要的。

债务担保义务往往产生或有负债。当连带清偿义务的金额难以确定时，即便代偿债务的可能性很大，也无须确认一项预计负债，这时，只需披露或有负债相关信息即可。

【例 1-8】20×4 年 12 月 31 日，乙公司为其关联方提供债务担保的情况如表 1-3 所示。

表 1-3　乙公司为其关联方提供债务担保的情况

公司	贷款时间	贷款期限	贷款金额/万元	担保情况
A	20×2 年 10 月	2 年	2 000	全额担保
B	20×4 年 4 月	1 年	1 000	担保 50%
C	20×4 年 6 月	2 年	5 000	全额担保

各贷款单位的情况如下：A 公司贷款逾期未还，银行已起诉 A 公司和乙公司，乙公司因连带责任需赔偿多少金额尚无法确定；B 公司由于受政策影响和内部管理不善等原因，经营效益不如以往，可能不能偿还到期美元债务；C 公司经营情况良好，预期不存在还款困难。

本例中，对 A 公司而言，乙公司很可能需履行连带责任，但损失金额是多少，目前还难以预计；就 B 公司而言，乙公司可能承担连带清偿责任；就 C 公司而言，乙公司履行连带责任的可能性极小。这三项债务担保均不符合预计负债的确认条件，形成乙公司的或有负债，乙公司在 20×4 年 12 月 31 日编制财务报表时，应当在附注中做相应信息披露。

（二）涉及诉讼的债务担保

债务担保在实务中往往和未决诉讼联系在一起而产生预计负债。当债务担保涉及诉讼时，担保方承担了代为清偿的现时义务，很可能导致经济利益流出企业，如果金额能可靠估计，则满足确认负债的条件，应确认相应的预计负债。法院尚未判决的，或虽已判决但仍未结案的，为未决诉讼。只要符合确认条件，就应将预计担保损失确认为预计负债。

【例 1-9】 20×1 年 10 月，丙公司收到法院的传票，因其为子公司提供债务担保而被某银行提起诉讼。被担保子公司由于经营困难，无力偿付已到期的银行借款 150 万元。截至 20×1 年 12 月 31 日，该诉讼尚未结案，丙公司败诉的可能性为 90%，银行要求丙公司代为偿付借款本息及罚金 160 万元。

本例中，丙公司因债务担保而负有代为偿债的现时义务，可能性极大，金额能合理估计，符合预计负债确认条件，应确认一项预计负债。丙公司的会计处理如下：

借：营业外支出　　　　　　　　　　　　　　　　　　　　1 600 000
　　贷：预计负债　　　　　　　　　　　　　　　　　　　　1 600 000

三、产品质量保证

企业对其生产的产品质量负有不可推卸的责任。《中华人民共和国产品质量法》要求，生产者和销售者对产品质量承担责任，售出的产品不具备所称的性能、不符合所注明的产品标准，或不符合以产品说明、实物样品等所表明的质量状况的，销售者负责修理、更换和退货，并赔偿所造成的损失。

（一）产品售后与质量保证

产品质量保证，通常指销售商或制造商在销售产品或提供劳务后，对客户提供售后服务的一种承诺。在约定期内（或终身保修），若产品或劳务在正常使用过程中出现质量或与之相关的其他属于正常范围的问题，企业负有更换产品、退货、免费或只收成本价进行修理等责任。

企业应当在符合确认条件的情况下，于销售成立时确认预计负债，计提产品质量保证金，同时将预计负债的金额计入"销售费用"科目。待实际发生维修等费用时，冲减所计提的产品质量保证金。在对产品质量保证确认预计负债时，需要注意的是，如果发现产品质量保证费用的实际发生额与预计数相差较大，应及时对预提比例进行调整。

按照《企业会计准则第 14 号——收入》（2017）的规定，对于附有退回条款的销售，企业应当在客户取得相关商品控制权时,按照因向客户转让商品而预期有权收取的对价金额确认收入,按照预期因销售退回将退还的金额确认预计负债。每一资产负债表日,企业应当重新估计未来销售退回情况,如有变化,应当作为会计估计变更进行会计处理。

【例 1-10】 接【例 1-3】,丙公司"预计负债——产品质量保证"科目20×1年的年初余额为3万元,20×1年第一季度实际发生的维修费为12万元,20×1年第一季度末,丙公司因产品质量保证业务确认的预计负债的金额为15万元。

本例中,20×1年第一季度,丙公司的账务处理如下。

(1)发生产品质量保证费用(维修费)时:

借:预计负债——产品质量保证　　　　　　　　　　120 000
　　贷:银行存款或原材料等　　　　　　　　　　　　　120 000

(2)确认与产品质量保证有关的预计负债时:

借:销售费用——产品质量保证　　　　　　　　　　150 000
　　贷:预计负债——产品质量保证　　　　　　　　　　150 000

20×1年第一季度末,"预计负债——产品质量保证"科目的余额为

30 000−120 000+150 000=60 000(元)

(二)产品质量保证余额的转销

如果企业针对特定批次产品确认预计负债,则在保修期结束时,应将"预计负债——产品质量保证"余额转销;已对其确认预计负债的产品,如企业不再生产了,那么在相应的产品质量保证期满后,也应该做同样的处理,将"预计负债——产品质量保证"余额转销,不留余额。

【例 1-10】 中,假定丙公司自20×1年3月底停止生产A产品,截至20×1年6月,A产品已全部售出。20×1年底,停止生产的A产品6个月的产品质量保证期已满,丙公司应将"预计负债——A产品质量保证"的账户余额清零,余额转至"销售费用"科目。

四、亏损合同

企业经营是为了赚取利润,但有时出于特殊原因,会执行原已签订但很可能导致亏损的商业合同。企业必须在执行合同带来的亏损和合同违约的损失中作出权衡。

(一)亏损合同的含义

亏损合同,是指履行合同义务不可避免发生的成本超过预期经济利益的合同。亏损合同指的是待执行合同,待执行合同是指合同各方未履行任何合同义务,或部分履行了同等义务的合同。企业与其他企业签订的商品销售合同、劳务提供合同、租赁合同等,均属于待执行合同,待执行合同不属于或有事项。但是,由于原材料上涨等不可预知的因素,待执行合同变为亏损合同,应当作为或有事项。企业与其他单位签订的商品销售合同、劳务合同、租赁合同等,均可能变为亏损合同。

（二）亏损合同相关义务的确认和计量

待执行合同变为亏损合同，如果与亏损合同相关的义务不需支付任何补偿即可撤销，企业通常就不存在现时义务，不应确认预计负债；如果与亏损合同相关的义务不可撤销，企业就存在了现时义务，同时满足该义务很可能导致经济利益流出企业且金额能够可靠地计量的，应当确认预计负债。

合同不存在标的资产的，亏损合同相关义务满足预计负债确认条件时，应当确认预计负债。提供商品或劳务的待执行合同，如果产品尚未生产或劳务尚未提供，则不存在标的资产。该种情形下，预计负债的计量应当反映合同的最低净成本，即履行该合同的预期成本与未能履行该合同而发生的补偿或处罚两者之中的较低者。

待执行合同变为亏损合同时，合同存在标的资产的，应当对标的资产进行减值测试并按规定确认减值损失。在这种情况下，企业通常不需确认预计负债，如果预计亏损超过该减值损失，应将超过部分确认为预计负债。

【例 1-11】20×1 年 12 月 31 日，甲公司决定停产 H 产品，原生产线租赁合同不可撤销，且生产线无法转租给其他单位。租期剩余 2 年，年租金 20 万元。

本例中，甲公司与其他公司签订了不可撤销的经营租赁合同，负有法定义务，必须继续履行租赁合同（交纳租金）。原租赁合同变为亏损合同，应当在 20×1 年 12 月 31 日，根据未来应支付的租金 40 万元确认预计负债。

【例 1-12】甲公司 20×1 年 9 月 1 日与某外贸公司签订了一项产品销售合同，约定在 20×2 年 2 月 1 日以每件产品 100 元的价格向外贸公司提供 1 000 件 A 产品，若不能按期交货，甲公司需要交纳 3 万元的违约金。20×1 年 12 月 31 日，A 产品尚未生产，由于原料上涨等原因，预计生产 A 产品的成本将不可避免地超过合同价格。假定以下两种情形：①预计生产 A 产品的单位成本为 110 元；②预计生产 A 产品的单位成本为 160 元。

本例中，A 产品的预计单位生产成本超过合同价格 100 元，甲公司所签订的产品销售合同变为亏损合同。在两种情形下，亏损金额分别为 10 000 元和 60 000 元。由于该合同变为亏损合同时不存在标的资产，在履行合同造成的损失与不履行合同而支付的违约金中，甲公司应当选择亏损金额较低者，并确认一项预计负债。两种情形下，相关会计处理对比见表 1-4。

表 1-4 亏损合同下两种情形的相关会计处理对比

项　　目	预计单位成本为 110 元	预计单位成本为 160 元
履行合同发生的损失	10 000 元	60 000 元
不履行合同支付的违约金	30 000 元	30 000 元
甲公司的决策	继续履行合同	停止生产并支付违约金
确认预计负债的会计分录	借：营业外支出　　10 000 　　贷：预计负债　　　10 000	借：营业外支出　　30 000 　　贷：预计负债　　　30 000
后续处理	待产品完工后： 借：预计负债　　10 000 　　贷：库存商品　　10 000	支付违约金时： 借：预计负债　　30 000 　　贷：银行存款　　30 000

【例1-13】【例1-12】中，假设20×1年12月31日，甲公司已完成600件A产品的生产，成本为6.5万元；甲公司开始筹备原材料以生产剩余400件A产品时，原材料价格突然上涨，预计生产剩余400件A产品的成本为5万元，销售1 000件A产品将发生销售税费1万元。已为库存A产品600件计提存货跌价准备5 000元。

本例中，由于该合同为存在标的资产的亏损合同，甲公司对A产品进行减值测试，计提了5 000元的减值准备。如果亏损额不超过该减值损失，企业不需确认预计负债；如果亏损额超过了该减值损失，应将超过部分确认为预计负债。

继续执行合同的损失＝（65 000＋50 000）－（100 000－10 000）＝25 000（元）

不执行合同将支付违约金30 000元，大于继续执行合同带来的损失，因此甲公司应当选择继续执行合同，同时将超过减值损失那部分的亏损额20 000（25 000－5 000）元确认为预计负债。

借：营业外支出　　　　　　　　　　　　　　　　　　　20 000
　　贷：预计负债　　　　　　　　　　　　　　　　　　　　　　20 000

待相关产品生产完成后，将已确认的预计负债冲减产品成本：

借：预计负债　　　　　　　　　　　　　　　　　　　　20 000
　　贷：库存商品　　　　　　　　　　　　　　　　　　　　　　20 000

五、重组义务

（一）重组义务的确认

企业重组是指企业制定和控制的，将显著改变企业组织形式、经营范围或经营方式的计划实施行为。属于重组的事项主要包括：①出售或终止企业的部分业务。例如，某控股公司将其化工业务相关资产全部出售，主营业务转变为药品的批发与零售。②对企业的组织结构进行较大调整。例如，为增强竞争力，许多互联网企业纷纷调整自身组织结构，以适应人工智能、大数据与云计算的挑战。③关闭企业的部分营业场所，或将营业活动由一个国家或地区迁移到其他国家或地区。例如，沃尔玛出售其在日本的超市，退出日本市场，便是其海外业务重组的一部分。

应当将企业重组与资产重组、债务重组、股权重组以及企业合并区别开。企业重组通常是企业内部资源的调整和组合，谋求现有资产效能的最大化。资产重组分为内部资产重组和外部资产重组。内部资产重组是指企业（或资产所有者）将其内部资产按优化组合的原则，进行的重新调整和配置，以期充分发挥现有资产的部分和整体效益。内部资产重组是企业重组的组成部分。外部资产重组，是指企业与其他企业之间进行的资产买卖（收购、兼并）和互换，以剥离不良资产、配置优良资产，使现有资产的效益得以充分发挥。债务重组是债权人与债务人就债务清偿重新达成协议的交易。股权重组是指股份制企业的股东（投资者）或股东持有的股份发生变更，包括股权转让和增资扩股。股权重组与企业合并的概念互有交叉。企业合并是在不同企业之间的资本重组和规模扩张。

同时存在下列情况的，表明企业承担了重组义务：①有详细、正式的重组计划，包括重组涉及的业务、主要地点、需要补偿的职工人数、预计重组支出、计划实施时间等；②该重组计划已对外公告。需要判断重组义务是否同时满足以下三个确认条件，即判断其承担的重组义务是否是现时义务、履行重组义务是否很可能导致经济利益流出企业、重组义务的金额是否能够可靠计量。只有同时满足这三个确认条件，才能将重组义务确认为企业的负债。

例如，某公司董事会决定关闭一个事业部，如果有关决定尚未传达到受影响的各方，也未采取任何措施实施该项决定，该公司就没有开始承担重组义务，不应确认预计负债；如果有关决定已经传达到受影响的各方，并使各方对企业将关闭事业部形成合理预期，通常表明企业开始承担重组义务，同时满足该义务很可能导致经济利益流出企业和金额能够可靠地计量的，应当确认相应的负债。

（二）重组义务的计量

企业应当按照与重组有关的直接支出确定重组义务的金额，计入当期损益。其中，直接支出是企业重组必须承担的直接支出，不包括留用职工岗前培训、市场推广、新系统和营销网络投入等支出。可以参照表1-5，判断某项支出是否属于与企业重组有关的直接支出。

表1-5　重组义务直接支出

包　括	不　包　括
自愿或强制遣散费 停止使用的厂房租赁撤销费等	留用职工岗前培训 设备减值损失 新系统和营销网络投入等支出

由于企业在计量预计负债时不应当考虑预期处置相关资产的利得或损失，在计量与重组义务相关的负债时，也不考虑处置相关资产（厂房、店面，有时是一个事业部整体）可能形成的利得或损失，即使资产的出售构成重组的一部分也是如此。

【例1-14】甲公司由于受国际金融危机的不利影响，决定对乙事业部进行重组，将相关业务转移到其他事业部。经履行相关报批手续，甲公司对外正式公告其重组方案。根据该重组方案，预计很可能发生下列支出：因辞退员工将支付补偿款300万元；因撤销厂房租赁合同将支付违约金20万元；因对留用员工进行培训将发生支出1万元；因将用于C产品生产的固定资产等转移至仓库将发生运输费2万元；因处置用于C产品生产的固定资产将发生减值损失100万元。

本例中，因辞退员工将支付的补偿和因撤销厂房租赁合同支付的违约金，属于与重组有关的直接支出，因此，应作为重组义务。其中，辞退员工支付的补偿款300万元应记入"应付职工薪酬"科目，因撤销厂房租赁合同支付的违约金20万元记入"预计负债"科目。对留用员工的培训支出，以及将用于C产品生产的固定资产等转移至仓库发生的运输费和固定资产减值损失，与继续进行的活动相关，不属于与重组有关的直接支出，不计入重组义务。

【例1-15】 为调整产品结构,去除冗余产能,20×1年乙公司推出一项鼓励员工提前离职的计划。该计划范围内涉及的员工共有100人,平均距离退休年龄还有5年。公司董事会于10月20日通过决议,该计划范围内的员工如果申请提前离职,将给每人一次性地支付补偿款30万元。根据计划公布后与员工达成的协议,其中的80人会申请离职。截至20×1年12月31日,该计划仍在进行当中。乙公司进行了以下会计处理:

借:管理费用　　　　　　　　　　　　　　　　　　24 000 000
　　贷:预计负债　　　　　　　　　　　　　　　　　　24 000 000

本例中,乙公司对该事项的会计处理不正确。该项计划应属于辞退福利,有关一次性支付的辞退补偿金额应于计划确定时作为应付职工薪酬,相关估计应支付的金额全部计入当期损益。更正分录如下:

借:预计负债　　　　　　　　　　　　　　　　　　24 000 000
　　贷:应付职工薪酬——辞退福利　　　　　　　　　24 000 000

第四节　或有事项的列报与信息披露

或有事项往往代表了一种不确定性和潜在的风险因素,该类事项可能会对企业的财务状况和经营前景产生不容忽视的影响。如实反映或有事项及其给企业带来的财务影响,是企业履行信息披露义务、帮助财务报告使用者作出正确决策的必然要求。

一、或有事项列报和披露的一般原则

或有事项相关项目是否予以列报和披露,很大程度上依赖于事项本身发生的概率,以及事项的性质。如上所述,有利或有事项和不利或有事项的会计处理方法存在明显的差异。有可能带来不利影响的或有事项,是列报和披露的重点。概括或有事项的列报和披露方法,如图1-2所示("N"代表不做任何会计处理)。

图1-2　或有事项的列报和披露示意图

图1-2显示,面对不利事项,企业应尽可能披露相关信息,在"很可能"的概率条件下,即确认一项负债(一般为预计负债);在"基本确定"的概率情形下,如满足其他条件,则可以确认一项确定性负债,如其他应付款。而当企业面对有利事项时,则应采取保守的处理方法,只要不是很可能或基本确定,原则上不进行列报和披露。

二、预计负债的列报与信息披露

在资产负债表中,因或有事项而确认的负债(预计负债)应与其他负债项目区别开来,单独反映。如果企业因多项或有事项确认了预计负债,在资产负债表上一般只需通过"预计负债"项目进行总括反映。在将或有事项确认为负债的同时,应确认一项费用或支出。这项费用或支出在利润表中不应单列项目反映,而应与其他费用或支出项目(如"销售费用""管理费用""营业外支出"等)合并反映。比如,企业因产品质量保证确认负债时所确认的费用,在利润表中应作为"销售费用"的组成部分予以反映;又如,企业因对其他单位提供债务担保确认负债时所确认的费用,在利润表中应作为"营业外支出"的组成部分予以反映。

同时,为了使会计报表使用者获得充分、详细的有关或有事项的信息,企业应在财务报表附注中披露以下内容:第一,预计负债的种类、形成原因以及经济利益流出不确定性的说明;第二,各类预计负债的期初、期末余额和本期变动情况;第三,与预计负债有关的预期补偿金额和本期已确认的预期补偿金额。

三、或有负债和或有资产的披露

或有负债无论作为潜在义务还是现时义务,均不符合负债的确认条件,因而不予确认。但是,除非或有负债极小可能导致经济利益流出企业,否则企业应当在附注中披露有关信息,具体包括:①或有负债的种类及其形成原因,包括已贴现商业承兑汇票、未决诉讼、未决仲裁、对外提供担保等形成的或有负债。②经济利益流出不确定性的说明。③或有负债预计产生的财务影响,以及获得补偿的可能性;无法预计的,应当说明原因。

需要注意的是,在涉及未决诉讼、未决仲裁的情况下,如果披露全部或部分信息预期会对企业造成重大不利影响,企业无须披露这些信息,但应当披露该未决诉讼、未决仲裁的性质,以及没有披露这些信息的事实和原因。

或有资产作为一种潜在资产,不符合资产确认的条件,因而不予确认。企业通常不应当披露或有资产,但或有资产很可能会给企业带来经济利益的,应当披露其形成的原因、预计产生的财务影响等。

即测即练1

【案例讨论】

资料1:神雾环保是一家以电石行业节能减排为主营业务的公司。截至20×8年12月31日,神雾环保披露的或有事项中,法律诉讼100余起,其中被强制执行和尚未执行的80余起,涉案金额约20亿元;尚未判决的60余起,涉案金额约2亿元。涉讼主要原因是向金融机构融资发生本金和利息逾期、作为连带责任人参与多项担保事项、合同违约和未按时支付员工薪酬等。根据其20×8年的财务报告,该公司仅为以下事项计提了预计负债:

20×5年9月,华中融资租赁有限公司与内蒙古港原化工有限公司(以下简称"港原化工")签订了售后回租融资租赁合同,神雾环保提供连带责任保证担保。20×8年港原化工发生债务违约,未按合同约定向融资租赁公司支付本金及利息,未清偿债务金额 8 678 万元。公司作为连带担保责任人,被华中融资租赁有限公司提起诉讼。20×8年3月,北京市第三中级人民法院向主债务人港原化工及担保人神雾环保共同下发了执行裁定书、执行通知书、报告财产令,责令其立即支付所欠本息、违约金,并负担案件申请执行费 12 万元。案件已经结案,20×8 年末,公司对担保涉及的诉讼金额扣除港原化工已偿还金额 406 万元后全额计提预计负债,金额为 8 712 万元。

讨论题目:确认预计负债应满足什么条件?神雾环保因债务担保计提预计负债的具体依据是什么?上述材料中提到百余起诉讼案件中,只有其中一项计提了预计负债,是否合理?

资料 2:贝因美是一家以生产婴幼儿奶粉和食品为主业的上市公司。根据其全资子公司与澳大利亚达润工厂签署的《产品购买协议》的规定,如果基粉的年度采购量不能达到协议约定的 7 500 吨,就需要支付固定补偿费。协议签订后,因公司销售未达预期等原因,致使未能按照合同条款完成 7 500 吨的采购量,预计未来年度仍然难以达到约定的购买量。由于采购订单不足,执行该协议变为亏损合同。贝因美针对该事项计提预计负债约 1.3 亿元。

讨论题目:贝因美因计提预计负债的原因是什么,其金额是如何确定的?

资料 3:海信家电是一家主营家电制造和销售的上市公司,对其生产的电视、冰箱和洗衣机等家电实行整机包修 1 年、主要部件包修 3 年的售后政策。公司某一年度财务报表附注显示,公司保修准备的期末余额为 446 321 241.97 元,期初余额为 434 997 428.58 元。保修准备为预计的产品质量保证金,在质保期内,公司将向有关客户免费提供保修服务。根据行业经验和以往的数据,保修费用是根据所提供的质量保证剩余年限、单位平均返修费用进行估算并计提。

讨论题目:哪些因素会影响海信家电保修准备的余额,因保修准备计提的预计负债年末余额高于年初余额,说明了什么?

案例讨论思路1

【业务训练题】

1. 资料:20×5 年 8 月 2 日,甲公司委托某银行给乙公司贷款 1 000 万元。贷款到期后,由于经营困难等原因,乙公司无力偿还甲公司款项,为此,甲公司于 20×7 年 8 月 10 日依法向法院起诉乙公司。20×7 年 12 月 20 日,法院一审判决甲公司胜诉,责成乙公司向甲公司偿付贷款本金和利息 1 080 万元,并支付罚息 20 万元,承担诉讼费用 3 万元。至 20×7 年 12 月 31 日,乙公司并未履行判决,甲公司决定年后采取进一步措施。

要求:分别说明甲、乙公司对此事项如何处理,需要确认的,写出分录(单位:万元)。

2. 资料:甲公司为乙公司提供担保的某项银行借款 100 万元于 20×4 年 9 月到期,甲公司为乙公司此项借款的本息提供 50% 的担保。乙公司借入的款项至到期日应偿付的本息为 118 万元。由于乙公司无力偿还到期的债务,债权银行于 11 月向法院提起诉讼,要求乙公司和为其提供担保的甲公司偿还借款本息,并支付罚息5万元。至20×4年12月31日,法院尚未作出判决,甲公司预计承担此项债务的可能性为60%,估计需要支付担保款50万元。20×5年6月15日,法院作出一审判决,乙公司和甲公司败诉,甲公司需为乙公司偿还借款本息的50%,计59万元,乙公司和甲公司服从该判决,款项尚未支付。甲公司预计替乙公司偿还的借款本息不能收回的可能性为80%。

要求:

(1)确定20×4年12月31日甲公司因担保应确认的负债金额,并编制相关会计分录。

(2)20×5年6月15日诉讼结案,甲公司应如何进行会计处理?

3.**资料**:M公司主营机床的生产和销售。20×4年12月31日"预计负债——产品质量保证"科目年末余额为12万元。20×5年第一季度和第二季度分别销售机床100台和200台,每台售价为10万元。对购买其产品的消费者,公司作出承诺:机床售出后三年内如出现非意外事件造成的机床故障和质量问题,公司免费负责保修(含零部件更换)。根据以往的经验,发生的保修费一般为销售额的1%~2%之间。M公司20×5年前两个季度实际发生的维修费用分别为18万元和22万元(维修费用用银行存款支付50%,另50%为耗用的原材料,不考虑增值税进项税额转出)。

要求:

(1)编制前两个季度发生产品质量保证费用和确认产品质量保证负债的会计分录;

(2)计算前两个季度末"预计负债——产品质量保证"科目的余额。

4.**资料**:甲公司于20×5年11月与乙公司签订销售合同,约定于次年4月以2 000元/件的价格向乙公司提供10件产品,如不能按期交货,则售价降为1 500元/件。如果撤销合同,甲公司需要缴纳2 000元的违约金。该产品的单位成本为1 600元/件,20×5年12月甲公司因生产线损坏,10件产品尚未投入生产,估计在20×6年5月才能交货。

要求:为甲公司编制20×5年12月31日和产品完工交付时的相关会计分录。

5.**资料**:立信公司的总会计师在复核20×4年度财务报表时,对以下交易或事项的会计处理提出疑问:

(1)20×4年8月30日,立信公司签订不可撤销的销售合同,约定于20×5年3月1日前,销售给甲公司100件A产品,售价总额为100万元,若立信公司违约,则需要向甲公司按照售价总额的10%支付违约金。20×4年12月31日,库存A产品60件,成本为60万元;立信公司开始筹备原材料以生产剩余的40件A产品时,原材料价格突然上涨,预计生产剩余40件A产品的成本为48万元,预计销售100件A产品将发生销售税费10万元。当日100件A产品的市场价格为140万元。立信公司选择执行合同,并确认预计负债26万元,其会计处理如下:

借:营业外支出　　　　　　　　　　　　　　　　　260 000
　　贷:预计负债　　　　　　　　　　　　　　　　　　　　260 000

（2）立信公司因销售残次商品致使消费者受到伤害，并遭到消费者的起诉，至20×4年年底存在一项未决诉讼。根据类似案例的经验判断，该项诉讼败诉的可能性为80%。如果败诉，立信公司将须赔偿对方500万元，并承担诉讼费用40万元，且基本确定从第三方收到补偿款60万元。立信公司的会计处理如下：

借：营业外支出　　　　　　　　　　　　　　　　　　　4 400 000
　　管理费用　　　　　　　　　　　　　　　　　　　　　400 000
　　贷：预计负债　　　　　　　　　　　　　　　　　　　　　4 800 000

（3）立信公司生产B产品，20×3销售总额达2 000万元。当时产品质量条款规定，产品保修期一年，在一年之内产品如果发生质量问题，公司将免费修理。根据以往经验，预计已售产品中有80%不会出现问题，15%可能出现较小的质量问题，此时维修费为销售额的1%；有5%的可能出现较大的质量问题，此时维修费为销售额的3%。20×4年年初，由于产品结构调整，已停止B产品的生产和销售。20×4年度发生了维修支出4万元。20×4年度立信公司对该事项作出如下会计处理：

借：预计负债　　　　　　　　　　　　　　　　　　　　 40 000
　　贷：银行存款　　　　　　　　　　　　　　　　　　　　　 40 000

（4）立信公司管理层于20×4年12月制订了一项关闭某产品生产线的业务重组计划。为了实施上述业务重组计划，立信公司预计将发生以下支出或损失：因辞退员工将支付补偿款100万元；因撤销厂房租赁合同将支付违约金20万元；因对留用员工进行培训将发生支出10万元；因处置用于原产品生产的固定资产将发生减值损失10万元。上述重组计划已于20×4年12月15日经公司董事会批准，并于当日对外公告。至20×4年12月31日，上述业务重组计划尚未实施，员工补偿及相关支出尚未支付。立信公司的会计处理如下：

借：营业外支出　　　　　　　　　　　　　　　　　　　1 200 000
　　贷：预计负债　　　　　　　　　　　　　　　　　　　　　1 200 000

要求：分析判断上述资料中立信公司的会计处理是否正确，并说明理由；若不正确，请说明正确的会计处理。（答案中的金额单位用万元表示。）

6. 资料：某会计师事务所接受委托，对A公司20×7年度财务报告进行审计，在审计过程中发现以下情况：

（1）20×7年7月，A公司接到当地法院通知，被告知B公司状告A公司侵权。B公司认为，A公司未经其同意，在试销的新产品中使用了B公司的专利技术，要求法院判定A公司向其支付专利技术使用费150万元。A公司认为其研制的新型设备并未侵犯B公司的专利权，遂于20×7年10月向法院反诉B公司损害其名誉，要求法院判定B公司向其公开道歉并赔偿损失200万元。截至20×7年12月31日，法院尚未对上述案件作出判决。A公司的法律顾问认为，A公司在该起反诉案件中很可能获胜；如果胜诉，预计可获得的赔款在100万元至150万元之间。A公司就上述事项在20×7年12月31日确认一项资产125万元，但未在附注中进行披露。A公司财务部经理对此解释为：在该起反诉案件中预计可获得的赔款很可能流入本公司，且金额能够可靠计量，应当确认为一项资产。

（2）20×7年6月1日，A公司与C公司签订一项不可撤销的产品销售合同。合同约定：A公司于20×8年4月1日前向C公司交付一批产品，合同总价款为300万元（不含增值税），如违约，则需支付违约金50万元。至20×7年12月31日，A公司已发生生产成本200万元，因材料价格上涨，预计还将发生生产成本120万元。A公司在账面确认了已发生生产成本300万元，未做其他会计处理。

业务训练题提示1

要求：分析判断上述资料中A公司的会计处理是否正确，并说明理由；若不正确，请说明正确的会计处理。（答案中的金额单位用万元表示。）

第二章 外币折算

【本章导读】

在国际化发展趋势下，会计必须确定记账本位币，将不同币种的业务金额统一转换为记账本位币金额。本章首先讲述了记账本位币和折算汇率的相关概念及确定原则；其次，结合外币采购、销售、投融资及外币兑换等常见的外币业务，讲解外币交易的核算程序及汇兑损益的确定方法；最后，讲述外币财务报表折算所采用的汇率及外币报表折算差额的列报方法。外币折算曾被视为国际会计难题之一，折算汇率的选择是难点所在。

【内容框架】

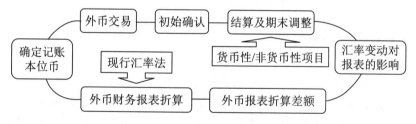

货币计量是会计四大基本假设之一，在商品经济中，货币最适合充当统一的计量尺度。在币种多样化的环境下，必须选定一种货币作为记账本位币。企业发生外币交易或将外币报表转换为本位币报表时，必须采用适当的汇率进行外币折算。

第一节 外币折算概述

【引例】汇率波动形成的汇兑损益，已经成为影响企业业绩的"升降机"。一些企业在汇率浮动加大期间，账面出现巨额浮盈浮亏。企业涉及汇兑损益主要分为以下三种情况：一是外向型企业，包括对外销售或对外采购比重较大的公司，如超声电子，其海外销售收入占总营业收入的比重在60%左右；二是外币筹资所占比例较大的公司，如国航、东航、海航、南航四大航空公司；三是海外投资业务较多的公司，如中国建筑、联想集团等在海外设立了多家子公司。

一、记账本位币的确定

（一）记账本位币的定义

记账本位币是指企业经营所处的主要经济环境中的货币。主要经济环境，通常是指企业产生和支出现金的主要环境，使用该环境中的货币最能反映企业主要交易的经济结果。记账本位币和功能货币的定义相类似，对于一个在特定国家中经营的经济实体而言，功能性货币一般就是这个国家的货币。我国的法定货币是人民币，我国大多数企业产生和支出现金的主要环境在国内，一般以人民币作为记账本位币。

扩展阅读2.1
功能货币、记账本位币和列报货币

相对于记账本位币（或功能货币），其他货币被称为外币。在特定情况下，业务收支以非功能性货币为主的外贸型企业或外资企业，可以选择某一非功能性货币作为记账本位币。例如，从事进出口交易的国内外贸企业，可以选取某种外国货币为记账本位币。我国企业会计准则规定，我国境内的企业应以人民币为记账本位币，业务收支以外币为主的企业，也可以某种外币作为记账本位币，但编制的财务报表应当折算为人民币反映。

（二）确定记账本位币需考虑的因素

1. 境内经营记账本位币的确定

企业记账本位币的选定，应当考虑下列因素。

（1）从日常活动收入现金的角度看，所选择的货币能够对企业商品和劳务销售价格起主要作用，通常以该货币进行商品和劳务销售价格的计价和结算。例如，企业获取收入包括国内和国外多种渠道，进行商品和劳务款项的结算时，既涉及本国货币，也涉及外币，这种情况下要看哪种货币收入占主要比重。

（2）从日常活动支出现金的角度看，所选择的该货币能够对商品和劳务所需人工、材料和其他费用产生主要影响，通常以该货币进行这些费用的计价和结算。例如，某国内企业生产所需的原材料在国内没有供应，只能从国外进口，并以外币进行结算。

（3）融资活动获得的资金以及保存从经营活动中收取款项时所使用的货币。记账本位币的确定，要考虑融资活动获得的资金在其生产经营活动中的重要性，以及企业通常留存销售收入的货币。在依据上述两个主要因素不能决定采用哪种货币为记账本位币时，要充分考虑该因素。

在确定企业的记账本位币时，上述因素的重要程度因企业具体情况不同而不同，需要企业管理当局根据实际情况进行判断。一般情况下，综合考虑前两项即可确定企业的记账本位币，第三项为参考因素，视其对企业收支现金的影响程度而定。在综合考虑前两项因素仍不能确定企业记账本位币的情况下，第三项因素对企业记账本位币的确定起着重要作用。例如，企业的收入和所需要的生产要素的采购均来自国内，则选定人民币为记账本位币；如果企业的收入和所需要的生产要素的采购均来自国外，则选定其所使用的外币为记账本位币。如果收入来自国内,原材料和劳务采购来自国外,或相反,则需要考虑第三个因素来选定记账本位币。

【例 2-1】试为以下两个企业确定其记账本位币:

(1)国内甲公司主要从事某化妆品的销售,该企业从法国进口所需原材料的75%,进口原材料以欧元计价和结算;企业60%的销售收入源自出口,出口货物采用欧元计价和结算。

(2)国内乙外商投资企业,该企业超过80%的营业收入来自向各国的出口,其商品销售价格一般以美元结算。乙企业生产所需的机器设备、原材料和75%的人工成本在国内以人民币采购,25%的人工成本来自美国投资者以美元在国际市场的采购。乙企业取得的美元营业收入在汇回国内时可随时换成人民币存款。

本例中:

(1)甲公司的主要经营活动,即销售和原材料采购活动所采用的货币均为欧元,应选取欧元为其记账本位币。

(2)从影响商品和劳务销售价格的角度看,乙企业应选择美元作为记账本位币,但其机器设备、原材料和75%的人工成本在国内采购并以人民币计价,因此难以确定该企业的记账本位币,需要考虑第三项因素。由于乙企业取得的美元营业收入在汇回国内时可随时换成人民币存款,企业应当选定人民币为其记账本位币。

需要强调的是,企业管理当局根据实际情况确定的记账本位币只有一种,该货币一经确定,不得改变,除非与确定记账本位币相关的企业经营所处的主要经济环境发生重大变化。在确有充分理由证明原有记账本位币已不再适应时,才能变更企业的记账本位币。

例如,某集团公司从事飞机和船舶等租赁物的租赁业务,其所属境外子公司注册地和承租人均在境外,对外融资币种亦为美元。由于子公司数量较少,经营规模不大,该集团公司将记账本位币统一为人民币。随着境外子公司数量的快速增加,该集团公司将境外子公司的记账本位币变更为其所处主要经营环境中的货币,以便更加客观地反映其财务状况。

企业因经营所处的主要经济环境发生重大变化,确需变更记账本位币的,一般应在新的会计年度开始时变更,应当采用变更当日的即期汇率将所有项目折算为变更后的记账本位币,折算后的金额作为新的记账本位币的历史成本。比较财务报表应当以可比当日的即期汇率折算所有资产负债表和利润表项目。由于采用同一即期汇率进行折算,企业记账本位币发生变更不会产生汇兑差额。当然,企业需要提供确凿的证据证明企业经营所处的主要经济环境确实发生了重大变化,并应当在附注中披露变更的理由。

2. 境外经营记账本位币的确定

境外经营通常是指企业在境外的子公司、合营企业、联营企业、分支机构。区分某实体是否为该企业的境外经营,需要考虑以下两项因素:一是该实体与企业的关系,是否为企业的子公司、合营企业、联营企业、分支机构,即境外经营实体应能为企业所控制或能对其施加重大影响。二是该实体的记账本位币是否与企业记账本位币相同。当企业在境内的子公司、联营企业、合营企业或者分支机构选定的记账本位币不同于企业的记账本位币时,也应当视同境外经营。对于所在地为境内的子公司、合营企业、联营企业、分支机构，第二条标准是界定属于境外经营还是境内经营的关键。

确定境外经营机构的记账本位币时，也应当考虑企业选择确定记账本位币需要考虑的上述因素。同时，境外经营记账本位币的选择还应当考虑该境外经营与所属企业的关系。

（1）境外经营对其所从事的活动是否拥有很强的自主性。如果境外经营所从事的活动是企业经营活动的延伸，该境外经营应当选择与企业记账本位币相同的货币作为记账本位币；如果境外经营所从事的活动拥有极大的自主性，应根据所处的主要经济环境选择记账本位币。

（2）境外经营与企业的交易是否在境外经营活动中占有较大比重。如果境外经营与企业的交易在境外经营活动中所占的比例较高，境外经营应当选择与企业记账本位币相同的货币作为记账本位币；反之，应根据所处的主要经济环境选择记账本位币。

（3）境外经营活动产生的现金流量是否直接影响企业的现金流量、是否可以随时汇回。如果境外经营活动产生的现金流量直接影响企业的现金流量，并可随时汇回，境外经营应当选择与企业记账本位币相同的货币作为记账本位币；反之，应根据所处的主要经济环境选择记账本位币。

（4）境外经营活动产生的现金流量是否足以偿还其现有和可预期的债务。在企业不提供资金的情况下，如果境外经营活动产生的现金流量难以偿还其现有债务和正常情况下可预期的债务，境外经营应当选择与企业记账本位币相同的货币作为记账本位币；反之，应根据所处的主要经济环境选择记账本位币。

【例2-2】国内丙公司以人民币作为记账本位币，该公司在欧盟国家设有一家子公司S公司，S公司在欧洲的经营活动拥有完全的自主权：自主决定其经营政策、销售方式、进货来源等。丙公司与S公司除投资与被投资关系外，基本不发生业务往来，S公司的产品主要在欧洲市场销售，其一切费用开支等均由S公司在当地自行解决。

本例中，由于S公司主要收、支现金的环境在欧洲，且S公司对其自身经营活动拥有很强的自主性，S公司与丙公司之间除了投资与被投资关系外，基本无其他业务，因此，S公司应当选择欧元作为其记账本位币。

二、折算汇率

（一）汇率的概念与外汇牌价

汇率是指两种货币相兑换的比率，是一种货币单位用另一种货币单位所表示的价格。汇率有两种标价方法：①直接标价法，是指一定单位外国货币可以折算为多少本国货币，如1美元=6.375 8元人民币，或100美元=637.58元人民币。②间接标价法，是指一定单位本国货币可以折算为多少外币，如1元人民币=0.155 1美元，或100元人民币=15.51美元。包括我国在内的大多数国家均采用直接标价法，在国际外汇市场上，欧元、英镑、澳元等一般采用间接标价法。采用直接标价法时，汇率的升降与本国货币币值的升降呈反比例变化；采用间接标价法时，汇率的升降与本国货币币值的升降呈正比例变化。

人民币是在我国流通的主要货币，保持人民币币值的稳定性，对于稳固我国物价总水平、维护经济社会持续健康发展具有重要意义。我国目前实行的是以市场供求为基础、参考一篮子货币进行调节、有管理的浮动汇率制度。

扩展阅读 2.2
我国的汇率制度

浮动汇率制度下，外汇汇率受到市场供求等因素的影响，处于不断变化中。银行的外汇牌价通常有三种形式：买入价、卖出价和中间价。买入价指银行买入其他货币的价格，卖出价指银行出售其他货币的价格，中间价是银行买入价与卖出价的平均价，银行的卖出价一般高于买入价，以获取其中的差价。买入价和卖出价还会因外汇或外钞而有所不同。由于存在运输费和储存费，外钞的卖出价一般高于外汇卖出价，其买入价则一般低于外汇的买入价。例如，2021 年 10 月 13 日 11 点 06 分，通过中国银行官网查询当日的外汇牌价如表 2-1 所示。

表 2-1　中国银行外汇牌价（2021 年 10 月 13 日 11：06）

货币名称	交易单位	现汇买入价	现钞买入价	现汇卖出价	现钞卖出价	中间价
USD（美元）	100	643.44	638.20	646.16	646.16	646.12
JPY（日元）	100	5.664 1	5.488 1	5.705 7	5.714 5	5.690 8
EUR（欧元）	100	742.32	719.25	747.79	750.2	745.06
GBP（英镑）	100	874.68	847.5	881.12	885.02	877.66

表 2-1 显示了特定时间点的中国银行外汇汇率的报价。企业发生外币业务，以及进行外币财务报表折算时，所面临的一个主要问题是，如何选择将外币折算为记账本位币所适用的汇率。

（二）折算汇率的选择

1. 买入价、卖出价和中间价

为方便核算，企业用于记账的即期汇率一般指当日公布的人民币汇率的中间价。在企业发生单纯的货币兑换交易或涉及货币兑换的交易时，仅用中间价不能反映货币买卖的损益，需要使用买入价或卖出价折算。

企业发生的外币交易只涉及人民币与美元、欧元、日元、港币和英镑等常见外币之间折算的，可直接采用中国人民银行授权中国外汇交易中心每日公布的人民币汇率的中间价作为即期汇率进行折算；企业发生的外币交易涉及人民币与其他货币之间折算的，应按照国家外汇管理局公布的各种货币对美元折算率采用套算的方法进行折算；发生的外币交易涉及人民币以外的货币之间折算的，可直接采用国家外汇管理局公布的各种货币对美元折算率进行折算。

2. 即期汇率、历史汇率与远期汇率

无论买入价，还是卖出价，只要是立即交付的结算价格，都是即期汇率。即期汇率

是指外币交易双方在成交后即期（一般不超过两个工作日）办理交割业务时采用的汇率。历史汇率是指过去某一时点对应的结算价格，通常是在最初取得资产、承担债务或获得资本时计入账簿中的汇率，又称账面汇率。远期汇率是在未来某一日交付时的结算价格。外币折算时，一般不考虑远期汇率。

3. 即期汇率的近似汇率

《企业会计准则第19号——外币折算》规定，在初始确认时，应采用交易发生日的即期汇率进行外币折算，也可以采用即期汇率的近似汇率折算。当汇率变动不大时，选择即期汇率的近似汇率可以简化核算。即期汇率的近似汇率是按照系统合理的方法确定的、与交易发生日即期汇率近似的汇率，通常是指当期平均汇率或加权平均汇率等。加权平均汇率需要采用外币交易的外币金额作为权重进行计算。确定即期汇率的近似汇率的方法应在前后各期保持一致。

第二节 外币交易的会计处理

外币交易的记账方法有外币统账制和外币分账制两种。外币统账制，是指企业在发生外币交易时即折算为记账本位币入账。外币分账制又称原币记账制，常用于外币业务多、外币种类多的企业（如金融类企业），在日常核算时按原币记账，期末进行折算和调整。我国绝大多数企业采用外币统账制，本节主要介绍外币统账制下的会计核算方法。

一、外币交易的核算程序

（一）账户设置

外币统账制下，外币交易发生时，要将外币金额折算为记账本位币金额进行记录。对于外币现金、外币银行存款和外币债权债务类账户，需要设置专门的外币账户，其账簿格式均设有外币、汇率和人民币金额等栏目，同时反映外币金额和折算后的人民币金额。

对外币交易金额因汇率变动而产生的差额，不单独设置一级科目，可在"财务费用"科目下设置二级科目"汇兑差额"反映。该科目借方反映因汇率变动而产生的汇兑损失或外汇兑换所产生的费用，贷方反映因汇率变动而产生的汇兑收益，期末余额结转入"本年利润"科目后一般无余额。

（二）会计核算的基本程序

1. 初始确认和计量

企业发生外币交易的，应在初始确认时采用交易日的即期汇率或即期汇率的近似汇率将外币金额折算为记账本位币金额。这里的即期汇率可以是外汇牌价的买入价或卖出价,也可以是中间价,除与银行进行货币兑换的业务以外,一般以中间价作为即期汇率,进行外币交易的折算。企业应按折算后的记账本位币金额登记有关账户,在登记有关记账本位币账户的同时,按照外币金额登记相应的外币账户。

2. 期末或结算时折算差额的调整

期末,将所有外币货币性项目的外币余额,按照期末即期汇率折算为记账本位币金额,并与原记账本位币金额相比较,其差额记入"财务费用——汇兑差额"等科目。对于外币非货币性项目,按有关规定进行会计处理,一般不产生或不单独反映"财务费用——汇兑差额"。

结算外币货币性项目时,将其外币结算金额按照当日即期汇率折算为记账本位币金额,并与原记账本位币金额相比较,其差额记入"财务费用——汇兑差额"等科目。外币债权债务的结算,有可能是在本期,也有可能在下一期及以后期间。①本期结算,相关汇兑损益反映了债权债务产生日至结算日之间的汇率变动;②跨期结算,汇兑损益的核算将分期进行,相关汇兑损益反映的是债权债务产生日至资产负债表日之间的汇率变动或资产负债表日至结算日之间的汇率变动。

二、交易日外币业务的会计处理

外币交易是指企业发生以外币计价或者结算的交易,包括:买入或者卖出以外币计价的商品或者劳务;接受外币投资以及借入或者借出外币资金;其他以外币计价或者结算的交易,如外币兑换等。本节示例均以甲公司为例展开,甲公司属于增值税一般纳税人,适用的增值税税率为13%。选择确定的记账本位币为人民币,其外币交易采用交易日即期汇率折算。

(一)外币采购和销售

企业以外币购入原材料和固定资产,按当日即期汇率将支付(或应付)的外币折算为记账本位币,以确定购入货物及债务的入账价值,同时按照外币金额登记有关外币账户。企业出口商品,按照即期汇率将外币销售收入折合人民币。对于取得的款项或发生的外币债权,按照折合人民币的金额入账,同时按照外币金额登记有关外币账户。

进口货物时,海关征收的税包括两部分:进口关税和代征增值税。海关根据海关专用缴款书当天的汇率,把申报的外汇换算为人民币,称为进口关税的"完税价格"。根据该完税价格和适用的进口关税税率计算关税税额。进口关税的完税价格与进口关税的税额的合计数,构成代征增值税的完税价格,在此基础上按照适用的增值税税率计算增值税额。

我国对货物出口采用退税与免税相结合的政策,包括:①出口免税并退税:出口免税是指对货物在出口环节不征增值税、消费税,出口退税是指对货物在出口前实际承担的税收负担,按规定的退税率计算后予以退还;②出口免税不退税,指出口货物因在前一道生产、销售环节或进口环节是免税的,出口时该货物无须退税;③出口不免税也不退税，指对国家限制或禁止出口的某些货物的出口环节视同内销环节，照常征税且不退还出口前其所负担的税款。

【例2-3】20×1年3月12日，甲公司从美国乙公司购入某种工业原料500吨，每吨价格为4 000美元，当日的即期汇率为1美元=6.50元人民币，进口关税税率为10%，货款尚未支付，进口关税及增值税由银行存款支付。

本例中，计算该原材料的采购成本如下（单位：元人民币）：

原材料成本（500×4 000×6.50） 13 000 000
进口关税税额（500×4 000×6.50×10%） 1 300 000
原材料的采购成本 14 300 000
增值税进项税额 =14 300 000×13%=1 859 000

相关会计分录如下：

借：原材料 14 300 000
　　应交税费——应交增值税（进项税额） 1 859 000
　　贷：应付账款——乙公司（美元） 13 000 000
　　　　银行存款 3 159 000

【例2-4】20×1年3月15日，甲公司从境外丙公司购入不需要安装的设备一台，设备价款为250 000美元，购入该设备当日的即期汇率为1美元=6.46元人民币，款项尚未支付，增值税以银行存款支付。

本例中，设备的成本为设备本身的价款，为1 615 000元（250 000×6.46），增值税209 950元（250 000×6.46×13%）可以用来抵扣，不计入设备成本中。有关会计分录如下：

借：固定资产——机器设备 1 615 000
　　应交税费——应交增值税（进项税额） 209 950
　　贷：应付账款——丙公司（美元） 1 615 000
　　　　银行存款 209 950

【例2-5】20×1年4月3日，甲公司向丙公司出口销售商品1 000件，销售合同规定的销售价格为每件250美元，当日的即期汇率为1美元=6.45元人民币，货款尚未收到。假设不考虑相关税费。

本例中，甲公司应收丙公司的账款为250 000美元（1 000×250），折算为记账本位币的金额=250 000×6.45=1 612 500（元人民币）。

相关会计分录如下：

借：应收账款——丙公司（美元） 1 612 500
　　贷：主营业务收入 1 612 500

（二）外币投资和融资

随着国际经济一体化的发展，企业可以通过各种渠道对外投资。一是直接设立境外经营机构；二是通过股权交易，拥有境外企业的股权；三是在公开市场购买以外币计价的股票（如 B 股股票）和债券。企业以外币对外投资时，应按照交易时的即期汇率折合为人民币记账。

【例 2-6】20×1 年 11 月 10 日，甲公司以每股 1.5 美元的价格购入 M 公司 B 股 10 000 股作为交易性金融资产，以每股 2 美元的价格购入 N 公司 B 股 2 000 股作为以公允价值计量且其变动计入其他综合收益的金融资产。当日汇率为 1 美元 =6.45 元人民币，款项已付。

本例中，20×1 年 11 月 10 日，甲公司应对上述交易做以下处理：

借：交易性金融资产（1.5×10 000×6.45） 96 750
　　其他权益工具投资（2×2 000×6.45） 25 800
　贷：银行存款——美元 122 550

企业可以通过接受投资和借款实现外币融资。企业收到投资者以外币投入的资本，无论是否有合同约定汇率，均不采用合同约定汇率和即期汇率的近似汇率折算，而是采用交易日即期汇率折算，这样，外币投入资本与相应的货币性项目的记账本位币金额相等，不产生外币资本折算差额。

企业借入外币时，按照借入外币时的即期汇率折合记账本位币入账，同时按照借入外币的金额登记相关的外币账户。

【例 2-7】甲公司与外商签订投资合同，外商将分两次投入外币资本，投资合同约定的汇率是 1 美元 =6.60 元人民币。20×1 年 5 月 1 日，甲公司第一次收到外商投入资本 300 000 美元，当日即期汇率为 1 美元 =6.50 元人民币；20×1 年 6 月 3 日，第二次收到外商投入资本 300 000 美元，当日即期汇率为 1 美元 =6.45 元人民币。

本例中，即使投资合同约定了折算汇率，甲公司也应按照收到投资者的外币投资时（即交易发生日）的即期汇率加以折算。相关会计分录如下。

20×1 年 5 月 1 日，第一次收到外币资本时：

借：银行存款——美元（300 000×6.50） 1 950 000
　贷：股本（或实收资本） 1 950 000

20×1 年 6 月 3 日，第二次收到外币资本时：

借：银行存款——美元（300 000×6.45） 1 935 000
　贷：股本（或实收资本） 1 935 000

虽然"股本（或实收资本）"账户的金额不能反映股权比例，但并不改变企业分配和清算的约定比例，这一约定比例通常已经包括在合同中。

【例 2-8】20×1 年 4 月 11 日，甲公司从中国银行借入 1 500 000 港币，期限为 1 个月，借入的港币暂存银行。借入当日的即期汇率为 1 港元 =0.82 元人民币。假定甲公司按季度结算汇兑损益。

本例中，涉及两个外币账户，即"银行存款"和"短期借款"，均按照交易发生日的汇率折算为人民币记账。相关会计分录如下：

借：银行存款——港元（1 500 000×0.82） 1 230 000
　贷：短期借款——港元 1 230 000

(三）外币兑换

可以兑换外币的银行有中国银行、工商银行等，一般按照当日的外汇牌价，办理人民币与外币的兑换。人民币兑换外币，按银行卖出价结算；外币兑换人民币，按银行买入价结算。以外币兑换人民币为例，如果要转账，按银行现汇买入价，如果是现钞交易，按银行现钞买入价。企业卖出（买入）外币时，以银行买入价（卖出价）计算所兑换（支付）的本位币金额，以中间价作为折算汇率，登记有关外币账户，差额记入"财务费用——汇兑差额"。由于银行要赚取汇兑价差，故外币兑换时，企业均会将汇兑差额登记在"财务费用——汇兑差额"的借方。

【例2-9】20×1年6月5日15：00，甲公司财务人员到中国银行将50 000美元的外汇兑换为人民币（现汇），中国银行当日的美元外汇牌价见表2-2。

表2-2 中国银行20×1年6月5日美元外汇牌价

现汇买入价	现钞买入价	现汇卖出价	现钞卖出价	外管局中间价	中行折算价
639.3	634.1	642.01	642.01	641.57	641.57

本例中，将美元兑换为人民币（现汇），采用的折算汇率是中国银行对美元的现汇买入价：100美元＝639.3元人民币。

50 000美元的外汇兑换为人民币的金额＝50 000÷100×639.3＝319 650（元人民币）

记账所用的即期汇率为中间价：100美元＝641.57元人民币；"银行存款——美元"账户转出金额＝50 000÷100×641.57＝320 785（元人民币）；由于汇率变动而产生的汇兑差额1 135元计入当期财务费用。相关会计分录如下：

```
借：银行存款——人民币              319 650
    财务费用——汇兑差额              1 135
  贷：银行存款——美元                320 785
```

（四）以外币支付职工薪酬

依照《中华人民共和国劳动法》和《工资支付暂行规定》的规定，用人单位应当在固定或约定日期支付劳动者的工资和其他薪酬。一般情况下，用人单位应以人民币支付职工薪酬，特定用人单位（外资企业）可以用外币支付，或转入外籍职工外汇存款账户。企业以外币结算并支付职工薪酬时，应折合成人民币记账。

三、外币业务结算及期末调整

由于汇率的变动，外币债权债务结算时，实际收到或支付的人民币金额与账面上记录的人民币金额有差异，应将该差异计入财务费用科目；期末，外币货币性项目和某些外币非货币性项目的账户余额要随汇率的变动而作出相应的调整。

（一）外币业务结算

结算债权债务类外币项目时，应以当日即期汇率折算，当日即期汇率不同于该项目初始入账时或前一期末即期汇率而产生的汇兑差额计入当期损益。

【例 2-10】 沿用【例 2-8】，1 个月后甲公司按期以人民币向中国银行归还借入的 1 500 000 港币。归还借款时的港币的卖出价为 1 港元 = 0.81 元人民币。

本例中，以人民币归还港币借款，可视为先用人民币购买港币，再用购买的港币归还借款。

"短期借款"科目余额	1 230 000
购买 1 500 000 港币需要筹措的人民币（1 500 000×0.81）	1 215 000
差额	15 000

差额计入"财务费用——汇兑差额"，有关会计分录如下：

借：短期借款——港元	1 230 000	
贷：银行存款——人民币		1 215 000
财务费用——汇兑差额		15 000

（二）外币项目的期末调整

1. 外币货币性项目

货币性项目是企业持有的货币、将以固定或可确定金额的货币收取的资产或者偿付的负债，分为货币性资产和货币性负债。货币性资产包括现金、银行存款、应收账款、其他应收款、长期应收款等；货币性负债包括应付账款、其他应付款、短期借款、应付债券、长期借款、长期应付款等。注意，货币性项目与流动性项目不同，有些流动性项目不是货币性项目，如交易性金融资产（股票、基金）、存货等，有些非流动性项目属于货币性项目，如长期应收或应付款等。期末，应以当日即期汇率折算外币货币性项目，因当日即期汇率不同于该项目初始入账时或前一期末即期汇率而产生的汇兑差额，计入当期损益。需要计提减值准备的，应当按资产负债表日的即期汇率折算后，再计提减值准备。

货币性项目的特点是，其资产或负债的金额是一定量的货币，在币值发生变化的情况下，会产生购买力损益。当汇率上升时，一定金额的外币货币性资产能折合更多的记账本位币金额，产生汇兑收益；一定金额的外币货币性负债则需要更多的记账本位币金额来清偿，产生汇兑损失。当汇率下降时，则会产生相反的结果。

【例 2-11】 沿用【例 2-3】，20×1 年 3 月 31 日，甲公司应付美国乙公司的货款 200 万美元尚未支付。当日即期汇率为 1 美元 = 6.41 元人民币。

本例中，计算甲公司应付账款有关的汇兑损益如下：

"应付账款——乙公司（美元）"原余额（500×4 000×6.50）	13 000 000
应付账款按期末即期汇率折算后的金额（500×4 000×6.41）	12 820 000
差额	180 000

应付账款折算汇率的下降，导致偿付义务的减少，产生汇兑收益。相关会计分录如下：

借：应付账款——乙公司（美元）	180 000	

贷：财务费用——汇兑差额　　　　　　　　　　　　　　　　　　　　180 000

【**例 2-12**】沿用【**例 2-5**】，20×1 年 4 月 30 日，甲公司仍未收到丙公司发来的销售货款，当日的即期汇率为 1 美元 = 6.36 元人民币。

本例中，汇率变动导致的汇兑损益如下：

应收丙公司账款按即期汇率折算后的金额（250 000×6.36）　　　1 590 000
"应收账款——丙公司（美元）"原余额（250 000×6.45）　　　　 1 612 500
差额　　　　　　　　　　　　　　　　　　　　　　　　　　　　 -22 500

应收账款折算汇率的下降，导致债权的减少，产生汇兑损失。有关会计分录如下：

　　借：财务费用——汇兑差额　　　　　　　　　　　　　　　　　　22 500
　　　　贷：应收账款——丙公司（美元）　　　　　　　　　　　　　22 500

假如当月收到货款，则应当按照结算日的即期汇率进行折算，差额计入当期损益。

【**例 2-13**】甲公司 20×1 年 9 月"银行存款——美元"账户的日记账记录及外币货币性项目月末金额如表 2-3 所示。

表 2-3　甲公司 20×1 年 9 月银行存款——美元日记账　　　　单位：元

月	日	凭证号	摘要	对方科目	汇率	借 美元	借 人民币	贷 美元	贷 人民币	余额 美元	余额 人民币
9	1		月初余额		6.41					120 000	769 200
	2		采购 A 商品		6.41			100 000	641 000	20 000	128 200
	11		购 B 股股票		6.40			15 000	96 000	5 000	32 200
	19		收投资款		6.38	300 000	1 914 000			305 000	1 946 200
	25		外币兑换		6.37			50 000	318 500	255 000	1 627 700
	30		汇兑差额		6.36				5 900	255 000	1 621 800
	30		本月合计			300 000	1 914 000	165 000	1 061 400	255 000	1 621 800

20×1 年 9 月 30 日，甲公司外币货币性项目及折算过程见表 2-4。

表 2-4　甲公司期末外币账户余额折算表　　　　单位：元

外币账户	外币余额	调整前人民币金额	期末即期汇率	期末折算余额	调整金额
银行存款——美元	255 000	1 627 700	6.36	1 621 800	-5 900
应收账款——港元	1 500 000	1 245 000	0.82	1 230 000	-15 000
外币货币性资产小计		2 872 700		2 851 800	-20 900
应付账款——美元	250 000	1 605 500	6.36	1 590 000	-15 500
短期借款——港元	1 000 000	830 000	0.82	820 000	-10 000
外币货币性负债小计		2 435 500		2 410 000	-25 500

外币货币性项目期末调整的会计分录如下（单位：元人民币）：

　　借：应付账款——美元　　　　　　　　　　　　　　　　　　　　15 500
　　　　短期借款——港元　　　　　　　　　　　　　　　　　　　　10 000

贷：银行存款——美元		5 900
应收账款——港元		15 000
财务费用——汇兑差额		4 600

期末，外币应收账款如果发生减值，则需计提坏账准备。计提坏账准备时，按照期末即期汇率，将外币折算为记账本位币。对于外币货币性项目，汇率的变化所导致的汇兑差额，一般应计入"财务费用——汇兑差额"科目。企业为购建或生产符合资本化条件的资产而借入的专门借款为外币借款时，在借款费用资本化期间内，由于汇率变化而产生的汇兑差额，应当予以资本化，计入资产成本中。

2. 外币非货币性项目

非货币性项目是货币性项目以外的项目，如预付账款、预收账款、存货、长期股权投资、交易性金融资产（股票、基金）、固定资产、无形资产等。

（1）对于以历史成本计量的外币非货币性项目，已在交易发生日按当日即期汇率折算，资产负债表日不应改变其原记账本位币金额，不产生汇兑差额。

（2）对于以成本与可变现净值孰低计量的存货，如果其可变现净值以外币确定，则在确定存货的期末价值时，应先将可变现净值折算为记账本位币，再与以记账本位币反映的存货成本进行比较。

（3）对于以公允价值计量的股票、基金等非货币性项目，如果期末的公允价值以外币反映，则应当先将该外币按照公允价值确定当日的即期汇率折算为记账本位币金额，再与原记账本位币金额进行比较，其差额作为公允价值变动损益。

【例2-14】20×1年11月2日，甲公司从英国W公司采购国内市场尚无的A商品1 000件，每件价格为600英镑，当日即期汇率为1英镑=8.45元人民币。20×1年12月31日，尚有400件A商品未销售出去，国内市场仍无A商品供应，A商品在国际市场的价格降至580英镑。12月31日的即期汇率是1英镑=8.42元人民币。假定不考虑增值税等相关税费。

本例中，由于存货在资产负债表日采用成本与可变现净值孰低计量，因此，在以外币购入存货并且该存货在资产负债表日的可变现净值以外币反映时，计提存货跌价准备时应当考虑汇率变动的影响。存货价值的下跌与汇率变动不可区分，统一计入"资产减值损失"和"存货跌价准备"科目。甲公司相关会计处理如下：

20×1年11月2日，购入A商品的成本=1 000×600×8.45=5 070 000（元）

借：库存商品——A商品		5 070 000
贷：银行存款——英镑（600 000×8.45）		5 070 000

20×1年12月31日，如果存货可变现净值高于历史成本，则无须计提减值准备，此时，以历史成本计量的外币存货项目，已在交易发生日按当日即期汇率折算，资产负债表日不应改变其原记账本位币金额，不产生汇兑差额。如果存货可变现净值低于历史成本，则需计提减值准备。计算见表2-5。

表2-5 **存货可变现净值低于历史成本的处理**

外币账户	数量	单价/英镑	汇率（人民币/英镑）	金额/元人民币
20×1年11月2日存货成本	400	600	8.45	2 028 000
20×1年12月31日存货可变现净值	400	580	8.42	1 953 440
存货跌价准备				74 560

计提存货跌价准备时：
借：资产减值损失　　　　　　　　　　　　　　　　74 560
　　贷：存货跌价准备　　　　　　　　　　　　　　　　74 560

【例 2-15】接【例 2-6】，20×1 年 12 月 10 日，甲公司将所购 M 公司 B 股股票按当日市价全部售出，所得价款为 13 000 美元，当日汇率为 1 美元 = 6.42 元人民币。20×1 年 12 月 31 日，由于市价变动，上月购入的 N 公司 B 股的市价变为每股 1.8 美元，当日汇率为 1 美元 = 6.40 元人民币。假定不考虑相关税费的影响。

本例中，交易性金融资产、以公允价值计量且其变动计入其他综合收益的金融资产均以公允价值计量。

20×1 年 12 月 10 日，出售 M 公司 B 股股票的损益计算如下：
出售股票所得价款（13 000×6.42）　　　　　　　　83 460
交易性金融资产原账面价值　　　　　　　　　　　　96 750
差额　　　　　　　　　　　　　　　　　　　　　 -13 290

交易性金融资产采用公允价值计量，对于汇率的变动和股票市价的变动不进行区分，13 290 元人民币的差额作为投资收益进行处理。因此，售出当日甲公司应做会计分录如下：

借：银行存款——美元　　　　　　　　　　　　　83 460
　　投资收益　　　　　　　　　　　　　　　　　13 290
　　贷：交易性金融资产　　　　　　　　　　　　　96 750

20×1 年 12 月 31 日，由于金融资产是以外币计价，在资产负债表日，不仅应考虑股票市价的变动，还应一并考虑美元与人民币之间汇率变动的影响。上述以公允价值计量且其变动计入其他综合收益的金融资产在资产负债表日的人民币金额为 23 040 元人民币（1.8×2 000×6.40），与原账面价值 25 800 元人民币的差额 2 760 元人民币，既包含甲公司所购 N 公司 B 股股票公允价值变动的影响，又包含人民币与美元之间汇率变动的影响，应一并计入其他综合收益。相应的会计分录为

借：其他综合收益　　　　　　　　　　　　　　　2 760
　　贷：其他权益工具投资　　　　　　　　　　　　2 760

第三节　外币财务报表折算

会计主体所采用的记账本位币与其财务报表列报货币有可能不同。尤其是当一个集团由使用不同记账本位币的多个主体构成时，所有主体的财务状况、经营成果和现金流量信息需要折算为同一种列报货币，以便编制合并财务报表。将企业境外经营的财务报表折算为以企业记账本位币反映的财务报表，这一过程就是外币财务报表的折算。除编制跨国公司合并报表的需要外，母公司或总公司考核、评价国外子公司或分支机构的经营业绩时，以及因在国外证券市场上发行股票和债券而需要提供以当地货币表达的财务

报表时，也涉及外币报表折算的问题。

一、境外经营财务报表的折算

境外经营财务报表折算，是指将企业境外经营的外币财务报表折算为以企业记账本位币反映的财务报表，主要解决的问题包括：外币财务报表折算汇率的选择和折算差额的处理。

（一）外币财务报表的折算方法

从历史演进的视角看，外币财务报表折算方法主要可分为流动性与非流动性项目法、货币性与非货币性项目法、时态法以及现行汇率法。

1. 流动性与非流动性项目法

流动性与非流动性项目法是指将报表项目区分为流动性项目和非流动性项目，对流动项目按资产负债表日的即期汇率折算，对非流动项目按项目取得时的历史汇率折算。在报表折算时，流动资产和流动负债按资产负债表日的现行汇率折算，非流动资产、非流动负债以及留存收益以外的所有者权益项目按照历史汇率折算，留存收益属于平衡数；利润表项目除折旧、摊销和销货成本项外，其他项目按平均汇率折算。

新西兰、南非、伊朗、巴基斯坦和赞比亚等少数国家曾采用该方法，其主要缺点是流动性项目和非流动性项目的划分与汇率的变动无关，因而缺乏理论依据。

2. 货币性与非货币性项目法

货币性与非货币性项目法是指将报表中的资产、负债等项目划分为货币性项目和非货币性项目两大类，货币性项目按资产负债表日现行汇率折算，非货币性项目按历史汇率折算。在该方法下，长期应付款等非流动性货币性项目按照现行汇率折算，存货等流动性非货币性项目按照历史汇率折算。

货币性项目的特点是其代表的货币量固定不变，但其金额会受到币值变动的影响，采用现行汇率折算货币性项目，能恰当地反映汇率变动对货币价值的影响，但按照历史汇率折算非货币性项目则存在一定的问题。尤其是采用公允价值或成本与市价孰低计量的非货币性项目，其计量属性与所采用的折算汇率不匹配。芬兰、菲律宾、韩国和瑞典等少数国家曾采用该方法进行外币报表折算。

3. 时态法

该方法认为外币折算只是一种计量单位的变换程序，是对按外币计量的既定价值的重新表述，它不应该改变计量项目的属性（会计基础）。因此该方法采用与计量属性相一致的汇率，对采用现行价值计量的资产、负债项目按资产负债表日的现行汇率（即期末汇率）折算，对于按历史成本计量的非货币性资产、负债项目则采用原入账时的历史汇率折算。

该方法的缺陷是，各项目使用的折算汇率不同，导致折算结果不能保持折算前的原有比例关系。英国、美国、奥地利和阿根廷等国家曾采用该方法。

4. 现行汇率法

这是当前国际上流行的一种外币财务报表折算方法，是将外币资产负债表中的所有资产和负债统一按资产负债表日的现行汇率进行折算。资产负债表中，各项资产和负债均按照统一的汇率即现行汇率进行折算，实收资本按资本投入时汇率即历史汇率折算，留存收益项目为累积结存数，外币折算差额作为所有者权益的一部分加以列报。

现行汇率法虽然缺乏足够的理论依据，但其优点也比较突出。一是简单明了和易于操作，二是在合并报表中保持了国外子公司单独报表所反映的原有财务状况和财务比例关系，便于对子公司进行财务分析。我国外币报表折算采用的是现行汇率法。

（二）采用现行汇率法折算外币财务报表的程序

在对企业境外经营财务报表进行折算前，应当调整境外经营的会计期间和会计政策，使之与企业会计期间和会计政策相一致，再按照以下程序对境外经营财务报表进行折算。

1. 利润表的折算

对于利润表中的收入和费用项目，采用交易发生日的即期汇率或即期汇率的近似汇率折算。为简便起见，可以采用期间内的平均汇率折算各收入和费用项目。折算后的综合收益人民币金额，同时反映在所有者权益变动表中。

2. 资产负债表的折算（未确定折算差额）

对于资产负债表中的资产和负债项目，采用资产负债表日的即期汇率折算，计算出所有者权益合计数所对应的记账本位币金额。该折算后的所有者权益合计数同时反映在所有者权益变动表中。注意，此时所有者权益各项目的人民币金额尚不确定。

3. 所有者权益变动表的折算

在所有者权益变动表中，所有者权益项目除"未分配利润"项目外，其他项目采用交易发生时的即期汇率折算。其中，实收资本和资本公积采用交易发生时的汇率（历史汇率）折算，计提的盈余公积采用交易发生日的即期汇率或即期汇率的近似汇率折算，未分配利润的期末人民币余额由期初余额加本期净利润、减计提的盈余公积计算而得。

将折算后的实收资本、资本公积、盈余公积和未分配利润的期末余额进行加总，比较该加总数与所有者权益本位币合计数（来自资产负债表中总资产与总负债的差额），确定外币报表折算差额，即

外币报表折算差额 = 资产负债表中折算后的所有者权益合计数（资产 − 负债）− （实收资本 + 资本公积 + 盈余公积 + 未分配利润）的本位币余额的加总数

4. 资产负债表所有者权益项目的折算（已确定折算差额）

将折算后的实收资本、资本公积、盈余公积和未分配利润的期末余额，列入资产负债表中；产生的"外币报表折算差额"，列入所有者权益部分的"其他综合收益"项目中。

【例 2-16】 国内 P 公司的记账本位币为人民币，该公司在境外有一子公司 S 公司，S 公司确定的记账本位币为美元。根据合同约定，P 公司拥有 S 公司 70% 的股权，能够

对 S 公司实施控制。P 公司采用现行汇率法对 S 公司的外币财务报表进行折算，其中利润表项目采用即期汇率的近似汇率（当期平均汇率）折算。相关数据如下。

实收资本发生日的汇率为 1 美元 =7 元人民币；20×1 年 1 月 1 日，累计盈余公积为 1 055 万美元，折算人民币 6 880 万元，累计未分配利润为 3 575 万美元，折算人民币 23 440 万元。S 公司 20×1 年实现净利润 2 250 万美元，按净利润的 10% 提取盈余公积。20×1 年 12 月 31 日的汇率为 1 美元 =6.3 元人民币；20×1 年的平均汇率为 1 美元 = 6.4 元人民币。

本例中，P 公司对 S 公司外币财务报表的折算过程及结果，如表 2-6、表 2-7、表 2-8 所示。

表 2-6 中，按照即期汇率的近似汇率即 20×1 年的平均汇率折算利润表各项目，利润表各项目的比例关系保持不变。净利润折算金额为 14 400 万元，该金额将进一步反映在股东权益变动表中。

表 2-6 利润表

20×1 年度 单位：万元

项 目	期末数（美元）	折算汇率	折算为人民币金额
一、营业收入	15 000	6.4	96 000
减：营业成本	9 950	6.4	63 680
税金及附加	150	6.4	960
销售费用	1 660	6.4	10 624
管理费用	607	6.4	3 884.8
财务费用	43	6.4	275.2
加：投资收益	30	6.4	192
二、营业利润	2 620	—	16 768
加：营业外收入	50	6.4	320
减：营业外支出	10	6.4	64
三、利润总额	2 660	—	17 024
减：所得税费用	410	6.4	2 624
四、净利润	2 250	—	14 400
五、其他综合收益			-3 896
六、综合收益总额	2 250	—	10 504

表 2-7 中，实收资本采用交易发生时的汇率折算，无须调整；当期计提的盈余公积采用即期汇率的近似汇率（当期平均汇率）折算，期末盈余公积为期初盈余公积与本期计提盈余公积的合计数；未分配利润记账本位币金额，为以前年度未分配利润记账本位币金额的累计与当期发生额（净利润和提取盈余公积的影响额）的合计。股东权益各项目折算后余额加总数为 69 920 万元（25 200+8 320+36 400），股东权益合计人民币金额为 66 024 万元（折算后资产总计 131 859 万元 - 折算后负债合计 65 835 万元），由此：

外币报表折算差额 =66 024-69 920=-3 896（万元）

表2-7 股东权益变动表

20×1年度 单位：万元

项目	实收资本			盈余公积			未分配利润		其他综合收益	股东权益合计（人民币）
	美元	折算汇率	人民币	美元	折算汇率	人民币	美元	人民币		
一、本年年初余额	3 600	7	25 200	1 055		6 880	3 575	23 440		55 520
二、本年增减变动额										
（一）净利润							2 250	14 400		14 400
（二）其他综合收益										
其中：外币报表折算差额									−3 896	−3 896
（三）利润分配										
提取盈余公积				225	6.4	1 440	−225	−1 440		
三、本年年末余额	3 600	7	25 200	1 280		8 320	5 600	36 400	−3 896	66 024

表2-8 资产负债表

20×1年12月31日 单位：万元

资产	期末数（美元）	折算汇率	折算为人民币金额	负债和股东权益	期末数（美元）	折算汇率	折算为人民币金额
流动资产：				流动负债：			
货币资金	9 960	6.3	62 748	短期借款	1 860	6.3	11 718
交易性金融资产	100	6.3	630	应付账款	5 000	6.3	31 500
应收票据	3 220	6.3	20 286	应付职工薪酬	180	6.3	1 134
应收账款	580	6.3	3 654	应交税费	360	6.3	2 268
其他应收款	20	6.3	126	其他流动负债	1 900	6.3	11 970
存货	1 660	6.3	10 458	流动负债合计	9 300	—	58 590
其他流动资产	1 030	6.3	6 489	非流动负债：			
流动资产合计	16 570	—	104 391	长期借款	1 100	6.3	6 930
非流动资产：				其他非流动负债	50	6.3	315
长期应收款	920	6.3	5 796	非流动负债合计	1 150	—	7 245
长期股权投资	60	6.3	378	负债合计	10 450	—	65 835
固定资产	1 740	6.3	10 962	股东权益：			
在建工程	100	6.3	630	实收资本	3 600	7	25 200
无形资产	360	6.3	2 268	盈余公积	1 280		8 320
递延所得税资产	1 080	6.3	6 804	未分配利润	5 600		36 400
其他非流动资产	100	6.3	630	其他综合收益			−3 896
非流动资产合计	4 360	—	27 468	股东权益合计	10 480		66 024
资产总计	20 930	—	131 859	负债和股东权益总计	20 930		131 859

表2-8中，各项资产和负债项目按照20×1年12月31日的即期汇率进行折算，在此基础上计算出股东权益合计数的人民币金额。在表2-7中计算出外币报表折算差额后，将实收资本等所有者权益项目的折算后金额，连同外币报表折算差额（其他综合收益），过入资产负债表中。

现金流量表项目以现金流量发生日的汇率或平均汇率折算，折算差额在"汇率变动对现金的影响"项目中反映，在此不再赘述。

二、特殊项目的处理

（一）实质上构成对境外经营净投资的汇兑差额的处理

母公司含有实质上构成对子公司（境外经营）净投资的外币货币性项目的情况下，在编制合并财务报表时，应分别以下两种情况编制抵销分录：①实质上构成对子公司净投资的外币货币性项目以母公司或子公司的记账本位币反映，则应在抵销长期应收应付项目的同时，将其产生的汇兑差额转入外币报表折算差额；②实质上构成对子公司净投资的外币货币性项目以母、子公司的记账本位币以外的货币反映，则应将母、子公司此项外币货币性项目产生的汇兑差额相互抵销，差额转入外币报表折算差额。

如果合并财务报表中各子公司之间也存在实质上构成对另一子公司（境外经营）净投资的外币货币性项目，在编制合并财务报表时应比照上述编制相应的抵销分录。

（二）境外经营的处置

企业可能通过出售、清算、返还股本或放弃全部或部分权益等方式处置其在境外经营中的利益。在包含境外经营的财务报表中，将已列入所有者权益的外币报表折算差额中与该境外经营相关部分，自所有者权益项目中转入处置当期损益。如果是部分处置境外经营，应当按处置的比例计算处置部分的外币报表折算差额，转入处置当期损益。

即测即练2

【案例讨论】

资料1：20×6年10月，××租赁发布公告，将下属主要以外币计价、结算的境内外SPV（special purpose vehicle，特殊目的公司）子公司，以及××资本国际等公司境外经营的记账本位币由人民币变更为其所处主要经营环境中的货币。××租赁在境内和境外注册成立了数十家SPV公司，主要从事飞机和船舶等租赁物的租赁业务。其中，境外SPV子公司的注册地和承租人均在境外，与承租人签订的租赁合同约定以美元计价并结算，对外融资币种亦为美元。××租赁原设立的境内外SPV子公司数量较少，经营规模不大，中航租赁将记账本位币统一为人民币。随着××租赁业务的不断发展和境内外SPV子公司数量的快速增加，子公司所处的经济环境、行业环境、市场环境等发生了较大变化。公司认为变更记账本位币能提供更可靠相关的会计信息，更加客观地反映中航资本国际的真实财务状况。由于公司财务报表编报货币为人民币，所以本次变更记账本位币未对比较财务报表数据造成影响。

讨论题目：××租赁为什么变更其 SPV 子公司所采用的记账本位币？

资料 2：20×7 年××摩托对委内瑞拉出口形成的应收账款产生了巨额的汇兑差额。截至 20×7 年 12 月 31 日，××进出口等子公司对委内瑞拉的应收账款余额为 42 990 779.25 美元（折合人民币 280 910 349.78 元），比年初减少 4 000 058 美元。按账龄分析法计提坏账准备 34 392 623.40 美元（折合人民币 224 728 279.82 元），比年初减少 2 821 870.89 美元，折合人民币 18 438 668.77 元，由于汇率变化的影响，最终应收账款对公司 20×7 年的利润影响数为 16 111 981.19 元人民币。20×7 年 1 月 1 日，美元对人民币的汇率为 6.937 0。

讨论题目：××进出口等子公司应收账款巨额的汇兑差额是如何形成的？

【业务训练题】

1. 资料：甲公司为境内注册的公司，其 30% 的收入来自出口销售，其余收入来自国内销售；生产产品所需原材料有 20% 进口，出口产品和进口原材料通常以欧元结算。20×6 年 12 月 31 日，甲公司应收账款余额为 200 万欧元，应付账款余额为 350 万欧元，对应的折算汇率为 1 欧元 = 7.55 元人民币。20×7 年甲公司出口产品形成应收账款 1 000 万欧元，按交易日的即期汇率折算的人民币金额为 7 560 万元；进口原材料形成应付账款 650 万欧元，按交易日的即期汇率折算的人民币金额为 4 875 万元。20×7 年 12 月 31 日欧元与人民币的汇率为 1∶7.45。

要求：

（1）为甲公司确定应采用的记账本位币。

（2）计算甲公司 20×7 年度因汇率变动产生的汇兑差额。

2. 资料：M 公司是我国境内注册的一家股份公司，其 20% 的收入来自出口销售；生产产品所用原材料有 30% 需要从国外购买，出口产品和进口原材料通常以美元结算。20×7 年 12 月 31 日的市场汇率是 1 美元 = 6.50 元人民币。外币交易采用业务发生时的即期汇率折算。

20×7 年 12 月 31 日，注册会计师在对 M 公司 20×7 年度的财务报表进行审计时，对 M 公司的下列会计事项提出疑问：

（1）M 公司选定的记账本位币为人民币。

（2）3 月 10 日，M 公司签订合同，接受国外某投资者的投资，合同约定汇率为 1 美元 = 6.6 元人民币。3 月 18 日实际收到该项投资款 5 000 万美元，当时的市场汇率为 1 美元 = 6.54 元人民币。M 公司进行的账务处理如下：

借：银行存款——美元（5 000×6.54）　　　　　　　　　　32 700

　　财务费用　　　　　　　　　　　　　　　　　　　　　　300

　贷：实收资本（5 000×6.6）　　　　　　　　　　　　　　33 000

（3）12 月 1 日，M 公司将 200 万美元兑换成人民币存入银行，当日的市场汇率是 1 美元 = 6.54 元人民币，银行的买入价是 1 美元 = 6.51 元人民币。M 公司进行的会计处理是：

借：银行存款——人民币（200×6.51）　　　　　　　　　　　　　1 302
　　贷：银行存款——美元（200×6.51）　　　　　　　　　　　　　　　1 302

（4）12月5日，M公司购入A公司发行的股票1 000万股作为以公允价值计量且其变动计入其他综合收益的金融资产，每股支付价款8美元，另支付交易费用50万元人民币，当日的市场汇率是1美元=6.53元人民币。12月31日，A公司的股票的市场价格为每股11美元。M公司在20×7年12月31日进行的账务处理如下：

借：其他权益工具投资——公允价值变动　　　　　　　　　　　　19 210
　　[1 000×11×6.50－（6.53×1 000×8+50）]
　　财务费用——汇兑差额　　　　　　　　　　　　　　　　　　　　240
　　贷：其他综合收益　　　　　　　　　　　　　　　　　　　　　　　19 450
　　[1 000×11×6.50－（6.50×1 000×8+50）]

要求：根据上述资料，不考虑其他因素的影响，判断M公司的处理是否正确，如果不正确请说明理由，并编制正确的会计分录。（答案中的金额单位用万元表示。）

3. 资料：国内甲公司的记账本位币为人民币，该公司在意大利有一子公司乙公司，乙公司确定的记账本位币为欧元。根据合同约定，甲公司拥有乙公司70%的股权，并能够对乙公司的财务和经营政策施加重大影响。20×7年，乙公司实现净利润700万欧元，20×7年12月31日，乙公司资产负债表中反映的总资产和总负债分别为9 300万欧元和2 360万欧元。

实收资本发生日的即期汇率为1欧元=8元人民币，20×6年12月31日的累计盈余公积为140万欧元，折算为人民币1 190万元，甲乙两公司均在年末计提盈余公积。20×7年12月31日的汇率为1欧元=7.4元人民币，20×7年的平均汇率为1欧元=7.5元人民币。

要求：根据上述资料填写表2-9中的人民币金额，并计算外币报表折算差额。

表2-9　所有者权益变动表

编制单位：乙公司　　　　　　　　　　20×7年度　　　　　　　　　　单位：万元

项　目	实收资本			盈余公积			未分配利润		其他综合收益	所有者权益合计（人民币）
	欧元	折算汇率	人民币	欧元	折算汇率	人民币	欧元	人民币		
一、本年年初余额	6 000	8	48 000	140		1 190	100	900		50 090
二、本年增减变动额										
（一）净利润							700			
（二）其他综合收益 　其中：外币报表折算差额										
（三）利润分配										
提取盈余公积				160			－160			
三、本年年末余额	6 000	8	48 000	300			640			

4. 资料：东方公司为增值税一般纳税人，适用的增值税税率为13%，以人民币作为

记账本位币,外币业务采用业务发生时的市场汇率折算,按月计算汇兑损益。有关外币账户 20×7 年 2 月 28 日的余额见表 2-10。

表 2-10 东方公司外币账户余额

项　目	外币金额 / 万美元	汇　率	人民币金额 / 万元人民币
银行存款	800	6.40	5 120
应收账款	400	6.40	2 560
应付账款	200	6.40	1 280
长期借款	1 000	6.40	6 400

东方公司 20×7 年 3 月发生的有关外币交易或事项如下:

(1) 3 月 3 日,将 100 万美元兑换为人民币,兑换取得的人民币已存入银行。当日市场汇率为 1 美元 =6.39 元人民币,当日银行买入价为 1 美元 =6.35 元人民币。

(2) 3 月 10 日,从国外购入一批原材料,货款总额为 400 万美元。该原材料已验收入库,货款尚未支付。当日市场汇率为 1 美元 =6.39 元人民币。另外,以银行存款支付该原材料的进口关税 500 万元人民币,增值税税率为 13%。

(3) 3 月 14 日,出口销售一批商品,销售价款为 600 万美元,货款尚未收到。当日市场汇率为 1 美元 =6.38 元人民币。假设不考虑相关税费。

(4) 3 月 20 日,收到应收账款 300 万美元,款项已存入银行。该笔应收账款产生于上期。当日市场汇率为 1 美元 =6.39 元人民币。

(5) 3 月 21 日收到某外商投入的外币资本 100 万美元,交易日即期汇率为 1 美元 =6.40 元人民币,合同约定汇率为 1 美元 =6.37 元人民币。款项已存入银行。

(6) 3 月 25 日,以每股 10 美元的价格(不考虑相关税费)购入英国 H 公司发行的股票 10 000 股作为交易性金融资产,当日市场汇率为 1 美元 =6.41 元人民币。3 月 31 日,H 公司发行的股票市价为 11 美元。

(7) 3 月 31 日,计提长期借款第一季度发生的利息。该长期借款系 20×7 年 1 月 1 日从中国银行借入的专门借款,用于购买建造某生产线的专用设备,借入款项已于当日支付给该专用设备的外国供应商。该生产线的建造工程已于 20×6 年 10 月开工。该外币借款金额为 1 000 万美元,期限 2 年,年利率为 4%,按季计提借款利息,到期一次还本,每年年末支付利息。该专用设备于 1 月 1 日投入安装。至 20×7 年 3 月 31 日,该生产线尚处于建造过程中。

3 月 31 日,市场汇率为 1 美元 =6.42 元人民币。

要求:

(1) 编制东方公司 20×7 年 3 月与外币交易或事项相关的会计分录。

(2) 计算东方公司 20×7 年 3 月 31 日外币账户发生的汇兑差额,并编制相关会计分录。

(3) 计算交易性金融资产 3 月 31 日应确认的公允价值变动损益,并编制相关会计分录。

业务训练题提示 2

第三章 所得税

【本章导读】

在会税分离的背景下，所得税会计核算的主流方法是资产负债表债务法。会计准则与税法规定之间的差异，是所得税核算的重点。在资产负债表中，各项资产和负债的账面价值与其计税基础之间的差异，被称为暂时性差异。根据其性质和对未来期间应纳税所得额的影响，暂时性差异可分为应纳税暂时性差异和可抵扣暂时性差异两类。合理确定两类暂时性差异，是后续确认递延所得税负债和递延所得税资产的基础。递延所得税和当期所得税共同构成企业的所得税费用。

【内容框架】

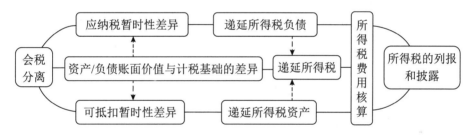

企业所得税，顾名思义，是对企业生产经营所得和其他所得征收的一种税，最早可以追溯到19世纪后期的美国。我国财政部于1994年颁布了《企业所得税会计处理的暂行规定》，明确了企业所得税的性质属于企业的一项费用。

第一节 所得税会计概述

【引例】志邦家居自上市以来，递延所得税负债和资产增长迅猛，引起了投资者的关注。董事会秘书在回答投资者问题时指出，存货等资产的减值损失，以及个别子公司的可抵扣亏损，是递延所得税资产增加的主要原因。公司在会计核算中对其固定资产采用直线法计提折旧，而按照税法规定，部分设备资产在计税时允许采用加速折旧法，由此造成了固定资产账面价值与计税基础的差异，这是递延所得税负债增加的原因之一。

一、会税分离与资产负债表债务法

依法纳税是每个社会公民的义务,企业应当就其经营所得缴纳所得税,并依照会计准则核算其所得税费用。

(一)目标差异下的会税分离

财务会计与税法的目标有所不同,财务会计的目标是向投资者、债权人和其他信息使用者提供有关会计主体的财务状况、经营成果和现金流量的信息,以便于管理者报告其受托责任履行情况和帮助信息使用者进行投资决策。税法的目标是征缴税款,以满足各项财政支出的需要;同时,运用税收减免政策,体现其政策导向。因此,会计税前利润和应纳税所得额的差异是客观存在的。所得税会计就是处理这一差异的会计分支。

所得税会计核算早期使用的方法是应付税款法,它是"会税统一"模式的具体体现。在应付税款法下,企业直接将按照所得税法规定计算出来的应交所得税,作为利润表中的所得税费用。企业应交所得税按照税法口径来计算,即在利润总额的基础上通过纳税调整(只考虑会计与税法计算口径不同造成的差异),计算出应纳税所得额,再乘以适用税率计算出来。这种方法不用核算暂时性差异,因此简单易行,但其局限性在于,由于应交所得税的计算基数是应纳税所得额,它与会计核算的收益不同,直接按照应交所得税核算所得税费用,不能反映企业当期经营收益所应该承担的所得税费用。应付税款法忽略了会计与税法客观存在的暂时性差异,导致利润表上所得税费用的计算口径(按照税法)与其他项目的计算口径(按会计准则)不一致。

随着我国经济体制改革的深入推进,财政部于 1994 年发布了《企业所得税会计处理的暂行规定》,对税前会计利润和应纳税所得额之间存在的差异,允许在应付税款法和纳税影响会计法之间选择。纳税影响会计法,是将本期由于税前会计利润与应纳税所得额在确认标准方面的不同所形成的暂时性差异,在其影响期间逐渐予以确认和转销的一种方法。该方法采用了"会税分离"的所得税会计核算模式,更加符合权责发生制和配比原则。

纳税影响会计法可以分为递延法和债务法两大类。在税率不变的情况下,递延法和债务法进行的会计处理的结果完全一致。采用递延法核算,递延税款的账面余额按照产生差异的时期所适用的所得税税率计算,在税率变动或开征新税时,对递延税款的账面余额不做调整。由此,在资产负债表上反映的递延税款余额,并不代表收款的权利或付款的义务。债务法对此作出了改进,在税率变动或开征新税率时,递延税款的账面余额要进行相应调整。在债务法下,本期产生的暂时性差异预计对未来所得税的影响金额反映在资产负债表中,或者作为将来应付税款的债务,或者作为代表预付未来税款的资产。债务法又可以区分为两类:利润表债务法和资产负债表债务法。

扩展阅读 3.1
所得税会计国际惯例

2006 年,我国发布和施行《企业会计准则第 18 号——所得税》,进一步推动了所得税会计与税法的分离。《企业会计准则第 18 号——所得税》借鉴了《国际会计准则第 12 号——所得税会计》的做法,要求企业对所得税会计核算采用资产负债表债务法。这是国际上通用的所得税会计核算方法,它以权责发生制为基础,在所得税会计核算方面遵循了资产、负债的界定,侧重暂时性差异,将所得税费用在不同会计期间进行合理分摊。

(二)资产负债表债务法

资产负债表债务法的原理如图 3-1 所示。

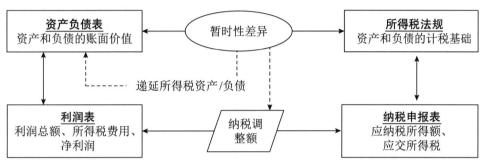

图 3-1 资产负债表债务法的原理

核算财务会计与税法的差异,可以从资产负债表出发,也可以从利润表出发。资产负债表债务法在所得税的会计核算方面贯彻了资产负债观。第一,资产负债表债务法侧重于资产负债表,它从资产负债表(而不是利润表)出发,将各项资产和负债的账面价值与其计税基础相比较,来确定是否存在差异(定义为暂时性差异)及差异的性质。利润总额与应纳税所得额之间的差异可分为暂时性差异和非暂时性差异两类,资产负债表债务法侧重处理的是暂时性差异。第二,资产负债表债务法根据暂时性差异的性质,将应纳税暂时性差异和可抵扣暂时性差异,在符合条件时分别确认为递延所得税负债和递延所得税资产,最终反映在资产负债表中。资产负债表中的递延所得税反映了本期产生的暂时性差异对未来应交所得税的影响额,或者作为将来应付税款的债务,或者作为代表预付未来税款的资产。确认递延所得税负债和递延所得税资产的同时,其对所得税费用的影响被界定为递延所得税费用。

二、资产负债表债务法下所得税会计的一般程序

采用资产负债表债务法核算所得税的情况下,企业一般应于每一资产负债表日进行所得税的核算。企业合并等特殊交易或事项发生时,在确认因交易或事项取得的资产、负债时即应确认相关的所得税影响。企业进行所得税核算一般应遵循以下程序。

(一)确定各项资产和负债的账面价值

按照相关会计准则规定,确定资产负债表中除递延所得税资产和递延所得税负债以外的其他资产和负债项目的账面价值。资产、负债的账面价值,指企业按照相关会计准则的规定进行核算后在资产负债表中列示的金额。对于计提折旧和摊销的资产,其账面价值等于原值减去累计折旧或累计摊销后的余额。例如,固定资产的账面价值指扣除累

计折旧之后的净值。对于计提了减值准备的各项资产，计算账面价值时，要减去已计提的减值准备。例如，企业持有的应收账款账面余额为1 000万元，企业对该应收账款计提了50万元的坏账准备，其账面价值为950万元。

（二）确定各项资产和负债的计税基础

以适用的税收法规为基础，确定资产负债表中有关资产、负债项目的计税基础。"计税基础"（tax base）一词源于税法，本意是指用来计算应纳税所得额的基数。美国财务会计准则委员会（FASB）1987年发布第96号准则公告《所得税的会计处理》，把该词引入会计领域。通俗地理解资产和负债的计税基础，就是指根据税收征管的要求对企业资产和负债的应有价值作出的认定。

以资产为例，《中华人民共和国企业所得税法实施条例》中明确规定了资产的税务处理方法："企业的各项资产，包括固定资产、生物资产、无形资产、长期待摊费用、投资资产、存货等，以历史成本为计税基础"；并且强调："企业持有各项资产期间资产增值或者减值，除国务院财政、税务主管部门规定可以确认损益外，不得调整该资产的计税基础。"而依据《企业会计准则》，某些类别的资产可以采用公允价值计价，发生的减值损失也应予以及时确认，由此便产生了资产账面价值与计税基础的差异；为会计和计税目的采用不同的折旧和摊销方法等，也使得资产的账面价值与计税基础有所不同。

（三）确定暂时性差异及递延所得税

比较资产、负债的账面价值与其计税基础，对于两者之间存在差异的，分析其性质，除准则中规定的特殊情况外，区分为应纳税暂时性差异和可抵扣暂时性差异。应纳税暂时性差异是增加未来期间应纳税所得额的差异，应根据其发生额确认或转销递延所得税负债；可抵扣暂时性差异是减少未来期间应纳税所得额的差异，应根据其发生额确认或转销递延所得税资产。将递延所得税负债和递延所得税资产在资产负债表日的期末余额，与其期初余额相比，确定递延所得税的金额。

（四）确定当期所得税

就企业当期发生的交易或事项，按照税法规定计算确定当期应纳税所得额，将应纳税所得额与适用的所得税税率相乘计算的结果，确认为当期应交所得税，即当期所得税。

当期所得税是所得税费用的一部分，因此是所得税会计核算的必要环节。计算当期所得税时，是从利润表出发，考虑利润总额与应纳税所得额之间的差异（包括暂时性差异和非暂时性差异），通过纳税调整，将利润总额调整为应纳税所得额，在此基础上，计算企业当期应交所得税。

（五）确定利润表中的所得税费用

利润表中的所得税费用主要包括当期所得税（当期应交所得税）和递延所得税两个组成部分，企业在计算确定了当期所得税和递延所得税后，就可以确定利润表中的所得税费用。

资产负债表债务法下所得税会计的核算程序如图 3-2 所示。

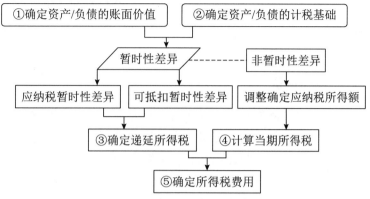

图 3-2　资产负债表债务法下所得税会计的核算程序

上述五个步骤环环相扣,其中,第一步和第二步是确定暂时性差异的基础;第三步和第四步分别确定资产负债表中应予列报的递延所得税和应交所得税;第五步进行汇总,确定利润表中应予列报的所得税费用。

第二节　资产、负债的计税基础及暂时性差异

在进行所得税会计核算之前,资产、负债的账面价值就已经反映在企业的账簿和资产负债表中了,这种情况下,真正具有挑战性的工作是确定资产、负债的计税基础。

一、资产的计税基础

资产的计税基础,是指企业收回资产账面价值的过程中,计算应纳税所得额时按照税法规定可以自应税经济利益中抵扣的金额。简而言之,资产的计税基础就是一项资产在计税时按照税法规定可以在税前扣除的总额。对于期限超过一年的长期资产,资产在初始确认时,其计税基础一般为取得成本,在资产持续持有的过程中,其计税基础是指资产的取得成本减去前期按照税法规定已税前扣除的金额后的余额。如图 3-3 所示。

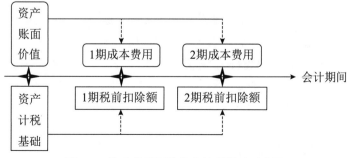

图 3-3　资产的账面价值和计税基础对比图

资产的计税基础有其独立的经济含义。图3-3将资产的账面价值与计税基础进行了对比。资产的账面价值代表的是，某项资产在其使用寿命内逐渐转化为各期的成本费用，从而可以从未来经济利益中回收的总额，而其计税基础代表的是该期间内按照税法规定可以自应纳税所得额中扣除的总额。

（一）应收账款和存货

应收账款按照预期可收回的金额列报在财务报表中，存货基于成本与可变现净值孰低原则确定其列报金额。应收账款和存货均有可能发生减值，会计处理中会相应地计提坏账准备和存货跌价准备，将应收账款和存货的账面价值调低。而依照税法规定，资产在发生实质性损失之前，会计上所确认的减值损失不允许税前扣除。这意味着坏账准备和存货跌价准备的计提，不会对应收账款和存货的计税基础产生任何影响，由此导致其账面价值与计税基础之间的差异。

【例3-1】甲公司20×1年12月31日应收账款科目余额为6 000万元，期末应收账款坏账准备余额为300万元。税法规定，不符合国务院财政、税务主管部门规定的各项资产的减值损失不允许税前扣除。

本例中，该项应收账款在20×1年资产负债表日的账面价值=6 000-300=5 700（万元），由于不考虑所计提的坏账准备，该项应收账款计税基础为其原值6 000万元，由此形成了暂时性差异300万元。在未来应收账款收回并发生实质性损失的期间，会减少该未来期间的应纳税所得额和应交所得税。

【例3-2】甲公司20×1年购入原材料成本为5 000万元，因部分生产线停工，当年未领用任何原材料，20×1年资产负债表日估计该原材料的可变现净值为4 000万元。

本例中，该项原材料期末列报价值（账面价值）应等于其可变现净值4 000万元。按照税法规定，发生的存货跌价损失不得调整资产的计税基础，该项原材料的计税基础仍为5 000万元，由此产生暂时性差异1 000万元。存货减值损失不会影响当年的纳税额，但会在未来变为实质性损失的期间减少企业的应纳税所得额。

（二）以公允价值计量的金融资产

对于以公允价值计量的资产，持有期间发生的增值或者减值，不能调整其计税基础，除非该资产出售或变现，其计税基础保持历史成本不变。按照《企业会计准则第22号——金融工具确认和计量》的规定，以公允价值计量的金融资产于某一会计期末的账面价值为其公允价值，持有期间发生的变动计入当期损益或其他综合收益。税法规定，企业以公允价值计量的金融资产，在某一会计期末的计税基础为其取得成本。在持有期间，市价的波动在计税时不予考虑；只有在实际处置或结算时，实现的处置损益才能计入应纳税所得额。由此，以公允价值计量的金融资产，账面价值与其计税基础之间存在着暂时性差异。

【例3-3】20×1年10月20日，甲公司自公开市场取得一项权益性投资，支付价款2 200万元，作为交易性金融资产核算。20×1年12月31日，该投资的市价为2 000万元。

本例中，该项交易性金融资产采用公允价值核算，其在20×1年资产负债表日的账面价值为2 000万元。因税法规定以公允价值计量的金融资产在持有期间公允价值的变动不应调整资产的计税基础，其计税基础应维持原取得成本不变，为2 200万元。由此，产生了200万元的暂时性差异。该差异意味着，在未来该交易性金融资产出售期间，资产持有损失变为实质性损失，会减少该未来期间的应纳税所得额。

【例3-4】 20×1年11月8日，甲公司自公开市场上取得一项基金投资，作为以公允价值计量且其变动计入其他综合收益的金融资产核算，记入"其他权益工具投资"科目。该投资的成本为1 500万元。20×1年12月31日，其市价为1 575万元。

本例中，该项金融资产在20×1年12月31日的账面价值等于其公允价值1 575万元；其计税基础维持其原取得成本不变，为1 500万元。由此产生75万元的暂时性差异，将会增加未来该资产处置期间的应纳税所得额。

（三）长期股权投资

在初始确认时，长期股权投资的账面价值与其计税基础一般不存在差异；后续计量时，除资产减值准备的计提外，初始投资成本的调整、采用权益法核算的长期股权投资在持有过程中所享有的被投资单位净资产份额的变化，均会导致其账面价值与计税基础产生差异。

1. 初始投资成本的调整

取得长期股权投资时，应比较其初始投资成本与按比例计算应享有被投资单位可辨认净资产公允价值的份额。在初始投资成本小于所享有的被投资单位可辨认净资产公允价值份额的情况下，应调整长期股权投资的账面价值，同时确认当期收益。按照税法的规定，长期股权投资的成本不能随意调整，计税基础维持原取得成本不变，由此账面价值与计税基础产生差异。

2. 投资损益和其他权益变化的确认

权益法下，持有投资期间被投资单位实现净利润或发生净损失时，投资企业相应调整长期股权投资的账面价值，同时确认投资损益；对于应享有被投资单位的其他权益变化，也应同步调整长期股权投资的账面价值。然而，无论长期股权投资的账面价值如何调整，其计税基础不会发生变化，由此造成长期股权投资账面价值与计税基础的差异。

（四）固定资产

固定资产等长期资产在某一资产负债表日的计税基础，是指其成本扣除按照税法规定已税前扣除的累计折旧后的余额。以各种方式取得的固定资产，初始确认时按照会计准则规定确定的入账价值基本上是被税法认可的，即取得时其账面价值一般等于计税基础。在固定资产持有期间进行后续计量时，由于资产减值和计提折旧方法不同等原因，固定资产的计税基础不同于其账面价值。

1. 因计提固定资产减值准备产生的差异

企业持有固定资产的期间内，如有迹象表明资产发生了减值，则应对固定资产计提减值准备。税法规定，在发生实质性损失前，企业确认的资产减值损失不允许税前扣除，由此造成固定资产的账面价值与计税基础之间的差异。固定资产计提减值准备，会导致账面价值低于计税基础。

2. 因折旧方法和折旧年限不同产生的差异

《企业会计准则第4号——固定资产》规定，固定资产应当按月计提折旧，企业应当根据与固定资产有关的经济利益的预期实现方式，合理选择折旧方法，如年限平均法、工作量法、双倍余额递减法、年数总和法等。计提折旧时，还要合理确定固定资产的使用年限和预计净残值。

税法对于固定资产加速折旧有明确的规定。根据《中华人民共和国企业所得税法实施条例》《财政部 国家税务总局关于完善固定资产加速折旧企业所得税政策的通知》，由于技术进步、产品更新换代较快的固定资产，以及常年处于强震动、高腐蚀状态的固定资产，可以采取缩短折旧年限或者加速折旧的方法。税务部门通常会临时出台和调整一些具体计税政策，例如，财政部和国家税务总局2018年发布的《关于设备 器具扣除有关企业所得税政策的通知》，规定企业在特定期间新购进的房屋、建筑物以外的设备、器具，单位价值不超过500万元的，允许一次性计入当期成本费用在计算应纳税所得额时扣除，不再分年度计算折旧。

会计准则与税收法规在固定资产折旧年限、折旧方法方面的不同规定，导致固定资产的账面价值与计税基础产生差异。虽然在资产的整个使用寿命期限内，所计提的折旧总额相同，但在每个会计期间所计提的折旧额有所不同，表现为暂时性差异。

【例3-5】甲公司于20×0年年初以750万元购入一项生产用A固定资产，按照该项固定资产的预计使用情况，在会计核算时估计其使用寿命为5年。按照适用税法规定，其最低折旧年限为10年，该企业计税时按照10年计算确定可税前扣除的折旧额。假定会计与税收均按年限平均法计列折旧，净残值均为零，20×0年该项固定资产按照12个月计提折旧。

本例中，对于A固定资产，会计核算时每年计提的折旧为150万元，计税时每年可税前扣除的折旧额为75万元。在其使用年限内，各年末账面价值与计税基础如表3-1所示。

表3-1 A固定资产各年末账面价值、计税基础与暂时性差异　　　　单位：万元

项目	20×0年	20×1年	20×2年	20×3年	20×4年	20×5年	20×6年	20×7年	20×8年	20×9年
年末账面价值	600	450	300	150	0					
年末计税基础	675	600	525	450	375	300	225	150	75	0
年末暂时性差异	(75)	(150)	(225)	(300)	(375)	(300)	(225)	(150)	(75)	0

表3-1显示，由于折旧年限不同，A固定资产的计税基础与账面价值之间出现暂时性差异，在前5年，该差异逐年增加；在后5年，该差异会趋于减少并最终消失。

【例3-6】甲公司于20×0年12月20日取得某项管理用B固定资产，原价为250万元，使用年限为5年，会计上采用年限平均法计提折旧，净残值为零。税法规定该类（由于技术进步、产品更新换代较快的）固定资产采用加速折旧法计提的折旧可予税前

扣除,该企业在计税时采用双倍余额递减法计列折旧,净残值为零。20×3年12月31日,甲公司估计该项固定资产的可收回金额为80万元,假设其他年份没有发生减值。试确定该固定资产各年末的账面价值和计税基础。

本例中,对于B固定资产,会计上采用年限平均法计提折旧,计税时采用双倍余额递减法确定可税前扣除的折旧金额,折旧方法不同导致B固定资产的账面价值与计税基础之间出现暂时性差异。20×3年12月31日,B固定资产折余价值为100万元,可收回金额为80万元,发生减值损失20万元。各年末B固定资产的账面价值、计税基础和暂时性差异的情况,如表3-2所示。

表3-2　B固定资产各年末账面价值、计税基础与暂时性差异　　　　单位:万元

项　目	20×1年	20×2年	20×3年	20×4年	20×5年
原值	250	250	250	250	250
会计折旧	50	50	50	40	40
累计会计折旧	50	100	150	190	230
资产减值准备			20	20	20
年末账面价值①	200	150	80	40	0
计税折旧	100	60	36	27	27
累计计税折旧	100	160	196	223	250
年末计税基础②	150	90	54	27	0
年末暂时性差异③=①-②	50	60	26	13	0

表3-2显示,20×1年12月31日,形成暂时性差异50万元;20×2年12月31日,暂时性差异的金额增加至60万元。20×3年12月31日,暂时性差异金额出现逆转,逐渐缩小,直至20×5年底完全消失。

(五)投资性房地产

对于企业持有的投资性房地产,会计准则规定,可以在以下两种计量模式中进行选择:一种是成本模式,采用该种模式计量的投资性房地产,其账面价值和计税基础的确定与固定资产、无形资产相同;另一种是公允价值模式,即在符合规定条件的情况下,采用公允价值对投资性房地产进行后续计量。对于采用公允价值模式进行后续计量的投资性房地产,其计税基础仍以历史成本为基础加以确定。

【例3-7】甲公司于20×1年6月30日将其某自用房屋用于对外出租,该房屋的成本为600万元,预计使用年限为20年。转为投资性房地产之时,已使用4年,企业按照年限平均法计提折旧,预计净残值为0。假定计税时采用的折旧方法、年限与净残值与会计核算相同。转为投资性房地产核算后,预计能够持续可靠取得该投资性房地产的公允价值,甲公司采用公允价值对该投资性房地产进行后续计量。转换日,该房屋的公允价值等于账面价值。税法规定资产在持有期间公允价值的变动不计入应纳税所得额。该项投资性房地产在20×1年12月31日的公允价值为650万元。

本例中，20×1年12月31日，该投资性房地产的账面价值为其公允价值650万元。

该投资性房地产的计税基础＝取得成本－累计计税折旧＝600－600÷20×4.5＝465（万元）

该项投资性房地产的账面价值650万元，与其计税基础465万元之间产生了185万元的暂时性差异，会增加企业在未来期间的应纳税所得额。

（六）无形资产

对于内部研究开发形成的无形资产，其成本为开发阶段符合资本化条件以后至达到预定用途前发生的支出，除此之外，研究开发过程中发生的其他支出应予费用化计入损益；税法规定，自行开发的无形资产，以资本化开发支出为计算计税基础的依据。为激励企业加大研发投入力度，支持科技创新，我国制定了研发支出加计扣除的税收政策。企业为开发新技术、新产品、新工艺发生的研究开发费用，未形成无形资产计入当期损益的，在按照规定据实扣除的基础上加计扣除；形成无形资产的，按照无形资产成本的一定比例加计摊销。为鼓励创新，我国多次优化和完善研发支出的税前扣除政策。研发支出加计扣除和摊销的比例，从50%和75%进一步提升至100%。

除内部研究开发形成的无形资产以外，其他方式取得的无形资产，初始确认时按照会计准则规定确定的入账价值与按照税法规定确定的计税基础之间一般不存在差异。后续计量时，会计与税法的差异主要产生于是否需要摊销以及无形资产减值准备的计提。《企业会计准则第6号——无形资产》规定，企业应当于取得无形资产时分析判断其使用寿命，据此将无形资产界定为使用寿命有限的无形资产或使用寿命不确定的无形资产。对于使用寿命不确定的无形资产，不要求摊销，但持有期间每年应进行减值测试。税法规定，企业取得的无形资产成本（外购商誉除外），应在一定期限内摊销，按照税法规定确定的摊销额允许税前扣除。使用寿命不确定的无形资产在会计处理与计税处理方面的不同，造成该类无形资产账面价值与计税基础之间的差异。如果无形资产发生减值，税法规定资产持有期间发生的减值损失不允许税前扣除，由此也造成无形资产的账面价值与计税基础产生暂时性差异。

【例3-8】甲公司20×1年共发生研发支出160万元，其中不符合资本化条件的支出40万元，符合资本化条件支出120万元形成无形资产。假定该无形资产于20×1年5月3日达到预定用途，采用直线法按5年摊销，计入当期管理费用。税法规定，企业为开发新技术、新产品、新工艺发生的研究开发费用，未形成无形资产计入当期损益的，按照研究开发费用的100%加计扣除；形成无形资产的，按照无形资产成本的100%加计摊销。试确定20×1年12月31日无形资产的账面价值和计税基础。

本例中，甲公司当期发生的研究开发支出中，按照会计准则规定应予费用化的金额为40万元，计入无形资产成本的金额为120万元，即20×1年5月3日所形成无形资产的账面价值为120万元。

20×1年12月31日无形资产的账面价值＝120－120÷5÷12×8＝104（万元）

20×1年12月31日无形资产的计税基础＝104×200%＝208（万元）

该项无形资产的计税基础大于其账面价值，差额为104万元（208-104）。虽然该差异符合暂时性差异的定义，但该差异于无形资产初始确认时产生，既不影响会计利润，也不影响应纳税所得额，其所得税影响不予确认。

【例3-9】甲公司20×1年1月1日取得某项无形资产的成本为1 500万元。根据各方面情况判断，无法合理预计其使用期限，将其作为使用寿命不确定的无形资产。企业在计税时，对该项无形资产按照5年的期限采用直线法摊销，摊销金额允许税前扣除。假定不考虑减值因素。

本例中，该使用寿命不确定的无形资产，在会计上不进行摊销处理，假定该无形资产当年未发生减值，20×1年12月31日，该无形资产的账面价值为1 500万元。由于在计税时按照5年进行摊销，20×1年12月31日，该资产的计税基础＝1 500－300＝1 200（万元）。

不考虑减值因素，该无形资产的账面价值与计税基础的差异会逐年扩大。如果无形资产发生减值，则会使资产的账面价值降低，从而有可能使差异发生逆转。

二、负债的计税基础

负债的计税基础，并没有独立的经济含义。将负债视为负资产，其计税基础是指未来期间计算应纳税所得额时不予以抵扣的金额，它等于负债的账面价值减去按照税法规定可予抵扣的金额。用公式表示为

负债的计税基础＝账面价值－未来期间按照税法规定可予抵扣的金额

（一）企业因销售商品提供售后服务等原因确认的预计负债

负债的确认与偿还一般不会影响企业的损益，也不会影响其应纳税所得额，未来期间计算应纳税所得额时按照税法规定可予抵扣的金额为零，计税基础即为账面价值。但是，某些情况下，负债的确认可能会影响企业的损益，进而影响不同期间的应纳税所得额，使得其计税基础与账面价值之间产生差异，如按照会计规定确认的某些预计负债。

按照或有事项准则的相关规定，企业对于销售商品提供售后服务预计发生的支出在满足有关确认条件时，应确认为销售费用，同时针对未来的支付义务确认相应的预计负债。税法规定，与销售商品相关的支出应于实际发生时税前扣除。这意味着在确认预计负债的期间，存在着未来期间计算应纳税所得额时可予抵扣的金额，该金额恰好与预计负债的账面价值相等。因此，与售后服务相关的预计负债在期末的计税基础，等于其账面价值与未来期间可予抵扣的金额之间的差额，即为零。

其他交易或事项中确认的预计负债，应按照税法规定的计税原则确定其计税基础。某些情况下，因有些事项如关联方债务担保等所确认的预计负债，税法规定其支出无论是否实际发生均不允许税前扣除，即未来期间按照税法规定可予抵扣的金额为零，此时，账面价值等于计税基础。

【例3-10】甲公司20×1年因销售A新产品承诺提供3年的保修服务，在当年度利润表中确认了500万元的销售费用，同时确认为预计负债，当年度未发生任何保修支出。假定按照税法规定，与产品售后服务相关的费用在实际发生时允许税前扣除。

本例中，A 为新产品，20×1 年年初相关预计负债无余额，当期计提金额为 500 万元，又当年度未发生任何保修支出，故该项预计负债在甲公司 20×1 年 12 月 31 日资产负债表中的账面价值为 500 万元。

按照税法规定，与产品售后服务相关的费用在实际发生时允许税前扣除，故：

该项预计负债的计税基础 = 账面价值 − 未来期间计算应纳税所得额时按照税法规定可予抵扣的金额 = 500 万元 − 500 万元 = 0

（二）预收账款（合同负债）

企业在收到客户预付的款项时，因不符合收入确认条件，会计上将其确认为负债。税法中对于收入的确认原则一般与会计规定相同，即会计上未确认收入时，当期计税时亦不计入应纳税所得额，该部分经济利益在未来期间计算缴纳所得税。由于未来期间计税时可予抵扣的金额为零，其计税基础等于账面价值。

某些情况下，因不符合会计准则规定的收入确认条件、未确认为收入的预收账款（合同负债），按照税法规定应计入当期应纳税所得额、计算交纳所得税时，因未来期间可全额税前扣除，有关预收账款（合同负债）的计税基础为零。

【例 3-11】 甲公司于 20×1 年 12 月 20 日自客户收到一笔合同预付款，金额为 800 万元，作为预收账款核算。按照适用税法规定，该款项应计入取得当期应纳税所得额计算交纳所得税。

本例中，该预收账款在甲公司 20×1 年 12 月 31 日资产负债表中的账面价值为 800 万元。

该预收账款的计税基础 = 账面价值 800 万元 − 未来期间计算应纳税所得额时按照税法规定可予抵扣的金额 800 万元 = 0

该项负债的账面价值 800 万元与其计税基础零之间产生的 800 万元暂时性差异，会减少企业未来期间的应纳税所得额。

（三）应付职工薪酬

会计准则规定，企业为获得职工提供的服务给予的各种形式的报酬，以及其他相关支出均应作为企业的成本费用，在未支付之前确认为负债。对于合理的职工薪酬，基本上都可以税前扣除，但如果税法中规定了税前扣除标准的，按照会计准则规定计入成本费用支出的金额超过规定标准的部分，应进行纳税调整。因超过部分在发生当期不允许税前扣除，在以后期间也不允许税前扣除，该部分差额对未来期间计税不产生影响，所产生应付职工薪酬负债的账面价值等于计税基础。

【例 3-12】 甲公司 20×1 年 12 月计入成本费用的职工工资总额为 4 000 万元，至 20×1 年 12 月 31 日尚未支付。按照适用税法规定，当期计入成本费用的 4 000 万元工资支出中，可予税前扣除的合理部分为 3 000 万元。

本例中，该项应付职工薪酬负债于 20×1 年 12 月 31 日的账面价值为 4 000 万元。

该项应付职工薪酬负债于 20×1 年 12 月 31 日的计税基础 = 账面价值 4 000 万元 − 未来期间计算应纳税所得额时按照税法规定可予抵扣的金额 0 = 4 000（万元）

计入成本费用的工资总额 4 000 万元,与可税前扣除的工资额 3 000 万元之间的差异,属于非暂时性差异,在计算当期应纳税所得额时,作为纳税调整额。

(四)其他负债

其他交易或事项产生的负债,其计税基础的确定应当遵从适用税法的相关规定。例如,企业应交的罚款和滞纳金等,在尚未支付之前按照会计规定确认为费用,同时作为负债反映。税法规定,罚款和滞纳金不能税前扣除,即该部分费用无论是在发生当期还是在以后期间均不允许抵扣,其计税基础为账面价值减去未来期间计税时可予抵扣的金额零之间的差额,即计税基础等于账面价值。

【例3-13】甲公司20×1年12月因违反当地有关环保法规的规定,接到环保部门的处罚通知,要求其支付罚款500万元。税法规定,企业因违反国家有关法律法规支付的罚款和滞纳金,计算应纳税所得额时不允许税前扣除。至20×1年12月31日,该项罚款尚未支付。

本例中应支付罚款产生的负债的账面价值为500万元。

该项负债的计税基础 = 账面价值500万元 − 未来期间计算应纳税所得额时按照税法规定可予抵扣的金额0=500万元

该项负债的账面价值500万元与其计税基础500万元相同,不形成暂时性差异。

三、特殊交易中产生的资产和负债计税基础的确定

除企业在正常生产经营活动过程中取得的资产和负债以外,对于某些特殊交易中产生的资产、负债,其计税基础的确定应遵从税法规定,如企业合并过程中的资产、负债计税基础的确定。由于会计准则与税收法规对企业合并的处理原则不同,某些情况下,会造成企业合并中取得的有关资产、负债的入账价值与其计税基础的差异。

按照《企业会计准则第20号——企业合并》的规定,同一控制下的企业合并与非同一控制下的企业合并的计量基础不同,对于同一控制下的企业合并,依照原账面价值进行核算,对于非同一控制下的企业合并,合并中取得的有关资产、负债应按其在购买日的公允价值计量。对于企业合并的税收处理,通常情况下被合并企业视为应按公允价值转让、处置全部资产,计算资产的转让所得,依法缴纳所得税。合并企业接受被合并企业的有关资产,计税时可以按经评估确认的价值确定计税基础。另外,在考虑有关企业合并是应税合并还是免税合并时,某些情况下还需要考虑在合并中涉及的获取资产或股权的比例、非股权支付额的比例,具体划分标准和条件应遵从税法规定。

四、暂时性差异

暂时性差异是指资产、负债的账面价值与其计税基础不同产生的差额。根据对未来期间应纳税所得额的影响情况,暂时性差异可分为应纳税暂时性差异和可抵扣暂时性差异。

（一）应纳税暂时性差异

应纳税暂时性差异，是指在确定未来收回资产或清偿负债期间的应纳税所得额时，将导致产生应税金额的暂时性差异。即在未来期间计算应纳税所得额时，考虑该暂时性差异转回的影响，调整增加转回期间的应纳税所得额，相应增加转回期间的应交所得税金额。应在其产生当期，根据应纳税暂时性差异的发生额，确认相关的递延所得税负债。应纳税暂时性差异通常产生于以下情况：

1. 资产的账面价值大于其计税基础

资产在持续使用以及最终出售期间，会给企业带来经济利益。资产的账面价值代表的是可以从未来经济利益中收回的成本总额，而计税基础代表的是资产在未来期间可予税前扣除的总金额。资产的账面价值大于其计税基础，表明该项资产在未来期间从应纳税所得额中扣除的金额较少，两者之间的差额需要交税，产生应纳税暂时性差异。【例3-4】、【例3-6】和【例3-7】中，资产的账面价值大于其计税基础，造成未来期间应纳税所得额和应交所得税的增加，在产生差异的当期，应确认相关的递延所得税负债。

2. 负债的账面价值小于其计税基础

负债的计税基础代表的是账面价值在扣除未来期间按税法规定可予抵扣的金额之后的差额。负债的账面价值与其计税基础不同产生的暂时性差异，实质上是未来期间按税法规定可予抵扣的金额。即

负债产生的暂时性差异 = 账面价值 − 计税基础
　　　　　　　　　　 = 账面价值 −（账面价值 − 未来期间计税时按照税法规定可予抵扣的金额）
　　　　　　　　　　 = 未来期间计税时按照税法规定可予抵扣的金额

负债的账面价值小于其计税基础，意味着就该项负债在未来期间可以税前抵扣的金额为负数，即应在未来期间应纳税所得额的基础上调增，增加未来期间的应纳税所得额和应交所得税金额，产生应纳税暂时性差异，应确认相关的递延所得税负债。

（二）可抵扣暂时性差异

可抵扣暂时性差异是指在确定未来收回资产或清偿负债期间的应纳税所得额时，将导致产生可抵扣金额的暂时性差异。该差异在未来期间转回时会减少转回期间的应纳税所得额，减少未来期间的应交所得税。在可抵扣暂时性差异产生当期，符合确认条件时，应当确认相关的递延所得税资产。可抵扣暂时性差异一般产生于以下情况：

1. 资产的账面价值小于其计税基础

资产的账面价值与计税基础相比，后者较大，意味着资产在未来期间按照税法规定允许税前扣除的金额较多，两者之间的差额可以减少企业在未来期间的应纳税所得额并减少应交所得税，在符合有关条件时，应当确认相关的递延所得税资产。【例3-1】、【例3-2】、【例3-3】和【例3-5】中，资产的账面价值小于其计税基础，导致未来期间应纳税所得额和应交所得税的减少，形成可抵扣暂时性差异，应确认相关的递延所得税资产。

2. 负债的账面价值大于其计税基础

负债产生的暂时性差异实质上是该项负债在未来期间按照税法规定可予抵扣的金额。负债的账面价值大于其计税基础，意味着未来期间按照税法规定与负债相关的全部或部分支出可以自未来应税经济利益中扣除，从而减少未来期间的应纳税所得额和应交所得税。【例3-10】中，计提产品售后相关的预计负债时，由于预计负债的账面价值在未来期间完全可予抵扣，预计负债计税基础为0（账面价值大于计税基础），这时便产生了可抵扣暂时性差异。【例3-11】也属于该情形。

综合【例3-1】至【例3-11】，甲公司20×1年12月31日各项资产和负债的账面价值、计税基础和暂时性差异的情况如表3-3所示。

表3-3　甲公司20×1年12月31日暂时性差异情况表　　　　单位：万元

项　　目	账面价值	计税基础	暂时性差异		差异成因
			应纳税差异	可抵扣差异	
【例3-1】，应收账款	5 700	6 000		300	计提坏账准备
【例3-2】，存货	4 000	5 000		1 000	计提存货跌价准备
【例3-3】，交易性金融资产	2 000	2 200		200	公允价值向下变动
【例3-4】，其他权益工具投资	1 575	1 500	75		公允价值向上变动
【例3-5】，A固定资产	450	600		150	折旧年限不同
【例3-6】，B固定资产	200	150	50		折旧方法不同
【例3-7】，以公允价值计量的投资性房地产	650	465	185		公允价值向上变动
【例3-8】，开发支出	104	208		104	100%加计摊销
【例3-9】，使用寿命不确定的无形资产	1 500	1 200	300		摊销处理不同
【例3-10】，产品质量保证预计负债	500	0		500	存在未来抵扣额
【例3-11】，预收账款	800	0		800	预收时即纳税

（三）特殊项目产生的暂时性差异

1. 未作为资产、负债确认的项目产生的暂时性差异

某些交易或事项发生以后，因为不符合资产、负债确认条件而未体现为资产负债表中的资产或负债，但按照税法规定能够确定其计税基础的，其账面价值零与计税基础之间的差异也构成暂时性差异。如企业发生的可结转以后年度扣除的广告费、业务宣传费和公益性捐赠支出等。该类费用在发生时按照会计准则规定即计入当期损益，不形成资产负债表中的资产，但按照税法规定可以确定其计税基础的，两者之间的差异也形成暂时性差异。

【例3-14】乙公司20×8年发生了2 000万元广告费支出，发生时已作为销售费用计入当期损益。税法规定，该类支出不超过当年销售收入15%的部分允许当期税前扣除，超过部分允许向以后年度结转税前扣除。乙公司20×8年实现销售收入10 000万元。

本例中，该广告费支出在发生时已计入当期损益，不体现为期末资产负债表中的项目，如果将其视为资产，其账面价值为0。按照税法规定，该类支出税前列支有一定的标准限制，根据当期乙公司销售收入15%计算，当期可予税前扣除的金额＝10 000×15%＝1 500（万元），当期未予抵扣的500万元可以向以后年度结转，其计税基础为500万元。

该项资产的账面价值0与其计税基础500万元之间产生了500万元的暂时性差异，该暂时性差异在未来期间可减少企业的应纳税所得额，为可抵扣暂时性差异，符合确认条件时，应确认相关的递延所得税资产。

2. 可抵扣亏损及税款抵减产生的暂时性差异

除因资产、负债的账面价值与其计税基础不同产生的暂时性差异以外，按照税法规定可以结转以后年度的未弥补亏损和税款抵减，也视同可抵扣暂时性差异处理。按照税法规定可以结转以后年度的未弥补亏损及税款抵减，虽不是因资产、负债的账面价值与计税基础不同产生的，但与可抵扣暂时性差异具有同样的作用，均能够减少未来期间的应纳税所得额，进而减少未来期间的应交所得税，会计处理上视同可抵扣暂时性差异，符合条件的情况下，应确认与其相关的递延所得税资产。

第三节　递延所得税的确认和计量

企业在计算确定了应纳税暂时性差异和可抵扣暂时性差异后，应当按照所得税会计准则规定的原则，确认相关的递延所得税负债以及递延所得税资产。

一、递延所得税负债的确认和计量

应纳税暂时性差异产生了在未来收回资产或清偿负债的期间内，应纳税所得额和应交所得税增加的情况，对企业形成经济利益流出的义务，在暂时性差异发生当期，如符合确认条件，应当确认相关的递延所得税负债。

（一）递延所得税负债确认和计量的一般原则

1. 递延所得税负债的确认原则

企业在确认因应纳税暂时性差异产生的递延所得税负债时，应遵循以下原则：

（1）除所得税准则中明确规定可不确认递延所得税负债的情况以外，企业对于所有的应纳税暂时性差异均应确认相关的递延所得税负债。

（2）除与其他综合收益以及企业合并中取得资产、负债相关的交易或事项以外，在确认递延所得税负债的同时，应增加利润表中的所得税费用。

（3）递延所得税负债确认后，相关的应纳税暂时性差异于以后期间转回的，应当调整已确认的递延所得税负债和相应的所得税费用。

2. 递延所得税负债的计量原则

递延所得税负债的计量，应当反映资产负债表日企业预期收回资产或清偿负债时的所得税影响。资产负债表日，对于递延所得税负债，应当根据适用税法规定，按照预期收回该资产或清偿该负债期间（即相关应纳税暂时性差异转回期间）的适用税率计量。无论应纳税暂时性差异的转回期间如何，相关的递延所得税负债不要求折现。其计算公式如下：

递延所得税负债期末余额 = 期末累计的应纳税暂时性差异 × 适用税率

递延所得税负债本期发生额 = 递延所得税负债期末余额 − 递延所得税负债期初余额

注意，当期确认的递延所得税负债，其金额是期末相对于期初的增加或减少额，即发生额。如果期初余额为零，则当期确认的递延所得税负债等于期末累计的应纳税暂时性差异与未来转回期间所适用的税率的乘积。

【例3-15】 乙公司于20×1年12月购入一台设备，成本为525 000元，预计使用年限为6年，预计净残值为零。会计上按直线法计提折旧，因该资产常年处于强震动状态，计税时采用年数总和法加速计提折旧，假定税法规定的使用年限及净残值均与会计相同，该公司各会计期间均未对该设备计提减值准备。

本例中，乙公司于20×2—20×7年间，对该设备的递延所得税处理如表3-4所示。

表3-4　乙公司固定资产的暂时性差异与递延所得税负债　　　　　单位：元

项　目	20×2年	20×3年	20×4年	20×5年	20×6年	20×7年
实际成本	525 000	525 000	525 000	525 000	525 000	525 000
累计会计折旧	87 500	175 000	262 500	350 000	437 500	525 000
年末账面价值①	437 500	350 000	262 500	175 000	87 500	0
累计计税折旧	150 000	275 000	375 000	450 000	500 000	525 000
年末计税基础②	375 000	250 000	150 000	75 000	25 000	0
应纳税暂时性差异③=①−②	62 500	100 000	112 500	100 000	62 500	0
适用税率	25%	25%	25%	25%	25%	25%
递延所得税负债期末余额④=③×适用税率	15 625	25 000	28 125	25 000	15 625	0
应确认（转回）的递延所得税负债	15 625	9 375	3 125	(3 125)	(9 375)	(15 625)

（1）20×2年资产负债表日：

账面价值 = 实际成本 − 会计折旧 = 525 000 − 87 500 = 437 500（元）

计税基础 = 实际成本 − 计税折旧 = 525 000 − 150 000 = 375 000（元）

应纳税暂时性差异的年末余额 = 437 500 − 375 000 = 62 500（元）

递延所得税负债期末余额 = 62 500 × 25% = 15 625（元）

递延所得税负债期初余额 = 0（元）

应确认的递延所得税负债 = 15 625 − 0 = 15 625（元）

会计分录如下：

借：所得税费用　　　　　　　　　　　　　　　　　　　　　　　15 625
　　贷：递延所得税负债　　　　　　　　　　　　　　　　　　　　　15 625

（2）20×3年资产负债表日：

账面价值＝实际成本－累计会计折旧＝525 000－17 500＝350 000（元）

计税基础＝实际成本－累计计税折旧＝525 000－275 000＝250 000（元）

应纳税暂时性差异年末余额＝350 000－250 000＝100 000（元）

递延所得税负债期末余额＝100 000×25%＝25 000（元）

递延所得税负债期初余额＝15 625（元）

应确认的递延所得税负债＝25 000－15 625＝9 375（元）

会计分录如下：

借：所得税费用　　　　　　　　　　　　　　　　　　　　　　　9 375
　　贷：递延所得税负债　　　　　　　　　　　　　　　　　　　　　9 375

（3）20×4年资产负债表日：

计算过程同上。应确认的递延所得税负债＝28 125－25 000＝3 125（元）

会计分录如下：

借：所得税费用　　　　　　　　　　　　　　　　　　　　　　　3 125
　　贷：递延所得税负债　　　　　　　　　　　　　　　　　　　　　3 125

（4）20×5年资产负债表日：

账面价值＝525 000－350 000＝175 000（元）

计税基础＝525 000－450 000＝75 000（元）

应纳税暂时性差异的年末余额＝175 000－75 000＝100 000（元）

递延所得税负债期末余额＝100 000×25%＝25 000（元）

递延所得税负债期初余额＝28 125（元）

应转回的递延所得税负债＝28 125－25 000＝3 125（元）

会计分录如下：

借：递延所得税负债　　　　　　　　　　　　　　　　　　　　　3 125
　　贷：所得税费用　　　　　　　　　　　　　　　　　　　　　　　3 125

（5）20×6年资产负债表日：

计算过程同（4）。应转回的递延所得税负债＝25 000－15 625＝9 375（元）

会计分录如下：

借：递延所得税负债　　　　　　　　　　　　　　　　　　　　　9 375
　　贷：所得税费用　　　　　　　　　　　　　　　　　　　　　　　9 375

（6）20×7年资产负债表日：

该项固定资产的账面价值及计税基础均为零，两者之间不存在暂时性差异，原已确认的与该项资产相关的递延所得税负债应予全额转回，会计分录如下：

借：递延所得税负债　　　　　　　　　　　　　　　　　　　　　15 625
　　贷：所得税费用　　　　　　　　　　　　　　　　　　　　　　　15 625

【例3-16】接【例3-7】,甲公司投资性房地产的成本为600万元,预计使用年限为20年,按照年限平均法计提折旧,预计净残值为零。20×1年12月31日,该资产账面价值为其公允价值650万元,其计税基础为取得成本扣除按照税法规定允许税前扣除的折旧额后的金额,即465万元。假定20×2年12月31日该项投资性房地产的公允价值为640万元。

本例中,甲公司投资性房地产20×1年12月31日账面价值650万元与其计税基础465万元之间产生了185万元的暂时性差异,为应纳税暂时性差异。

20×1年12月31日应确认的递延所得税负债=185×25%=46.25(万元)

会计分录如下:

借:所得税费用　　　　　　　　　　　　　　　　462 500
　　贷:递延所得税负债　　　　　　　　　　　　　　　462 500

20×2年12月31日,该投资性房地产:

账面价值=640万元

计税基础=465-600÷20=435(万元)

应纳税暂时性差异余额=640-435=205(万元)

递延所得税负债余额=205×25%=51.25(万元)

应确认的递延所得税负债=51.25-46.25=5(万元)

会计分录如下:

借:所得税费用　　　　　　　　　　　　　　　　 50 000
　　贷:递延所得税负债　　　　　　　　　　　　　　　 50 000

【例3-17】接【例3-4】,甲公司20×1年从公开市场取得的一项权益类投资,作为以公允价值计量且其变动计入其他综合收益的金融资产核算,取得成本为1 500万元,20×1年12月31日的市场价值为1 575万元。

本例中,该权益类投资的账面价值与计税基础不同,产生应纳税暂时性差异75万元,应确认递延所得税负债18.75万元(75×25%),同时确认其对其他综合收益的影响。

会计分录如下:

借:其他综合收益　　　　　　　　　　　　　　　 187 500
　　贷:递延所得税负债　　　　　　　　　　　　　　　187 500

(二)不确认递延所得税负债的特殊情况

有些情况下,虽然资产、负债的账面价值与其计税基础不同,产生了应纳税暂时性差异,但出于各方面考虑,所得税准则中规定不确认相应的递延所得税负债,主要包括以下几种情况。

1. 商誉的初始确认

非同一控制下的企业合并中,企业合并成本大于合并中取得的被购买方可辨认净资产公允价值份额的差额,按照会计准则规定应确认为商誉。按照税法规定,计税时作为免税合并的情况下,商誉的计税基础为零。此时,商誉的账面价值与计税基础形成应纳税暂时性差异，但不确认与其相关的递延所得税负债。其主要原因在于，商誉本身是企业合并成本在取得的被购买方可辨认资产、负债之间进行分配后的剩余价值，确认该部分暂时性差异产生的递延所得税负债，意味着购买方在企业合并中获得的可辨认净资产的价值量下降，企业应增加商誉的价值。商誉的账面价值增加以后，其账面价值的增加还会进一步产生应纳税暂时性差异，使得递延所得税负债和商誉价值量的变化不断循环。

应予说明的是，按照会计准则规定在非同一控制下企业合并中确认了商誉，并且按照所得税法规的规定商誉在初始确认时计税基础等于账面价值的，该商誉在后续计量过程中因会计准则与税法规定不同产生暂时性差异的，应当确认相关的所得税影响。

2. 非企业合并交易形成的资产或负债的初始确认

除企业合并以外的交易，如果交易发生时既不影响会计利润，也不影响应纳税所得额（或可抵扣亏损），其初始确认金额与其计税基础不同，形成应纳税暂时性差异的，不确认递延所得税负债。非企业合并的交易中形成的资产或负债，一般情况下，其初始确认金额与其计税基础相等，如企业购置的固定资产。个别情况下，由于税法的特殊规定，资产或负债的账面价值与其计税基础产生差异。例如，企业取得的与经营无关的无形资产，不得计算摊销费用在税前扣除，其计税基础为0，此时，账面价值大于计税基础，形成应纳税暂时性差异。该无形资产的初始确认，既不影响会计利润，也不影响应纳税所得额，如果确认递延所得税负债，则会导致无形资产初始确认时所得税费用的增加和负债的增加。由于该差异不能在该无形资产寿命周期内予以转回，导致费用和负债的虚增。

3. 与子公司、联营企业、合营企业投资等相关的应纳税暂时性差异

与子公司、联营企业、合营企业投资等相关的应纳税暂时性差异，一般应确认相应的递延所得税负债，但同时满足以下两个条件的除外：一是投资企业能够控制暂时性差异转回的时间；二是该暂时性差异在可预见的未来很可能不会转回。满足上述条件时，投资企业可以运用自身的影响力决定暂时性差异的转回，如果不希望其转回，则在可预见的未来该项暂时性差异即不会转回，对未来期间计税不产生影响，从而无须确认相应的递延所得税负债。

二、递延所得税资产的确认和计量

可抵扣暂时性差异产生了在未来收回资产或清偿负债的期间内，应纳税所得额和应交所得税减少的情况，减少未来期间以应交所得税的方式流出企业的经济利益，在暂时性差异发生当期，如符合确认条件，应当确认相关的递延所得税资产。

（一）递延所得税资产确认和计量的一般原则

1. 递延所得税资产的确认原则

在符合条件的情况下，以未来期间可能取得的应纳税所得额为限，对所产生的可抵扣暂时性差异确认递延所得税资产。在可抵扣暂时性差异转回的未来期间内，如果企业无法产生足够的应纳税所得额，可抵扣暂时性差异相关的经济利益就无法实现，这种情况下不应确认递延所得税资产。企业有明确的证据表明其于可抵扣暂时性差异转回的未来期间能够产生足够的应纳税所得额,进而利用可抵扣暂时性差异的,则应确认相关的递延所得税资产。在判断企业于可抵扣暂时性差异转回的未来期间是否能够产生足够的应纳税所得额时,应考虑企业在未来期间通过正常的生产经营活动能够实现的应纳税所得额,以及以前期间产生的应纳税暂时性差异在未来期间转回时将增加的应纳税所得额。

除与其他综合收益以及企业合并中取得资产、负债相关的交易或事项以外,在确认递延所得税资产的同时,应减少利润表中的所得税费用。递延所得税资产确认后,相关的可抵扣暂时性差异于以后期间转回的,应当调整已确认的递延所得税资产和相应的所得税费用。

2. 递延所得税资产的计量原则

同递延所得税负债的计量原则相一致,确认递延所得税资产时,应当以预期收回该资产期间的适用所得税税率为基础计算确定。计算公式如下:

递延所得税资产期末余额 = 期末累计的可抵扣暂时性差异 × 适用税率

递延所得税资产本期发生额 = 递延所得税资产期末余额 − 递延所得税资产期初余额

无论相关的可抵扣暂时性差异转回期间如何,递延所得税资产均不要求折现。

企业在确认了递延所得税资产以后,资产负债表日,应当对递延所得税资产的账面价值进行复核。如果未来期间很可能无法取得足够的应纳税所得额用以利用可抵扣暂时性差异带来的利益,应当减记递延所得税资产的账面价值。减记的递延所得税资产,除原确认时计入其他综合收益或所有者权益的以外,其他的情况均应增加所得税费用。

因无法取得足够的应纳税所得额利用可抵扣暂时性差异而减记递延所得税资产账面价值的,以后期间根据新的环境和情况判断能够产生足够的应纳税所得额利用可抵扣暂时性差异,使得递延所得税资产包含的经济利益能够实现的,应相应恢复递延所得税资产的账面价值。

【例3-18】 接【例3-1】和【例3-2】,20×1年12月31日,甲公司应收账款的账面价值和计税基础分别为5 700万元和6 000万元;存货的账面价值和计税基础分别为4 000万元和5 000万元。不考虑其他事项。

本例中,20×1年12月31日,与应收账款和存货相关的可抵扣暂时性差异余额
=(6 000−5 700)+(5 000−4 000)=1 300(万元)

相关递延所得税资产年末余额 = 1 300×25% = 325(万元)

应考虑应收账款和存货相关的可抵扣暂时性差异的期初余额,确定应确认或转回的递延所得税资产。

【例3-19】 20×1年,乙公司因产品质量保证确认了一项30万元的预计负债。当年实际发生维修费用28万元,预计负债的年初余额为6万元。

本例中,预计负债与相关递延所得税资产在金额上的对应关系如表3-5所示。

表 3-5 预计负债与递延所得税资产的对应关系　　　　　　　　单位：万元

项　　目	年初余额	本年增加额	本年减少额	年末余额
预计负债	6	30	28	8
可抵扣暂时性差异	6	30	28	8
递延所得税资产	1.5	7.5	7	2

根据表 3-5，20×1 年，预计负债的发生额 =8-6（或 30-28）=2（万元）

20×1 年资产负债表日，因产品质量保证应确认的递延所得税资产 =2×25%=0.5（万元）

会计分录如下：

借：递延所得税资产　　　　　　　　　　　　　　　　　　　　　　　5 000
　　贷：所得税费用　　　　　　　　　　　　　　　　　　　　　　　　　5 000

（二）递延所得税资产确认的特殊情形

1. 与子公司、联营企业、合营企业的投资相关的可抵扣暂时性差异

与子公司、联营企业、合营企业的投资相关的可抵扣暂时性差异，同时满足下列条件的，应当确认相关的递延所得税资产：一是暂时性差异在可预见的未来很可能转回；二是未来很可能获得用来抵扣可抵扣暂时性差异的应纳税所得额。

对联营企业和合营企业等的投资产生的可抵扣暂时性差异，主要产生于权益法下被投资单位发生亏损时，投资企业按照持股比例确认应予承担的部分相应减少长期股权投资的账面价值，但税法规定长期股权投资的成本在持有期间不发生变化，造成长期股权投资的账面价值小于其计税基础，产生可抵扣暂时性差异。投资企业对有关投资计提减值准备的情况下，也会产生可抵扣暂时性差异。

2. 可以结转以后年度扣除的费用、未弥补亏损和税款抵减

对于按照税法规定可以结转以后年度的未弥补亏损和税款抵减，应视同可抵扣暂时性差异处理。企业发生的符合条件的广告费、业务宣传费和公益性捐赠支出，超过当年可扣除比例的部分可结转以后纳税年度扣除，其性质相当于可抵扣暂时性差异，应确认相关递延所得税资产。在有关的亏损或税款抵减金额得到税务部门的认可或预计能够得到税务部门的认可，且预计可利用未弥补亏损或税款抵减的未来期间内能够取得足够的应纳税所得额时，除准则中规定不予确认的情况外，应当以很可能取得的应纳税所得额为限，确认相应的递延所得税资产，同时减少确认当期的所得税费用。

【例 3-20】 丙公司 20×1 年因政策性原因发生经营亏损 2 000 万元，按照税法规定，该亏损可用于抵减以后 5 个年度的应纳税所得额。该公司预计未来 5 年期间能够产生足够的应纳税所得额弥补该亏损。

本例中，该经营亏损不是资产、负债的账面价值与其计税基础不同产生的，但从性质上可以减少未来期间企业的应纳税所得额和应交所得税，属于可抵扣暂时性差异。20×1 年，丙公司预计未来期间能够产生足够的应纳税所得额利用该可抵扣亏损时，应确认相关的递延所得税资产。会计分录如下：

借：递延所得税资产（20 000 000×25%） 5 000 000
　　贷：所得税费用 5 000 000

假设20×2年丙公司盈利1 000万元，弥补以前年度亏损1 000万元，则编制如下会计分录：

借：所得税费用（10 000 000×25%） 2 500 000
　　贷：递延所得税资产 2 500 000

（三）不确认递延所得税资产的情形

某些情况下，企业发生的某项交易或事项不属于企业合并，并且交易发生时既不影响会计利润也不影响应纳税所得额，且该项交易中产生的资产、负债的初始确认金额与其计税基础不同，产生可抵扣暂时性差异的，会计准则规定在交易或事项发生时不确认相应的递延所得税资产。

例如，A企业进行内部研究开发所形成的无形资产成本为1 200万元，因按照税法规定可按实际成本的200%摊销，即未来期间可税前扣除的金额为2 400万元 [1 200×200%]，其计税基础为2 400万元。该项无形资产并非产生于企业合并，同时在初始确认时既不影响会计利润也不影响应纳税所得额，准则规定该种情况下不确认相关的递延所得税资产。

三、适用税率变化对已确认递延所得税的影响

因税收法规的变化，导致企业在某一会计期间适用的所得税税率发生变化的，企业应对已确认的递延所得税资产和递延所得税负债按照新的税率进行重新计量。递延所得税资产和递延所得税负债的金额代表的是有关可抵扣暂时性差异或应纳税暂时性差异于未来期间转回时，导致企业应交所得税金额减少或增加的情况。适用税率变动的情况下，应对原已确认的递延所得税资产及递延所得税负债的金额进行调整，以反映税率变化带来的影响。

除直接计入其他综合收益或所有者权益的交易或事项产生的递延所得税资产及递延所得税负债，相关的调整金额应计入其他综合收益或所有者权益以外，其他情况下因税率变化产生的调整金额应确认为税率变化当期的所得税费用（或收益）。

【例3-21】 乙公司原适用的所得税税率为25%，由于被认定为高新技术企业，乙公司20×2年及以后若干年的所得税税率变为15%。20×2年乙公司递延所得税负债余额为80万元，其中50万元是在20×1年发生应纳税暂时性差异时确认的。

本例中，因税率发生变化，乙公司应重新计量20×1年所确认的递延所得税负债：
20×1年发生的应纳税暂时性差异=50÷25%=200（万元）
重新确认20×1年的递延所得税负债=200×15%=30（万元）
重新确认的递延所得税负债−原确认的递延所得税负债=30−50=−20（万元）
20×2年应将递延所得税负债余额调整减少20万元，相应地减少20×2年的所得税费用20万元。

会计分录如下：
借：递延所得税负债　　　　　　　　　　　　　　　　　　200 000
　　贷：所得税费用　　　　　　　　　　　　　　　　　　　　　200 000

第四节　所得税费用的确认和计量

确定当期应交所得税以及利润表中的所得税费用，是所得税会计的重要内容。在资产负债表债务法下，除企业合并和直接计入所有者权益的交易和事项外，企业的当期所得税和递延所得税，应当作为所得税费用（收益）计入当期损益。

一、当期所得税

当期所得税，即当期应交所得税，是指企业按照税法规定计算确定的针对当期发生的交易和事项，应缴纳给税务部门的所得税金额。当期所得税是由应纳税所得额与适用所得税税率共同决定的。

（一）应纳税所得额的计算

《中华人民共和国企业所得税法》明确规定，"居民企业应当就其来源于中国境内、境外的所得缴纳企业所得税"。这里所称的"所得"包括：销售货物和提供劳务所得，转让财产所得，股息、红利等权益性投资所得，利息、租金、特许权使用费、接受捐赠和其他所得。应纳税所得额的构成如下：

应纳税所得额 = 收入总额 − 不征税及免税收入 − 各项扣除 − 弥补的以前年度亏损

式中，"不征税收入"指的是财政拨款、依法收取并纳入财政管理的行政事业性收费等；"免税收入"指国债利息收入、符合条件的居民企业之间的股息、红利等权益性投资收益等；"各项扣除"指的是企业实际发生的与取得收入有关的、合理的支出，包括成本、费用、税金、损失和其他支出。企业纳税年度发生的亏损，可以用以后年度的所得弥补，结转年限一般不超过五年。

企业应按照《中华人民共和国企业所得税法》及其实施条例的要求，按期进行纳税申报。企业可以在月（季）度预缴，年终汇算清缴。企业在进行所得税年度纳税申报时需要填写一系列信息表，其中《中华人民共和国企业所得税年度纳税申报表（A类）》是纳税人计算申报缴纳企业所得税的主表，辅表则包括各类收入、成本费用明细表，纳税调整明细表，免税、减计收入及加计扣除优惠明细表，以及弥补亏损明细表等。

实际纳税时，应纳税所得额是在会计利润总额的基础上，考虑会计核算与税收法规之间的差异，加减各项纳税调整额后计算出来的。不考虑境外所得，调整计算应纳税所得额时，计算公式如下：

$$应纳税所得额 = 利润总额 \pm 纳税调整额$$
$$= 利润总额 - 税法规定的不征税及免税收入 + 计入利润表但不允许抵扣的费用$$
$$\pm 利润表收入与按照税法规定计入应纳税所得额的收入之间的差额$$
$$\pm 利润表费用与按照税法规定可予抵扣的金额之间的差额$$
$$\pm 其他需要调整的项目金额$$

式中，税法规定的不征税及免税收入、计入利润表但不允许抵扣的费用，属于非暂时性差异，其他调整项目则一般属于暂时性差异。非暂时性差异是因会计和税法在计算收益、费用时的口径不同而产生的差异，它不会在后期转回。国债利息收入、滞纳金、罚款、不合理职工薪酬等都属于非暂时性差异项目。对于非暂时性差异，一次性地调整增加或调整减少应纳税所得额，只涉及当期，不涉及其他会计期间。

计算当期应交所得税时，既要考虑非暂时性差异，又要考虑暂时性差异。对于暂时性差异，需区分是应纳税暂时性差异还是可抵扣暂时性差异，予以不同的处理。发生的应纳税暂时性差异会增加未来期间的应纳税所得额，但在进行当期纳税调整时，作为调减项处理；相反地，对于发生的可抵扣暂时性差异，调整增加当期应纳税所得额。对于暂时性差异的转回，调整方向相反。如下式：

$$应纳税所得额 = 利润总额 \pm 非暂时性差异 - \Delta 应纳税暂时性差异 + \Delta 可抵扣暂时性差异$$

式中，Δ 表示当期净增加额或发生额。

暂时性差异一般会在前后期间进行方向相反的调整。以资产减值损失为例，前期确认资产减值损失时，形成可抵扣暂时性差异，在纳税调整时作为调整增加项处理；后期发生实质性损失时，可抵扣暂时性差异得以转回，作为调整减少项。再如，交易性金融资产持有期间发生的公允价值变动收益形成应纳税暂时性差异时，应调整减少当期应纳税所得额；当金融资产变现时，公允价值变动收益转为已实现收益，转回应纳税暂时性差异，调整增加当期应纳税所得额。会计与税法的差异（包括收入类、扣除类、资产类等差异）通过《纳税调整项目明细表》集中填报。从会计税前利润（利润总额）到应纳税所得额的调整过程如表3-6所示。

表3-6　应纳税所得额的调整计算表

项目		会计处理		税收规定		利润总额	
		收入、利得	费用、损失	收入	扣除	调增	调减
非暂时性差异	不征税、免税收入，如国债利息、符合条件的居民企业之间的股息、红利等权益性投资收益等	√					▼
	不允许税前扣除的费用和损失，如不合理薪酬、滞纳金、罚没损失、非公益性捐赠		√			△	
	产权变动评估增值			√		△	
	研究开发支出加计扣除额				√		▼

续表

项　　目		会计处理		税收规定		利润总额	
		收入、利得	费用、损失	收入	扣除	调增	调减
暂时性差异	会计折旧和摊销		√			△	
	计税折旧和摊销				√		▼
	公允价值变动收益	√					▼
	公允价值变动损失、资产减值损失、信用减值损失		√			△	
	计提与产品售后相关的预计负债		√			△	
	实际发生售后费用、冲减原计提的预计负债				√		▼
	预收账款时缴税			√		△	
	结转以后年度扣除的广告、业务宣传和招待费		√			△	
弥补以前年度亏损							▼
						= 应纳税所得额	

（二）应交所得税的计算

计算出当期应纳税所得额后，按照应纳税所得额与适用所得税税率计算确定当期应交所得税，如下式：

$$当期应交所得税 = 应纳税所得额 \times 所得税税率$$

企业实际缴纳的所得税额，是在应纳所得税额的基础上，减去"减免所得税额"、加上"境外所得应纳所得税额"计算而得。在进行汇算清缴时，考虑本年累计实际已缴纳的所得税额，计算本年应补（退）的所得税额。

目前，我国税法规定的所得税税率是25%。为了体现国家政策导向，税务部门对某些类型的企业会给予减免所得税的优惠政策，以支持其发展。例如，国家需要重点扶持的高新技术企业减按15%的税率征收企业所得税；软件企业、部分集成电路生产企业等自获利年度起，第一年至第二年免征所得税，第三年至第五年按照25%的法定税率减半征收所得税，等等。这些税收优惠政策，大大减轻了这类企业的税收负担。

二、递延所得税

递延所得税是所得税费用的组成部分，是资产和负债的账面价值与计税基础之间的差异递延至后期进行纳税处理形成的所得税影响额。不考虑计入其他综合收益或所有者权益的交易或事项的所得税影响，当期应予确认或转销的递延所得税负债和递延所得税资产，综合在一起，形成递延所得税，即递延所得税是递延所得税负债及递延所得税资产当期发生额的综合结果，用公式表示为

递延所得税 = 递延所得税负债的本期发生额 − 递延所得税资产的本期发生额
　　　　　= （递延所得税负债期末余额 − 递延所得税负债期初余额）

－（递延所得税资产期末余额－递延所得税资产期初余额）

应予说明的是，企业因确认递延所得税负债和递延所得税资产所产生的递延所得税，一般应当计入所得税费用，但以下两种情况除外：一是某项交易或事项按照会计准则规定应计入其他综合收益或所有者权益的，由该交易或事项产生的递延所得税资产或递延所得税负债及其变化亦应计入其他综合收益或所有者权益，不构成利润表中的递延所得税费用（或收益）。二是企业合并中取得的资产、负债，其账面价值与计税基础不同，应确认相关递延所得税的，该递延所得税的确认影响合并中产生的商誉或是计入当期损益的金额，不影响所得税费用。

三、所得税费用

计算确定了当期所得税及递延所得税以后，利润表中应予确认的所得税费用为两者之和，即

$$所得税费用 = 当期所得税 + 递延所得税$$

（一）单项经济业务的所得税影响

企业发生的各类经济业务，只要涉及损益，一般都会对所得税费用产生影响。例如，企业取得收入和利得、发生费用和损失，除特殊情况外，均会产生纳税影响。企业计提减值准备、资产持有期间发生公允价值变动、采用与计税折旧不同的折旧方法，等等，确定这些业务对净利润的影响之前，需要考虑其对所得税费用的影响，通常表现为对递延所得税的影响。

【例3-22】查阅甲公司与乙公司的往来账，发现以下会计分录，试分析该业务对甲公司所得税费用的影响。

（1）确认营业收入：

借：应收账款——乙公司　　　　　　　　　　　　　　11 690 599.05
　　贷：主营业务收入　　　　　　　　　　　　　　　　10 078 102.63
　　　　应交税费——应交增值税（销项税额）　　　　　 1 612 496.42

（2）结转已售产品成本：

借：主营业务成本　　　　　　　　　　　　　　　　　 7 458 803.76
　　贷：库存商品　　　　　　　　　　　　　　　　　　 7 458 803.76

（3）计提应收账款坏账准备：

借：信用减值损失　　　　　　　　　　　　　　　　　　 521 737.31
　　贷：坏账准备　　　　　　　　　　　　　　　　　　　 521 737.31

本例中，销售业务所产生的所得税影响有：

对应交所得税的影响额 ＝（10 078 102.63－7 458 803.76）×25%＝654 824.72（元）

对递延所得税的影响额 ＝－521 737.31×25%＝－130 434.33（元）

对所得税费用的影响额 ＝654 824.72－130 434.33＝524 390.39（元）

借：所得税费用	524 390.39	
递延所得税资产	130 434.33	
贷：应交税费——应交所得税		654 824.72

（二）企业所得税费用确认与计量综合示例

【例3-23】 甲公司20×1年实现利润总额1 000万元，当年因发生违法经营被罚款10万元，国债利息收入40万元。从年初开始计提折旧的设备，取得成本为600万元，预计使用年限5年，无残值，采用年限平均法计提折旧，税法允许采用年数总和法计提折旧。年初"预计负债——产品质量保证"余额为8万元，当年提取产品质量保证费20万元，当年兑付12万元的产品质量保证费。假定无其他纳税调整事项。

本例中，罚款支出、国债利息收入属于非暂时性差异，纳税调整时应予以考虑，但不影响递延所得税的计算。固定资产折旧与产品质量保证项目产生暂时性差异，该差异对当期应交所得税和递延所得税的计算产生性质相反的影响。

（1）计算甲公司20×1年应交所得税：

应纳税所得额 = 利润总额1 000 + 罚款支出10 - 国债利息收入40 + 会计折旧费用120 - 计税折旧费用200 + 计提的产品质量保证费20 - 兑付的产品质量保证费12 = 898（万元）

应交所得税 = 应纳税所得额 × 所得税税率 = 898×25% = 224.5（万元）

（2）计算甲公司20×1年的递延所得税：

①20×1年12月31日，该固定资产的账面价值 = 600 - 600÷5 = 480（万元）

该固定资产的计税基础 = 600 - 600×5÷15 = 400（万元）

因固定资产发生的应纳税暂时性差异 = 480 - 400 = 80（万元）

应确认的递延所得税负债 = 80×25% = 20（万元）

②20×1年12月31日，预计负债的账面价值 = 8 + 20 - 12 = 16（万元）；计税基础 = 0

因预计负债发生的可抵扣暂时性差异 = （16-0）-（8-0）= 8（万元）

应确认的递延所得税资产 = 8×25% = 2（万元）

③20×1年的递延所得税 = 20 - 2 = 18（万元）

（3）计算20×1年利润表中应确认的所得税费用：

所得税费用 = 当期所得税 + 递延所得税 = 224.50 + 18 = 242.50（万元）

会计分录如下：

借：所得税费用	2 425 000	
递延所得税资产	20 000	
贷：递延所得税负债		200 000
应交税费——应交所得税		2 245 000

【例3-24】 A公司20×1年度利润表中利润总额为3 000万元，该公司适用的所得税税率为25%。递延所得税资产及递延所得税负债不存在期初余额，20×1年发生的有关交易和事项中，会计处理与税收处理存在差别的有：

（1）期末对持有的存货计提了75万元的存货跌价准备。该存货实际成本为2 075万元。税法规定，在发生实质性损失之前，资产减值相关损失不计入应纳税所得额。

（2）当期取得作为交易性金融资产核算的股票投资成本为800万元，20×1年12月31日的公允价值为1 200万元。税法规定，以公允价值计量的金融资产持有期间市价变动不计入应纳税所得额。

（3）20×1年1月开始计提折旧的一项固定资产，成本为1 500万元，使用年限为10年，净残值为0，会计处理按双倍余额递减法计提折旧，税收处理按直线法计提折旧。假定税法规定的使用年限及净残值与会计规定相同。

（4）违反环保法规定应支付罚款250万元，税法规定，罚款损失不允许税前扣除。

（5）发生公益性捐赠现金500万元。税法规定，公益性捐赠在企业年度利润总额12%以内的部分可以当年扣除，其余部分准予结转至以后年度税前扣除。

本例中，事项（4）属于非暂时性差异。事项（5）中，公益性捐赠可结转以后年度扣除的金额＝500－3 000×12%＝140（万元），形成可抵扣暂时性差异。其余暂时性差异的计算如表3-7所示。

表3-7　A公司20×1年度暂时性差异计算表　　　　　　　　　　单位：万元

项　目	账面价值	计税基础	暂时性差异	
			应纳税暂时性差异	可抵扣暂时性差异
存货	2 000	2 075		75
交易性金融资产	1 200	800	400	
固定资产：				
固定资产原价	1 500	1 500		
减：累计折旧	300	150		
固定资产净值	1 200	1 350		150
可结转扣除的公益性捐赠				140
合计			400	365

（1）计算20×1年度应交所得税：

应纳税所得额＝利润总额＋罚款损失－Δ应纳税暂时性差异＋Δ可抵扣暂时性差异
　　　　　　＝3 000＋250－400＋365＝3 215（万元）

应交所得税＝3 215×25%＝803.75（万元）

（2）计算20×1年度递延所得税：

确认的递延所得税资产＝可抵扣暂时性差异发生额×25%＝365×25%＝91.25（万元）

确认的递延所得税负债＝应纳税暂时性差异发生额×25%＝400×25%＝100（万元）

递延所得税＝Δ递延所得税负债－Δ递延所得税资产
　　　　　＝100－91.25＝8.75（万元）

（3）计算利润表中应确认的所得税费用：

　　所得税费用＝当期所得税＋递延所得税＝803.75＋8.75＝812.50（万元）

确认所得税费用的会计分录如下：

借：所得税费用　　　　　　　　　　　　　　　　　　　　8 125 000
　　　递延所得税资产　　　　　　　　　　　　　　　　　　912 500
　　贷：应交税费——应交所得税　　　　　　　　　　　　　　8 037 500
　　　　递延所得税负债　　　　　　　　　　　　　　　　　　1 000 000

【例 3-25】沿用【例 3-24】中有关资料，假定 A 公司 20×2 年利润表中的利润总额仍然为 3 000 万元，所得税税率为 25%。资产负债表中有关资产、负债的账面价值与其计税基础相关资料如表 3-8 所示。其中，固定资产计提了 50 万元的减值准备。除所列项目外，其他资产、负债项目不存在会计和税收的差异，也不存在其他影响税收的非暂时性差异。

表 3-8　A 公司 20×2 年度暂时性差异计算表　　　　　　　　　　单位：万元

项　目	年末账面价值	年末计税基础	年末暂时性差异		年初暂时性差异	
			应纳税差异	可抵扣差异	应纳税差异	可抵扣差异
存货	4 000	4 200		200		75
交易性金融资产	1 675	1 000	675		400	
固定资产净值	910	1 200		290		150
可结转扣除的公益性捐赠				0		140
预计负债	250	0		250		
合计			675	740	400	365

（1）计算 20×2 年度当期应交所得税：

应纳税所得额 = 利润总额 − Δ应纳税暂时性差异 + Δ可抵扣暂时性差异
　　　　　　= 3 000 −（675−400）+（740−365）= 3 100（万元）

应交所得税 = 3 100×25% = 775（万元）

（2）计算 20×2 年度递延所得税：

①确认的递延所得税资产 = 可抵扣暂时性差异发生额 ×25%
　　　　　　　　　　　=（740−365）×25% = 93.75（万元）或：

期末递延所得税资产　　　　　　　　　　　　　　　　（740×25%）185.00
期初递延所得税资产　　　　　　　　　　　　　　　　（365×25%）<u>91.25</u>
递延所得税资产增加　　　　　　　　　　　　　　　　　　　　　93.75

②确认的递延所得税负债 = 应纳税暂时性差异发生额 ×25%
　　　　　　　　　　　=（675−400）×25% = 68.75（万元）或：

期末递延所得税负债　　　　　　　　　　　　　　　　（675×25%）168.75
期初递延所得税负债　　　　　　　　　　　　　　　　（400×25%）<u>100.00</u>
递延所得税负债增加　　　　　　　　　　　　　　　　　　　　　68.75

递延所得税 = Δ递延所得税负债 − Δ递延所得税资产
　　　　　 = 68.75 − 93.75 = −25（万元）

（3）计算 20×2 年度利润表中应确认的所得税费用：

所得税费用 = 当期所得税 + 递延所得税 = 775 − 25 = 750（万元）

确认所得税费用的会计分录如下：

借：所得税费用　　　　　　　　　　　　　　　　　　　　　7 500 000
　　递延所得税资产　　　　　　　　　　　　　　　　　　　　937 500
　贷：递延所得税负债　　　　　　　　　　　　　　　　　　　687 500
　　　应交税费——应交所得税　　　　　　　　　　　　　　7 750 000

四、所得税的列报和披露

所得税信息是企业利益相关者所关注的重要信息。一方面，企业承担的所得税费用的多少与企业的盈利水平相关，企业赚取的利润额越大，其通过缴纳所得税的方式对社会作出的贡献也越大。另一方面，由于"会税分离"的原因，存在着所得税额在各个会计期间分摊的问题，递延所得税的相关信息，有助于信息使用者在进行企业业绩预测时合理估定所得税所带来的影响。

（一）财务报表中的列报

所得税信息在财务报表中的列报涉及利润表、资产负债表和现金流量表。所得税费用应当在利润表中单独列示，其顺序是：利润总额、所得税费用、净利润。利润表中的其他综合收益以税后净额列示，所得税信息不单独体现。

扩展阅读 3.2
所得税会计的国际差异

企业对所得税的核算结果，除利润表中列示的所得税费用以外，在资产负债表中形成的应交税费（应交所得税）以及递延所得税资产和递延所得税负债，应当遵循会计准则的相关规定列报。一般地，递延所得税资产和递延所得税负债应当分别作为非流动资产和非流动负债，在资产负债表中列示。

企业在编制合并财务报表时，纳入合并范围的企业之间发生的未实现内部交易损益的抵销产生了暂时性差异，要确认该暂时性差异的所得税影响，在合并资产负债表中确认递延所得税资产或递延所得税负债，同时调整合并利润表中的所得税费用，但与直接计入所有者权益的交易或事项等相关的递延所得税除外。

在现金流量表中，"经营活动产生的现金流量"栏下的"收到的税费返还"和"支付的各项税费"中，包含了所得税相关金额。在报表附注中，现金流量表的补充资料"将净利润调整为经营活动现金流量"时，递延所得税资产和负债的增减金额均被作为调整项目。

（二）报表附注中的信息披露

1. 所得税会计政策和适用的税率

在财务报表附注中，企业应对所采用的所得税会计政策进行说明，包括当期所得税和递延所得税会计政策，如确认和计量递延所得税负债和递延所得税资产的标准、递延所得税资产账面价值的复核与减值处理、所得税的抵销等。同时，企业应在报表附注中披露企业适用的所得税税率,包括企业所在地的法定税率及所属子公司和分支机构适用的税率。

2. 递延所得税相关信息

企业应在报表附注中披露未经抵销的递延所得税资产、递延所得税负债的期末和期初余额,以及以抵销后净额列示的递延所得税资产或负债、未确认递延所得税资产明细信息、未确认递延所得税资产的可抵扣亏损将于以下年度到期的金额等。一般情况下,在个别财务报表中,在满足条件的情况下,当期所得税资产、当期所得税负债及递延所得税资产及递延所得税负债可以以抵销后的净额列示。例如,递延所得税资产和递延所得税负债是与同一税收征管部门对同一应纳税主体征收的所得税相关等。在合并财务报表中,纳入合并范围的企业中,一方的当期所得税资产或递延所得税资产与另一方的当期所得税负债或递延所得税负债一般不能予以抵销,除非所涉及的企业具有以净额结算的法定权利并且意图以净额结算。

3. 所得税费用及其与利润总额的关系

应在财务报表附注中披露与所得税费用有关的信息,包括所得税费用的构成、会计利润与所得税费用调整过程等。

【例3-26】国际航空公司是一家民用航空集团公司,其20×7年度合并利润表中的所得税费用为 2 843 447 千元,可比年度的所得税费用为 2 455 839 千元。合并资产负债表中列报的递延所得税资产期末余额为 2 034 886 千元、期初余额为 2 983 067 千元;递延所得税负债期末余额为 1 130 054 千元、期初余额为 2 428 313 千元。

即测即练3

报表附注中披露了金融资产公允价值变动损失、资产减值准备、可抵扣亏损等未经抵销的递延所得税资产详细信息,以及金融资产公允价值变动收益、固定资产折旧税务会计差异等未经抵销的递延所得税负债的详细信息。公司对所得税费用与利润总额的关系说明见表3-9。

表3-9 公司对所得税费用与利润总额的关系说明　　　　　　　　　单位:千元

项 目	20×7年	20×6年
利润总额	11 480 887	10 219 376
按法定税率计算的所得税费用	2 870 222	2 554 844
归属于合营和联营企业的收益	94 066	(5 559)
附属公司适用不同税率的影响	(159 809)	(126 637)
无须纳税的收入	(10 850)	(1 543)
不可抵扣的费用	43 055	46 800
利用以前年度可抵扣亏损	(274 684)	(27 165)
未确认递延所得税资产的可抵扣暂时性差异和可抵扣亏损的影响	11 530	105 783
前期未确认递延所得税资产的可抵扣暂时性差异的减少	(1 139)	(89 368)
对以前年度所得税的调整	(5 217)	(1 316)
预提所得税	276 273	—
所得税费用	2 843 447	2 455 839

【案例讨论】

资料：宝钢股份是我国现代化的特大型钢铁联合企业，也是国际领先的世界级钢铁联合企业。宝钢股份20×0年财务报告显示，公司合并报表主营业务收入超过2 800亿元，利润总额160.22亿元，位居国内行业第一。所得税费用20.36亿元，实际税率12.71%。净利润139.85亿元，归母净利润126.77亿元。公司在按照法定税率计算所得税费用的基础上，积极争取相关税收优惠政策，如子公司梅钢、武钢有限等作为高新技术企业享受15%的低税率，上海宝信符合国家规划布局内重点软件企业规定的条件，减按10%的税率征收企业所得税。公司20×0年合并财务报表附注中披露的所得税相关信息如下。

（1）本期所得税费用2 036 271 230.50元，其构成见表3-10。

表3-10　企业本期所得税费用构成　　　　　　　　　　　单位：元

项 目	本期发生额	上期发生额
当期所得税费用	1 596 431 725.60	1 809 765 312.05
对以前期间所得税的调整	130 613 308.97	-32 852 720.80
递延所得税费用	309 226 195.93	-48 674 775.54
合计	2 036 271 230.50	1 728 237 815.71

（2）未经抵销的递延所得税资产和递延所得税负债的部分信息见表3-11、表3-12。

表3-11　未经抵销的递延所得税资产　　　　　　　　　　单位：元

项 目	期末余额		期初余额	
	可抵扣暂时性差异	递延所得税资产	可抵扣暂时性差异	递延所得税资产
资产减值准备	3 718 569 256.27	810 666 022.58	4 917 107 922.60	1 172 931 353.37
可抵扣亏损	211 128 687.35	38 666 907.30	572 921 692.27	142 204 995.53
固定资产及无形资产折旧摊销差异	1 514 964 440.39	378 667 717.29	1 387 340 578.89	346 748 111.11
公允价值变动损失	634 710 458.44	158 557 419.84	976 320 856.70	244 080 214.18
…	…	…	…	…
合计	15 146 787 371.81	3 451 761 885.50	14 813 728 179.46	3 576 600 146.96

表3-12　未经抵销的递延所得税负债　　　　　　　　　　单位：元

项 目	期末余额		期初余额	
	应纳税暂时性差异	递延所得税负债	应纳税暂时性差异	递延所得税负债
非同一控制企业合并资产评估增值	494 375 733.06	107 849 186.28	48 488 431.63	14 519 545.16
公允价值变动收益	304 147 912.45	76 042 569.36	657 645 340.45	164 411 335.11
固定资产折旧差异	3 032 999 479.14	758 229 583.65	1 941 325 140.25	485 290 670.78

续表

项 目	期末余额		期初余额	
	应纳税暂时性差异	递延所得税负债	应纳税暂时性差异	递延所得税负债
…	…	…	…	…
合计	5 871 801 401.67	1 452 208 743.16	4 870 755 752.95	1 177 925 621.90

（3）其他相关信息：

递延所得税资产期末余额 3 040 261 427.16 元，期初余额 3 282 075 793.92 元。

递延所得税负债期末余额 1 040 708 284.82 元，期初余额 884 710 639.80 元。

递延所得税资产和递延所得税负债期末互抵金额 411 500 458.34 元，期初互抵金额 293 214 982.1 元。

讨论题目：

（1）宝钢股份 20×0 年度公司确认的所得税费用是多少，由哪些部分构成？

（2）宝钢股份的实际所得税税率为何低于法定所得税税率？

（3）公司的递延所得税资产是如何产生的？举例说明。

（4）公司的递延所得税负债是如何产生的？举例说明。

（5）试就宝钢股份 20×0 年度合并财务报表中的所得税相关项目余额或发生额的勾稽关系进行讨论。

案例讨论思路 3

【业务训练题】

1. 资料： A 企业于 20×0 年 12 月 20 日取得某项固定资产，原价为 750 万元，使用年限为 5 年，会计上采用年限平均法计提折旧，净残值为零。税法规定该类固定资产采用加速折旧法计提的折旧可予税前扣除，该企业在计税时采用双倍余额递减法计列折旧，净残值为零。20×2 年 12 月 31 日，企业对该项固定资产计提了 30 万元的减值准备。其他年度没有计提减值准备。企业适用的所得税税率为 25%。

要求：

（1）编制表格，确定 20×1 年至 20×5 年各年末该固定资产的账面价值、计税基础和暂时性差异，并计算各年末的递延所得税金额。

（2）编制各年末确认递延所得税的会计分录。

2. 资料： 甲公司 20×4 年共发生研发支出 100 万元，其中研究阶段支出 10 万元，开发阶段不符合资本化条件支出 30 万元，符合资本化条件支出 60 万元形成无形资产，假定该无形资产于 20×4 年 7 月 30 日达到预定用途，采用直线法按 5 年摊销，计入当期管理费用。该企业 20×4 年税前会计利润为 500 万元，适用的所得税税率为 25%。税法规定研发支出可以加计 100% 税前扣除和摊销，不考虑其他纳税调整事项。

要求：

（1）计算甲公司 20×4 年应交所得税金额。

（2）确定甲公司20×4年末研发形成的无形资产的账面价值和计税基础。

（3）该无形资产产生的可抵扣暂时性差异，应否确认递延所得税资产？

3. **资料**：20×7年3月2日，乙公司以银行存款3 000万元从证券市场购入A公司8%的普通股股票，划分为以公允价值计量且其变动计入其他综合收益的金融资产。20×7年末，该资产的公允价值为3 600万元。乙公司20×7年的利润总额为5 000万元，除因该金融资产确认的递延所得税外，另发生可抵扣暂时性差异580万元，转回20×6年确认的应纳税暂时性差异200万元。乙公司20×7年适用的所得税税率为25%，20×8年及以后的所得税税率为15%。

要求：

（1）计算乙公司20×7年应确认的递延所得税、应交所得税和所得税费用的金额。

（2）编制乙公司20×7年有关该金融资产和所得税的相关会计分录。

4. **资料**：甲公司20×4年度实现税前会计利润900万元。该公司适用的所得税税率为25%，递延所得税资产及递延所得税负债不存在期初余额。20×4年发生的有关交易和事项中，会计处理与税收处理存在差别的有：

（1）应收账款科目年末余额为240万元，本期计提了坏账准备20万元。税法规定，企业确认的各项资产减值损失在未发生实质性损失前不允许税前扣除。

（2）当期取得作为交易性金融资产核算的股票投资成本为24万元，20×4年12月31日的公允价值为36万元。税法规定，以公允价值计量的金融资产持有期间市价变动不计入应纳税所得额。

（3）20×4年1月开始计提折旧的一项固定资产，成本为50万元，使用年限为10年，净残值为0，会计处理按双倍余额递减法计提折旧，税收处理按直线法计提折旧。假定税法规定的使用年限及净残值与会计规定相同。

（4）因售后服务确认预计负债11万元，税法规定产生的损失于实际发生时扣除。

（5）违反环保法规定应支付罚款10万元。

要求：

（1）填写表3-13。

表3-13　甲公司20×4年暂时性差异计算表　　　　　　　　　　单位：万元

项　　目	账面价值	计税基础	应纳税暂时性差异	可抵扣暂时性差异
应收账款				
交易性金融资产				
固定资产				
预计负债				

（2）计算甲公司20×4年度的应纳税所得额和应交所得税；

（3）计算甲公司20×4年度应确认的递延所得税资产和递延所得税负债；

（4）计算甲公司20×4年度应确认的所得税费用；

（5）编制甲公司20×4年度确认所得税费用的会计分录。

5. 资料：甲公司适用所得税税率为25%。20×1年初"递延所得税负债"余额为7.5万元，因固定资产产生应纳税暂时性差异30万元而确认。"递延所得税资产"余额为33万元，其中，因上年计提预计负债48万元而确认12万元，因计提存货跌价准备24万元而确认6万元，因未弥补亏损60万元而确认15万元。20×1年税前会计利润为1 000万元。20×1发生下列涉税事项：

（1）本年转回存货跌价准备20万元，存货跌价准备的余额为4万元。

（2）本年开始以公允价值模式计量的投资性房地产公允价值上升50万元。根据税法规定，投资性房地产持有期间公允价值的变动金额不计入当期应纳税所得额。

（3）20×0年12月20日取得某项环保用固定资产，入账价值为300万元，使用年限为10年，会计上采用直线法计提折旧，净残值为零。假定税法规定环保用固定资产采用加速折旧法计提的折旧可予税前扣除，该企业在计税时采用双倍余额递减法计提折旧，净残值为零。

（4）年末计提产品保修费用40万元，计入销售费用，本年实际发生保修费用30万元，预计负债余额为58万元。税法规定，产品保修费在实际发生时可以税前抵扣。

（5）支付违反税收的罚款支出4万元，税法规定不得税前扣除。

（6）年初未弥补亏损60万元，20×1年弥补15万元，年末未弥补亏损45万元。

要求：

（1）计算甲公司20×1年应纳税暂时性差异和可抵扣暂时性差异的年末余额。

（2）计算甲公司20×1年应确认的递延所得税负债和递延所得税资产。

（3）计算甲公司20×1年度的应交所得税。

（4）计算甲公司20×1年度的所得税费用，并编制相关会计分录。

业务训练题提示3

第四章　会计变更、前期差错更正和日后事项

【本章导读】

本章由相互区别又相互联系的四部分内容构成：会计政策变更、会计估计变更、前期差错更正和资产负债表日后事项。会计变更和纠错往往涉及账簿、报表的调整和重述。对于会计政策变更，要根据具体情形选择采用追溯调整法或未来适用法，会计估计变更适用未来适用法；重大的前期差错以及资产负债表日后发现的差错，需进行追溯重述。对于资产负债表日后事项，需要区分其类型是属于调整事项还是非调整事项，从而在报表列报和信息披露方面采取适当的会计处理。

【内容框架】

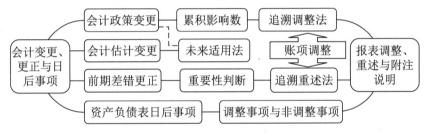

会计不是一门精确的学科。在现有会计准则的规范和指导下，会计人员需要充分运用职业判断来进行会计政策选择和作出合理的会计估计。为了更好地提供关于会计主体的相关财务信息，所采用的会计政策和会计估计需要适时作出调整和改变；对于所发现的会计差错，要及时进行更正；发生资产负债表日后事项的，要根据最新掌握的证据作出适当的会计处理。

第一节　会计政策及其变更

【引例】近年来，随着我国企业会计准则的不断修订，上市公司纷纷发布会计政策变更公告。2017年以来，财政部修订的具体会计准则主要包括：《企业会计准则第14号——收入》《企业会计准则第16号——政府补助》《企业会计准则第22号——金融工具的确认和计量》《企业会计准则第23号——金融资产转移》《企业会计准则第24

号——套期会计》《企业会计准则第 37 号——金融工具列报》和《企业会计准则第 21 号——租赁》等。

一、会计政策概述

会计政策，是指企业在会计确认、计量和报告中所采用的原则、基础和会计处理方法。其中，"原则"是指按照企业会计准则规定的、适合于企业会计核算所采用的具体会计原则；"基础"是指为了将会计原则应用于交易或者事项而采用的基础，主要是计量基础（即计量属性），包括历史成本、重置成本、可变现净值、现值和公允价值等；"会计处理方法"，是指企业在会计核算中按照法律、行政法规或者国家统一的会计制度等规定采用或者选择的、适合于本企业的具体会计处理方法。

（一）会计政策的特点

会计政策这一概念的内涵和外延比较宽泛，凡是涉及企业具体业务处理时所选择采用的原则、基础和方法，能体现企业经营特色和会计战略的，都可以称为该企业的会计政策。会计政策具有以下特点。

扩展阅读 4.1
IAS 8 对如何选择会计政策的指导

第一，会计政策的可选择性。会计政策是选择的结果，是企业在允许的会计原则、计量基础和会计处理方法中作出的指定或具体选择。由于企业经济业务的复杂性和多样化，某些经济业务在符合会计原则和计量基础的要求下，可以有多种会计处理方法，即存在不止一种可供选择的会计政策。例如，确定发出存货的实际成本时可以在先进先出法、加权平均法或者个别计价法中进行选择。再如，投资性房地产的后续计量有两种模式：成本模式和公允价值模式，企业可以根据房地产资产的具体类型和企业所处的市场环境决定选取哪种计量模式。

第二，会计政策的强制性。在我国，会计准则和会计制度属于行政法规，会计政策所包括的具体会计原则、计量基础和具体会计处理方法由会计准则或会计制度规定，具有一定的强制性。企业必须在法规所允许的范围内选择适合本企业实际情况的会计政策。即企业在发生某项经济业务时，必须从允许的会计原则、计量基础和会计处理方法中选择出适合本企业特点的会计政策。目前，各国的会计准则大致分为原则导向型和规则导向型两类，规则导向型会计准则规定的细则和限定条件较多，会计人员的自主权受到了很大的限制，会计政策的强制性色彩较浓。

第三，会计政策的层次性。会计政策包括会计原则、计量基础和会计处理方法三个层次。其中，会计原则是指导企业会计核算的具体原则，会计基础是为将会计原则体现在会计核算而采用的基础，会计处理方法是按照会计原则和计量基础的要求，由企业在会计核算中采用或者选择的、适合本企业的具体会计处理方法。例如，《企业会计准则第 8 号——资产减值》中，资产减值损失确认和计量的一般原则是，当资产的可收回金额低于其账面价值时，应按两者之差确认资产减值损失；确定可收回金额时涉及的公允价值是计量基础；将资产的账面价值减记至可收回金额，并将减记的金额确认为资产减值损失，这就是资产减值的会计处理方法。会计原则、计量基础和会计处理方法三者是一个具有逻辑性的、密不可分的整体，通过这个整体，会计政策才能得以应用和落实。

（二）企业需披露的重要会计政策

为了使投资者和其他信息使用者更好地理解报表数字的来源、依据及其含义，便于企业间和同一企业不同会计期间财务信息的相互比较，需要在财务报表附注中披露企业所采用的重要会计政策，包括财务报表项目的计量基础和会计政策的确定依据等。重要会计政策如有变更，需专项披露。判断会计政策是否重要，应当考虑与会计政策相关的项目的性质和金额。除了对会计期间、记账本位币等基础事项的说明外，常见的重要会计政策包括以下内容：

1. 企业合并会计政策

合并会计政策是指编制合并财务报表所采用的原则。例如，母公司与子公司的会计年度不一致的处理原则、合并范围的确定原则等；同一控制下企业合并的会计处理方法，非同一控制下企业合并和商誉的会计处理方法，合并财务报表的编制方法等。

2. 重要资产项目相关会计政策

（1）货币资金和金融资产。应解释和说明以下方面的内容：现金及现金等价物的确定标准；外币业务和外币报表折算所采用的汇率；金融工具的确认条件，金融资产的分类和计量方法，金融资产的减值处理，金融资产转移的会计处理，金融资产的终止确认，金融资产和金融负债的抵销；衍生工具和权益工具；不同类别的应收款项及坏账计提方法等。

（2）存货。存货是工商业企业数额较大的一项资产，不同行业的企业，其存货的构成存在差异。例如，制造企业有原材料、在产品和产成品存货；商业企业有商品存货；房地产企业有房地产存货等。存货的会计政策包括：取得存货成本的确定和发出存货成本的计量；存货的盘存制度；存货可变现净值的确定依据及存货跌价准备的计提方法；低值易耗品和包装物的摊销方法等。

（3）长期股权投资。需要披露的相关会计政策包括：不同渠道获取的长期股权投资的初始投资成本的确定；共同控制和重要影响的判断标准；长期股权投资后续会计处理方法，是采用成本法还是采用权益法核算；持有待售的权益性投资；长期股权投资减值测试及减值准备计提方法；长期股权投资的处置等。

（4）长期有形资产。需要披露的相关会计政策包括：投资性房地产计量模式，是采用成本模式，还是公允价值模式；固定资产初始成本的计量，是以购买价款还是以购买价款的现值为基础进行计量；固定资产折旧方法；使用权资产的计价和折旧方法；在建工程成本的确定，如在建期间发生的借款费用是否予以资本化处理；生物资产的初始和后续计量；长期有形资产的减值处理方法等。

（5）无形资产。无形资产的确认，如企业内部研究开发项目开发阶段的支出是确认为无形资产，还是在发生时计入当期损益；无形资产减值处理方法等。

3. 重要负债项目相关会计政策

（1）职工薪酬和其他福利。职工工资、福利费、医疗保险费和住房公积金等货币性短期薪酬的确认和计量原则，非货币性短期薪酬的计量基础，股份支付的会计处理方法，离职后福利和辞退福利的确认和计量方法等。

（2）预计负债。企业对外未决诉讼、提供担保、产品质量保证、重组义务以及待执行的亏损合同等产生的预计负债的确认原则及计量方法。

4. 收入确认会计政策

2017年7月修订的《企业会计准则第14号——收入》，改变了收入确认所采用的会计原则。无论是销售商品、提供劳务、让渡资产使用权，还是建造合同，均采用统一的收入确认模式，即以"控制权转移"为依据确认收入。企业应在报表附注中披露相关会计政策，包括有重大影响的判断；识别是否存在多个"履约义务"，以及如何将交易价格分摊到多个"履约义务"；对于在某一段期间履行的履约义务，企业应当考虑商品的性质，采用产出法或投入法确定恰当的履约进度，并且按照该履约进度确认收入。

5. 政府补助会计政策

政府补助分为与资产相关的政府补助和与收益相关的政府补助两类，政府补助会计政策应说明判定政府补助所属类别的依据和会计处理方法；政府补助是否与企业日常活动相关，所选择的方法是总额法还是净额法等。

6. 其他重要的会计政策

例如，合同成本与合同负债的确认方法、股份支付的类型和计量方法、借款费用的会计处理，是资本化还是费用化处理；非货币性资产交换的计量；债务重组损益的计量；租赁的会计处理；所得税会计核算方法等。

二、会计政策变更释义

为保证会计信息的可比性，使财务报表使用者在比较企业一个以上期间的财务报表时，能够正确判断企业的财务状况、经营成果和现金流量的趋势，一般情况下，企业采用的会计政策不得随意变更。但在某些特定情况下，为了更好地提供相关财务信息，需要变更企业所采用的会计政策。

（一）会计政策变更的情形

会计政策变更，是指企业对相同的交易或者事项由原来采用的会计政策改用另一会计政策的行为。在下述两种情形下，企业可以变更会计政策。

第一，法律、行政法规或者国家统一的会计制度等要求变更。这种情况是指法律、行政法规以及国家统一的会计制度要求企业采用新的会计政策，则企业应当遵从这些法律、行政法规以及国家统一的会计制度的要求，改变原会计政策，按照新的会计政策执行。我国企业会计准则体系正处于国际趋同和不断完善的过程中，会计准则的修订往往会改变可供选择的会计政策范围，企业需对其已选择的会计政策作出相应的调整和变更。

2006年，我国建立了包括1项基本准则和38项具体准则的会计准则体系。在这次改革中，取消了发出存货计价的后进先出法，这便促使那些采用后进先出法进行核算的企业改变了其存货会计政策。2014年，财政部修订了《长期股权投资》《职工薪酬》《财务报表列报》和《合并财务报表》四项准则，新颁布了《企业会计准则第39号——公允价值计量》等三项会计准则，要求企业据以变更相关会计政策。2016年12月，财政部发布《增值税会计处理规定》，企业在"管理费用"核算的房产税、土地使用税、车船税和印花税，改为在利润表中的"税金及附加"项目列示。2017年，财政部发布了《企业会计准则第42号——持有待售的非流动资产、处置组和终止经营》《财政部关于修订印发一般企业财务报表格式的通知》，修订了《企业会计准则第14号——收入》《企业会计准则第16号——政府补助》和金融工具相关准则。2018年财政部修订了《企业会计准则第21号——租赁》；2019年修订了《企业会计准则第12号——债务重组》。企业执行会计准则，必然会按照要求作出相应的变更和调整，并发布相应的会计政策变更公告。

第二，会计政策变更能够提供更可靠、更相关的会计信息。由于经济环境、客观情况的改变，企业原采用的会计政策所提供的会计信息，已不能恰当地反映企业的财务状况和经营成果等情况。在这种情况下，应改变原有会计政策，按变更后新的会计政策进行会计处理，以便如实反映更相关的会计信息。例如，企业一直采用成本模式对投资性房地产进行后续计量，如果企业能够从房地产交易市场上持续地取得同类或类似房地产的市场价格及其他相关信息，从而能够对投资性房地产的公允价值作出合理的估计，此时，企业可以将投资性房地产的后续计量方法由成本模式变更为公允价值模式。

（二）不属于会计政策变更的情形

在会计实务中，企业应当正确认定属于会计政策变更的情形。下列情况不属于会计政策变更。

第一，本期发生的交易或者事项与以前相比具有本质差别而采用新的会计政策。这是因为，会计政策是针对特定类型的交易或事项，如果发生的交易或事项与其他交易或事项有本质区别，那么，企业实际上是为新的交易或事项选择适当的会计政策，并没有改变原有的会计政策。例如，企业以往租出的设备均为一年以内的短期租赁，企业按经营租赁会计处理方法核算，但自本年度起，企业调整了设备租出的时间，均改为长期租赁方式，且根据租赁合同，实质上转移了与租赁资产所有权有关的几乎全部风险和报酬，则该企业自本年度起对新租出的设备采用融资租赁会计处理方法进行核算。经营租赁和融资租赁有着本质差别，由经营租赁改为融资租赁，随之而改变会计政策，不属于会计政策变更。

第二，对初次发生的交易或者事项采用新的会计政策。对初次发生的某类交易或事项采用某种以前未采用过的会计政策，并不是对原有会计政策的改变。例如，企业以前没有建造合同业务，当年签订一项建造合同为另一企业建造一栋厂房，对该项建造合同按照履约进度分批次确认收入，不是会计政策变更。

第三，对不重要的交易或者事项采用新的会计政策。对不重要的交易或事项采用新的会计政策，不按会计政策变更作出会计处理并不影响会计信息的可比性，所以也不属于会计政策变更。例如,企业原在生产经营过程中使用少量的低值易耗品,并且价值较低,故企业在领用低值易耗品时一次计入费用;该企业于近期投产新产品,所需低值易耗品比较多,且价值较大,企业对领用的低值易耗品处理方法改为五五摊销法。该低值易耗品在企业生产经营中所占的费用比例并不大,改变低值易耗品处理方法后,对损益的影响也不大,属于不重要的事项,会计政策在这种情况下的改变不属于会计政策变更。

此外,不符合会计准则规定的会计政策改变不属于会计政策变更。企业变更会计政策,必须在会计准则允许的范围内进行,违背会计准则规定擅自进行的会计政策变更,属于会计差错。例如,金融资产按照其计量基础,可以分为以摊余成本计量的金融资产、以公允价值计量且其变动计入当期损益的金融资产、以公允价值计量且其变动计入其他综合收益的金融资产三类,当且仅当企业改变其管理金融资产的模式时,三类金融资产之间才可以重分类。如果随意重分类,则不属于会计政策变更。

【例4-1】甲公司每年需在技术研发方面进行一定投入,以保持公司的持续竞争优势。内部研究开发项目的支出分为研究阶段支出与开发阶段支出。研究阶段支出在发生时计入当期损益;开发阶段的支出,符合资本化条件的计入无形资产成本。出于谨慎考虑,甲公司拟调整内部研究开发项目支出的会计处理政策,将研究阶段与开发阶段的支出全部计入当期损益,不再将开发阶段支出进行资本化,并对公司已经资本化的支出进行追溯调整计入各期损益。

本例中,甲公司原核算方法符合会计准则规定。由于研发结果存在不确定性,调整后的会计政策虽然能更加谨慎地反映公司的财务状况及经营成果,但人为地忽略了那些能给企业带来确定性利益且符合资本化条件的开发支出,有盈余管理的嫌疑。

三、会计政策变更的会计处理

发生会计政策变更时,除有明确规定外,一般有两种会计处理方法,即追溯调整法和未来适用法。

(一)追溯调整法

1. 追溯调整法的含义

追溯调整法,是指对某项交易或事项变更会计政策,视同该项交易或事项初次发生时即采用变更后的会计政策,并以此对财务报表相关项目进行调整的方法。采用追溯调整法时,对于比较财务报表期间(图4-1)的会计政策变更,应调整各期间净损益各项目和财务报表其他相关项目,视同该政策在比较财务报表期间一直采用。对于比较财务报表可比期间以前的会计政策变更的累积影响数,应调整比较财务报表最早期间的期初留存收益,财务报表其他相关项目的数字也应一并调整。

图4-1 比较财务报表期间示意图

按照《企业会计准则第 30 号——财务报表列报》，当期财务报表的列报，至少应当提供所有列报项目上一可比会计期间的比较数据。会计政策变更会影响到会计信息的可比性，需要按照新采用的列报基础、会计处理方法进行追溯调整。对于不同类型的比较财务报表，其资产负债表日及可比期间的界定如表 4-1 所示。

表 4-1 比较财务报表的资产负债表日与可比期间的界定

项 目	资产负债表日		可 比 期 间	
	本期	上期（上年度末）	本 期	上 期
第 1 季度报表	3 月 31 日	上年 12 月 31 日	本年 1 月 1 日—3 月 31 日	上年 1 月 1 日—3 月 31 日
半年报	6 月 30 日	上年 12 月 31 日	本年 1 月 1 日—6 月 30 日	上年 1 月 1 日—6 月 30 日
第 3 季度报表	9 月 30 日	上年 12 月 31 日	本年 1 月 1 日—9 月 30 日	上年 1 月 1 日—9 月 30 日
年报	12 月 31 日	上年 12 月 31 日	本年 1 月 1 日—12 月 31 日	上年 1 月 1 日—12 月 31 日

2. 追溯调整法的步骤

涉及损益的会计政策变更适用追溯调整法时，其基本步骤如图 4-2 所示。

图 4-2 追溯调整法的基本步骤

（1）计算会计政策变更的累积影响数，确定会计政策变更对各报表项目产生的影响。会计政策变更的累积影响数，是指按照变更后的会计政策对以前各期追溯计算的**列报前期最早期初留存收益应有金额与现有金额之间的差额**。在变更会计政策当期计算的会计政策变更的累积影响数，可以分解为以下两个金额之间的差额，其一，按变更后的会计政策对以前各期追溯计算，所得到的列报前期最早期初留存收益应有金额；其二，列报前期最早期初留存收益现有金额。一般地，可比期间是指报告期的上一年的同期。"列报前期最早期初留存收益"，指的是上期期初留存收益。也就是说，追溯计算累积影响数的最早时间点，应是上期期初（适用于所有者权益变动表）。对于资产负债表，应计算会计政策变更对于本期期初留存收益的累积影响数。

会计政策变更的累积影响数，是对列报前期最早期初留存收益的影响数，不考虑由于损益的变化而应当补分的利润或股利。例如，由于会计政策变化，增加了以前期间可供分配的利润，在计算调整会计政策变更当期期初的留存收益时，不应当考虑由于以前期间净利润的变化而需要分派的股利。

累积影响数通常可以通过以下各步计算获得：第一，根据新会计政策重新计算受影响的前期交易或事项；第二，计算两种会计政策下的差异；第三，计算差异的所得税影响金额；第四，确定前期中的每一期的税后差异；第五，计算会计政策变更的累积影响数。

（2）编制相关调整分录。计算了会计政策变更的累积影响数以后，还应通过一定的程序，将该累积影响数反映在企业的账簿和报表中。遵循会计循环的先后顺序，在进行报表调整之前，必须在账簿中进行相应的调整，视同新会计政策在刚开始就已经在运用。对于资产负债表项目的影响，直接调整相关会计科目的余额，对于损益表项目的影响，由于是跨期调整，损益类科目的余额已结清，损益金额已经结转，因此，应当将会计政策变更的累积影响数直接记入"利润分配——未分配利润"科目。在此基础上，进行利润分配（盈余公积计提）的调整。

（3）报表调整和重述。根据前两个步骤的结果，调整财务报表相关项目的金额。对于资产负债表项目，根据调整分录所涉及的项目进行对应调整；对于利润表项目，则需要根据会计政策变更累积影响数的计算过程，分别调整相关税前利润项目、所得税项目和净利润项目等；所有者权益变动表设置了反映会计政策变更的专栏，其中，上年金额栏中的"本年年初"对应的就是"列报前期最早期初"的时间点。

（4）报表附注说明。在报表附注中，将会计政策变更的详细信息加以说明。需要注意的是，对以前年度损益进行追溯调整或追溯重述的，应当重新计算各列报期间的每股收益。

【例4-2】甲公司所在地有活跃的房地产交易市场，为了更客观地反映所持有的投资性房地产的价值，甲公司董事会决议将其持有的投资性房地产（底商）的后续计量方法由成本模式变更为公允价值模式，不再对其计提折旧。甲公司自20×2年1月1日（变更日）起执行变更后的会计政策，并按变更日的公允价值调整其账面价值。

该房地产以600万元的价格购置，自20×1年1月1日起采用年限平均法计提折旧，年折旧率为2.5%，预计净残值为0。甲公司聘请专业评估机构对其持有的投资性房地产进行评估，确定变更日该投资性房地产的公允价值为864万元。该投资性房地产的计税折旧与会计折旧相同，适用所得税税率为25%，按净利润10%提取法定盈余公积。甲公司的账簿资料比较齐全，可以追溯计算会计政策变更的累积影响数。

本例中，甲公司自20×2年1月1日起将投资性房地产的后续计量方法由成本模式转变为公允价值模式，两种模式下的会计处理差异如下：成本模式下，投资性房地产按期计提折旧，对于公允价值变动损益不予以确认；公允价值模式下，投资性房地产不计提折旧，但确认公允价值变动损益。

在列报20×1年度的可比数字时，需要按照新的会计政策重新计量并追溯调整20×1年度财务报表相关项目金额，其步骤如下：

（1）计算会计政策变更的累积影响数，确定会计政策变更对报表项目的影响。

① 计算累积影响数。

该投资性房地产每年计提的折旧费用 = 600×2.5% = 15（万元）

原会计政策下，20×1年该投资性房地产对利润总额的影响额 = -15万元

根据新会计政策重新计量的利润总额影响额 = 公允价值变动收益 = 864-600 = 264（万元）

两种会计政策下利润总额的差异 = 264-（-15）= 279（万元）

会计政策变更的所得税影响额 = 279×25% = 69.75（万元）

会计政策变更对税后净利润的影响额 = 279-69.75 = 209.25（万元）

截至20×1年12月31日，投资性房地产会计政策变更的累积影响数为209.25万元。

②该会计政策变更对20×1年12月31日资产负债表项目的影响。

成本模式下，投资性房地产的账面价值＝计税基础＝600×（1-2.5%）＝585（万元）

公允价值模式下，投资性房地产的账面价值＝该资产的公允价值＝864万元

该会计政策变更导致投资性房地产的现有账面价值与计税基础不同，产生应纳税暂时性差异，应确认递延所得税负债69.75万元[（864-585）×25%]。

（2）编制调整分录。

将投资性房地产会计政策变更的累积影响数记入"利润分配——未分配利润"科目，同时调整投资性房地产的账面价值（从585万元调整至864万元）和递延所得税负债；之后还要调整利润分配中的盈余公积计提金额，编制调整分录如下：

① 调整会计政策变更累积影响数：

借：投资性房地产——成本	8 640 000
投资性房地产累计折旧	150 000
贷：投资性房地产	6 000 000
递延所得税负债	697 500
利润分配——未分配利润	2 092 500

② 调整利润分配：

借：利润分配——未分配利润	209 250
贷：盈余公积（2 092 500×10%）	209 250

（3）报表项目调整。

20×1年受影响的报表项目及其金额调整情况如表4-2所示。

表4-2　20×1年受影响的报表项目　　　　　　　　　　　单位：元

受影响的报表项目	调整额（增加+/减少-）	涉及的报表		
		资产负债表	利润表	所有者权益变动表
投资性房地产	+2 790 000	√		
递延所得税负债	+697 500	√		
盈余公积	+209 250	√		√
未分配利润	+1 883 250	√		√
营业成本	-150 000		√	
公允价值变动收益	+2 640 000		√	
所得税费用	+697 500		√	
净利润	+2 092 500		√	√

甲公司在列报20×2年财务报表时，应调整20×2年12月31日资产负债表有关项目的年初余额、20×2年利润表有关项目的上年金额、所有者权益变动表有关项目的本年金额（调增用+，调减用-）。

① 调增20×2年12月31日资产负债表有关项目的年初余额（表4-3）。

表 4-3　资产负债表（部分）

编制单位：甲公司　　　　　　　20×2 年 12 月 31 日　　　　　　　　　　单位：元

资　　产	年末余额（略）	年初余额	负债和所有者权益	年末余额（略）	年初余额
投资性房地产		+2 790 000	递延所得税负债		+697 500
			盈余公积		+209 250
			未分配利润		+1 883 250
合计		+2 790 000	合计		+2 790 000

② 调整 20×2 年利润表项目上年金额，如表 4-4 所示。

表 4-4　利润表（部分）

编制单位：甲公司　　　　　　　20×2 年　　　　　　　　　　　　　单位：元

项　　目	本年数（略）	上　年　数
营业收入		
减：营业成本		−150 000
加：公允价值变动收益		+2 640 000
利润总额		+2 790 000
减：所得税费用		+697 500
净利润		+2 092 500

③ 在所有者权益变动表中，"本年金额"栏下对应"会计政策变更"一行，调增盈余公积 209 250 元、未分配利润 1 883 250 元，调整增加上年末所有者权益合计 2 092 500 元。如表 4-5 所示。

表 4-5　所有者权益变动表（部分）

编制单位：甲公司　　　　　　　20×2 年　　　　　　　　　　　　　单位：元

项　　目	本年金额					上年金额（略）				
	实收资本	资本公积	盈余公积	未分配利润	所有者权益合计	实收资本	资本公积	盈余公积	未分配利润	所有者权益合计
一、上年年末余额										
加：会计政策变更			+209 250	+1 883 250	+2 092 500					
前期差错更正										
二、本年年初余额										

（4）报表附注说明。

本企业按照会计准则规定，对投资性房地产改为公允价值模式计量，采用新会计政策追溯计算的累积影响数为 2 092 500 元，调整增加 20×2 年初投资性房地产 2 790 000 元、递延所得税负债 697 500 元。调整增加 20×1 年度净利润 2 092 500 元，调整增加 20×2 年初留存收益 2 092 500 元，其中，盈余公积 209 250 元，未分配利润 1 883 250 万元。

注意：在追溯调整法下，企业变更会计政策所形成的影响数基本属于暂时性差异，只影响递延所得税，不影响应交所得税。由于会税分离，计税时采用的处理方法与会计处理方法相互独立，会计政策变更无须对应交所得税进行调整，只需通过递延所得税资产或递延所得税负债来调整其对所得税费用的影响。编制调整分录时，对所得税费用的影响不单独体现，一并通过"利润分配——未分配利润"科目予以反映。

3. 不涉及损益调整的会计政策变更

大多数会计政策变更会涉及损益，随着账目的结清，对损益的影响最终转化为对留存收益（包括盈余公积和未分配利润）的影响。有的会计政策变更不会涉及损益，无须计算会计政策变更的累积影响数。例如，根据有关规定，投资企业对被投资单位不具有共同控制或重大影响，并且在活跃市场中没有报价、公允价值不能可靠计量的股权投资，由"长期股权投资"变更为金融资产加以列报，这只是资产负债表内部的变化，不涉及净利润和留存收益调整，因此无须计算累积影响数，直接对涉及项目的金额进行调整即可。

有时，会计政策变更虽涉及损益项目，但只是利润表内部项目之间的调整，对利润总额并没有产生影响，也无须计算会计政策变更的累积影响数。例如，根据财政部《增值税会计处理规定》，全面试行营改增后，"营业税金及附加"科目名称调整为"税金及附加"科目。相应地，利润表中的"营业税金及附加"项目名称也调整为"税金及附加"项目，原计入管理费用的房产税、土地使用税、车船税和印花税等，重分类为"税金及附加"项目。该会计政策变更只是列报项目的变化，不涉及损益总额的调整。

【**例 4-3**】根据《财政部关于修订印发一般企业财务报表格式的通知》，泰合公司将原列报于"营业外收入"和"营业外支出"的非流动资产处置利得和损失、非货币性资产交换利得和损失变更列报为"资产处置收益"。该项政策涉及追溯调整公司 20×7 年半年度财务报表，其中合并利润表调增"资产处置收益" 2 759.47 元，调减"营业外收入" 3 246.97 元，调减"营业外支出" 487.50 元。

本例中，利润表新增"资产处置收益"项目，对可比期间的比较数据应按照财政部通知要求进行调整。由于不影响利润总额、所得税和净利润，该政策变更对泰合公司的财务状况和经营成果不产生重大影响。

（二）未来适用法

未来适用法，既可以用于会计政策变更，也可以用于会计估计变更和其他场合。会计政策变更时采用的未来适用法，是指将变更后的会计政策应用于变更日及以后发生的交易或者事项，不需要计算会计政策变更产生的累积影响数，也无须重编以前年度的财务报表。企业会计账簿记录及财务报表上反映的金额，变更之日仍保留原有的金额，不因会计政策变更而改变以前年度的既定结果，而是在现有金额的基础上再按新的会计政策进行核算。

新的会计准则出台，往往会对政策变更应采用的方法作出明确规定。例如，财政部于 2017 年度发布了《企业会计准则第 42 号——持有待售的非流动资产、处置组和终止经营》，自 2017 年 5 月 28 日起施行，对于施行日存在的持有待售的非流动资产、处置组和终止经营,要求采用未来适用法处理。

当会计政策变更的追溯调整不切实可行时,可以采用未来适用法。例如,某公司境外子公司自设立开始采用当地货币为记账本位币,为方便管理,拟变更为统一采用美元为记账本位币。由于涉及公司以前年度的财务处理,无法准确列报该变更对净利润的影响数,因此,对该会计政策变更采用未来适用法,采用变更当日的即期汇率,将所有项目折算为变更后的记账本位币。

【例4-4】乙公司原对发出存货采用后进先出法,由于采用新准则,按其规定,公司从20×1年1月1日起改用先进先出法。20×1年1月1日存货的价值为2 500 000元,公司当年购入存货的实际成本为18 000 000元,20×1年12月31日按先进先出法计算确定的存货价值为4 500 000元,按后进先出法计算的存货价值为2 200 000元。

本例中,乙公司由于采用新准则而改变其发出存货的计价方法,由于追溯调整不切实可行,乙公司采用未来适用法进行处理。不追溯计算20×1年1月1日以前先进先出法下的应有结果及其对期初留存收益的影响额,而是在20×1年及以后期间直接采用先进先出法,对发出存货进行计价。两种存货计价方法的比较如表4-6所示。

表4-6 两种存货计价方法的比较 单位:元

项 目	先进先出法	后进先出法	差 异
期初存货	2 500 000	2 500 000	0
加:购入存货实际成本	18 000 000	18 000 000	0
减:期末存货	4 500 000	2 200 000	2 300 000
销售成本(营业成本)	16 000 000	18 300 000	-2 300 000

乙公司发出存货的计价方法由后进先出法改为先进先出法,对期末存货计价和发出存货计价(销售成本或营业成本)产生了影响。该会计政策变更使营业成本减少了2 300 000元,由此导致20×1年的利润总额增加了2 300 000元。假定所得税税率为25%,则所得税费用增加了575 000元、净利润增加了1 725 000元。乙公司应在财务报表附注中作如下说明:

本公司对存货原采用后进先出法计价,由于施行新会计准则改用先进先出法计价。该项会计政策变更应采用未来适用法。由于该项会计政策变更,当期净利润增加1 725 000元。

(三)会计政策变更会计处理方法的选择

对于会计政策变更,企业应当根据具体情况,分别采用不同的会计处理方法。

1. 法律、行政法规或者国家统一会计制度等要求的变更

法律、行政法规或者国家统一会计制度等要求变更的情况下,应当按照国家发布的相关会计处理衔接规定进行处理。例如,2017年12月25日,财政部颁布《财政部关于修订印发一般企业财务报表格式的通知》,将原列报于"营业外收入"和"营业外支出"的非流动资产处置利得和损失、非货币性资产交换利得和损失,变更列报于"资产处置收益"项目,要求此项会计政策变更采用追溯调整法进行处理。企业执行该通知,应当对报告年度的可比数据进行追溯调整。

在某些情况下,完全按照上述追溯调整法的步骤进行调整并不切实可行。例如,执行新收入准则,要对以前年度的所有收入进行重新计算,必然不太可行。《国际财务报告准则第 15 号——收入》提出了两种过渡方法,一是允许企业采用追溯调整法,二是将首次执行的累积影响仅调整首次执行当年年初留存收益及财务报表其他相关项目金额,而不调整可比期间信息。我国采用了第二种衔接思路,这是一种创新的思路,大大减少了追溯计算和报表调整的工作量。企业执行新收入会计准则,应当按照新收入准则规定的衔接要求,进行收入会计政策变更的处理。

2017 年以来,由于会计准则修订而发生的会计政策变更,其会计处理的衔接规定,如表 4-7 所示。

表 4-7 会计准则修订情形下会计处理的衔接规定

发布时间	施行日期	准则或文件名称	会计处理的衔接规定
2017 年 3 月	2018.1.1	CAS22 金融工具确认和计量 CAS23 金融资产转移 CAS24 套期会计	按照企业会计准则 22、23 进行追溯调整,追溯调整不切实可行或另有规定的除外 套期会计一般不追溯调整,另有规定除外
2017 年 5 月	2018.1.1	CAS37 金融工具列报	不追溯调整,比较财务报表无须调整
2017 年 4 月	2017.5.28	CAS42 持有待售的非流动资产、处置组和终止经营	自准则施行日起,对存在的持有待售非流动资产、处置组和终止经营,采用未来适用法处理
2017 年 5 月	2019.6.12	CAS16 政府补助	对 2017 年 1 月 1 日存在的政府补助采用未来适用法处理,对 2017 年 1 月 1 日至准则施行日之间新增的政府补助根据本准则进行调整
2017 年 7 月	2018.1.1	CAS14 收入	企业应根据首次执行本准则的累积影响数,调整当年年初留存收益及财务报表其他相关项目金额,对可比期间信息不予调整。可仅对在首次执行日尚未完成合同的累积影响数进行调整
2017 年 12 月		《财政部关于修订印发一般企业财务报表格式的通知》	非金融企业应当按照企业会计准则和本要求编制 2017 年度及以后期间的财务报表;金融企业应当比照一般企业财务报表格式进行相应调整
2018 年 12 月	2019.1.1	CAS21 租赁	采用追溯调整法处理,或调整首次执行准则的当年年初留存收益及财务报表其他相关项目金额,不调整可比期间信息
2019 年 5 月	2019.6.17	CAS12 债务重组	2019 年 1 月 1 日之前发生的债务重组,不需要追溯调整

2. 自愿会计政策变更

会计政策变更能够提供更可靠、更相关的会计信息的情况下,企业应当采用追溯调整法进行会计处理,将会计政策变更的累积影响数调整列报前期最早期初留存收益,其他相关项目的期初余额和列报前期披露的其他比较数据也应当一并调整。

确定会计政策变更对列报前期影响数不切实可行的,应当从可追溯调整的最早期初开始应用变更后的会计政策;在当期期初确定会计政策变更对以前各期累积影响数不切实可行的,应当采用未来适用法处理。

不切实可行,是指企业在采取所有合理的方法后,仍然不能获得采用某项规定所必需的相关信息,而导致无法采用该项规定,则该项规定在此时是不切实可行的。对某项会计政策变更应用追溯调整法时,出现以下情形,被认为是不切实可行的:①累积影响数不能确定。在某些情况下,为了提供可比信息而去调整一个或者多个前期比较数据,是不切实可行的。例如,企业因账簿、凭证超过法定保存期限而销毁,或因不可抗力如火灾、水灾等而被毁坏、遗失,或因人为因素,如盗窃、故意毁坏等而不可得,由此导致会计政策变更的累积影响数无法计算。②应用追溯调整法要求对管理层在该期当时的意图作出假定。③应用追溯调整法要求对有关金额进行重大估计,并且不可能将提供的有关交易发生时存在状况的证据,以及财务报表批准报出时能够取得的信息,与其他信息客观地加以区分。对财务报表项目应用会计政策时常常需要进行估计。变更会计政策需要追溯调整时,由于相关交易或者事项已经发生较长一段时间,要作出切实可行的估计更加困难。在不切实可行的情况下,会计政策变更应当采用未来适用法进行处理。

四、会计政策变更的信息披露

(一)报表附注信息披露

企业应当在财务报表附注中,披露与会计政策变更有关的下列信息。

1. 会计政策变更的性质、内容和原因

会计政策发生变更时,应对会计政策变更的情况进行说明,包括:对会计政策变更的简要阐述、变更的日期、变更前采用的会计政策和变更后所采用的新会计政策及会计政策变更的原因。

2. 当期和各个列报前期财务报表中受影响的项目名称和调整金额

采用追溯调整法时,应披露以下信息:计算出的会计政策变更的累积影响数;当期和各个列报前期财务报表中需要调整的净损益及其影响金额,以及其他需要调整的项目名称和调整金额。

无法进行追溯调整的,说明该事实和原因以及开始应用变更后的会计政策的时点、具体应用情况。包括:无法进行追溯调整的事实;确定会计政策变更对列报前期影响数不切实可行的原因;在当期期初确定会计政策变更对以前各期累积影响数不切实可行的原因;开始应用新会计政策的时点和具体应用情况。

需要注意的是，在以后期间的财务报表中，不需要重复披露在以前期间的附注中已披露的会计政策变更的信息。

（二）上市公司会计政策变更的专项披露

为了规范上市公司会计政策变更行为，上海证券交易所和深圳证券交易所根据《中华人民共和国证券法》《上市公司信息披露管理办法》等有关规定，制定了上市公司会计政策变更的信息披露要求。以下参照《深圳证券交易所上市公司信息披露工作指引第7号——会计政策及会计估计变更》的相关规定，简要讲述上市公司会计政策变更的信息披露要求。

上市公司变更会计政策的，应该在董事会审议批准后两个交易日内向交易所提交董事会决议并履行信息披露义务。上市公司根据法律、行政法规或者国家统一的会计制度的要求变更会计政策的，其披露的会计政策变更公告至少应包含以下内容：①本次会计政策变更情况概述，包括变更的日期、变更的原因、变更前采用的会计政策、变更后采用的会计政策等；②本次会计政策变更对公司的影响，包括本次会计政策变更涉及公司业务的范围，变更会计政策对财务报表所有者权益、净利润的影响等；③董事会审议本次会计政策变更的情况；④需要说明的其他事项。

上市公司自主变更会计政策的，提交的文件包括：董事会决议及公告；董事会关于会计政策变更合理性的说明；独立董事和监事会意见。上市公司自主变更会计政策，对定期报告的净利润或所有者权益的影响比例超过50%的，或者会计政策变更对定期报告的影响致使公司的盈亏性质发生变化的，应当在董事会审议批准后，提交专项审计报告并在定期报告披露前提交股东大会审议。上市公司自主变更会计政策的董事会决议公告应该包含以下内容：①本次会计政策变更情况概述；②董事会关于会计政策变更合理性的说明；③本次会计政策变更对公司的影响；④如果因会计政策变更对公司最近两年已披露的年度财务报告进行追溯调整，导致公司已披露的报告年度出现盈亏性质改变的，公司应该进行说明；⑤独立董事和监事会意见；⑥会计师事务所的审计意见（适用于需股东大会审批的情形）；⑦关于股东大会审议的安排；⑧需要说明的其他事项。

第二节　会计估计及其变更

【引例】新朋股份处在竞争激烈的行业，随着市场上产品更新以及技术发展速度加快，为真实、合理反映企业的实际情况，公司决定将对20×8年6月1日起新增的部分固定资产的折旧年限进行调整。本次会计估计变更前，房屋、机器设备和专用设备的折旧年限分别为10~20年、10年和5年；会计估计变更后，房屋、机器设备和专用设备的折旧年限分别为6~20年、5~10年和5年。本次会计估计变更仅适用于公司自20×8年6月1日起新增的固定资产，不会对此前年度及期间已披露的财务状况、经营成果产生影响。

一、会计估计

会计工作中充满了不确定性,很多情况下需要企业会计人员进行职业判断。会计估计是指企业对结果不确定的交易或者事项以最近可利用的信息为基础所做的判断,其结果是在财务报表中列示了具有结果不确定性的金额。

(一)会计估计的特点

会计估计具有如下特点。

1. 会计估计的存在是由于经济活动中内在的不确定性因素的影响

在会计核算中,企业总是力求保持会计核算的准确性,但不少经济业务本身就包含不确定性因素。例如,坏账、固定资产折旧年限和净残值、无形资产摊销年限等,都需要会计人员根据经验作出合理的估计。可以说,在进行会计核算和信息披露的过程中,会计估计是不可避免的。

2. 会计估计往往以最近可利用的信息或资料为基础

由于经营活动中内在的不确定性,在会计核算中常常要进行估计。会计估计的目的之一,是确定资产或负债的账面价值,例如,估计折旧率以列报固定资产的账面价值;估计担保责任导致经济利益流出企业的概率,来决定是否确认一项预计负债;会计估计的目的之二,是确定某一期间的收入或费用的金额,例如,判断履约进度以评估要确认的收入金额,在等待期估计可行权人数来计算以权益结算的薪酬成本,等等。企业在进行会计估计时,通常应根据当时的情况和经验,以一定的信息或资料为基础进行。但是,随着时间的推移、环境的变化,进行会计估计的基础、所依据的信息或者资料也会发生变化。应基于最近可利用的信息或资料进行估计,必要时可以进行会计估计变更。

3. 进行会计估计并不会削弱会计确认和计量的可靠性

为了及时地提供有用的财务信息,会计核算时需要将持续不断的经营活动进行人为划分,并在权责发生制的基础上对企业的财务状况和经营成果进行定期确认与计量。在会计分期的情况下,跨期发生的交易或事项,其财务影响应该归属于哪个期间,需要做出判断;某一年度发生的开支,哪些可以预期产生其他年度的经济利益,从而全部或部分向后递延;哪些可以合理地预期在当期得到补偿,从而确认为费用。在确认和计量过程中,不得不对许多尚在延续中、其结果尚未确定的交易或事项予以估计入账。会计估计是不可避免的,估计的结果因人而异,很大程度上依赖于工作者的经验。虽然与实际情况过多或过少地会发生偏离,但是只要是合理估计,并不会削弱会计确认和计量的可靠性。

(二)企业应当披露的重要会计估计

企业应当披露的重要会计估计包括以下方面:

1. 资产公允价值的确定

(1)金融资产公允价值的确定。存在活跃市场的金融资产,活跃市场中的报价代表了在正常交易中实际发生的市场交易的价格,该价格可用于确定其公允价值。金融资产不存在活跃市场的，企业应当采用估值技术确定其公允价值。估值技术包括参考熟悉情况并自愿交易的各方进行的市场交易中使用的价格、参照实质上相同的其他金融资产的当前公允价值、现金流量折现法和期权定价模型等。

（2）采用公允价值计量模式的投资性房地产公允价值的确定。存在确凿证据表明投资性房地产的公允价值能够持续可靠取得，可以采用公允价值模式对投资性房地产进行后续计量。如果投资性房地产所在地有活跃的房地产交易市场，且企业能够从活跃的房地产交易市场上取得同类或类似房地产的市场价格及其他相关信息，可依此确定投资性房地产的公允价值。

（3）其他例子包括：权益工具公允价值的确定；债务重组中放弃债权的公允价值、由债务转成的股份的公允价值的确定；非同一控制下企业合并对价的公允价值的确定，等等。

2. 存货可变现净值和减值资产可收回金额的确定

存货的可变现净值，可以依据有直接影响的客观证据来确定，如产成品或商品的市场销售价格、与产成品或商品相同或类似商品的市场销售价格、销货方提供的有关资料和生产成本资料等。出现减值迹象的资产，需要合理估计其可收回金额。一是估计资产公允价值减去处置费用后的净额，二是估计未来现金流量的现值，可收回金额是二者中的较高者。

3. 长期资产的使用寿命、净残值与折旧摊销方法

（1）固定资产的使用寿命、净残值与折旧方法。不同的固定资产，使用寿命差异很大。使用寿命较短的固定资产包括电子设备、与生产经营有关的器具、工具、家具等；使用寿命较长的固定资产包括房屋、建筑物等。固定资产净残值是指固定资产使用期满后，残余的价值减去应支付的清理费用后的那部分价值。企业应当根据与固定资产有关的经济利益的预期实现方式，合理选择折旧方法，如年限平均法、工作量法、双倍余额递减法和年数总和法。确定固定资产的折旧方法，属于会计估计的一部分。

（2）生物资产的使用寿命、净残值与折旧方法。按照我国《企业会计准则第5号——生物资产》的规定，生物资产是指有生命的动物和植物，包括消耗性生物资产、生产性生物资产和公益性生物资产三大类。税法规定了生产性生物资产计算折旧的最低年限，如林木类生产性生物资产为10年，畜类生产性生物资产为3年。企业应当根据资产的预计产出能力、有形及无形损耗情况，确定生物资产的使用寿命，同时根据各类生产性生物资产的性质和使用情况，确定其净残值和折旧方法。

（3）无形资产的使用寿命与摊销方法。企业依据相关法律法规的规定、合同规定或者参照其他单位类似无形资产，确定无形资产的使用寿命。除特殊情况外，无形资产的残值一般为零。使用寿命有限的无形资产，其应摊销金额应当在使用寿命内按照系统合理的方法予以摊销。

4. 预计负债最佳估计数的确定

预计负债是与或有事项相联系的一类负债，其金额往往需要估计，预计负债最佳估计数，需要考虑该负债的性质、各种结果发生的概率，根据惯例和经验来确定。

5. 收入的计量

《企业会计准则第14号——收入》规定，企业应当在履行了合同中的履约义务，即在客户取得相关商品控制权时确认收入。对于在某一时段内履行的履约义务，企业应当在该段时间内按照履约进度确认收入。企业应当考虑商品的性质，采用产出法或投入法确定恰当的履约进度。其中，产出法是根据已转移给客户的商品对于客户的价值确定履约进度；投入法是根据企业为履行履约义务的投入确定履约进度。履约进度的确定方法不同，所计量的收入金额也不同。

6. 使用权资产与租赁负债的计量

长期以来，租赁的会计处理因租赁的类别而不同，对于融资租赁，承租人应当在资产负债表中确认租入资产和相关负债；对于经营租赁，承租人在资产负债表中不确认其取得的资产使用权和相关负债。尽管存在着融资租赁与经营租赁的划分标准，两者之间仍然存在着灰色地带，实务中构建交易以符合特定租赁定义的动机持续存在。修改后的租赁准则取消了承租人对租赁类别的划分。承租人对使用权资产和租赁负债的计量，取决于实际利率、担保余值等变量的一系列估计。

7. 递延所得税资产的计量

递延所得税资产，是未来预计可以用来抵税的资产，它产生于可抵扣暂时性差异。递延所得税资产的确认，应以未来期间取得足够的应纳税所得额为前提。如果企业预期不能产生足够的应纳税所得额以利用可抵扣暂时性差异的影响，则不应确认递延所得税资产。未来期间能够取得的应纳税所得额的时间和金额，以及未来转回期间适用的所得税税率，均需要估计。在资产负债表日，应对已确认的递延所得税资产的账面价值进行复核，必要时进行相应调整。

二、会计估计变更

会计估计变更，是指由于资产和负债的当前状况及预期经济利益和义务发生了变化，从而对资产或负债的账面价值或者资产的定期消耗金额进行调整。

（一）会计估计变更的情形

由于企业经营活动中内在的不确定因素，许多财务报表项目不能准确地计量，只能进行估计，估计过程涉及以最近可以得到的信息为基础所作的判断。但是，估计毕竟是就现有资料对未来所作的判断，随着时间的推移和主客观情况的变化，会计估计变更在所难免。会计估计变更的情形包括以下几种。

第一，赖以进行估计的基础发生了变化。企业进行会计估计，总是依赖于一定的基础。如果其所依赖的基础发生了变化，则会计估计也应相应发生变化。例如，无形资产的摊销年限，我国企业所得税法实施条例规定，无形资产的摊销年限一般不低于10年；在会计上，无形资产的摊销年限取决于该资产的经济寿命。假定企业的某项无形资产摊销年限原定为10年，以后发生的情况表明，该资产的受益年限已不足10年，应相应调减摊销年限。

第二，取得了新的信息，积累了更多的经验。企业进行会计估计是就现有资料对未来所做的判断，随着时间的推移，企业有可能取得新的信息，表明原有估计不够合理；

或者积累了更多的经验,能作出更接近事实的估计,这时就需要对原有会计估计进行修正,即进行会计估计变更。例如,企业原根据当时能够得到的信息,对账龄在 1 年以内的应收账款不计提坏账,现在掌握了新的信息,判定即便是 1 年以内的应收账款也会发生坏账,企业便改按一定的比例对该类应收账款计提坏账准备。

会计估计变更,并不意味着以前期间会计估计是错误的,只是由于情况发生变化,或者掌握了新的信息,积累了更多的经验,使得变更会计估计能够更好地反映企业的财务状况和经营成果。如果以前期间的会计估计是错误的,则属于前期差错,按前期差错更正的会计处理办法进行处理。例如,某集团公司推进升级转型,其业务模式、收入来源、收款周期等方面均发生重大变化,该公司已掌握应收账款坏账准备计提比例变更的相关信息、经验,但未及时进行会计估计变更,其行为属于会计差错。

(二)区分会计估计变更与会计政策变更

企业应当正确区分会计政策变更与会计估计变更,并按照不同的方法进行相关会计处理。企业应当以变更事项的会计确认、计量基础和列报项目是否发生变更,作为判断该变更是会计政策变更还是会计估计变更的基础。区分二者的依据如图 4-3 所示。

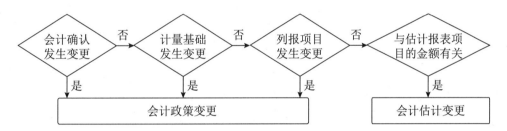

图 4-3 区分会计政策变更与会计估计变更示意图

第一,以会计确认是否发生变更作为判断基础。《企业基本会计准则》规定了资产、负债、所有者权益、收入、费用和利润这六项会计要素的确认标准。一般地,对会计确认的指定或选择是会计政策,其相应的变更是会计政策变更;会计估计变更不涉及会计确认的变更。例如,某商业企业在前期将商品采购过程中发生的运费等采购费用确认为营业费用,后期根据《企业会计准则第 1 号——存货》的规定,将采购费用计入存货成本。因为确认标准发生了变化,所以该变更是会计政策变更。

第二,以计量基础是否发生变更作为判断基础。《企业基本会计准则》规定了历史成本、重置成本、可变现净值、现值和公允价值这五项计量属性,是会计处理的计量基础。一般地,对计量基础的指定或选择是会计政策,其相应的变更是会计政策变更。例如,企业对购入的价款超过正常信用条件延期支付的固定资产,由采用历史成本计量改为以购买价款的现值计量。该变更事项涉及计量基础的变化,属于会计政策变更。会计估计变更不涉及计量基础的变更。再如,企业为了更加客观地反映投资性房地产的真实价值,自愿将投资性房地产的后续计量由成本模式转变为公允价值模式，属于会计政策变更。如果在确定投资性房地产的公允价值时，由现值法转为市场法，则属于会计估计变更。

第三，以列报项目是否发生变更作为判断基础。会计确认的变更一般会引起列报项目的变更。一般地，对列报项目的指定或选择是会计政策，其相应的变更是会计政策变更；会计估计变更不涉及列报项目的变更。例如，政府补助早期计入营业外收入，根据修订后的《企业会计准则第16号——政府补助》，与企业日常活动相关的政府补助，应当按照经济业务实质，计入其他收益或者冲减相关成本费用；与企业日常活动无关的政府补助，应当计入营业外收入。由于政府补助的确认标准发生了变化，该变更属于会计政策变更。再如，原在"管理费用"项目中列报的房产税、土地使用税、车船税、印花税等相关税费，重分类至"税金及附加"项目，也属于会计政策变更。

第四，根据会计确认、计量基础和列报项目所选择的、为取得与该报表项目有关的金额或数值（如预计使用寿命、净残值等）所采用的处理方法，不是会计政策，而是会计估计，其相应的变更是会计估计变更。例如，企业需要对某项资产采用公允价值进行计量，而公允价值的确定需要根据市场情况选择不同的处理方法。在不存在销售协议和资产活跃市场的情况下，需要根据同行业类似资产的近期交易价格对该项资产进行估计；在不存在销售协议但存在资产活跃市场的情况下，其公允价值应当按照该项资产的市场价格为基础进行估计。因为企业所确定的公允价值是与该项资产有关的金额，所以为确定公允价值所采用的处理方法是会计估计，不是会计政策。

分析并判断该事项是否涉及会计确认、计量基础选择或列报项目的变更，当至少涉及上述一项划分基础变更时，该事项是会计政策变更。例如，企业将固定资产相关借款利息由计入当期损益，转变为资本化处理，该变更不涉及计量基础的变更，即都是以历史成本作为计量基础；然而，该事项的会计确认发生了变更，同时，会计确认的变更导致该事项在资产负债表和利润表相关项目的列报也发生变更。该事项属于会计政策变更。不涉及上述划分基础变更且与确定报表项目金额有关时，该事项可以判断为会计估计变更。会计政策变更与会计估计变更的区分示例如表4-8所示。

表4-8 会计政策变更与会计估计变更的区分示例

项 目	会计政策变更	会计估计变更	备 注
存货采购费用由计入营业费用改为计入存货成本	√		确认标准和列报项目变更
在符合条件的情况下，企业将投资性房地产的后续计量由历史成本改为公允价值基础	√		计量基础变更
与企业日常活动相关的政府补助由计入营业外收入改为计入其他收益	√		确认标准和列报项目变更
发出存货的计价方法由先进先出法改为加权平均法	√		不涉及会计估计
固定资产使用寿命、净残值和折旧方法的变更		√	是对资产价值消耗方式的估计
应收账款账龄组合中，将账龄3年以上变更为账龄3~5年（含5年）和账龄5年以上		√	

存货发出计价方法的变化，既不影响会计确认和计量基础，也不影响列报项目；但发出存货无论采用何种计价方法，均为实际成本的转销程序，不涉及估计，不属于会计估计变更。与此不同，固定资产折旧方法的变化，属于会计估计变更。例如，企业原采用双倍余额递减法计提固定资产折旧，根据固定资产使用的实际情况，企业决定改用直线法计提折旧。前后采用的两种计提折旧的方法都是以历史成本作为计量基础，该事项的会计确认和列报项目也未发生变更，只是固定资产的价值消耗方式发生了变化，因此，折旧方法的变更属于会计估计变更。

企业应当正确划分会计政策变更和会计估计变更，并按不同的方法进行相关会计处理。企业通过判断会计政策变更和会计估计变更划分基础，仍然难以对某项变更进行区分的，应当将其作为会计估计变更处理。

三、会计估计变更的会计处理

企业对会计估计变更应当采用未来适用法处理，在会计估计变更当期及以后期间采用新的会计估计，并确认会计估计变更的影响数。采用未来适用法，既不改变以前期间的会计估计，也不调整以前期间的报告结果。

（一）确定会计估计变更的影响数

第一，会计估计变更仅影响变更当期的，其影响数应当在变更当期予以确认。例如，企业原按应收账款余额的5%提取坏账准备，由于企业不能收回应收账款的比例已达10%，则企业改按应收账款余额的10%提取坏账准备。这类会计估计的变更只影响变更当期，应于变更当期确认会计估计变更的影响数。

第二，既影响变更当期又影响未来期间的，其影响数应当在变更当期和未来期间予以确认。例如，企业的某项可计提折旧的固定资产，其有效使用年限或预计净残值的估计发生的变更，常常影响变更当期及资产以后使用年限内各个期间的折旧费用，这类会计估计变更的影响数，应于变更当期及以后各期予以确认。

【例4-5】东阿公司根据当前经营情况，对生产性生物资产折旧年限、残值率进行重新评估，对成熟生产性生物资产——成龄种驴的折旧年限和净残值进行变更。成熟生产性生物资产的成龄种驴，按照年限平均法计提折旧。变更前，折旧年限为5年，净残值率为5%；变更后，折旧年限为10年，净残值率为60%。会计估计变更后，根据测算预计影响每年增加净利润325.55万元。

本例中，东阿公司对生产性生物资产进行会计估计变更，应采用未来适用法进行处理，不改变以前期间的会计估计，也不调整以前期间的报告结果。公司应发布变更公告，并在报表附注中进行相关信息披露，并说明该变更预计产生的财务影响。

为了保证不同期间的财务报表具有可比性，会计估计变更的影响数应计入变更当期与前期相同的项目中。如果以前期间的会计估计变更的影响数计入企业日常经营活动损益，则以后期间也应计入日常经营活动损益；如果以前期间的会计估计变更的影响数计入特殊项目，则以后期间也应计入特殊项目。

（二）会计估计变更的信息披露

企业应当在附注中披露与会计估计变更有关的下列信息：①会计估计变更的内容、变更日期以及会计估计变更的原因。②会计估计变更对当期和未来期间损益的影响数，以及对其他各项目的影响金额。③会计估计变更的影响数不能确定的，披露这一事实和原因。

上市公司变更重要会计估计，需要履行一定的程序。深圳证券交易所规定，应在董事会审议批准后比照自主变更会计政策履行披露义务；会计估计变更对定期报告的净利润或的所有者权益影响比例超过50%的、会计估计变更对定期报告的影响致使公司的盈亏性质发生变化的，应当提交专项审计报告并在定期报告披露前提交股东大会审议。上海证券交易所规定，上市公司在报告期内做出会计估计变更的，应当根据《年报准则》的要求在年度报告中进行说明，并提交董事会、监事会和独立董事意见的书面报告，以及会计师事务所对上述变更、更正的有关说明。

【例4-6】丙公司有一台管理用设备，原始价值为84 000元，预计使用寿命为8年，净残值为4 000元，自20×1年1月1日起按直线法计提折旧。20×5年1月，由于新技术的发展等原因，需要对原预计使用寿命和净残值作出修正，修改后的预计使用寿命为6年，净残值为2 000元。该公司适用所得税税率为25%。假定税法允许按变更后的折旧额在税前扣除。

本例中，丙公司对上述会计估计变更的处理方法为：不调整以前各期折旧，也不计算累积影响数；变更日以后发生的经济业务改按新估计提取折旧。

（1）计算会计估计变更的影响数。

直线法下固定资产年折旧额=（固定资产原值－预计净残值）/预计使用年限

按原估计计算的该设备年折旧额=（84 000－4 000）/8=10 000（元）

变更日该设备账面净值=84 000－10 000×4=44 000（元）

以此账面净值为基础，按照新的年限和净残值估计，确定剩余两年应计提的折旧额。

20×5年1月1日起每年计提的折旧额=（44 000－2 000）÷（6－4）=21 000（元）

相关会计分录如下：

借：管理费用　　　　　　　　　　　　　　　　　　　　　　21 000
　　贷：累计折旧　　　　　　　　　　　　　　　　　　　　　　21 000

此估计变更影响本年度净利润减少数=（21 000－10 000）×（1－25%）=8 250（元）

（2）在财务报表附注中进行说明。

本公司一台管理用设备，原始价值为84 000元，原预计使用寿命为8年，预计净残值为4 000元，按直线法计提折旧。由于新技术的发展，该设备已不能按原预计使用寿命计提折旧，本公司于20×5年年初变更该设备的使用寿命为6年，预计净残值为2 000元，以反映该设备的真实耐用寿命和净残值。此估计变更影响本年度净利润减少数为8 250元。

即测即练4.1

第三节　前期差错及其更正

【引例】某省证监局于20×7年11月对一家居智能公司进行了现场检查。20×8年2月28日，该家居智能公司收到该省证监局责令改正的决定书。决定书认定该家居智能公司存在部分收入确认不符合《企业会计准则》、少计费用以及关联方交易未披露的情形。20×8年3月19日，该公司披露《关于前期会计差错更正的公告》。该公司对前期发生的会计差错进行更正，并追溯调整20×7年第三季度和20×6年度财务报表。其中，该公司20×7年1—9月归属于母公司所有者的净利润由702.23万元调整至213.39万元，减少金额占更正后净利润的比例为229.08%。

一、前期差错概述

前期差错，是指由于没有运用或错误运用下列两种信息，而对前期财务报表造成省略或错报：①编报前期财务报表时预期能够取得并加以考虑的可靠信息；②前期财务报告批准报出时能够取得的可靠信息。资产负债表日之后、财务报表实际报出之前发现的差错，属于资产负债表日后事项，应调整和重述尚未报出的财务报表。前期差错主要有以下三类：技术性差错、会计规范应用差错、疏忽或曲解事实以及舞弊等。

（一）技术性差错

这是因会计人员的专业知识和能力有限或疏忽大意，导致计算等方面出现低级错误。例如，记账时抄错数字，过账和合计时出现计算差错，遗漏或重复记录等。由于疏忽导致存货和固定资产未及时入账，出现了资产盘盈，一般也可以认定为技术性差错。

借贷复试记账法下，借方合计与贷方合计应相等，这种平衡性的特点有助于发现一些记账错误。但遗漏或重复记录等错误不能通过试算平衡予以揭示。

（二）会计规范应用差错

由于未能正确理解会计规范的要求而在应用中出现差错，采用了法律、行政法规或者国家统一的会计制度等不允许的会计政策。例如，按照《企业会计准则第17号——借款费用》的规定，为购建固定资产的专门借款而发生的借款费用，满足一定条件的，在固定资产达到预定可使用状态前发生的，应予资本化，记入所购建固定资产的成本；在固定资产达到预定可使用状态后发生的，计入当期损益。如果企业对于固定资产已达到预定可使用状态后发生的借款费用，也记入该固定资产的价值，予以资本化，则属于法律或会计准则等行政法规、规章应用错误。再如，企业购入的五年期国债，由于不能正确地分析其现金流特征，而将其记入交易性金融资产，导致账户分类上的错误，并导致在资产负债表上流动资产和非流动资产的分类也有误。

（三）对事实的疏忽或曲解以及舞弊

该类差错与前两种差错的区别在于，这是一种蓄意行为，为了达到其特定目的而在财务报表中错报、漏报，以欺骗财务报表使用者。例如，虚报收入、提前或推迟确认收入，高估或低估费用，错误地估计资产或负债的金额。近年来，在国际上，安然公司、施乐公司、世界通信公司、默克制药公司等发生了一系列财务舞弊案件；在国内，黎明股份、蓝田股份、银广夏、万福生科和康美药业等上市公司财务舞弊屡禁不止。相关数据显示，证监会每年开出的罚单百余份，罚没款超过数十亿元。

需要注意的是，就会计估计的性质来说，它是个近似值，随着更多信息的获取，估计可能需要进行修正，但是会计估计变更不属于前期差错更正。

二、前期差错更正的会计处理

一旦发现了前期差错，无论是哪种类型的差错，无论金额大小，都要及时改正；会计人员更应恪守职业道德，做到诚实守信、不做假账。前期差错的更正方法，需要考虑差错的性质和金额，判断是否属于重要的前期差错。如果财务报表项目的遗漏或错误表述可能影响财务报表使用者根据财务报表所作出的经济决策，则该项目的遗漏或错误是重要的。不足以影响财务报表使用者对企业财务状况、经营成果和现金流量作出正确判断的会计差错，是不重要的前期差错。一般来说，前期差错所影响的财务报表项目的金额越大、性质越严重，其重要性水平越高。

（一）不重要的前期差错的会计处理

对于不重要的前期差错，企业不需调整财务报表相关项目的期初数，但应调整发现当期与前期相同的相关项目。属于影响损益的，应直接计入本期与上期相同的净损益项目；属于不影响损益的，应调整本期与前期相同的相关项目。

【例4-7】甲公司在20×2年12月31日发现，一台价值9 600元，应计入固定资产，并于20×1年2月1日开始计提折旧的管理用设备，在20×1年和20×2年计入了当期费用。该公司固定资产折旧采用直线法，该资产估计使用年限为4年，假设不考虑净残值因素。

本例中，固定资产的取得成本为9 600元，该金额较小，将其取得成本进行费用化处理，为不重要的前期差错。

该固定资产的月折旧额 =9 600÷（4×12）=200（元）

截至20×2年12月31日的累计折旧 =200×23=4 600（元）

20×2年12月31日固定资产应有账面价值 =9 600-4 600=5 000（元）

截止到20×2年12月31日，该差错造成的影响是：固定资产原值少计9 600元、累计折旧少计4 600元、固定资产净值少计5 000元，管理费用多计5 000元。由于此差错不重要，对于20×1年和20×2年的差错不加区分，视同发现当期的差错予以更正。在20×2年12月31日更正此差错的会计分录如下：

借：固定资产　　　　　　　　　　　　　　　　　　　　9 600
　　贷：管理费用　　　　　　　　　　　　　　　　　　　5 000
　　　　累计折旧　　　　　　　　　　　　　　　　　　　4 600

假设该项差错直到固定资产使用寿命终结时才发现，则不需要做任何分录，因为该项差错已经自行抵销了。

（二）重要的前期差错的会计处理

企业应当采用追溯重述法更正重要的前期差错，但确定前期差错累积影响数不切实可行的除外。追溯重述法，是指在发现前期差错时，视同该项前期差错从未发生过，从而对财务报表相关项目进行更正的方法。对于重要的前期差错，企业应当在其发现当期的财务报表中，调整前期比较数据。从前期差错的影响来看，包括以下类型：

1. 不影响损益的前期差错

有些差错只影响资产负债表，例如，对于资产、负债和所有者权益项目的不当归类，如将购入的五年期国债记入"短期投资"科目，将交易性金融资产作为长期股权投资核算，将应收账款列报为其他应收款等。对于该类不影响损益的差错，追溯调整时只需要重分类即可。如涉及可比期间的报表，应调整财务报表相关项目的期初数。

有些差错属于利润表项目的归类差错，如将一项费用作为另外一项费用列示，或某项损益类项目的金额高估，同时另外一项损益类项目的金额低估，且其金额相等，最终对净利润不产生影响。例如，企业误将上期应计入管理费用中的一笔50万元的费用计入销售费用中，导致利润表中上期销售费用金额增加50万元，管理费用金额减少50万元。多计和少计的金额相等，对企业上期净利润的影响为0。再如，当企业按合同生产的存货成本高于合同价格导致亏损合同时，直接将亏损额确认为预计负债，也属于此类错误。应先对存货进行减值测试，计提存货跌价准备，对超过减值损失的亏损额确认营业外支出和预计负债。此类前期差错，在追溯调整可比期间的财务报表时，只需进行重分类或按照正确的金额对有关项目进行重述。

2. 影响损益的前期差错

对于影响损益的重要前期差错，企业应当在发现差错当期的财务报表中，运用追溯重述法调整前期比较数据。区分以下情形。

（1）前期差错发生在比较财务报表期间的，应追溯重述差错发现期间列报的前期比较金额。如影响损益，应将其对损益的影响数调整发现当期的期初留存收益，财务报表其他相关项目的期初数也应一并调整。在编制比较利润表时，对于比较财务报表期间的重要的前期差错，应调整各该期间的净损益和其他相关项目，视同该差错在产生的当期已经更正。

（2）前期差错发生在列报的最早前期之前的，追溯重述列报的最早前期的期初留存收益以及资产、负债和所有者权益相关项目期初余额，其他相关项目的数字也应一并调整。

（3）确定前期差错影响数不切实可行的，可以从可追溯重述的最早期间开始调整留存收益的期初余额，财务报表其他相关项目的期初余额也应当一并调整，也可以采用未来适用法。

许多差错的发生会影响企业损益，举例如表4-9所示。

表4-9 影响损益的会计差错示例

错误类型	会计事项	错误处理	正确处理
多计或少计收入	委托代销销售	在发出商品时即确认收入	收到代销清单时确认收入
	销售一批商品，商品已经发出且控制权已转移	未将已实现的销售收入入账	应将已实现的销售收入确认入账
	资产负债表日后期间发生的销售退回	冲减退货当期的销售收入	冲减上期即报告期的销售收入
多计或少计费用	工程人员的工资	计入了当期损益	应计入在建工程的成本中
	为购建固定资产发生的借款费用，资产已交付使用	计入该固定资产的成本	资产交付使用后发生的借款费用，应计入当期损益
	计提折旧	漏记、少计或多计折旧	按正确的金额计提折旧
	资产发生减值	未确认减值损失	确认减值损失
	政府补助计税处理	政府补助作为不征税收入申报	计算缴纳所得税
	以公允价值计量且其变动计入当期损益的金融资产	误作为"以公允价值计量且其变动计入其他综合收益的金融资产"核算	应合理划分金融资产的类别，将金融资产的公允价值变动计入当期损益

需要注意的是，为了保证经营活动的正常进行，企业应当建立健全内部稽核制度，保证会计资料的真实、完整。对于年度资产负债表日至财务报告批准报出日之间发现的报告年度的会计差错，应按照《企业会计准则第29号——资产负债表日后事项》的规定进行处理。

影响损益的重要前期差错，以及资产负债表日后期间发现的需要追溯调整的差错，通过"以前年度损益调整"科目核算。该科目的借方反映企业调整减少以前年度利润或增加以前年度亏损的事项，贷方反映调整增加以前年度利润或减少以前年度亏损的事项。由于以前年度损益调整增加的所得税费用，记在本科目的借方，所得税费用的调减则记在本科目的贷方。经过上述调整后，应将本科目的余额转入"利润分配——未分配利润"科目，以便进行利润分配相关调整。本科目结转后应无余额。

【例4-8】甲公司在20×2年5月发现，20×1年年初，公司将账面净值为4 500 000元的一项生产用固定资产的预计净残值率由1%人为调整为10%，该固定资产的剩余使用年限为3年，由此导致20×1年的折旧费用少计提135 000元。20×1年该固定资产生产的产品已经销售。甲公司20×1年度的所得税汇算清缴尚未完成，税务部门允许调整应交所得税。甲公司适用的所得税税率为25%，按净利润的10%提取法定盈余公积。甲公司在编制20×2年的财务报表时，就该前期差错造成的财务影响，调整了报表的期初数字和上年数字。

本例中，甲公司20×1年生产用固定资产的折旧费用少计提135 000元，这一差错是20×2年5月发现的，属于比较财务报表期间发生的前期差错。该差错涉及利润表、所有者权益变动表和资产负债表三张报表，其财务影响如图4-4所示。

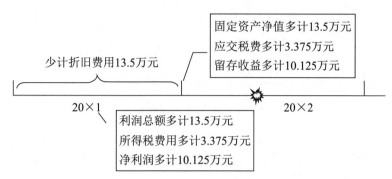

图4-4　前期折旧计提差错的财务影响示意图

该差错对20×2年利润表上年数的影响为：营业成本少计135 000元，利润总额多计135 000元，所得税费用多计33 750元（135 000×25%），净利润多计101 250元。

该差错对20×2年12月31日资产负债表项目年初数的影响为：因折旧少计导致固定资产净值多计135 000元，应交税费（所得税）多计33 750元，留存收益多计101 250元，其中法定盈余公积多提10 125元（101 250×10%），未分配利润多计91 125元（101 250−10 125）。

（1）更正以上会计差错，应编制如下调整分录：

①补提折旧：

借：以前年度损益调整（制造费用）*　　　　　　　　　　135 000
　　贷：累计折旧　　　　　　　　　　　　　　　　　　　　　　135 000

*：因上期账目已结清，相关损益类科目用"以前年度损益调整"科目替代，下同。

②调整应交所得税：

借：应交税费——应交所得税　　　　　　　　　　　　　　33 750
　　贷：以前年度损益调整（所得税费用）　　　　　　　　　　　 33 750

③将"以前年度损益调整"科目余额转入未分配利润：

借：利润分配——未分配利润　　　　　　　　　　　　　　101 250
　　贷：以前年度损益调整　　　　　　　　　　　　　　　　　　101 250

④调整利润分配有关数字：

借：盈余公积　　　　　　　　　　　　　　　　　　　　　10 125
　　贷：利润分配——未分配利润　　　　　　　　　　　　　　　　10 125

（2）财务报表项目调整。

甲公司在列报20×2年财务报表时，应调整财务报表有关项目的年初余额、上年金额，如表4-10、表4-11和表4-12所示（调增用＋，调减用−）。

表 4-10 资产负债表（部分）

编制单位：甲公司　　　　　　　　20×2 年 12 月 31 日　　　　　　　　单位：元

资　　产	年末余额	年初余额	负债和所有者权益	年末余额	年初余额
固定资产		−135 000	应交税费		−33 750
			盈余公积		−10 125
			未分配利润		−91 125
合计		−135 000	合计		−135 000

表 4-11 利润表（部分）

编制单位：甲公司　　　　　　　　20×2 年　　　　　　　　　　　　　单位：元

项　　目	本 年 数	上 年 数
营业收入		
减：营业成本		+135 000
营业利润		−135 000
利润总额		−135 000
减：所得税费用		−33 750
净利润		−101 250
综合收益总额		−101 250

表 4-12 所有者权益变动表（部分）

编制单位：甲公司　　　　　　　　20×2 年　　　　　　　　　　　　　单位：元

项　　目	本年金额					上年金额				
	实收资本	资本公积	盈余公积	未分配利润	所有者权益合计	实收资本	资本公积	盈余公积	未分配利润	所有者权益合计
一、上年年末余额										
加：会计政策变更										
前期差错更正								−10 125	−91 125	−101 250
二、本年年初余额										

（3）报表附注说明。

甲公司在报表附注中应披露该前期差错的性质、前期财务报表中受影响的项目名称和更正金额：本年度发现20×1年漏记固定资产折旧135 000元，在编制比较财务报表时，已对该项差错进行了更正。更正后，调减固定资产年初数135 000元，调减20×1年所得税费用和应交税费33 750元，调减20×1年的净利润、综合收益总额及留存收益101 250元，其中盈余公积10 125元，未分配利润91 125元。

【例 4-9】甲公司20×2年5月发现，20×1年末库存钢材的预计售价为540万元，预计销售费用和相关税金为20万元，由于疏忽，将预计售价误记为640万元，未计提存货跌价准备。20×1年末库存钢材的账面余额为600万元。假定所得税税率为25%，所得税汇算清缴尚未进行，甲公司按10%计提盈余公积。

本例中，20×1年末的存货可变现净值=540-20=520（万元），应计提的存货跌价准备=600-520=80（万元）；由于将预计售价误记为640万元，未计提存货跌价准备，因此，应补提存货跌价准备80万元，并确认所得税影响。注意本例中的所得税影响，是对递延所得税的影响。该差错造成的财务影响如图4-5所示。

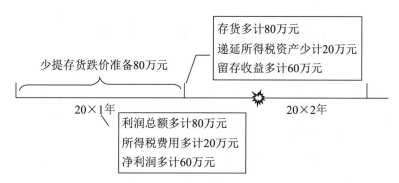

图4-5　前期减值计提差错的财务影响示意图

更正此前期差错的会计分录如下。

（1）补提存货跌价准备80万元：

借：以前年度损益调整（资产减值损失）　　　　　　　　　800 000
　　贷：存货跌价准备　　　　　　　　　　　　　　　　　　　800 000

（2）确认补提跌价准备的所得税影响：

借：递延所得税资产　　　　　　　　　　　　　　　　　　200 000
　　贷：以前年度损益调整（所得税费用）　　　　　　　　　　200 000

（3）将"以前年度损益调整"科目余额转入未分配利润：

借：利润分配——未分配利润　　　　　　　　　　　　　　600 000
　　贷：以前年度损益调整　　　　　　　　　　　　　　　　600 000

（4）调整利润分配：

借：盈余公积　　　　　　　　　　　　　　　　　　　　　60 000
　　贷：利润分配——未分配利润　　　　　　　　　　　　　60 000

在企业会计实践中，可能出现多种差错，导致前期差错更正处理过程变得复杂化。这种情况下，需要采用追溯重述法，逐一更正各项会计差错，汇总调整各报表项目，视同这些差错从未发生过。

三、前期差错更正的披露

企业应当在报表附注中披露与前期差错更正有关的下列信息：①前期差错的性质；②各个列报前期财务报表中受影响的项目名称和更正金额；③无法进行追溯重述的，说明该事实和原因以及对前期差错开始进行更正的时点、具体更正情况。在以后期间的财务报表中,不需要重复披露在以前期间的附注中已披露的前期差错更正的信息。

上市公司发现前期重大差错,应及时予以公告,并按照证监会财务信息更正和披露的相关文件,进行差错更正和信息披露。

即测即练 4.2

第四节 资产负债表日后事项

【引例】东方航空的资产负债表日后事项。东方航空20×0年财务报告披露了以下"资产负债表日后事项":①20×1年3月12日,本公司于上海证券交易所公开发行公司债券(第一期),发行总规模为人民币90亿元。品种一期限为10年期,发行规模为人民币30亿元,年利率为3.95%;品种二期限为6年期,发行规模为人民币60亿元,年利率为3.68%。②20×1年3月29日,本公司股东大会审议通过向特定对象非公开发行A股股票方案的议案,本公司向东航集团非公开发行A股股份249 493.087 5万股,融资规模不超过人民币108.28亿元。

资产负债表日是编制定期财务报告的时间节点。财务报告的编制需要一定的时间,因此,资产负债表日与财务报告的批准报出日之间往往存在一定的时间间隔,这段时间内发生的一些重要事项,会影响财务报告使用者的决策。《企业会计准则第29号——资产负债表日后事项》规范了资产负债表日后事项的确认、计量和相关信息的披露要求。

一、资产负债表日后事项概述

资产负债表日后事项是指资产负债表日至财务报告批准报出日之间发生的有利或不利事项。界定是否属于资产负债表日后事项,关键看两点:第一,事项发生的时间是在资产负债表日与财务报告的批准报出日之间;第二,事项的发生对企业产生较为重要的财务影响。

扩展阅读 4.3
IAS10《报告期后的事项》

(一)资产负债表日后事项涵盖的期间

资产负债表日后事项涵盖的期间,是自资产负债表日次日起至财务报告批准报出日止的一段时间,具体是指报告期下一期间的第一天至董事会或类似机构批准财务报告对外公布的日期。资产负债表日是指会计年度末和会计中期期末。《中华人民共和国会计法》(以下简称《会计法》)规定,年度资产负债表日是指每年的公历12月31日;会计中期通常包括半年度、季度和月度等,会计中期期末相应地是指公历半年末、季末和月末等。资产负债表日后事项既涉及年度财务报表,也涉及中期财务报表。资产负债表日后事项涵盖的期间如表4-13所示。

表 4-13 资产负债表日后事项涵盖的期间

报表类型	提交报告的期限	资产负债表日	资产负债表日后事项涵盖的期间
第一季报	1 个月内	3 月 31 日	4 月 1 日—批准报出日
半年报	2 个月内	6 月 30 日	7 月 1 日—批准报出日
第三季报	1 个月内	9 月 30 日	10 月 1 日—批准报出日
年报	4 个月内	12 月 31 日	次年 1 月 1 日—批准报出日

不同的国家，其资产负债表日的规定存在差异。采用历年制的国家除我国外，还有奥地利、德国、俄罗斯、巴西、叙利亚和朝鲜等国家；英国、日本、新加坡和丹麦等国家的年度会计期间从 4 月 1 日至次年的 3 月 31 日；瑞典、澳大利亚、孟加拉国和肯尼亚等国家的年度会计期间从 7 月 1 日至次年 6 月 30 日，等等。如果母公司或者子公司在国外，无论如何确定会计年度和会计中期，其向国内提供的财务报告都应根据《会计法》和会计准则的要求确定资产负债表日。

财务报告的批准报出日，是指董事会或类似机构批准财务报告报出的日期。财务报告是一项法律文件，需由对财务报告的内容负有法律责任的单位或个人批准后才能对外公布。普通股东一般是财务报告的使用者，对财务报告负有法律责任的是公司的董事会、监事会、管理层或类似权力机构。《中华人民共和国公司法》规定，有限责任公司应当依照公司章程规定的期限，将财务会计报告送交各股东；股份有限公司应在召开股东大会年会的 20 日前将财务会计报告置备于本公司，供股东查阅。鉴于此，对于公司制企业，财务报告批准报出日是指董事会或类似权力机构批准财务报告报出的日期；对于非公司制企业，财务报告批准报出日是指经理会议或类似机构批准财务报告报出的日期。

年度财务报告批准报出之前，应依法经会计师事务所审计。国务院发布的《股票发行与交易管理暂行条例》规定，上市公司应向证监会、证券交易所提供经审计的年度报告。上市公司发布的季报和半年报等，可以不经审计。

值得注意的是，财务报告批准报出以后、实际报出之前又发生与资产负债表日或其后事项有关的事项，并由此影响财务报告对外公布日期的，应以董事会或类似机构再次批准财务报告对外公布的日期为截止日期。

【例 4-10】甲上市公司 20×1 年的年度财务报告于 20×2 年 3 月 15 日编制完成，注册会计师完成年度审计工作并签署审计报告的日期为 20×2 年 4 月 12 日，20×2 年 4 月 20 日，董事会批准财务报告对外公布，财务报告实际对外公布的日期为 20×2 年 4 月 25 日，股东大会召开日期为 20×2 年 5 月 6 日。

本例中，甲公司 20×1 年度财务报告的资产负债表日后事项涵盖的期间，为 20×2 年 1 月 1 日至 20×2 年 4 月 20 日。如果在 4 月 20 日至 25 日之间发生了重大事项，需要调整财务报表相关项目的数字或需要在财务报表附注中披露，假设经调整或说明后的财务报告再经董事会批准报出的日期为 20×2 年 4 月 28 日，实际报出的日期为 20×2 年 4 月 30 日，则资产负债表日后事项涵盖的期间为 20×2 年 1 月 1 日至 20×2 年 4 月 28 日。

"有利或不利事项"，是对企业财务状况和经营成果产生一定影响的事项，或者是有利影响,或者是不利影响。资产负债表日后期间发生的事项,并不都是资产负债表日后事项。会计准则中所指的资产负债表日后事项,是指在资产负债表日至财务报告批准报出日之间发生的、需要在对外公布的财务报表中加以调整或说明的有利或不利事项。该事项是正常经营活动之外、有一定特殊性而需要特别处理的事项。

(二)资产负债表日后事项的分类

资产负债表日后事项,根据其对财务报表的影响,区分为资产负债表日后调整事项和资产负债表日后非调整事项两类。

1. 调整事项

资产负债表日后调整事项,是指对资产负债表日已经存在的情况提供了新的或进一步证据的事项。如果资产负债表日及所属会计期间已经存在某种情况,但当时并不知道其存在或者不能知道确切结果,资产负债表日后发生的事项能够证实该情况的存在或者确切结果,则该事项属于资产负债表日后事项中的调整事项。

调整事项能对资产负债表日的存在情况提供追加的证据,并会影响编制财务报表过程中的内在估计。企业在生产经营中可能存在一些不确定的因素,会计人员只能根据专业知识做出估计和判断,如果资产负债表日后事项对资产负债表日的情况提供了进一步的证据,证据表明的情况与原来的估计和判断不完全一致,则需要对原来的会计处理进行调整。

2. 非调整事项

资产负债表日后非调整事项,是指表明资产负债表日后发生的情况的事项。非调整项的发生不影响资产负债表日企业的财务报表数字,只说明资产负债表日后发生了某些情况。对于财务报告使用者来说,重要的非调整事项虽然与资产负债表日的财务报表数字无关,但可能影响资产负债表日以后的财务状况和经营成果,要予以适当披露。

3. 区分调整事项与非调整事项

如何确定资产负债表日后发生的某一事项是调整事项还是非调整事项,是运用资产负债表日后事项会计准则的关键。某一事项究竟是调整事项还是非调整事项,取决于该事项表明的情况在资产负债表日或资产负债表日以前是否已经存在。若该情况在资产负债表日或之前已经存在,则属于调整事项;反之,则属于非调整事项。

【例4-11】20×1年10月,甲公司向乙公司出售一批商品,价款为2 000万元,至20×1年12月31日,乙公司尚未付款。20×2年3月15日,甲公司的财务报告经批准可对外公布。假定以下两种情况:①20×1年12月31日,甲公司判断乙公司正面临财务危机,估计该应收账款将有20%无法收回,故计提了坏账准备。20×2年1月20日,甲公司收到通知,乙公司已被宣告破产清算,估计有70%的债权无法收回。②20×1年12月31日,乙公司的财务状况良好,甲公司预计应收账款可按时收回;20×2年1月20日,乙公司发生重大火灾,导致甲公司50%的应收账款无法收回。

本例中,①导致甲公司应收账款无法收回的原因是乙公司财务状况恶化,该事实在资产负债表日已经存在,乙公司被宣告破产只是证实了资产负债表日财务状况恶化的情况,该证据表明的情况与原有估计不完全一致,因此该事项属于调整事项。②导致甲公司应收账款损失的因素是火灾，应收账款发生损失这一事实在资产负债表日以后才发生，因此乙公司发生火灾导致甲公司应收款项发生坏账的事项属于非调整事项。

二、资产负债表日后调整事项的会计处理

企业发生资产负债表日后调整事项，应当调整已编制的财务报表，以便更合理地反映资产负债表日的财务状况和截止资产负债表日所取得的经营成果。

（一）调整事项的处理方法

对于年度财务报告而言，由于资产负债表日后事项发生在报告年度的次年，报告年度的有关账目已经结转，特别是损益类科目在结账后已无余额。因此，年度资产负债表日后发生的调整事项，应按以下步骤进行会计处理。

1. 账项调整

跨年度损益调整通过"以前年度损益调整"科目核算。调整增加以前年度利润或调整减少以前年度亏损的事项，记入"以前年度损益调整"科目的贷方；反之，记入"以前年度损益调整"科目的借方。需要注意的是，涉及损益的调整事项如果发生在资产负债表日所属年度（即报告年度）所得税汇算清缴前的，应按准则要求调整报告年度应纳税所得额、应纳所得税额；发生在报告年度所得税汇算清缴后的，应按准则要求调整本年度（即报告年度的次年）应纳所得税额。

对于所得税费用的调整，如果追溯调整引起企业纳税义务的变化，则调整应交所得税；如果引起资产负债的账面价值与计税基础出现差异，则需调整递延所得税。

不涉及损益、只涉及利润分配的调整事项，直接调整"利润分配——未分配利润"科目；不涉及损益以及利润分配，只涉及资产负债表项目调整的事项，直接调整相关科目。

2. 报表项目调整

通过上述账务处理后，应进一步调整报告年度财务报表相关项目的列报金额，包括：①资产负债表相关项目的期末数；②利润表的本年数；③所有者权益变动表的年末数或者本年实际数；④就调整事项对净利润的影响，调整现金流量表补充资料。

经过上述调整后，如果涉及附注相关内容的，还应当调整附注相关项目的数字。调整报告年度报表数字的同时，涉及次年第一季度报表项目调整的，应调整相关项目的期初数和上年数。

（二）常见资产负债表日后调整事项的会计处理

以下资产负债表日后调整事项的示例中，均假定企业财务报告批准报出日是次年3月31日，所得税税率为25%，按净利润的10%提取法定盈余公积，提取法定盈余公积后不再做其他分配。调整事项按税法规定均可调整应交所得税；涉及递延所得税资产的，均假定未来期间很可能取得用来抵扣暂时性差异的应纳税所得额。示例中不考虑现金流量表补充资料的调整。

1. 资产负债表日后诉讼案件结案

法院判决证实了企业在资产负债表日已经存在现时义务,需要调整原先确认的与该诉讼案件相关的预计负债,或确认一项新负债。其包括以下情形:

(1) 新确认一项预计负债。导致诉讼的事项在资产负债表日已经发生,但尚不具备确认负债的条件而未确认。法院判决后,根据最新掌握的信息,确定资产负债表日存在的很可能的支付义务,在可能性及金额估计等方面已经能满足预计负债的确认条件,因此新确认一项预计负债。

(2) 调整已确认的预计负债的金额。在编制报告期的财务报表时,对未决诉讼已确认一项预计负债。法院判决后,根据最新掌握的信息,确定了资产负债表日存在的很可能的支付义务,但由于法院判决结果与原先预计的金额有出入,需要根据法院判决结果,调整已确认的预计负债的金额。

(3) 将已确认的预计负债转为一项确定性负债。在诉讼结案且双方服从判决,判决的执行无悬念的情况下,预计负债转变为一项确定性负债(其他应付款)。法院虽已判决,但仍然存在不确定性因素,如一方不服判决,拟重新上诉,或者拒不执行判决。这种情况下,预计负债不能转为确定性负债。

注意: 资产负债表日后事项如果涉及货币资金收支项目,均不调整报告年度资产负债表的货币资金项目和现金流量表各项目的数字。

【例4-12】乙公司因甲公司违约,于20×1年12月告上法庭,要求甲公司赔偿损失80万元。至20×1年12月31日,法院尚未判决。甲公司按或有事项会计准则的要求,对该诉讼事项确认预计负债50万元。20×2年3月10日,经法院判决,甲公司赔偿乙公司60万元。甲、乙双方均服从判决。判决当日,甲公司向乙公司支付了赔偿款60万元。甲、乙两公司20×1年所得税汇算清缴在20×2年4月10日完成(假定该项预计负债产生的损失不允许税前抵扣,只有在损失实际发生时才允许税前抵扣)。

本例中,20×2年3月10日的判决证实了甲、乙在资产负债表日(20×1年12月31日)分别存在现时赔偿义务和获赔权利,因此均应将"法院判决"这一事项作为调整事项进行处理。20×2年3月10日,对该诉讼结案事项,甲公司和乙公司的会计处理如下:

(1) 甲公司的会计处理。

由于诉讼结案,原已确认的预计负债转变为一项确定性负债(其他应付款)。

①记录支付义务,并转销预计负债。

借:预计负债　　　　　　　　　　　　　　　　　　　500 000
　　贷:其他应付款　　　　　　　　　　　　　　　　　500 000
借:以前年度损益调整(营业外支出)　　　　　　　　100 000
　　贷:其他应付款　　　　　　　　　　　　　　　　　100 000
借:其他应付款　　　　　　　　　　　　　　　　　　600 000
　　贷:银行存款　　　　　　　　　　　　　　　　　　600 000

(注意:支付赔款的会计分录不属于调整分录,支付的赔款不调整财务报表相关数字,应作为20×2年的正常业务处理。)

②调整所得税。

确认预计负债 50 万元时，已确认相应的递延所得税资产，转销预计负债，也应同时转销因预计负债确认的递延所得税资产 12.5 万元（50×25%）。诉讼损失实际发生，应调减应交所得税 15 万元（60×25%）。

借：以前年度损益调整（所得税费用）　　　　　　　　　　125 000
　　贷：递延所得税资产　　　　　　　　　　　　　　　　　　125 000
借：应交税费——应交所得税　　　　　　　　　　　　　　150 000
　　贷：以前年度损益调整（所得税费用）　　　　　　　　　　150 000

③将"以前年度损益调整"科目余额转入未分配利润。

借：利润分配——未分配利润　　　　　　　　　　　　　　75 000
　　贷：以前年度损益调整　　　　　　　　　　　　　　　　　75 000

④因净利润变动，调整减少盈余公积。

借：盈余公积（75 000×10%）　　　　　　　　　　　　　　7 500
　　贷：利润分配——未分配利润　　　　　　　　　　　　　　7 500

编制 20×1 年财务报表时，甲公司应对报告年度财务报表的数字进行调整，包括调整资产负债表的年末数、利润表的本年数、所有者权益变动表的本年金额栏相关数字，如表 4-14、表 4-15 和表 4-16 所示（调增用＋，调减用－）：

表 4-14　资产负债表（部分）

编制单位：甲公司　　　　　　20×1 年 12 月 31 日　　　　　　单位：元

资　产	年末余额	年初余额	负债和所有者权益	年末余额	年初余额
递延所得税资产	－125 000		预计负债	－500 000	
			其他应付款	＋600 000	
			应交税费	－150 000	
			盈余公积	－7 500	
			未分配利润	－67 500	
合计	－125 000		合计	－125 000	

表 4-15　利润表（部分）

编制单位：甲公司　　　　　　20×1 年　　　　　　单位：元

项　目	本年数	上年数
营业利润		
加（减）：营业外收支	（＋100 000）	
利润总额	－100 000	
减：所得税费用	－25 000	
净利润	－75 000	
综合收益总额	－75 000	

表 4-16 所有者权益变动表(部分)

编制单位:甲公司　　　　　　　　　　20×1 年　　　　　　　　　　　　　　单位:元

项目	本年金额					上年金额				
	实收资本	资本公积	盈余公积	未分配利润	所有者权益合计	实收资本	资本公积	盈余公积	未分配利润	所有者权益合计
一、上年年末余额										
…										
二、本年年初余额										
加:净利润				−75 000						
减:提取盈余公积			−7 500	(−7 500)						
本年年末余额			−7 500	−67 500						

(2) 乙公司的会计处理。

① 20×2 年 3 月 10 日,记录收到的赔款:

借:其他应收款　　　　　　　　　　　　　　　　　　　　　　600 000
　　贷:以前年度损益调整(营业外收入)　　　　　　　　　　　　　　600 000
借:银行存款　　　　　　　　　　　　　　　　　　　　　　600 000
　　贷:其他应收款　　　　　　　　　　　　　　　　　　　　　　600 000

(注意:收到赔款的会计分录不是调整分录。)

② 调整所得税影响:

借:以前年度损益调整(所得税费用)　　　　　　　　　　　　　150 000
　　贷:应交税费——应交所得税(600 000×25%)　　　　　　　　　　150 000

③ 将"以前年度损益调整"科目余额转入未分配利润:

借:以前年度损益调整　　　　　　　　　　　　　　　　　　　450 000
　　贷:利润分配——未分配利润　　　　　　　　　　　　　　　　　450 000

④ 因净利润增加,补提盈余公积:

借:利润分配——未分配利润　　　　　　　　　　　　　　　　　45 000
　　贷:盈余公积(450 000×10%)　　　　　　　　　　　　　　　　　45 000

乙公司对报告年度财务报表的调整如表 4-17、表 4-18 和表 4-19 所示(调增用 +,调减用 −):

表 4-17 资产负债表(部分)

编制单位:乙公司　　　　　　　　　20×1 年 12 月 31 日　　　　　　　　　　单位:元

资产	年末余额	年初余额	负债和所有者权益	年末余额	年初余额
其他应收款	+600 000		应交税费	+150 000	
			盈余公积	+45 000	
			未分配利润	+405 000	
合计	+600 000		合计	+600 000	

表 4-18 利润表（部分）

编制单位：乙公司　　　　　　　　　　20×1 年　　　　　　　　　　　　　单位：元

项　　目	本 年 数	上 年 数
营业利润		
加（减）：营业外收支	+600 000	
利润总额	+600 000	
减：所得税费用	+150 000	
净利润	+450 000	
综合收益总额	+450 000	

表 4-19 所有者权益变动表（部分）

编制单位：乙公司　　　　　　　　　　20×1 年　　　　　　　　　　　　　单位：元

项　　目	本年金额					上年金额				
	实收资本	资本公积	盈余公积	未分配利润	所有者权益合计	实收资本	资本公积	盈余公积	未分配利润	所有者权益合计
一、上年年末余额										
加：会计政策变更										
前期差错更正										
二、本年年初余额										
加：净利润				+450 000						
减：提取盈余公积			+4 500	（+4 500）						
本年年末余额			+4 500	+40 500						

注意，报告年度财务报表已经重述，无须在报表附注中进行说明。

2. 资产减值事项

资产负债表日后取得确凿证据，表明某项资产在资产负债表日发生了减值或者需要调整该项资产原先确认的减值金额。由此，应编制相关调整分录，调整应报告的减值损失和减值准备金额，与计提减值而确认的递延所得税资产应同时进行调整。财务报表应予以重述，以正确反映企业的减值损失和相关资产的账面价值。

【例4-13】20×1年8月，甲公司销售给乙公司一批产品，货款565 000元（含增值税），乙公司于9月收到所购物资并予以验收入库。由于乙公司财务状况不佳，到20×1年12月31日仍未付款。甲公司在编制20×1年度财务报表时，已为该项应收账款提取坏账准备计29 000元。20×2年2月2日，甲公司收到法院通知，乙公司已宣告破产清算。甲公司判断可收回乙公司欠款的40%，由此对报表数字进行了相应的调整。

本例中，甲公司在收到法院通知后，判断该事项属于资产负债表日后调整事项，应根据最新获得的信息，调整原已计提的坏账准备的余额，同时调整相关的递延所得税的余额。涉及的利润表及所有者权益变动表的项目金额也相应地进行调整。

应补提的坏账准备 =565 000×60%－29 000=310 000（元）

该资产减值调整事项带来的财务影响如图 4-6 所示。

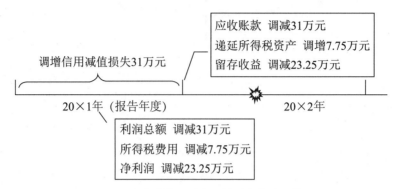

图 4-6　资产减值日后事项的财务影响示意图

甲公司编制调整分录如下。

（1）补提坏账准备：

借：以前年度损益调整（信用减值损失）　　　　　　　　　　310 000

　　贷：坏账准备　　　　　　　　　　　　　　　　　　　　310 000

（2）调整递延所得税资产：

因补提坏账准备而确认的递延所得税资产 =310 000×25%=77 500（元）

借：递延所得税资产　　　　　　　　　　　　　　　　　　77 500

　　贷：以前年度损益调整（所得税费用）　　　　　　　　　77 500

（3）将"以前年度损益调整"科目的余额转入利润分配：

借：利润分配——未分配利润　　　　　　　　　　　　　　232 500

　　贷：以前年度损益调整　　　　　　　　　　　　　　　　232 500

（4）调整利润分配有关数字：

借：盈余公积　　　　　　　　　　　　　　　　　　　　　23 250

　　贷：利润分配——未分配利润（232 500×10%）　　　　　23 250

甲公司应对报告年度（20×1 年度）的财务报表数字进行相应调整。

（1）资产负债表年末数调整：调减应收账款 310 000 元；调增递延所得税资产 77 500 元；调减盈余公积 23 250 元；调减未分配利润 209 250 元。

（2）利润表项目本年数调整：调增信用减值损失 310 000 元；调减所得税费用 77 500 元；调减净利润 232 500 元；调减综合收益总额 232 500 元。

（3）所有者权益变动表项目的调整：调减净利润 232 500 元，提取盈余公积项目中盈余公积一栏调减 23 250 元，未分配利润一栏调减 209 250 元。

3. 收入和成本事项

资产负债表日后进一步确定了资产负债表日前购入资产的成本或售出资产的收入，从而对已确认的成本和收入的金额进行调整。

（1）暂估成本的调整。这类调整事项包括两方面的内容：若资产负债表日前购入的资产已经按暂估金额等入账，资产负债表日后获得证据，可以进一步确定该资产的成本，则应该对已入账的资产成本进行调整。例如，企业购建的固定资产已达到可使用状态，但尚未办理竣工决算，可以先暂估入账。资产负债表日后期间办理决算，应根据决算金额调整暂估入账的固定资产的成本。

（2）销售退回。资产负债表所属期间或以前期间所售商品在资产负债表日后退回的，应作为资产负债表日后调整事项处理。企业在资产负债表日已根据收入确认条件确认资产销售收入，资产负债表日后获得关于资产收入的进一步证据，如发生销售退回等，此时应对报告期财务报表相关项目的金额进行调整。需要说明的是，资产负债表日后发生的销售退回，既包括报告年度或报告中期销售的商品在资产负债表日后发生的销售退回，也包括以前期间销售的商品在资产负债表日后发生的销售退回。对于附有退回条款的销售，发生销售退回时，应冲减之前所计提的预计负债及应收退货成本，同时调整相关收入及成本金额。

发生于资产负债表日后至财务报告批准报出日之间的销售退回事项，可能发生于年度所得税汇算清缴之前，也可能发生于年度所得税汇算清缴之后。销售退回发生于报告年度所得税汇算清缴之前，应调整报告年度利润表的收入、成本等，并相应调整报告年度的应纳税所得额以及报告年度应缴纳的所得税。销售退回发生于报告年度所税汇算清缴之后，应调整报告年度会计报表的收入、成本等，但按照税法规定在此期间的销售退回所涉及的应交所得税，应作为退回年度的纳税调整事项。在报告年度资产负债表中，通过"递延所得税资产"或"递延所得税负债"项目反映该销售退回的纳税影响额。

【例4-14】甲公司20×1年12月20日销售一批商品给丙企业，取得收入100 000元（不含税，增值税税率13%）。甲公司发出商品后，按照正常情况确认收入，并结转成本80 000元。此笔货款到年末尚未收到，甲公司按应收账款余额的4%计提了坏账准备。20×2年1月18日，由于产品质量问题，本批货物被退回。按税法规定，应收款项在发生实质性损失时，可以在税前扣除。甲公司于20×2年4月30日完成20×1年所得税汇算清缴。

本例中，销售退回业务发生在资产负债表日后事项涵盖期间内，属于资产负债表日后调整事项。应调整减少已确认的收入、已结转的成本和已计提的坏账准备，同时调整所得税和盈余公积。20×2年1月18日，甲公司的账务处理如下：

（1）编制相关调整分录。

①调整减少销售收入：

借：以前年度损益调整（主营业务收入）　　　　　　　　　　100 000
　　应交税费——应交增值税（销项税额）　　　　　　　　　 13 000
　　贷：应收账款　　　　　　　　　　　　　　　　　　　　113 000

②调整减少销售成本：

借：库存商品　　　　　　　　　　　　　　　　　　　　　　80 000
　　贷：以前年度损益调整（主营业务成本）　　　　　　　　 80 000

③调整减少坏账准备余额：

借：坏账准备（113 000×4%）　　　　　　　　　　　　　　 4 520

贷：以前年度损益调整（信用减值损失） 4 520

综合①和③，应收账款调减额＝113 000－4 520＝108 480（元）

④调整减少应交所得税：

因销售退回应调减的应交所得税＝（100 000－80 000）×25%＝5 000（元）

借：应交税费——应交所得税 5 000

    贷：以前年度损益调整（所得税费用） 5 000

⑤调整减少已确认的递延所得税资产：

应冲销的递延所得税资产＝4 520×25%＝1 130（元）

借：以前年度损益调整（所得税费用） 1 130

    贷：递延所得税资产 1 130

综合④和⑤，该调整事项对所得税费用的影响额＝－5 000＋1 130＝－3 870（元）

④和⑤合为一笔分录，则为：

借：应交税费——应交所得税 5 000

    贷：以前年度损益调整（所得税费用） 3 870

        递延所得税资产 1 130

⑥将"以前年度损益调整"科目余额转入未分配利润：

"以前年度损益调整"科目借方余额＝100 000－80 000－4 520－3 870＝11 610（元）

借：利润分配——未分配利润 11 610

    贷：以前年度损益调整 11 610

⑦调整盈余公积：

由于调减净利润而调减的盈余公积＝11 610×10%＝1 161（元）

由于调减净利润而调减的未分配利润＝11 610－1 161＝10 449（元）

借：盈余公积 1 161

    贷：利润分配——未分配利润 1 161

（2）调整报告年度财务报表有关项目的金额。

①调整20×1年12月31日资产负债表有关项目的年末数：

调减应收账款108 480元；调增存货80 000元，调减递延所得税资产1 130元；调减应交税费18 000元（含所得税5 000元和增值税13 000元），调减盈余公积1 161元；调减未分配利润10 449元，如表4-20所示（调增用＋，调减用－）。

表4-20 资产负债表（部分）

编制单位：甲公司　　　　　　　　　　20×1年12月31日　　　　　　　　　　单位：元

资　产	年末余额	年初余额	负债和所有者权益	年末余额	年初余额
应收账款	－108 480		应交税费	－18 000	
存货	＋80 000		盈余公积	－1 161	
递延所得税资产	－1 130		未分配利润	－10 449	
资产总计	－29 610		负债和所有者权益合计	－29 610	

②调整20×1年度利润表本年数,如表4-21所示(调增用+,调减用-)。

表4-21 利润表(部分)

编制单位:甲公司　　　　　　　　　　20×1年　　　　　　　　　　　　　　单位:元

项　　目	本年数	上年数
营业收入	-100 000	
减:营业成本	-80 000	
营业利润	-20 000	
减:信用减值损失	-4 520	
利润总额	-15 480	
减:所得税费用	-3 870	
净利润	-11 610	
综合收益总额	-11 610	

③调整所有者权益变动表的本年金额:

调减净利润11 610元,提取盈余公积项目中盈余公积一栏调减1 161元,未分配利润一栏调减10 449元,如表4-22所示(调增用+,调减用-)。

表4-22 所有者权益变动表(部分)

编制单位:甲公司　　　　　　　　　　20×1年　　　　　　　　　　　　　　单位:元

项　　目	本年金额					上年金额				
	实收资本	资本公积	盈余公积	未分配利润	所有者权益合计	实收资本	资本公积	盈余公积	未分配利润	所有者权益合计
一、上年年末余额										
...										
二、本年年初余额										
加:净利润				-11 610						
减:提取盈余公积			-1 161	(-1 161)						
本年年末余额			-1 161	-10 449						

4. 资产负债表日后发现了财务报表舞弊或差错

资产负债表日后至财务报告批准报出之前,发现报告期或以前期间存在的财务报表舞弊或差错,应当将其作为资产负债表日后调整事项,更正差错,并调整拟报出的财务报表相关项目的金额。与前期差错更正事项相比,其相同点在于,影响损益的事项,均通过"以前年度损益调整"科目调整,再转入利润分配科目;其不同点在于,报表项目调整,前期差错调整上年数或期初数;资产负债表日后事项调整的是本年数或期末数。

【例4-15】甲公司20×2年1月4日召开董事会会议,对前期会计差错更正事项作出说明。甲公司对理财产品的分类进行了梳理,发现将交易性金融资产300万元划分为其他流动资产的情形。甲公司20×1年度的财务报告尚未报出,为提高报表的可比性,甲公司予以重分类追溯调整。

本例中，发现错误的时间属于资产负债表日后期间，应按照资产负债表日后调整事项的处理原则进行相关会计处理。假定会计分录无误，应调整20×1年度资产负债表项目期末余额。具体地，调整增加交易性金融资产300万元，调整减少其他流动资产300万元。

【**例 4-16**】20×2年3月，甲公司的内部审计人员发现，本属于20×2年度的一笔销售收入10 078 000元确认在了20×1年年末，该笔收入对应的商品成本为7 458 000元，款项尚未收到。假设甲公司适用的增值税税率为13%，所得税税率为25%，所得税汇算清缴尚未进行。由于当年利润为负值，董事会决议不计提盈余公积。

本例中，错误地将本属于20×2年度的一笔销售收入确认在了20×1年年末，导致20×1年的收入、成本和费用均发生差错，应作为资产负债表日后调整事项，予以追溯调整和报表重述。甲公司改正差错的会计分录如下：

（1）冲销已确认的营业收入：

借：以前年度损益调整（主营业务收入）　　　　　　10 078 000
　　应交税费——应交增值税（销项税额）　　　　　 1 310 140
　　贷：应收账款　　　　　　　　　　　　　　　　 11 388 140

（2）冲销已结转的产品成本：

借：库存商品　　　　　　　　　　　　　　　　　　7 458 000
　　贷：以前年度损益调整（主营业务成本）　　　　　7 458 000

（3）调减应交所得税[（10 078 000－7 458 000）×25%=655 000（元）]

借：应交税费——应交所得税　　　　　　　　　　　 655 000
　　贷：以前年度损益调整（所得税费用）　　　　　　 655 000

（4）将"以前年度损益调整"科目余额转入未分配利润：

借：利润分配——未分配利润　　　　　　　　　　　 1 965 000
　　贷：以前年度损益调整　　　　　　　　　　　　　1 965 000

注意：由于当年利润为负值，甲公司不计提盈余公积，无须调整利润分配。

甲公司应对报告期的财务报表进行重述，调整相关项目的年末数和本年数。

（1）调整20×1年12月31日资产负债表的年末数：调减应收账款11 388 140元，调增存货7 458 000元，调减应交税费（含增值税和所得税）1 965 140元，调减未分配利润1 965 000元。

（2）调整20×1年度利润表的本年数：调减营业收入10 078 000元，调减营业成本7 458 000元，调减利润总额2 620 000元、所得税费用655 000元，调减净利润和综合收益总额1 965 000元。

（3）调整20×1年度所有者权益变动表中的"本年金额"栏的相关数字：调减净利润及未分配利润1 965 000元，调减所有者权益合计1 965 000元。

需要说明的是，上述举例涉及的均是年度资产负债表，中期财务报表也存在资产负债表日后事项。如不涉及跨年，则在进行相关损益调整时，无须通过"以前年度损益调整"科目，直接调整当期损益类科目即可。对于非调整事项，比照年度报表进行相关信息披露。

三、资产负债表日后非调整事项

资产负债表日后非调整事项，应按照以下原则进行会计处理：①资产负债表日后发生的非调整事项，与资产负债表日存在状况无关，不应当调整资产负债表日的财务报表。②重要的资产负债表日后非调整事项要在报表附注中进行披露，应说明资产负债表日后非调整事项的性质、内容，以及对财务状况和经营成果的影响；无法作出估计的，应当说明原因。以下就常见的资产负债表日后非调整事项，进行举例说明。

（一）经营活动相关非调整事项

1. 资产负债表日后生产经营活动发生重大变更

资产负债表日后发生的生产经营活动的重大变更，如生产经营范围的增加、减少或更改，法定代表人的更换，组织机构或高层经营管理者的重大调整，将影响企业的经营战略绩效或发展前景，应作为非调整事项向投资者或其他财务报告使用者进行信息披露。

2. 资产负债表日后发生重大资产损失或巨额经营亏损

企业资产负债表日后因自然灾害导致资产发生重大损失，或发生巨额亏损，将会对企业报告期以后的财务状况和经营成果产生重大影响，如果不加以披露，有可能误导财务报告使用者，因此应作为非调整事项在报表附注中进行披露，以便为投资者或其他财务报告使用者做出正确决策提供信息。

【例4-17】 甲公司20×1年12月购入商品一批，计8 000万元，至20×1年12月31日该批商品已全部验收入库，货款也已通过银行支付。20×2年1月7日，甲公司所在地发生水灾，该批商品全部被冲毁。

本例中，水灾发生于20×2年1月7日，属于资产负债表日后才发生或存在的事项，应当作为非调整事项在20×1年度报表附注中进行披露。

（二）投融资活动相关非调整事项

1. 资产负债表日后新增投资或变更投资事项

资产负债表日后，企业对另外一个企业进行的巨额投资，或原有投资项目发生重大变更，使企业遭到重大损失的，应予以说明，在报表附注中披露该类资产负债表日后非调整事项。

【例4-18】 甲公司拥有外国乙企业15%的股权，无重大影响，投资成本2 000 000元。该外国企业的股票在国外的某家股票交易所上市交易。在编制20×1年12月31日的资产负债表时，甲公司对该投资按初始投资成本反映。20×2年1月，该国发生海啸造成乙企业的股票市场价值大幅下跌，甲公司对乙企业的股权投资遭受重大损失。

本例中，因自然灾害造成甲公司对乙企业股权投资的重大损失，属于资产负债表日后才发生或存在的事项，应当作为非调整事项在20×1年度报表附注中进行披露。

2. 资产负债表日后发生企业合并、处置子公司或其他股权变更事项

企业合并或者处置子公司的行为可以影响股权结构、经营范围等方面，对企业未来生产经营活动能产生重大影响，因此企业应在附注中披露资产负债表日后期间发生的企业合并或处置子公司的信息。企业为了配合其经营战略，将企业自身的股权进行有偿转让，或将资本公积转增资本金，或发行新的股票，或利用闲余资金回购其原先发行在外的股份。股票回购后可以进行注销，也可以留作库存股。这些股权变更事项，将会改变企业的资本（股本）结构，影响现有投资者的切身利益，需要在报表附注中进行信息披露。

【例4-19】 甲公司发行在外的普通股股票为15 000万股。20×2年2月的董事会会议及3月的临时股东大会，审议通过股票发行决议，以定向发行的方式发行人民币普通股，股份发行数量不超过2 273万股（含），价格为人民币2.5元/股，本次股票发行募集资金不超过人民币5 682.5万元（含）。

本例中，甲公司于资产负债表日后期间发行股票，发行股票的数量如达到2 273万股，则占发行后股份总数的比例为13%，对于甲公司的股权结构影响较大，应作为资产负债表日后非调整事项予以披露。

3. 企业发行债券以及其他巨额举债

企业发行债券以及向银行或非银行金融机构举借巨额债务都是比较重大的事项，虽然这类事项与企业资产负债表日的存在状况无关，但却会给企业的经营活动带来不容忽视的风险。应披露企业的举债信息，使财务报告使用者了解与此有关的情况及可能带来的影响。

【例4-20】 20×2年2月27日，甲公司与银行签订了5 000万元的贷款合同，用于生产项目的技术改造，贷款期限自20×2年3月1日起至20×3年12月31日止。

本例中，甲公司与银行签订了5 000万元的贷款合同，是资产负债表日后才发生的事项，无须调整20×1年度财务报表，但鉴于该筹资事项的重要性，应在20×1年度财务报表附注中进行相关信息披露。

4. 资产负债表日后制订利润分配方案

资产负债表日后，企业制订利润分配方案，拟分配或经审议批准宣告发放股利或利润的行为，并不会致使企业在资产负债表日形成现时义务。虽然发生该事项可导致企业负有支付股利或利润的义务，但支付义务在资产负债表日尚不存在，不应该调整资产负债表日的财务报告，因此，该类事项为非调整事项。由于该类事项对企业资产负债表日后的财务状况有较大影响，可能导致现金较大规模流出、企业股权结构变动等，为便于财务报告使用者更充分了解相关信息，企业需要在报表附注中作出披露。

【例4-21】 甲公司在20×2年2月召开的董事会会议，提议本公司向普通股股东派发现金股利，每10股人民币1.149 7元，合计人民币16.70亿元。上年同期，公司向普通股股东派发的现金股利为每10股人民币1.077 1元，合计人民币15.64亿元。此项提议尚待20×1年度股东大会批准。

本例中，该股利发放事项属于资产负债表日后事项，在资产负债表日相关支付义务尚未形成，不应体现为20×1年度财务报表中的一项负债。

值得注意的是，如果资产负债表日后，董事会决议调整盈余公积计提比例，则构成调整事项，对资产负债表日所反映的盈余公积余额，按新的计提比例进行调整。

（三）其他事项

1. 资产负债表日后资产价格、税收政策、外汇汇率发生重大变化

在资产负债表日至财务报告批准报出日之间，资产价格、税收政策或外汇汇率发生重大变化，对企业的经营环境和经营成果将产生重大影响，如不加以说明，将影响财务报告使用者作出正确的估计和决策，因此，应在财务报表附注中披露相关信息。

【例 4-22】 甲公司有一笔长期美元贷款，在编制 20×1 年 12 月 31 日的财务报表时已按 20×1 年末的汇率进行折算，假设国家规定从 20×2 年 1 月 1 日起进行外汇管理体制改革，外汇管理体制改革后人民币对美元的汇率发生重大变化。

本例中，甲公司在资产负债表日已经按照规定的汇率对有关账户进行了调整，因此，无论资产负债表日后的汇率如何变化，均不应影响资产负债表日的财务状况和相应期间的经营成果。但是，如果资产负债表日后外汇汇率发生重大变化，将会影响企业未来的财务状况和经营成果，应当在报表附注中作出披露。

2. 资产负债表日后发生重大诉讼、仲裁和承诺

资产负债表日后发生的重大诉讼、仲裁和承诺事项，对企业影响较大，为防止误导投资者及其他财务报告使用者，应当在报表附注中进行相关信息披露。

【例 4-23】 宏达公司收到上海证券交易所的审核问询函，对宏达公司资产负债表日后期间涉及的数起案件纠纷，要求予以核实其会计处理及信息披露的合理性。宏达公司董事会回复称，公司对已收到诉讼资料的案件及时进行了公告，对尚存在诉讼纠纷且未达到规定的披露标准的案件尚未进行信息披露。

即测即练 4.3

本例中，对于资产负债表日后发生的诉讼事项，无论是否收到相关诉讼资料，只要影响重大，均应在报表附注中，就诉讼涉及的事由、发生时间、诉讼金额和具体进展情况进行信息披露。

【案例讨论】

资料 1：某公司的会计政策变更。某公司发布会计政策变更公告，称自 20×6 年 1 月 1 日起，变更其收入确认及海外采购运费核算政策。原会计政策是：出口 B2C 业务在发货时确认收入，海外采购运费发生时计入当期损益。变更后的会计政策是：出口 B2C 业务以终端消费者收到货物为收入确认条件，海外采购运费发生时进行资本化处理，待存货实际对外销售时再结转成本。

事项 1：公司未以客户签收作为出口销售确认时点，该处理方式导致 20×5 年营业收入、营业成本、所得税费用以及截至 20×5 年 12 月 31 日的应收账款、应交税费和未分配利润余额高估，存货余额低估。该公司已对该事项进行了追溯调整。在列示

20×6 年度财务报表比较数据时，调减 20×5 年度营业收入 17 588 135.45 元、营业成本 9 825 300.31 元、所得税费用 1 280 867.80 元、未分配利润余额 6 481 967.34 元，调减截至 20×5 年 12 月 31 日应收账款余额 17 588 135.45 元、应交税费余额 1 280 867.80 元；调增存货余额 9 825 300.31 元。

事项 2：公司将存货采购相关运费一次性计入销售费用，该处理导致 20×5 年度销售费用高估，20×5 年度营业成本、所得税费用以及截至 20×5 年 12 月 31 日存货、应交税费和未分配利润余额低估。公司已对该事项进行了追溯调整。在列示 20×6 年度财务报表比较数据时，调减 20×5 年度销售费用 8 778 703.83 元，调增营业成本 1 115 997.24 元，所得税费用 1 264 346.59 元，以及截至 20×5 年 12 月 31 日存货余额 7 662 706.59 元，应交税费余额 1 264 346.59 元和未分配利润余额 6 398 360.00 元。

本次会计政策变更对公司 20×5 年度的净利润、期末资产总额、负债总额、股东权益总额均不构成重大影响。

讨论题目：

（1）某公司的会计政策变更是否合理，为什么？"本次会计政策变更对公司 20×5 年度的净利润、期末资产总额、负债总额、股东权益总额均不构成重大影响"，你是否认同该结论，为什么？

（2）针对该公司调整事项，编制相关调整分录。

资料 2：××电力公司的会计估计变更。××电力公司 20×7 年 1 月 26 日发布会计估计变更公告，称自 20×7 年 2 月 1 日起，改变其发电资产的折旧方法。变更后采用的会计估计是：火电分、子公司中与发电直接相关的资产采用工作量法计提折旧，与发电无直接关系的资产仍采用年限平均法计提折旧。

（1）变更原因。公司属于以火电为主的综合能源集团上市公司，随着国家电改政策的推行和省内发电机组装机规模持续、大幅度的增加，公司发电机组上网电量锐减，利用小时持续降低，且由于季节性供热影响，机组运行方式直接影响发电量导致各季度之间财务、经营状况波动较大。鉴于发电市场运营环境和机组运行方式发生变化，目前发电资产采用的年限平均法计提固定资产折旧不能公允反映其磨损折耗状况。这种以时间为基础来确定发电资产价值转移的折旧方法，忽略了发电资产在不同会计期间由于发电负荷变化较大而产生的损耗差异，不能真实反映企业的实际经营情况。根据目前火电生产形势和机组实际出力情况，工作量法能较好地弥补年限平均法的不足，更符合收入、成本配比原则，能客观地反映公司的财务状况和经营成果，有利于公司平稳运行。

（2）本次会计估计变更对公司的影响。公司对上述会计估计变更采用未来适用法进行会计处理，因此，会计估计变更无须对已披露的财务报表进行追溯调整，不会对公司已经披露的财务报告产生影响。公司预计本年度调整为工作量法计提折旧后，比年限平均法计提的折旧减少约 3.1 亿元。

讨论题目：××电力公司的会计估计变更是否合理，为什么？应采用何种会计处理方法？该变更对公司的财务影响是什么？

资料 3：甲公司对 20×7 年度财务报表编制过程中发现的会计差错进行更正，具体情况如下：20×7 年公司新开展了补贴咨询服务，因公司对新业务的收入确认条件把握不准确，确认了收入 20 130 188.65 元，计提应交税费 1 331 999.63 元（含应交教育费附加、地方教育费附加和城建税 124 188.28 元），结转人工成本 1 468 975.47 元（业务人员佣金）。公司已预收款项 33 500.00 元，并对应收账款计提资产减值损失 213 045.00 元。

经重新评估，该补贴咨询服务收入不符合收入确认条件。该差错导致公司累计多计提应交所得税 2 501 809.65 元和递延所得税资产 210 119.90 元。公司进行前期差错更正，调减补贴咨询服务收入 20 130 188.65 元；调减应收账款净值、应付职工薪酬、相关税费等项目金额。上述更正事项导致公司净利润减少 16 032 290.15 元，盈余公积减少 1 096 698.57 元。

讨论题目：

（1）描述差错内容，上述会计差错属于哪类差错？

（2）针对上述会计差错，编制相关调整分录。

资料 4： ××药业 20×8 年 12 月 28 日收到证监会的《调查通知书》，公司经自查后对 20×7 年财务报表进行重述。其中由于采购付款、工程款支付以及确认业务款项时的会计处理存在错误，造成应收账款少计 641 073 222.34 元、存货少计 19 546 349 940.99 元、在建工程少计 631 600 108.35 元、货币资金多计 29 944 309 821.45 元。公司合并现金流量表中，销售商品、提供劳务收到的现金项目多计 10 299 860 158.51 元；收到其他与经营活动有关的现金项目少计 137 667 804.27 元；购买商品、接受劳务支付的现金项目多计 7 301 340 657.76 元；支付其他与经营活动有关的现金项目少计 3 821 995 147.82 元；购建固定资产、无形资产和其他长期资产支付的现金项目少计 352 392 491.73 元；收到其他与筹资活动有关的现金项目多计 360 457 000.00 元。

随着证监会的立案调查，××药业"不翼而飞"的 300 亿元逐渐浮出水面。经查，20×6 年至 20×8 年期间，××药业涉嫌通过仿造、变造增值税发票等方式虚增营业收入，通过伪造、变造大额定期存单等方式虚增货币资金，将不满足会计确认和计量条件的工程项目纳入报表，虚增固定资产等。调查显示，20×6 年至 20×8 年，该公司分别虚增货币资金 225.48 亿元、299.44 亿元和 361.88 亿元，虚增营业收入 89.99 亿元、100.32 亿元和 16.13 亿元，虚增营业利润 6.56 亿元、12.51 亿元、1.65 亿元。证监会表示，康美药业有预谋、有组织，长期、系统实施财务造假行为，恶意欺骗投资者，影响极为恶劣，后果特别严重。

讨论题目：

（1）根据该差错更正公告，近 300 亿元的货币资金不翼而飞，其原因是什么？

（2）针对该事件，讨论财务报表舞弊的成因及防范建议。

资料 5： 上市公司在资产负债表日后期间对其业绩预告进行调整，已成为比较常见的现象。以下是两个典型的例子。

事例 1：*ST 信通 1 月底发布 20×9 年年度业绩预盈公告，预计 20×9 年实现盈利 2.8 亿元到 3.28 亿元，同比扭亏，主要是由于对未决诉讼冲回预计负债这一非经常性损益事项所致，影响金额为 5.43 亿元。3 月初，*ST 信通发布业绩预告更正公告，对涉诉及担保相关事项的预计负债计提比例进行了调整，依此公司进一步冲回预计负债 20.32 亿元。修正后，预计净利为 17.69 亿元到 18.17 亿元。该公司对涉诉事项的预计负债计提比例先后两次调整，对净利润产生重大影响。据悉，公司控股股东担保诉讼共计 40 余笔，存在 20×8 年、20×9 年连续两年净资产为负暂停上市风险。公司在回复上海证券交易所问询函时承认，20.32 亿元预计负债转回存在不确定性，无法判断是否需要对前期业绩预告更正中预计负债转回进行更正。

事例 2：海能达公司是我国专业无线通信行业的龙头企业。公司发布 20×9 年度业绩预告，预计实现净利 4.8 亿~5.8 亿元。不久海能达发布业绩修正公告，预计净利润为 −47.75 亿元。此次业绩预告修正，与正在进行的摩托罗拉马来西亚公司起诉海能达及其子公司商业秘密侵权的诉讼案件有关。该诉讼尚未取得伊利诺伊州法院一审判决结果，公司基于谨慎原则，以此前陪审团裁决结果作为当前最佳估计数，计提预计负债人民币 53.34 亿元。海能达最终公布的 20×9 年年报，显示公司归属于上市公司股东的净利润为 8 080.65 万元。公司解释经审计业绩与业绩快报存在差异的原因，主要是由于与摩托罗拉之间诉讼事项发生新的变化。一审法院判决后，公司及摩托罗拉均向法庭提交了相应的动议，本案尚在双方举证审理中，后续进展具有重大的不确定性，一审判决金额已经不再适合作为最佳估计数。由于目前本事项尚属未决事项，负债金额无法可靠估计或计量，不应该继续作出计提预计负债的会计处理，而应当作为或有事项在定期报告中详细披露。

讨论题目：

（1）*ST 信通（600289）先后两次对未决诉讼冲回预计负债，你认为其处理适当吗？变更预计负债计提比例属于哪种变更（会计政策变更、会计估计变更），是否合理？

（2）对于与摩托罗拉之间的诉讼事项，海能达先后进行了不同的会计处理。应否在 20×9 年度报告中针对该资产负债表日后事项计提预计负债人民币 53.34 亿元？

资料 6： 某石油公司在其 20×9 年度报告中披露的资产负债表日后事项，包含以下两项：

（1）新型冠状病毒肺炎疫情影响。新冠疫情对集团产生较大影响：成品油市场需求下降，天然气市场需求增速放缓，原油、成品油、天然气价格大幅下降，油气产业链运行管理更加复杂、困难等。集团积极应对疫情，平稳有序推进生产经营，开展开源节流降本增效，优化债务结构，加快发展国内天然气业务，尽力减少疫情损失，实现长期可持续发展。

（2）天然气价格政策阶段性调整。国家发改委发布通知，统筹疫情防控与经济社会发展，阶段性降低非居民用气成本。自通知之日起，非居民用气门站价格提前执行淡季价格政策，对化肥等受疫情影响大的行业给予更大价格优惠，及时降低天然气终端销售价格。本集团天然气销售收入和利润会受到一定影响，但本集团将继续优化生产经营，推进可持续高质量发展。

案例讨论思路 4

讨论题目：

（1）某石油公司在其 20×9 年度报告中披露的资产负债表日后事项，属于调整事项还是非调整事项？为什么？

（2）中国石化等同行业其他公司在20×9年度报告中，并没有将"新型冠状病毒肺炎疫情影响"作为资产负债表日后事项。中国石油将其作为资产负债表日后事项进行披露，是否合理？

【业务训练题】

1. **资料**：20×7年1月1日，甲公司支付土地转让款1 000万元，取得10年的土地使用权；当日，甲公司将其出租给乙公司，每年租金收入200万元，并将该土地使用权作为投资性房地产，采用成本模式计量。20×7年12月31日，该土地使用权的公允价值为1 080万元。20×8年1月1日，甲公司将该投资性房地产改为公允价值模式计量。按照税法规定，土地使用权按受益年限摊销。甲公司适用所得税税率为25%，按净利润10%提取法定盈余公积。

要求：

（1）计算会计政策变更的累积影响数。

（2）对该会计政策变更事项编制相关调整分录。

2. **资料**：甲股份有限公司的所得税核算方法为资产负债表债务法，适用的所得税税率为25%。考虑到技术进步因素，自20×4年1月1日起将一套生产设备的使用年限由12年改为8年；同时将折旧方法由年限平均法改为双倍余额递减法。该生产设备原价为1 800万元，已计提折旧3年，尚可使用年限5年，净残值为零。

要求：

（1）判断属于会计估计变更还是会计政策变更。

（2）计算20×4年改按双倍余额递减法计提的折旧额。

3. **资料**：甲公司为增值税一般纳税人，增值税税率为13%，所得税税率为25%，按照净利润的10%计提法定盈余公积。其财务总监在对上年度（20×3年度）报表进行内审时发现以下疑点：

（1）甲公司20×3年1月1日购入乙公司一项专利权，实际支付价款200万元，相关税费5万元，为引入新产品进行宣传发生广告费5万元、管理费用5万元。当日该项专利权达到预定用途，预计使用年限为10年，预计净残值为0，采用直线法摊销，税法和会计规定相同。甲公司对上述交易或事项的会计处理如下：

借：无形资产　　　　　　　　　　　　　　　　　2 150 000
　　贷：银行存款　　　　　　　　　　　　　　　　　　2 150 000
借：管理费用　　　　　　　　　　　　　　　　　　215 000
　　贷：累计摊销　　　　　　　　　　　　　　　　　　215 000

（2）20×3年2月1日，甲公司采用支付手续费方式委托乙公司代销B产品200件，售价为每件10万元，按售价的5%向乙公司支付手续费（由乙公司从售价中直接扣除）。当日，甲公司发出B产品200件，单位成本为8万元。甲公司据此确认应收账款1 900万元、销售费用100万元、销售收入2 000万元，同时结转销售成本1 600万元。20×3年12月31日，甲公司收到乙公司转来的代销清单，B产品已销售100件，同时开出增值税专

用发票,但尚未收到乙公司代销B产品的款项。甲公司对上述交易或事项的会计处理如下:

  借:应收账款 19 000 000
    销售费用 1 000 000
    贷:主营业务收入 20 000 000
  借:主营业务成本 16 000 000
    贷:发出商品 16 000 000
  借:应收账款 1 300 000
    贷:应交税费——应交增值税(销项税额) 1 300 000

  (3)20×3年12月1日,甲公司与乙公司签订合同,以每台20万元的价格向乙公司销售50台B设备,每台B设备成本为15万元。同时,与乙公司签订补充合同,约定在20×4年4月30日以每台25万元的价格购回该批B设备。当日,甲公司开出增值税专用发票,注明增值税税额为130万元,款项已收存银行。至20×3年12月31日,50台B设备尚未发出,业务实质上具有融资性质,甲公司的会计处理如下:

  借:银行存款 11 300 000
    贷:主营业务收入 10 000 000
      应交税费——应交增值税(销项税额) 1 300 000
  借:主营业务成本 7 500 000
    贷:库存商品 7 500 000

  (4)20×3年10月25日,甲公司与丙公司签订总额为200万元的劳务合同,合同规定劳务开始日丙公司支付150万元,余款在结束时支付。20×3年11月1日,甲公司开始提供劳务并收到丙公司支付的费用150万元存入银行。至20×3年12月31日劳务完成50%,甲公司已经发生支出150万元(以银行存款支付),由于人工成本等上涨还将发生成本80万元,预计丙公司不会追加合同款,如果终止该合同将向丙公司支付补偿款15万元。甲公司的会计处理如下:

  借:预收账款 1 500 000
    贷:主营业务收入 1 500 000
  借:主营业务成本 1 500 000
    贷:合同履约成本 1 500 000

  要求:请帮助财务总监判断上述事项的会计处理是否存在问题,如果存在问题请说明理由,并编制相关调整分录。

  4. 资料:新业公司所得税采用资产负债表债务法,所得税税率为25%;按净利润10%计提盈余公积。该公司在20×9年12月内部审计中发现下列问题:

  (1)20×8年年末库存钢材账面余额为610万元。经检查,该批钢材的预计售价为540万元,预计销售费用和相关税金为30万元。当时,由于疏忽,将预计售价误记为700万元,未计提存货跌价准备。

  (2)20×8年12月20日,新业公司购入400万元股票,作为交易性金融资产。至年末尚未出售,12月末的收盘价为370万元。新业公司按其成本列报在资产负债表中。

（3）20×8年1月，新业公司从其他企业集团中收购了50辆巴士汽车，确认了巴士汽车牌照专属使用权400万元，作为无形资产核算。新业公司从20×8年起按照10年进行该无形资产摊销。经检查，巴士牌照专属使用权没有使用期限。假设按照税法规定，无法确定使用寿命的无形资产按不少于10年的期限摊销。

（4）20×8年8月，新业公司收到市政府拨付的与收益相关的补助款400万元，补偿已发生的技术改造费用，新业公司将其计入了递延收益。此笔款项未做纳税调整，当年没有申报所得税。

要求：

（1）指出上述事项存在的会计差错及其对利润总额、所得税和净利润的影响。

（2）编制更正以上错误的相关会计分录。

5. 资料：甲公司为乙公司的某项200万元银行借款提供50%的担保（与生产经营活动有关），该借款于20×7年9月到期，乙公司无力偿还到期的债务。债权银行于11月向法院提起诉讼，要求乙公司和为其提供担保的甲公司偿还借款本息，并支付罚息5万元。至20×7年12月31日，法院尚未作出判决，甲公司预计承担此项债务的可能性为60%，估计需要支付担保款100万元，并计提预计负债100万元（税法规定与生产经营活动有关的债务担保损失在损失实际发生时允许税前抵扣）。20×8年2月15日，法院做出一审判决，乙公司和甲公司败诉，甲公司需为乙公司偿还借款本息的50%，计120万元，乙公司和甲公司服从该判决，款项尚未支付。甲公司适用所得税税率为25%，按净利润的10%提取法定盈余公积，20×8年度财务报告的发布和所得税汇算清缴均在4月份进行。

要求（单位为万元）：

（1）为甲公司编制20×8年2月15日的相关调整分录。

（2）指出该调整会影响哪些报表项目，应调整的金额各是多少？

6. 资料：甲公司适用增值税税率为13%，所得税税率为25%，按照净利润的10%提取盈余公积。20×7年度的财务报告于20×8年3月31日经批准对外报出，所得税汇算清缴于20×8年4月28日完成。20×8年1月1日至3月31日，甲公司发生如下交易或事项：

（1）甲公司对拥有51%股权的乙公司的长期股权投资按成本法核算。20×8年1月，乙公司的股票市场价值大幅下跌，导致甲公司对乙公司的股权投资遭受重大损失。

（2）1月14日，收到丙公司退回的20×7年11月4日从其购入的一批商品。当日，甲公司向丙公司开具红字增值税专用发票。该批商品的销售价格（不含增值税）为400万元，增值税为52万元，销售成本为370万元。至20×8年1月14日，该批商品的应收账款尚未收回。甲公司未对该应收账款计提坏账准备。

（3）2月15日接到丁公司通知，因产品外包装质量原因，要求对上年销售的商品在226万元的含税价格（其中增值税26万元）上折让10%，否则将退货。经过检验同意丁公司要求，收到对方开具的红字增值税专用发票，货款折让额已支付。

（4）2月26日，甲公司获知戊公司被法院依法宣告破产，预计应收戊公司账款

113万元(含增值税)收回的可能性极小,应按全额计提坏账准备。甲公司在20×7年12月31日按应收戊公司账款余额的40%计提了坏账准备。

(5) 3月5日,甲公司发现20×7年度漏记某项生产设备折旧费用100万元,也未进行纳税调整。至20×7年12月31日,该设备生产的产品已全部对外销售。

(6) 3月28日,甲公司董事会通过利润分配预案,宣告发放现金股利420万元。

要求:

(1) 指出甲公司发生的上述事项哪些属于调整事项。

(2) 为上述调整事项编制有关调整分录,"以前年度损益调整"可汇总结转。

(3) 分析上述事项对甲公司20×7年度财务报表相关项目的影响,并填写调整表4-23(各项目的调整金额,调增数以"+"表示,调减数以"-"表示)。

表4-23 甲公司20×7年度财务报表调整事项　　　　单位:万元

项目	事项及影响分析						调整金额合计
	(1)	(2)	(3)	(4)	(5)	(6)	
应收账款							
存货							
固定资产							
递延所得税资产							
应交税费							
盈余公积							
未分配利润							
营业收入							
营业成本							
信用减值损失							
所得税费用							
净利润							

业务训练题提示4

第五章 企业合并

【本章导读】

企业合并是财务会计的难点。按合并前后各方是否受同一方或相同的多方最终控制，将企业合并划分为同一控制下的企业合并和非同一控制下的企业合并两类，其会计处理原则及方法有所不同。同一控制下的企业合并，合并方在企业合并中取得的资产和负债，仅限于被合并方账面上原已确认的资产和负债，合并价差直接调整所有者权益项目。非同一控制下的企业合并是一种市场交易，要求对被购买企业净资产进行重估价，购买企业按公允价值记录所收到的资产和承担的债务；合并成本超过所取得净资产公允价值的差额，记为商誉。本章分别讲述了两类企业合并在吸收合并和控股合并方式下的会计处理方法。

【内容框架】

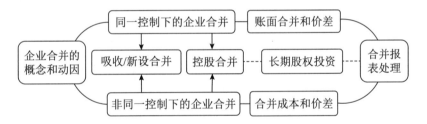

企业合并是实现企业快速发展的重要手段。美国著名经济学家斯蒂格勒通过对美国企业成长的研究，发现几乎没有一家大公司不是通过某种形式的合并成长起来的。依照普华永道的调查结果，我国近年来每年的并购活动交易总额均在 6 000 亿美元以上。为了规范企业合并的确认、计量和相关信息的披露，我国于 2006 年发布《企业会计准则第 20 号——企业合并》。

第一节 企业合并概述

【引例】20×3 年 8 月，蒙牛乳业以 124.6 亿港元的价格全面收购雅士利，为中国乳业最大的并购案。并入蒙牛之后，雅士利的营业收入连续下滑。蒙牛的业绩受到拖累，20×6 年财报显示蒙牛销售收入 537.8 亿元，超过行业平均水平，但亏损 7.51 亿元，主要来自雅士利。自身盈利欠佳的雅士利20×6年上半年以12.3亿港元收购了连续多年亏损的多美滋中国。截至20×6年12月31日，多美滋为蒙牛贡献了1.01亿元的收入和5 590.5万元的亏损。

一、企业合并的概念及动因

在法律场合和会计场合，企业合并的定义并不完全相同，以下重点讲述会计领域中企业合并的概念。

（一）企业合并的概念

企业合并通常是一种法律行为，一般指两个或两个以上的企业通过订立合并协议，依法定程序组成一个企业的行为过程。《公司法》规定，公司合并可以采取吸收合并或者新设合并的方式进行。企业合并必须依法订立合并协议，特殊情况下还需要经过有关部门的批准才能进行。

在会计领域，美国于2007年发布的财务会计准则公告（SFAS）第141号中指出："企业合并是指购买方获得一个或多个企业控制权的交易或其他事项。"这里所说的"企业"，有一整套能够为投资者或其他参与者提供回报的活动和资产，且同时具备投入、过程和产出三个要素。《国际财务报告准则第3号——企业合并》（2008修订版）采纳了美国财务会计准则委员会（FASB）对于企业合并的定义，更加强调了控制权的转移。2017年，FASB进一步明确了"企业"（business）的定义，并将其与资产收购相区分。购买不满足业务条件的资产，属于资产收购。

我国《企业会计准则第20号——企业合并》将企业合并定义为：将两个或两个以上单独的企业合并形成一个报告主体的交易或事项。构成企业合并至少包括两层含义：一是取得对另一个或多个企业（或业务）的控制权；二是所合并的企业必须构成业务。业务是指企业内部某些生产经营活动或资产负债的组合，该组合具有投入、加工处理和产出的能力，能够独立计算其成本费用或所产生的收入。如果仅仅购买了一些厂房设备，而缺乏原材料和业务订单，则不构成业务。2013年发生的微软公司与诺基亚公司的企业合并事件，微软并购的对象并不是诺基亚公司，而是诺基亚手机业务。

报告主体（reporting entity）是编制和提供财务报告的主体。与会计主体不同，报告主体以控制权为基础划定其空间界限。如果一个主体能够控制另外的主体，则该主体就应该编制合并报表。

（二）企业合并的动因

企业合并的动因通常表现在以下三个方面：

1. 战略动因

企业往往出于战略目的开展并购活动。历史上第一次大规模的并购浪潮产生于19世纪末20世纪初的美国，许多公司通过并购占据了更大的市场份额。企业通过横向合并开辟新市场，通常比通过内部积累的方式更能快速实现企业的成长和壮大。马克思在《资本论》中指出，资本的逐利性使其具有扩张的本性，资本积累包括资本积聚和资本集中，资本积聚增长缓慢，但资本集中却能够短时间实现。

企业出于战略目的，还可以进行纵向合并和混合合并。通过纵向合并，将行业中处于生产经营不同阶段的企业联合在一起，以获取更有效的经营协同。通过混合合并，企业可以开展多元化经营，从而分散经营风险；或实现产业转型，退出处于衰退期的行业，进驻具有发展前景的新兴行业。

2. 财务动因

企业通过合并可以实现规模经济。一是生产规模经济，指通过扩大生产规模而引起单位成本的下降和经济效益增加的现象；二是企业规模经济，指企业通过合并可以节约管理费用、销售费用和研发费用等。

交易费用理论通常是纵向合并的理论依据。纵向合并前，处于产业链上下游的企业之间购买生产要素或销售产品等，需要在市场上通过市场机制的作用来完成；纵向合并后，部分生产经营活动在企业内部完成，节省了与其上下游企业谈判、签约等交易费用。

企业合并可以节约税负。一个有高额盈余的企业并购一个亏损企业，亏损可以在若干年内税前弥补，导致应缴纳所得税额下降。企业集团合并纳税，也可以实现合理避税。

3. 效率动因

通过合并，合并企业或被合并企业会因为经营、管理、财务等方面的协同效应而提高效率，进而提高合并企业的绩效。依据协同效应理论，企业合并产生的企业集团的资源配置效率高于合并前的各企业之和，即企业合并带来的资源配置效率改善的收益会大于合并中发生的各项成本，这也是企业合并的重要动机之一。

二、企业合并的类型

按涉及的行业，企业合并可分为横向合并、纵向合并和混合合并。按法律形式，企业合并可分为吸收合并、新设合并和控股合并。按照我国的企业会计准则，企业合并包括同一控制下的企业合并与非同一控制下的企业合并两类。

（一）按企业合并涉及的行业划分

1. 横向合并

横向合并，是指同行业中生产工艺、产品、劳务相同或接近的两个以上企业的合并。横向合并的合并双方或多方原属于同一个行业，生产同类产品。例如，一个汽车制造公司收购了另外一家或几家汽车制造公司，就属于横向合并。横向合并的目的是通过同行业的强强联合、强弱联合实现优势互补，实现规模经济，降低产品成本，扩大市场份额，提高管理水平和生产能力。由于横向合并减少了一个行业内企业的数量，从而削弱了企业间的竞争，增加了合并后企业的垄断力量，所以，它在一些国家受到政府的管制。

2. 纵向合并

纵向合并，是指处于生产经营和流通过程的不同阶段、在生产或经销上具有前后联系的两个企业以上的合并。例如，汽车制造公司合并零配件企业、橡胶轮胎企业，就属于纵向合并。纵向合并有助于促进企业集团内部成员企业供、产、销的良性循环，节约交易费用，缩短生产周期，实现对原材料和销售的控制等。

3. 混合合并

混合合并也称多种经营合并，是指从事不相关业务类型的企业间的合并。混合合并可能同时发生横向合并和纵向合并，或合并双方或多方属于无关联产业的企业。例如，机械制造企业合并房地产开发企业，就属于混合合并。混合合并有利于企业扩大行业领域和经营范围，减少企业的经营风险，但也增加了融合难度。

（二）按企业合并的法律形式划分

1. 吸收合并

吸收合并也称兼并，是指一家企业通过股票交换、支付现金或其他资产，或发行债务性证券，取得另外一家或多家企业的全部净资产，并将有关资产、负债并入其自身的账簿和报表进行核算。企业合并后，注销被合并方（或被购买方，下同）的法人资格，由合并方（或购买方，下同）持有合并中取得的被合并方的资产、负债，在新的基础上继续经营。企业合并继后期间，合并方应将合并中取得的资产、负债作为本企业的资产、负债核算。

吸收合并中，因被合并方在合并发生以后被注销，从合并方的角度看，需要解决的问题是，其在合并日（或购买日，下同）取得的被合并方有关资产、负债入账价值的确定，以及支付的对价与所取得被合并方资产、负债的入账价值之间差额的处理。

例如，甲公司换股吸收合并乙公司，每1股乙公司股票换得1.21股甲公司股票，合并完成后，乙公司将终止上市并注销法人资格，甲公司将承继及承接乙公司的全部资产、负债、业务、人员、合同及其他一切权利与义务，乙公司原股东成为甲公司的新股东，甲公司的股权结构随之发生变化。

2. 新设合并

新设合并又称创立合并，是指参与合并的各企业共同组成一家新的企业，原来的各企业在合并后，法人资格均被注销，由新注册成立的企业持有参与合并各企业的资产、负债，并在新的基础上经营。新设合并与吸收合并的共同之处在于，原先的两个或两个以上的独立经营实体合在一起，变为一个经营实体；不同之处在于，吸收合并一方存续、另外一方或多方被注销法人资格，而新设合并的原各方均被注销法人资格。

3. 控股合并

控股合并指一家企业通过支付现金或非现金资产、交互持股等方式，取得另外一家企业全部或部分有表决权的股票，从而能够对被合并方实施控制。企业合并后，被合并方仍维持其独立法人资格继续经营，而合并方能够通过所取得的股权等主导被合并方的生产经营决策,并自被合并方的生产经营活动中获益。【引例】中的企业合并属于控股合并。

该类企业合并中,因合并方通过企业合并交易或事项取得了对被合并方的控制权,被合并方称为其子公司。在企业合并发生后,被合并方应当纳入合并方合并财务报表的编制范围,从合并财务报表角度,形成报告主体的变化。

(三)按合并前后是否受同一方或相同的多方最终控制划分

按参与合并的企业在合并前后是否受同一方或相同的多方最终控制,企业合并可分为同一控制下的企业合并和非同一控制下的企业合并。在多层级控制关系中,最终控制人是指在公司中具有最终控制权且不被任何人所控制的股东。

1. 同一控制下的企业合并

同一控制下的企业合并,是我国所特有的一种企业合并类型。它是指参与合并的企业在合并前后均受同一方或相同的多方最终控制且该控制并非暂时性的(通常指1年以上)。通常情况下,同一控制下的企业合并是指发生在同一企业集团内部企业之间的合并。

例如,经中国证监会核准,闽光公司发行股份取得关联企业三安公司100%的股权,三安公司在其股东名册上作出变更登记。合并前后,闽光公司与关联企业三安公司均受A集团公司控制且该控制并非暂时性的,该合并事项被认定为同一控制下的企业合并。同受国家控制的企业之间发生的合并,不应仅仅因为参与合并各方在合并前后均受国家控制而将其作为同一控制下的企业合并。

2. 非同一控制下的企业合并

非同一控制下的企业合并,是指参与合并各方在合并前后不受同一方或相同的多方最终控制的合并交易,或者虽然受同一方或相同的多方最终控制,但这种控制只是暂时的。非同一控制下的企业合并是不存在一方或多方控制的情况下,一个企业购买另一个或多个企业股权或净资产的行为。例如,甲企业的最终控制人为A,乙企业的最终控制人为B,则甲、乙企业的合并属于非同一控制下的企业合并。

三、企业合并的会计处理方法

(一)企业合并会计处理方法的历史演变

最早规定企业合并会计处理方法的文件,是美国会计原则委员会(APB)的第16号意见书。该文件指出,企业合并可采用购买法(purchase method)或权益结合法(pooling of interests method)进行会计处理。国际会计准则委员会(IASC)发布的《国际会计准则第22号——企业合并》(IAS22),允许企业在两种方法之间进行选择。

扩展阅读 5.1
企业合并的会计处理方法

由于受到较多的批评,2001年6月,美国财务会计准则委员会发布第141号准则公告《企业合并》,取消了权益结合法,规定购买法是企业合并处理的唯一方法。跟随美国的步伐,2004年,国际会计准则理事会（IASB）颁布《国际财务报告准则第 3 号——企业合并》（IFRS 3），规定所有的企业合并统一按照购买法进行会计处理。2008 年，IASB 将"购买法"这一术语改称为"购并法"（acquisition method）。

IFRS 3 并没有明确规定同一控制下的企业合并应采用的会计处理程序和方法。为了填补规范空白和提高会计信息的可比性，IASB 在 2016 年 4 月将"同一控制下企业合并"确定为研究项目，广泛研究有关国家或地区的会计实务，并积极听取相关意见。2020 年 11 月，IASB 发布《同一控制下企业合并（讨论稿）》，提议对同一控制下企业合并区分情况采用购并法或账面价值法。同一控制下的企业合并的会计处理方法，预期会有重大调整。

（二）企业合并会计处理方法的比较

购买法或购并法与权益结合法或账面价值法，两类方法之间存在着理念上的差异，其计量结果也大相径庭。

从理念上来看，购买法或购并法是从购买方的角度看待企业合并，将一个企业获取对另一个企业净资产和经营控制权的行为视为一项交易，被购买企业净资产的公允价值是确定交易价格的基础。权益结合法或账面价值法则将合并视为股权的联合，参与合并的企业股东将联合控制合并主体的资产和经营，共同分享利益和分担风险。合并的实质是参与合并的各个企业现有的股东权益在合并主体中的联合和继续，而不是一项购买交易，因此，应基于原账面价值进行合并处理。两类方法的差异如表 5-1 所示。

表 5-1 企业合并会计处理方法的比较

项　　目	购买法或购并法	权益结合法或账面价值法
合并理念	企业之间的购买交易	股东权益在合并主体的联合和继续
合并中取得资产、负债/股权入账价值	资产、负债的公允价值/合并成本	资产、负债的账面价值/账面权益份额
合并对价的计量基础	公允价值	账面价值
合并价差	确认商誉或负商誉	调整所有者权益项目
收益合并的起点	购买日或购并日	最终控制方开始实施控制时

购买法或购并法下，购买企业对于所接收的资产、负债按公允价值计量，对于形成的股权投资按合并成本（合并对价的公允价值）进行初始计量；合并对价的公允价值和所取得可辨认净资产公允价值的差额作为商誉或负商誉；合并后主并企业报告的收益只限于被合并企业新赚取的经营成果。权益结合法或账面价值法的实质是现有的股东权益在新的会计主体的联合与继续，因此参与合并企业的净资产按账面价值记录，不产生商誉；合并价差调整合并方的所有者权益项目。合并后主并企业报告的收益既包括被合并企业新赚取的经营成果，也包括合并之前已获取的收益。

从合并后产生的效果来看，权益结合法或账面价值法下主并企业所报告的收益较高，在资本市场中能够吸引偏好高收益的投资者。然而，在换股合并的情况下，为目标企业支付的较高的价格会导致主并企业的股东权益稀释。

四、企业合并中交易费用的会计处理

按照我国《企业会计准则第20号——企业合并》的规定,同一控制下企业合并过程中发生的各项直接相关费用,包括为企业合并而支付的审计费用、评估费用、法律服务费用,应当于发生时计入当期损益(管理费用)。以发行债券方式进行的企业合并,发行债券相关的佣金、手续费等,应直接计入所发行债券的初始计量金额中。如债券为折价发行,该部分费用增加折价的金额;如债券为溢价发行,则减少溢价的金额。以发行权益性证券作为合并对价的,发行权益性证券相关的手续费、佣金,应抵减权益性证券的溢价收入,溢价金额不足冲减的,冲减留存收益(盈余公积和未分配利润)。

对于非同一控制下的企业合并中所发生的交易费用,《企业会计准则解释第4号》规定,购买方为企业合并发生的审计、法律服务、评估咨询等中介费用以及其他相关管理费用,应当于发生时计入当期损益;购买方作为合并对价发行的权益性证券或债务性证券的交易费用,应当计入权益性证券或债务性证券的初始确认金额。

依据上述规定,企业合并中所发生的交易费用,无论是同一控制下的企业合并,还是非同一控制下的企业合并,均计入当期损益;作为合并对价发行证券的,证券发行相关费用计入所发行的证券的初始确认金额。也就是说,同一控制下的企业合并和非同一控制下的企业合并,在交易费用的处理方法方面,并不存在差异。

【例5-1】甲公司为上市公司,其控股股东为乙公司。甲公司向乙公司发行股份取得其拥有的5家子公司的全部股权。甲公司为该交易所发生的中介服务费用如下:①在常年法律顾问费之外,支付A律师事务所20万元,补偿其为此次增发股份而提供的额外服务;②聘请B律师事务所对被合并的5家子公司提供尽职调查等法律服务;③聘请C评估机构对5家子公司进行评估并出具评估报告;④聘请D会计师事务所对5家子公司进行审计并出具审计报告;⑤聘请E证券公司作为本次交易的财务顾问,就是否构成关联交易发表明确意见;⑥聘请F会计师事务所对新增股本进行验资。

本例中,②~⑤发生的费用属于与该合并直接相关的交易费用,应当记为当期的管理费用;①和⑥发生的费用属于与发行股份相关的交易费用,应当抵减股份发行的溢价收入,即冲减资本公积,资本公积不足冲减的,依次冲减盈余公积和未分配利润。

企业专设的购并部门,如不是与某项合并直接相关,而是企业的一个常设部门,其设置目的是寻找相关的购并机会等,维持该部门日常运转所发生的日常管理费用,不属于企业合并的直接相关费用。

第二节 同一控制下的企业合并

我国目前以公有制经济为主体,国有企业数量较多,实务中不乏同一控制下的企业合并案例,这是区别于西方发达国家的一个重要方面。2004年出台的《国际财务报告准则第3号——企业合并》，虽然提到了同一控制下的企业合并这一概念，但并没有明确规定其会计处理方法。近年，国际会计准则理事会设立了"同一控制下的企业合并"的专门议题，着手制定同一控制下的企业合并的会计处理规范。

一、同一控制下企业合并的处理原则

同一控制下的企业合并，参与合并的双方分别被称为合并方和被合并方。其中，合并方是指取得对其他参与合并企业控制权的一方。合并方实际取得对被合并方控制权的日期为合并日。无论是控股合并、吸收合并或新设合并，只要是属于同一控制下的企业合并这一类型，合并方均应遵循以下原则进行相关的会计处理：

（一）同一控制下的企业合并基于原有账面价值进行处理

同一控制下的企业合并，参与合并的主体在合并前后非暂时性地受到同一方或相同多方的最终控制，从最终控制方的角度来看，该合并行为其实是企业集团内部的资源整合，企业合并前后所能控制的资源总量没有发生变化。同一控制下的企业合并往往发生在企业集团内部的关联成员之间，站在最终控制方的角度看，相当于把自己的东西从"一个口袋转移到另一个口袋"，不会产生新的价值，因此，合并处理基于原有账面价值进行。

该原则包含以下含义：①合并方在合并中确认取得的被合并方的资产、负债，仅限于被合并方账面上原已确认的资产和负债，合并中不产生新的资产和负债。②合并方在合并中取得的被合并方各项资产、负债应维持其在被合并方的原账面价值不变。同一控制下的企业合并是内部交易事项，是成员企业权益的结合，不是一种购买行为，不应引起所涉及的资产或负债计价基础的变化。因此，被合并企业的资产、负债按照企业合并当日的账面价值计价。③合并方支付的合并对价的金额，以账面价值为基础加以确定。

（二）合并价差不影响损益

合并方在合并中取得的净资产的入账价值，是被合并方原已确认的资产和负债的账面价值。合并方取得的净资产的账面价值与合并方支付的合并对价的账面价值之间的差额（合并价差），不确认资产处置损益，不影响企业合并当期的利润表。这与上述"同一控制下的企业合并不产生新价值"的理念是一致的，如果确认当期损益，则会导致形成一项新资产或负债，从而违背了上述原则。

对于同一控制下的企业合并形成的合并价差，应当调整所有者权益相关项目，如果是贷差，增加合并方的资本公积；如果是借差，应首先调整资本公积（资本溢价或股本溢价），资本公积（资本溢价或股本溢价）的余额不足冲减的，应冲减留存收益。

（三）控股合并下按报告主体一体化存续观念编制合并报表

对于同一控制下的控股合并，在合并当期编制合并财务报表时，应当对合并资产负债表的期初数进行调整，同时应当对比较报表的相关项目进行调整，视同合并形成的报告主体自最终控制方开始实施控制时一直是一体化存续下来的，报告主体在以前期间一直存在。因此，对于同一控制下的控股合并，编制合并财务报表时，无论该项合并发生在报告期的哪一时点，合并利润表、合并现金流量表均反映的是由母子公司构成的报告主体自合并当期期初至合并日实现的损益及现金流量情况，相应地，合并资产负债表的留存收益项目，应当反映母子公司作为一个整体运行至合并日应实现的盈余公积和未分配利润的情况。

二、同一控制下企业合并的会计处理方法

（一）同一控制下企业合并的会计处理要点

同一控制下企业合并，可以采取吸收合并、新设合并或控股合并等不同的方式，其所需解决的会计问题也不同。吸收合并和新设合并需要解决的问题主要是：①合并中获取的资产和负债（净资产）应如何确认与计量；②合并所支付的对价与所获取的净资产价值之间的差额（简称合并价差）应如何处理。对于控股合并，除了上述两个方面的问题外，还涉及长期股权投资初始成本的确认和计量，以及合并财务报表的编制等问题。吸收合并、新设合并与控股合并会计处理方法的比较，如表 5-2 所示。

表 5-2 同一控制下企业合并的会计处理方法

项　　目	吸收合并/新设合并	控 股 合 并
要解决的问题	取得的资产、负债如何入账，合并价差如何处理	个别报表中因合并形成的长期股权投资如何入账、合并价差如何处理；合并报表如何编制
入账基础	按照原账面价值对取得的资产、负债予以入账	按所取得的权益在最终控制方合并报表中的账面价值确认长期股权投资
合并价差	调整合并方所有者权益，依次调整资本公积、盈余公积、未分配利润	
报表编制	无须编制合并财务报表，只需存续方编制个别财务报表	编制合并日合并资产负债表、利润表和现金流量表

吸收合并与新设合并的会计处理方法较为类似，以下主要讲述吸收合并和控股合并的会计处理方法，新设合并可比照吸收合并进行相关处理。

（二）同一控制下吸收合并的会计处理

在吸收合并方式下，合并方取得被合并方的全部净资产，并将有关资产、负债并入自己的账簿和报表中进行核算。吸收合并不形成母子公司关系，不需要编制合并财务报表。

1. 合并中取得的资产和负债入账价值的确定

合并方对同一控制下吸收合并中取得的资产、负债，应当按照相关资产、负债在被合并方的原账面价值入账。合并方与被合并方在企业合并前采用的会计政策不同的，在将被合并方的相关资产和负债并入合并方的账簿和报表进行核算之前，应先基于重要性原则，统一被合并方的会计政策，按照合并方的会计政策对被合并方的有关资产、负债

的账面价值进行调整，以调整后的账面价值进行确认。

2. 合并价差的处理

同一控制下吸收合并中，取得有关净资产的入账价值与支付的合并对价的账面价值之间的差额（简称合并价差），调整合并方的所有者权益。合并方在确认了合并中取得的被合并方的净资产的入账价值后，以发行权益性证券方式进行的该类合并，所确认的净资产入账价值与发行股份面值总额的差额，应记入资本公积（资本溢价或股本溢价），资本公积（资本溢价或股本溢价）的余额不足冲减的，相应冲减盈余公积和未分配利润；以支付现金、非现金资产方式进行的该类合并，所确认的净资产入账价值与支付的现金、非现金资产账面价值的差额，相应调整资本公积（资本溢价或股本溢价），资本公积（资本溢价或股本溢价）的余额不足冲减的，应依次冲减盈余公积、未分配利润。对于被合并方在合并前实现的留存收益，应视情况调整，自资本公积转入留存收益。

【**例 5-2**】P 公司和 S 公司为同一集团内两家全资子公司，合并前其共同的母公司为 A 公司。20×1 年 6 月 30 日，P 公司向 S 公司的股东定向增发 1 500 万股普通股（每股面值为 1 元，市价为 4.5 元）对 S 公司进行吸收合并，并于当日取得 S 公司净资产。假定 P 公司与 S 公司在合并前采用的会计政策相同，不考虑相关税费及其他因素。合并日，S 公司的账面所有者权益为 5 505 万元，其资产、负债情况如表 5-3 所示。

表 5-3　资产负债表（合并前 P、S 简表）

20×1 年 6 月 30 日　　　　　　　　　　　　　　单位：万元

资产	P 公司	S 公司	负债和所有者权益	P 公司	S 公司
货币资金	312	50	短期借款	2 500	2 250
交易性金融资产	4 000	400	应付账款	3 750	300
应收账款	3 000	2 000	其他应付款	375	300
其他应收款	100	0	负债合计	6 625	2 850
存货	6 100	255	实收资本（股本）	7 500	2 500
长期股权投资	5 000	2 150	资本公积	1 000	1 500
固定资产	7 000	3 000	盈余公积	9 000	500
无形资产	4 300	500	未分配利润	5 887	1 005
商誉	200	0	所有者权益合计	23 387	5 505
资产总计	30 012	8 355	负债和所有者权益总计	30 012	8 355

本例中，参与合并的企业在合并前后均受 A 公司最终控制，为同一控制下的企业合并。自 6 月 30 日开始，P 公司能够对 S 公司净资产实施控制，该日即为合并日。因合并后 S 公司失去其法人资格，P 公司应按照原账面价值（不考虑公允价值）对承接的 S 公司的各项资产和负债予以确认入账，假设 S 公司资产负债表中的货币资金为银行存款，存货为库存商品，相关账务处理如下：

借：银行存款　　　　　　　　　　　　　　　　　　　　　　　　500 000
　　交易性金融资产　　　　　　　　　　　　　　　　　　　　　4 000 000

应收账款	20 000 000
库存商品	2 550 000
长期股权投资	21 500 000
固定资产	30 000 000
无形资产	5 000 000
贷：短期借款	22 500 000
应付账款	3 000 000
其他应付款	3 000 000
股本（15 000 000×1）	15 000 000
资本公积	40 050 000

合并完成后，P 公司的资产、负债为合并双方原有账面价值的合计数，总资产规模由 30 012 万元扩大为 38 367 万元（30 012+8 355），负债也同步增加，由 6 625 万元增加至 9 475 万元（6 625+2 850）。注意，虽然 P 公司所能控制的净资产的数量有所增加，但在 P 公司合并完成后的资产负债表中，不能简单地将双方所有者权益项目的原有金额相加。由于发行了股票，合并完成后 P 公司的股本变为 9 000 万元（7 500+1 500），资本公积变为 5 005 万元（1 000+4 005）。假定不考虑留存收益恢复因素，合并前后相关方的资产负债表简况如图 5-1 所示。

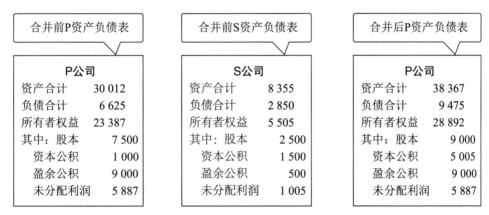

图 5-1　同一控制下吸收合并前后变化情况

假设【例 5-2】中，P 公司通过举债筹措资金并向 S 公司的股东支付 5 800 万元的货币资金，对 S 公司进行吸收合并，由于吸收合并时所支付的对价超过了 S 公司的净资产的账面价值，产生合并价差 295 万元（5 800-5 505），应调整 P 公司的资本公积。合并后 P 公司的资本公积的账面余额减少为 705 万元（1 000-295），股东权益总额减少为 23 092 万元（23 387-295）。

（三）同一控制下控股合并的会计处理

同一控制下的控股合并，使得合并方能够通过所取得的股权对被合并方实施控制，主导被合并方的生产经营决策，并自被合并方的生产经营活动中获益。由于被合并方在企业合并后仍维持其独立法人资格不变，其会计处理不同于吸收合并和新设合并。在合并日主要涉及个别报表和合并报表两个层面的问题：一是个别报表中对于因企业合并形成的长期股权投资的确认和计量，以及合并差额的处理；二是合并日合并财务报表的编制问题。

1. 个别报表的会计处理

同一控制下的控股合并，形成合并方对于被合并方的长期股权投资，即合并方在该交易后在其个别报表中确认一项资产，代表其在被合并方所有者权益中所享有的份额。合并方应以合并日应享有的被合并方（在最终控制方合并财务报表中的）账面所有者权益的份额，作为长期股权投资的初始投资成本。长期股权投资的入账价值与所支付的合并对价账面价值之间的差额，调整合并方的所有者权益。

以支付现金、非现金资产或承担债务方式进行的同一控制下控股合并，按初始投资成本，借记"长期股权投资"科目；按支付的合并对价的账面价值，贷记有关资产科目或借记有关负债科目；该初始投资成本与支付的现金、非现金资产或所承担债务的账面价值的差额，相应调整资本公积（资本溢价或股本溢价），资本公积（资本溢价或股本溢价）的余额不足冲减的，依次冲减盈余公积和未分配利润。

以发行权益性证券方式进行的，借记"长期股权投资"科目，按照所发行股份面值总额，贷记"股本"或"实收资本"科目；按照长期股权投资的初始投资成本大于所发行股份面值总额的差额，贷记"资本公积"科目。如为借差，应调整资本公积（资本溢价或股本溢价），资本公积（资本溢价或股本溢价）的余额不足冲减的，相应调整盈余公积和未分配利润。

2. 合并日合并财务报表的会计处理

同一控制下的企业合并形成母子公司关系的，合并方一般应在合并日编制合并财务报表。合并日的合并财务报表，一般包括合并资产负债表、合并利润表及合并现金流量表。

被合并方的有关资产、负债应以其账面价值并入合并财务报表（合并方与被合并方采用的会计政策、会计期间不同的，按照合并方的会计政策、会计期间，对被合并方有关资产、负债进行调整，以调整后的账面价值确认）。这里的账面价值是指被合并方的资产、负债在最终控制方财务报表中的账面价值（包括最终控制方收购被合并方而形成的商誉）。合并方与被合并方在合并日及以前期间发生的交易，应作为内部交易进行抵销。合并方的财务报表比较数据须按照最终控制方开始实施共同控制的时间进行追溯调整。

同一控制下企业合并遵循一体化存续观念，视同合后形成的报告主体在合并日及以前期间一直存在。在合并资产负债表中，由于抵销了被合并方的所有者权益项目，被合并方在合并前实现的留存收益无法得到反映。对于被合并方在企业合并前实现的留存收益（盈余公积和未分配利润）中归属于合并方的部分，应按以下规定予以恢复，自合并方的资本公积转入留存收益项目。

（1）确认形成控股合并的长期股权投资后，合并方账面资本公积（资本溢价或股本溢价）贷方余额大于被合并方在合并前实现的留存收益中归属于合并方的部分，在合并资产负债表中，应将被合并方在合并前实现的留存收益中归属于合并方的部分自"资本公积"转入"盈余公积"和"未分配利润"。在合并工作底稿中，调整分录如下所示：

借：资本公积【合并方】

贷：盈余公积【被合并方盈余公积 × 母公司持股比例】
　　未分配利润【被合并方未分配利润 × 母公司持股比例】

（2）确认形成控股合并的长期股权投资后，合并方账面资本公积（资本溢价或股本溢价）贷方余额小于被合并方在合并前实现的留存收益中归属于合并方的部分，在合并资产负债表中，应以合并方资本公积（资本溢价或股本溢价）的贷方余额为限，将被合并方在企业合并前实现的留存收益中归属于合并方的部分自"资本公积"转入"盈余公积"和"未分配利润"。在合并工作底稿中，借记"资本公积"项目，贷记"盈余公积"和"未分配利润"项目。因合并方的资本公积（资本溢价或股本溢价）余额不足，被合并方在合并前实现的留存收益在合并资产负债表中未予全额恢复的，合并方应当在会计报表附注中对这一情况进行说明。

合并方在编制合并日的合并利润表时，应包含合并方及被合并方自合并当期期初至合并日实现的净利润。例如，同一控制下的企业合并发生于20×8年3月31日，合并方当日编制合并利润表，应包括合并方及被合并方自20×8年1月1日至20×8年3月31日实现的净利润。双方在当期发生的交易，应当按照合并财务报表的有关原则进行抵销。为了帮助企业的会计信息使用者了解合并利润表中净利润的构成，发生同一控制下企业合并的当期，合并方在合并利润表中的"净利润"项下应单列"其中：被合并方在合并前实现的净利润"项目，反映合并当期期初至合并日自被合并方带入的损益。

合并方在编制合并日的合并现金流量表时，应包含合并方及被合并方自合并当期期初至合并日产生的现金流量。涉及双方当期发生内部交易产生的现金流量，应按照合并财务报表准则规定的有关原则进行抵销。

【例5-3】P公司和S公司同为A集团公司的全资子公司。20×1年6月30日，P公司向S公司的股东定向增发1 500万股普通股（每股面值为1元，市价为4.5元）对S公司进行控股合并，并于当日取得对S公司100%的股权。合并日P、S公司资产负债表各项目金额与【例5-2】相同。假定P公司与S公司在合并前采用的会计政策相同，不考虑相关税费及其他因素。

本例与【例5-2】的给定条件基本相同，但合并方式由吸收合并变为控股合并。由于参与合并的企业在合并前及合并后均为A公司最终控制，此合并为同一控制下的企业合并。自20×1年6月30日开始，P公司能够对S公司的净资产实施控制，该日即为合并日。

P公司对S公司长期股权投资的初始入账金额 =5 505×100%=5 505（万元）

P公司对该项合并进行如下账务处理：

（1）记录长期股权投资：

借：长期股权投资　　　　　　　　　　　　　　　　　　　55 050 000
　　贷：股本　　　　　　　　　　　　　　　　　　　　　　15 000 000
　　　　资本公积　　　　　　　　　　　　　　　　　　　　40 050 000

（2）P公司应编制20×1年6月30日的合并资产负债表、20×1年半年度合并利润表及合并现金流量表。P公司在编制合并日的合并资产负债表时，在将P、S公司的各项资产、负债和所有者权益项目金额进行加总后，应进行如下处理：

第一,将P公司对S公司的长期股权投资与S公司的所有者权益项目进行抵销处理。这是因为P公司在S公司净资产中所享有的权益,同时体现在P公司的"长期股权投资"项目中,将P公司和S公司的资产负债表各项目相加,必然造成资产和所有者权益的重复计量,因此应将企业集团的内部投资(P对S的投资)与内部权益(S中P享有的权益)相互抵销。第二,为在合并报表中反映母子公司共同的经营成果的积累,应将被合并方在企业合并前实现的留存收益中归属于合并方的部分,自合并方资本公积处予以恢复。合并前后相关方的资产负债表简况如图5-2所示。

*1 000+4 005-(500+1 005)=3 500(万元)

图5-2 同一控制下控股合并前后变化情况

【例5-4】L公司以一项账面价值为840万元的无形资产(原价1 200万元,累计摊销360万元)和一项账面价值为960万元的固定资产(原价1 500万元,累计折旧540万元)为对价,取得同一集团内另一家企业S公司80%的股权。合并日,L、S公司所有者权益构成如表5-4所示。

表5-4　合并日合并双方所有者权益简表　　　　　　　　单位:万元

项目	L公司	S公司
股本	10 800	600
资本公积	300	600
盈余公积	2 400	900
未分配利润	6 000	900
合计	19 500	3 000

合并日L公司对S公司长期股权投资的初始入账金额=3 000×80%=2 400(万元)

L公司的合并对价为1 800万元(840+960),小于所取得的S公司所有者权益份额,合并价差600万元,应增加L公司的资本公积。L公司相关账务处理如下:

(1)将固定资产转入清理:

　借:固定资产清理　　　　　　　　　　　　　　　　　　　9 600 000

　　　累计折旧　　　　　　　　　　　　　　　　　　　　　5 400 000

贷：固定资产	15 000 000

（2）记录长期股权投资：

借：长期股权投资	24 000 000
累计摊销	3 600 000
贷：固定资产清理	9 600 000
无形资产	12 000 000
资本公积	6 000 000

进行上述处理后，L公司资本公积账面余额增加为900万元（300万元+600万元），假定全部属于资本溢价或股本溢价，小于S公司在合并前实现的留存收益中归属于L公司的部分，即1 440万元[（900+900）×80%]。L公司编制合并财务报表时，除进行股权投资相关抵销处理外，还应以账面资本公积（资本溢价或股本溢价）的余额900万元为限，将S公司在合并前实现的留存收益中归属于L公司的部分相应转入盈余公积和未分配利润。合并工作底稿中的调整分录如下：

借：资本公积	9 000 000
贷：盈余公积	4 500 000
未分配利润	4 500 000

【例5-5】A、B公司分别为亚泰公司控制下的两家子公司。A公司于20×1年5月23日自亚泰公司处取得B公司100%的股权，合并后B公司仍维持其独立法人资格继续经营。为进行该项合并，A公司发行了3 500万股本公司普通股（每股面值1元）作为对价。假定A、B公司采用的会计政策相同。合并日，A、B公司的所有者权益构成如表5-5所示。

表5-5　合并日A公司和B公司的所有者权益　　　　单位：万元

项　　目	A公司	B公司
股本	9 000	2 500
资本公积	2 500	500
盈余公积	2 000	1 000
未分配利润	5 000	2 500
合计	18 500	6 500

B公司最初被亚泰公司以收购方式取得，亚泰公司合并报表中确认的商誉为600万元。合并日，亚泰公司合并财务报表中B公司净资产的账面价值为8 000万元（含商誉）。

本例中，A公司应以B公司在最终控制方财务报表中的账面价值8 000万元，来确定长期股权投资的初始入账金额。A公司财务处理如下：

借：长期股权投资	80 000 000
贷：股本	35 000 000
资本公积——股本溢价	45 000 000

A公司在合并日编制合并资产负债表时，将B公司在最终控制方合并报表中的账面

价值纳入其合并报表。在进行相关抵销处理后，对于企业合并前B公司实现的留存收益中归属于合并方的部分应自资本公积（资本溢价或股本溢价）转入留存收益。

第三节 非同一控制下的企业合并

对于非同一控制下的企业合并，区分购买方与被购买方。其中，购买方是指在企业合并中取得对另一方或多方控制权的一方。购买日是购买方获得对被购买方控制权的日期，即企业合并交易进行过程中，发生控制权转移的日期。

一、购买法

非同一控制下的企业合并，实质上是一种购买交易，与企业购置普通资产的交易基本相同，适用购买法进行会计处理。非同一控制下的企业合并所遵循的会计处理原则如下。

（一）非同一控制下的企业合并采用新的计量基础

购买法假定企业合并是一个企业购买其他参与合并企业净资产的一项交易，要求对被购买企业净资产进行重估价，购买企业采用新的计量基础记录所收到的资产和承担的债务。如果为吸收合并，则是购买方一揽子买进被购买方全部资产，同时承担其全部债务。如果为控股合并，则是母公司购买取得了子公司净资产的控制权，子公司虽然继续经营，但其股权发生了实质性变化。

既然非同一控制下的企业合并是一种购买交易，就应该按照公允价值对所取得的资产和负债项目进行计价，同时按公允价值记录所付出的合并对价。与单一资产购买不同，企业合并交易定价考虑到了资产项目间的协同效应，因此合并交易中的定价一般不等于各项资产和负债公允价值的合计数。

购买法要求按公允价值反映所取得的被购买企业的各项资产、负债或净资产，并将公允价值体现在购买企业的账簿（吸收合并情况下）或合并资产负债表（控股合并情况下）中。合并差额作为商誉或计入当期损益。如果购买成本高于所取得的被购买方可辨认净资产公允价值（或份额），则将差额作为购买企业购买时所确认的商誉；如果购买成本低于所取得的被购买方可辨认净资产公允价值（或份额），则产生了负商誉，该差额应计入合并当期损益中。

（二）需要将合并成本分摊至各项可辨认的资产和负债项目中

1. 非同一控制下企业合并成本的确定

企业合并成本包括购买方为进行合并支付的现金或非现金资产、发生或承担的债务、发行的权益性证券等在购买日的公允价值。用公式表示如下：

企业合并成本 = 支付的现金或非现金资产的公允价值

+ 发生或承担债务的公允价值 + 发行的权益性证券的公允价值

对于非同一控制下企业合并发生的各项直接相关费用，与同一控制下的企业合并采取相同的处理方法，即计入当期损益。如果计入合并成本，则会影响商誉的计算，而商誉与这些直接相关费用并无联系。

2. 非同一控制下企业合并成本的分摊

企业合并成本是经过双方谈判协商之后达成的交易价格，这是一个一揽子购买价格。该合并成本需在取得的各项可辨认资产和负债之间进行分配。取得的被购买方的各项可辨认资产和负债，购买方应将其作为本企业的资产、负债进行确认，并按公允价值进行计量。非同一控制下的企业合并中，购买方取得了对被购买方净资产的控制权，视合并方式的不同，应分别在合并财务报表（控股合并）和个别财务报表（吸收合并）中确认合并中取得的各项可辨认资产和负债的公允价值。各项资产、负债（含或有负债）公允价值的确定方法如表5-6所示。

表5-6 非同一控制下企业合并中取得的各项资产和负债公允价值的确定方法

项　目		公允价值确认方法
货币资金		购买日被购买方的账面余额
股票、债券、基金等金融工具	有活跃市场的	购买日活跃市场中的市场价格
	不存在活跃市场的	采用估值技术确定
应收款项（考虑坏账及相关收款费用）	短期	应收取的名义金额
	长期	按适当的利率折现后的现值确定
存货	商品、产成品、在产品	预计可变现净值 – 预计可能实现的利润
	原材料	现行重置成本
房屋建筑物、机器设备、无形资产	存在活跃市场的	以购买日的市场价格为基础确定
	不存在活跃市场的	参照同类或类似资产的市场价格或采用估值技术确定
应付账款/票据、应付职工薪酬、应付债券等	短期负债	一般按照应支付的金额确定
	长期负债	按适当的折现率折现后的现值
公允价值在购买日能够可靠计量的被购买方的或有负债（确认为预计负债）		假定第三方愿意代购买方承担，就其所承担义务需要购买方支付的金额
合并形成的递延所得税		按照CAS第18号《所得税》的规定确认，金额非折现

取得的无形资产、购买方在企业合并中可能需要代被购买方承担的或有负债，在其公允价值能够可靠计量的情况下，应单独予以确认。对于被购买方已经确认的商誉和递延所得税项目，购买方在对企业合并成本进行分配、确认合并中取得可辨认资产和负债时不应予以考虑。

（三）合并价差形成商誉或负商誉

合并价差，是指企业合并成本与合并中取得的被购买方可辨认净资产公允价值份额之间的差额。该差额会形成商誉或负商誉。

1. 合并商誉

企业合并成本大于合并中取得的被购买方可辨认净资产公允价值份额的差额，应确认为商誉。商誉代表了企业的超额盈利能力，它是一种特殊的资产，不能脱离企业整体进行单独辨认，也无法在市场上进行交易。商誉可分为自创商誉和外购商誉。自创商誉是企业在其长期生产经营过程中，自创和积累起来的能够为企业带来超额利润的无形资产。许多百年老店依靠长期经营的信誉和独特专利，能赚取超额利润，表明其有自创商誉。自创商誉由于计量问题没有入账。外购商誉则是在企业合并中形成的，企业合并成本大于合并中取得的被购买方可辨认净资产公允价值份额的差额，视为对被购买方自创商誉的认可。商誉在确认以后，持有期间不要求摊销，企业应当按照准则规定对其进行减值测试，对于可收回金额低于账面价值的部分，应计提减值准备。在企业合并中形成大额商誉，之后又对商誉进行减值处理的案例并不罕见。

扩展阅读 5.2
商誉

2. 合并负商誉

企业合并成本小于合并中取得的被购买方可辨认净资产公允价值份额的差额，被称为负商誉。负商誉没有价值，国际上通行的做法是将其计入合并当期的损益。以较低的对价取得被购买方的控制权，意味着获取了一种廉价购买的利得，应计入当期损益。将负商誉直接计入当期损益，会使当期收益虚增，也可能会滋生为"粉饰"利润而进行合并交易的动机。

非同一控制下的控股合并中，购买方一般应于购买日编制合并资产负债表。在合并资产负债表中，合并中取得的被购买方各项可辨认资产、负债应以其在购买日的公允价值计量，对于长期股权投资的成本小于合并中取得的被购买方可辨认净资产公允价值份额的差额，企业合并准则规定，首先应对取得的被购买方各项可辨认资产、负债及或有负债的公允价值以及合并成本的计量进行复核，经复核后合并成本仍然小于合并中取得的被购买方可辨认净资产公允价值份额的，其差额应当计入合并当期损益。因购买日不需要编制合并利润表，该差额体现在合并资产负债表上，应调整合并资产负债表的盈余公积和未分配利润。

二、非同一控制下企业合并的会计处理

非同一控制下企业合并的会计处理遵循购买法，具体处理方法如表5-7所示。

表5-7 非同一控制下企业合并的会计处理方法

项　目	吸收合并/新设合并	控 股 合 并
要解决的问题	合并双方的资产负债如何由存续方或新设主体确认入账；合并价差如何处理	合并形成的长期股权投资如何入账；合并价差如何处理；合并报表如何编制
入账基础	所取得的资产、负债按照其公允价值入账	按合并成本确认长期股权投资
合并价差	合并成本大于所取得的可辨认净资产公允价值（或份额），确认为商誉 合并成本小于所取得的可辨认净资产公允价值（或份额），计入合并当期损益	
报表编制	只需编制购买日存续方个别资产负债表	编制购买日合并资产负债表

（一）非同一控制下吸收合并的会计处理

非同一控制下的吸收合并，购买方在购买日应当将合并中取得的符合确认条件的各项资产、负债，按其公允价值确认为本企业的资产和负债；作为合并对价的有关非货币性资产在购买日的公允价值与其账面价值的差额，应作为资产的处置损益计入合并当期的利润表；确定的企业合并成本与所取得的被购买方可辨认净资产公允价值份额的差额，视情况分别确认为商誉或是作为企业合并当期的损益计入利润表（购买资产负债表中的留存收益）。合并中取得的可辨认资产和负债作为购买方个别报表中的项目列示，合并中产生的商誉作为购买方账簿及个别财务报表中的资产列示。吸收合并下，商誉的计算公式为

合并商誉 = 企业合并成本 − 合并中取得的被购买方可辨认净资产的公允价值

（二）非同一控制下控股合并的会计处理

1. 个别报表的会计处理

非同一控制下的控股合并，应在购买日按企业合并成本，借记"长期股权投资"科目，按支付的合并对价的账面价值，贷记有关资产，或借记负债科目；按其差额，借记/贷记"资产处置损益"或"投资收益"等科目。企业合并成本中包含的应自被投资单位收取的已宣告但尚未发放的现金股利或利润，应作为应收股利进行核算。

非同一控制下的企业合并，投出资产为非货币性资产时，投出资产公允价值与其账面价值的差额应分别不同资产进行会计处理：①投出资产为固定资产或无形资产，其差额计入"资产处置损益"；②投出资产为存货，按其公允价值确认主营业务收入或其他业务收入，按其成本结转主营业务成本或其他业务成本；③投出资产为金融资产，其差额计入"投资收益"。以发行股票作为对价进行企业合并的，按发行股票数量和面值记"股本"科目，发行溢价计入"资本公积"。

发生的各项直接相关费用，按照本章第一节所述方法进行处理，或计入当期损益，或计入所发行证券的初始计量金额。

2. 合并报表的会计处理

非同一控制下的企业合并形成母子关系的，母公司应自购买日起设置备查簿，登记其在购买日取得的被购买方资产、负债的公允价值，为以后期间编制合并报表提供基础资料。购买日编制合并财务报表，需要在合并工作底稿中，将子公司的账面价值调整为公允价值，在此基础上，将母公司的长期股权投资（以合并成本反映）与子公司所有者权益项目（已调整为公允价值）进行抵销，并将前者大于后者的差额确认为商誉。购买日计算合并商誉的公式如下：

合并商誉 = 企业合并成本 − 合并中取得被购买方可辨认净资产公允价值的份额

关于商誉的确认，有全部商誉确认法和部分商誉确认法两类方法。上述计算公式运用的是部分商誉确认法，即商誉中未包含归属于子公司的部分。

【例5-6】20×1年6月30日，P公司向非关联方S公司的股东定向增发1 500万股普通股（每股面值为1元，市价为4.5元）对S公司进行合并，并于当日取得S公司净资产。S公司资产和负债的公允价值分别为1亿元和4 000万元，净资产的公允价值为6 000万元。

本例中，P公司的合并成本＝1 500×4.5＝6 750（万元）

（1）假定为吸收合并，合并价差作为P公司个别报表中的商誉予以确认。

合并商誉 = 合并成本6 750 - 取得的被购买方可辨认净资产的公允价值6 000
　　　　 =750（万元）

编制分录如下：

借：各项资产（不含新产生的商誉）	100 000 000
商誉	7 500 000
贷：各项负债	40 000 000
股本	15 000 000
资本公积——股本溢价	52 500 000

（2）假定是控股合并，P公司按照合并成本记录长期股权投资。

借：长期股权投资	67 500 000
贷：股本	15 000 000
资本公积——股本溢价	52 500 000

合并价差在P公司个别报表中没有体现，在编制合并报表抵销长期股权投资与子公司所有者权益项目时，将两者的差额确认为商誉。

【例5-7】20×1年1月1日，A公司以公允价值为12 000万元、账面价值为6 000万元设备（该设备原价为8 000万元，已计提折旧1 500万元、计提减值准备500万元）和本公司普通股2 500万股（面值为1元，公允价值为10元），购入B公司80%股权并能够对其实施控制。合并日，B公司可辨认净资产的账面价值为43 000万元（股本2 000万元、资本公积40 000万元、盈余公积300万元、未分配利润700万元），公允价值为44 000万元（包括一项管理用固定资产评估增值1 000万元）。

本例中，A公司合并成本＝12 000＋2 500×10＝37 000（万元）

在个别报表层面，A公司应编制如下会计分录：

（1）将固定资产转入清理：

借：固定资产清理	60 000 000
累计折旧	15 000 000
固定资产减值准备	5 000 000
贷：固定资产	80 000 000

（2）记录长期股权投资：

借：长期股权投资	370 000 000
贷：固定资产清理	60 000 000
资产处置损益	60 000 000
股本	25 000 000
资本公积	225 000 000

（注意：在个别报表层面，没有反映合并价差。）

在编制购买日的合并资产负债表时，A公司应首先按公允价值调整B公司各项资产和负债的列报金额，再进行股权投资相关合并抵销处理（详见第六章有关内容）。

在合并报表中确认的商誉＝合并成本－取得的 B 公司可辨认净资产公允价值的份额
＝37 000－44 000×80%＝1 800（万元）

【例 5-8】20×1 年 4 月，朗科公司与 S 公司的控股股东 W 公司签订协议，约定朗科公司向 W 公司定向发行 10 000 万股股票，以换取 W 公司持有的 S 公司 60% 的股权。朗科公司向 W 公司发行股票后，W 公司持有朗科公司发行在外的普通股的 8%，不具有重大影响。朗科公司在此项交易前与 W 公司无关联方关系。该并购事项于 20×1 年 6 月 10 日经监管部门批准，朗科公司于 6 月 30 日起主导 S 公司财务和经营政策。朗科公司定向发行的股票按规定为每股 5 元。作为对价定向发行的股票于 20×1 年 6 月 30 日发行，当日收盘价每股 8.25 元。当日，S 公司可辨认净资产的账面价值为 96 130 万元，可辨认净资产的公允价值为 128 200 万元，其差额 32 070 万元为表 5-8 所列事项造成。

表 5-8　S 公司部分资产和负债项目的账面价值、公允价值及评估差额

项　　目	账面价值	公允价值	评估差额
存货	1 000	2 000	1 000
应收账款	9 000	8 000	－1 000
固定资产	10 000	22 000	12 000
无形资产	0	21 070	21 070
或有负债	0	1 000	1 000
合计	20 000	52 070	32 070

上述或有负债为 S 公司因未决诉讼案件而形成的，如果败诉，则确定赔偿金额为 1 000 万元。S 公司预计该诉讼不是很可能导致经济利益流出企业，因此未确认预计负债。在企业合并交易中，朗科公司将该或有负债确认为一项预计负债。无形资产的账面价值为 0，在分摊合并成本时，估计该无形资产的公允价值为 21 070 万元。

自购买日至 20×1 年底，以购买日 S 公司可辨认净资产的公允价值为基础调整计算的 S 公司的净利润为 6 693 万元。

（1）20×1 年 6 月 30 日，朗科公司的合并处理。

个别报表层面，应基于购买日即 20×1 年 6 月 30 日的股票价格 8.25 元确定合并成本。

朗科公司对 S 公司长期股权投资的成本＝10 000×8.25＝82 500（万元）

确认对 S 公司的长期股权投资的会计分录如下：

借：长期股权投资　　　　　　　　　　　　　　　　　825 000 000
　　贷：实收资本　　　　　　　　　　　　　　　　　100 000 000
　　　　资本公积——股本溢价　　　　　　　　　　　725 000 000

编制购买日合并报表时，在合并工作底稿中以购买日确定的各项可辨认资产、负债和或有负债的公允价值为基础，对子公司的财务报表进行调整。本例中，S 公司的存货应调增 1 000 万元，应收账款调减 1 000 万元，固定资产调增 12 000 万元，无形资产、或有负债的账面价值均为 0，应按照其公允价值进行调整，并将或有负债确认为一项预

计负债。在合并工作底稿中经过上述调整后，S公司可辨认净资产的账面价值96 130万元被调整为公允价值为128 200万元。

购买日合并报表中确认的商誉 = 合并成本 − S公司可辨认净资产的公允价值×60%
= 82 500 − 128 200×60% = 5 580（万元）

（2）20×1年底，朗科公司编制20×1年度合并报表。

朗科公司对S公司的长期股权投资采用成本法进行日常核算，编制合并报表时，需将成本法核算结果转换为权益法下的结果，为86 515.8万元（82 500+6 693×60%）。

资产负债表日S公司可辨认净资产的公允价值 = 128 200+6 693 = 134 893（万元）

20×1年资产负债表日合并报表中确认的商誉 = 86 515.8 − 134 893×60% = 5 580（万元）

这一商誉计量结果与购买日确认的商誉相比，没有发生变化。对于商誉，不进行摊销处理，如果发生减值，则需要进行减值处理。

综上，吸收合并和控股合并在会计处理方面存在着一定的差异，相比较之下，同一控制和非同一控制下的企业合并在计量结果方面的差异更大。假定以银行存款、固定资产和发行普通股股票为对价进行合并，各类企业合并会计处理方法的比较如表5-9所示。

表5-9 企业合并的会计处理方法比较（会计分录）

	同一控制下的企业合并	非同一控制下的企业合并
吸收合并	借：各项资产 [账面价值] 　　贷：各项负债 [账面价值] 　　　　银行存款 　　　　固定资产清理 　　　　股本 [面值] 　　　　资本公积——股本溢价 [贷差] （如为借差，依次冲减资本公积、盈余公积和未分配利润）	借：各项资产 [公允价值] 　　商誉 [借差] 　　贷：各项负债 [公允价值] 　　　　银行存款 　　　　固定资产清理 　　　　资产处置损益 　　　　股本 [面值] 　　　　资本公积——股本溢价 （如为贷差，记入"营业外收入"）
控股合并	借：长期股权投资 [账面权益份额] 　　贷：银行存款 　　　　固定资产清理 　　　　股本 [面值] 　　　　资本公积——股本溢价 [贷差] （如为借差，依次冲减资本公积、盈余公积和未分配利润）	借：长期股权投资 [合并成本] 　　贷：银行存款 　　　　固定资产清理 　　　　资产处置损益 　　　　股本 [面值] 　　　　资本公积——股本溢价 （商誉或负商誉体现在合并报表中）

（三）通过多次交易分步实现的企业合并

1. 个别财务报表

通过多次交易分步实现的非同一控制下的企业合并，购买日之前所持有的股权投资，保持其账面价值不变。购买日新增股权投资的成本，按照所支付对价的公允价值计量。购买方应将购买日之前所持有的股权投资账面价值，加上购买日新增股权投资的成本，

作为该项投资在购买日的初始投资成本,如下式:

购买日初始投资成本 = 购买日之前所持被购买方的股权投资于购买日的账面价值
　　　　　　　　　　+ 购买日新增投资成本

2. 合并财务报表

与个别报表的处理不同,购买方对于购买日之前持有的被购买方的股权,按照该股权在购买日的公允价值进行重新计量,公允价值与账面价值的差额计入当期投资收益。合并报表中的合并成本,为购买日之前持有的被购买方的股权于购买日的公允价值与新购入股权支付对价的公允价值之和,如下式:

合并成本 = 购买日之前持有的被购买方的股权于购买日的公允价值
　　　　　+ 购买日新购入股权所支付对价的公允价值

比较购买日合并成本与被购买方可辨认净资产公允价值的份额,确定购买日应予确认的商誉,或者应计入营业外收入的金额。

(四)反向购买的处理

非同一控制下的企业合并,以发行权益性证券交换股权的方式进行的,发行权益性证券的一方其生产经营决策在合并后被参与合并的另一方所控制,发行权益性证券的一方虽然为法律上的母公司,但其为会计上的被收购方,该类企业合并为"反向购买"。例如,A 公司是一家规模较小的上市公司,B 公司为一家规模较大的非上市公司。A 公司向 B 公司原股东发行普通股股票,换取对 B 公司 100% 的股权。交易完成后,从法律形式上看,B 公司为 A 公司的子公司;从经济实质上看,B 公司原股东享有对 A 公司的控制权,A 公司为被购买方。

反向购买中,企业合并成本是指会计上的购买方(法律上的子公司,下同)如果以发行权益性证券的方式获取在合并后报告主体的股权比例,应向法律上的母公司(会计上的被购买方)的股东发行的权益性证券数量乘以其公允价值计算的结果。反向购买中,合并财务报表以子公司(购买方)为主体,在购买日合并财务报表的操作中,保留子公司的股东权益各项目,抵销母公司(被购买方)的股东权益各项目。法律上母公司(被购买方)的有关可辨认资产、负债在并入合并财务报表时,应以其在购买日确定的公允价值进行合并,企业合并成本大于合并中取得的被购买方可辨认净资产公允价值的份额体现为商誉,小于合并中取得的被购买方可辨认净资产公允价值的份额确认为合并当期损益。

即测即练 5

【案例讨论】

资料 1:20×1 年 4 月 2 日,深桑达 A 与中国系统的资产重组方案获得证监会批复。中国系统是"现代数字城市"战略的主要推动者和践行者,是高科技工程服务的龙头企业。深桑达 A 主要从事电子信息产业、电子物流服务业、电子商贸服务业和房屋租赁业四大业务板块。深桑达 A 向 12 名原中国系统股东发行 361 579 450 股股份,购买其合计持有的中国系统 53.147 2% 股权。上述交易完成后，深桑达 A 合计持有中国系统 96.718 6% 股权，作价约为 74.29 亿元。中国系统将成为深桑达 A 的控股子公司。由于此次并购标的体量较大，被市场称为"蛇吞象"。此次交易构成关联交易，中国电子直接和间接持有中国系统股权共计 43.571 4%，而中国电子控制的主体合计持有深桑达 A 59.33% 的股权。两者的实际控制人都是中国电子，该重组构成同一控制下企业合并。

讨论题目：

（1）按涉及行业和法律形式，分析该企业合并所属类型。构成同一控制下的企业合并的理由是什么？

（2）通过发行股份进行合并，深桑达 A 应如何进行会计处理？

资料 2：华凯创意（300592）为展馆、展厅等大型室内空间提供环境艺术设计综合服务。公司 20×1 年半年报数据显示，报告期内公司亏损 2 213 万元，同比亏损增加 72.83%。有投资者向华凯创意提问，公司股票由 28 元下跌到 18 元，为何没有在重组易佰网络后发布业绩追溯公告，易佰网络 1—6 月份 1.5 亿元利润是否属于华凯公司？

20×1 年 2 月 24 日，华凯创意发布公告，称深交所已审核同意公司以 15.1 亿元收购易佰网络 90% 股权。华凯创意通过发行股份及支付现金的方式完成此次收购。华凯创意回答投资者提问，称收购易佰网络属于非同一控制下企业合并，并表日之后易佰网络净利润的 90% 并入华凯创意的利润表，但并表日之前的业绩不会并入。

讨论题目：

（1）华凯创意收购易佰网络，属于非同一控制下企业合并吗？

（2）易佰网络 1—6 月份的利润是否属于华凯创意？华凯创意应进行哪些会计处理？

【业务训练题】

1. 资料：A、B 公司分别为 P 公司控制下的两家子公司。A 公司于 20×7 年 5 月 23 日自母公司 P 处取得 B 公司 100% 的股权，合并后 B 公司仍维持其独立法人资格继续经营。假定 A、B 公司采用的会计政策相同。合并日，A 公司及 B 公司的所有者权益构成如表5-10 所示。

表 5-10　合并日 A、B 公司的所有者权益构成　　　　　单位：万元

项　目	A 公司	B 公司
股本	9 000	2 500
资本公积	2 500	500
盈余公积	2 000	1 000
未分配利润	5 000	2 500
合计	18 500	6 500

要求：

（1）假设为进行该项企业合并，A 公司发行了 4 000 万股本公司普通股（每股面值

1元）作为对价，确定 A 公司长期股权投资的初始入账价值并编制相关会计分录。

（2）假设 A 公司以一项账面价值为 2 800 万元的固定资产（原价 4 000 万元，累计折旧 1 200 万元）和一项账面价值为 3 200 万元的无形资产（原价 5 000 万元，累计摊销 1 800 万元）为对价，确定 A 公司长期股权投资的初始入账价值并编制相关会计分录。

2. **资料**：丁公司与戊年公司之间不存在关联关系。20×7 年 1 月 1 日，丁公司发行 1 000 万股股票（每股面值 1 元，市价 4 元）作为对价对戊公司进行合并。购买日，戊公司有关资产、负债情况如表 5-11 所示。

表 5-11 购买日戊公司资产、负债情况　　　　　　　　　　　　单位：万元

项　　目	账 面 价 值	公 允 价 值
银行存款	1 000	1 000
固定资产	3 000	3 300
长期应付款	500	500
净资产	3 500	3 800

要求：

（1）确定丁公司的合并成本。

（2）分别编制吸收合并和控股合并方式下丁公司投资相关会计分录。

3. **资料**：甲公司是一家在上海和香港上市的股份企业，适用增值税税率 13%，20×7 年发生的相关事项如下：

（1）甲公司于 20×7 年 1 月 30 日投资于同一企业集团内的乙公司，取得了乙公司 70% 的股权。为取得该股权，甲公司以土地使用权作为对价。土地使用权的账面余额为 5 000 万元，累计摊销 500 万元，公允价值 6 000 万元。合并日乙公司的资产总额为 20 000 万元，负债总额为 11 000 万元，净资产账面价值为 9 000 万元。

（2）20×7 年 2 月 20 日，甲公司将一批库存商品转让给丙公司，作为取得丙公司 60% 股权的对价（甲公司和丙公司之间不存在关联方关系）。该批存货账面余额 300 万元，未计提跌价准备；其公允价值为 400 万元。为进行投资发生律师咨询费等 1 万元，已用银行存款支付。股权受让日丙公司净资产账面价值为 420 万元。经确认的丙公司可辨认净资产公允价值为 500 万元。不考虑其他相关税费。

要求：

（1）确定甲公司对乙公司的初始投资成本，并编制相关会计分录。

（2）甲公司对丙公司投资是否产生合并商誉，其金额是多少？

4. **资料**：A 公司是一家上市公司。20×6 年 1 月 1 日，A 公司以公允价值为 1 200 万元、账面价值为 600 万元设备（该设备原价为 800 万元，已计提折旧 150 万元、计提减值准备 50 万元）和本公司普通股 250 万股（面值为 1 元，公允价值为 10 元），购入非关联方 B 公司 80% 的股权，并能够对其实施控制。20×6 年 1 月 1 日，B 公司可辨认净资产的账面价值为 4 300 万元，公允价值为 4 400 万元（包括一项管理用固定资产评估增值 100 万元，尚可使用年限为 5 年，直线法折旧，假设净残值为 0）。20×6 年 1 月 1 日至

20×6年12月31日，B公司按照购买日净资产账面价值计算实现的净利润为500万元；假设无其他所有者权益变动事项，不考虑所得税因素。

要求：

（1）计算20×6年1月1日A公司在合并报表中确认的商誉并编制A公司投资B公司的会计分录。

（2）计算20×6年12月31日B公司可辨认净资产在合并报表中的金额。

5. 资料：为扩大市场份额，经股东大会批准，甲公司20×7年实施了一系列并购。并购前，甲公司与相关公司之间的关系如下：①A公司持有甲公司70%股权并可对甲公司实施控制。②A公司持有B公司30%的股权，同时受托行使其他股东所持有B公司28%股权的表决权，能够对B公司实施控制。③B公司持有C公司60%股权，能够控制C公司的财务和经营政策。相关资料如下：

（1）20×7年7月1日，甲公司按照合同约定，以定向增发1 000万股本公司普通股和一宗土地使用权作为对价向B公司购买其所持有的C公司60%股权。当日甲公司股票的市场价格为每股5元，每股面值为1元。土地使用权变更手续和C公司工商变更登记手续亦于20×7年7月1日办理完成，当日作为对价的土地使用权成本为2 000万元，累计摊销600万元，公允价值为3 400万元。同日C公司所有者权益账面价值为10 000万元，其中留存收益为3 500万元，可辨认净资产公允价值为12 500万元。20×7年7月1日，甲公司个别资产负债表中股东权益项目构成为：股本9 000万元，资本公积13 000万元，留存收益10 000万元。同日，C公司在A公司合并报表中的所有者权益账面价值为13 400万元。

（2）20×7年7月30日，甲公司以银行存款1 800万元从C公司少数股东处购买C公司10%股权。C公司工商变更登记手续于当日办理完成。

要求：

（1）判断甲公司取得C公司60%股权交易的企业合并类型，并说明理由。

（2）计算甲公司取得C公司60%股权的成本，并编制相关会计分录。

（3）计算20×7年7月1日因甲公司购买C公司60%股权在合并财务报表中应调整的资本公积，并编制相关调整分录。

（4）判断甲公司购买C公司10%股权时是否形成企业合并，并说明理由；计算甲公司取得C公司10%股权的成本，并编制相关会计分录。

业务训练题提示5

第六章 合并财务报表

【本章导读】

合并财务报表是高级财务会计的重点、难点。本章从合并财务报表的特点和合并理论讲起，结合我国合并财务报表准则的要求，阐释了合并范围和合并程序。接下来，区分同一控制下和非同一控制下的企业合并，讲述了在股权取得日及股权取得日后股权投资相关的合并抵销处理。内部交易的合并抵销处理也是本章的重点内容，包括内部商品交易、内部固定资产和无形资产交易、内部债权债务和减值准备的合并抵销方法。最后就合并相关所得税处理，以及现金流量表的编制进行概要讲解。

【内容框架】

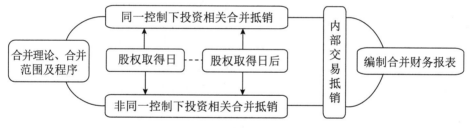

近年来，随着我国经济的发展和市场竞争的日趋激烈，企业集团不断形成和壮大。截至目前，我国已有相当数量的企业集团跻身于世界 500 强。在新的形势下，客观上需要通过反映企业集团整体规模和状况的合并财务报表，以满足投资者和债权人等作出理性的投资和信贷决策的需要。为了规范财务报表的编制和列报，并保持我国企业会计准则与国际财务报告准则的持续趋同，我国财政部先后制订和完善了《企业会计准则第 33 号——合并财务报表》，为实务界编制合并财务报表提供了一手指导，保障了企业合并财务报表的质量。

第一节 合并财务报表概述

【引例】 苏宁小店被集团剥离合并报表范围。20×8 年 10 月，苏宁易购集团旗下苏宁小店获得 3 亿美元增资。交易完成后，苏宁易购将通过苏宁国际持有苏宁小店 35% 的权益，Great Matrix 及 Great Momentum 合计持有苏宁小店 65% 的权益。本次股权转让完成后，苏宁小店不再纳入苏宁易购集团公司的合并报表范围，经公司财务部门初步测算，若以 20×8 年 7 月 31 日作为交割日，预计本次交易将增加公司 20×8 年度净利润约 3.03 亿元。公告中，苏宁易购披露了旗下苏宁小店业务的最新业绩。数据显示，苏宁小店 20×8 年前 7 个月营业收入 1.43 亿元，亏损 2.96 亿元，债务高达 6.53 亿元。

一、合并财务报表及其编制理论

合并财务报表，是指反映母公司和其全部子公司形成的企业集团整体财务状况、经营成果和现金流量的财务报表。

（一）合并财务报表的特点

与个别财务报表相比，合并财务报表具有下列特点：①反映的对象方面，合并财务报表反映的是由母公司和其全部子公司组成的企业集团的财务信息。企业集团成为报告主体。报告主体不同于会计主体，会计主体界定了会计核算的空间范围，而报告主体界定了财务报告的空间范围，往往涉及多个会计主体。合并财务报表涉及的会计主体非单一主体，既包括母公司会计主体，也包括母公司所控制的子公司会计主体。②编制的主体及依据方面，合并财务报表的编制者是母公司，但所反映的是由母公司及其控制的所有子公司所构成的企业集团的财务信息。编制合并报表所依据的是纳入合并范围的各主体单独的财务报表，而非账簿记录资料。③编制的方法方面，合并财务报表是站在报告主体的立场上，以纳入合并范围的企业个别财务报表为基础，根据其他有关资料，抵销母公司与子公司之间、子公司相互之间发生的内部交易和事项，考虑了特殊交易事项对合并财务报表的影响后编制的，旨在反映企业集团整体的财务状况、经营成果和现金流量。

（二）合并财务报表的编制理论

合并财务报表反映的是母子公司组成的企业集团的财务信息，它突破了传统的会计主体假设，把股权联结型企业集团假设为新的报告主体。在编制合并财务报表时，哪些主体纳入合并范围、合并信息向谁提供、提供这种信息的目的何在等问题的回答取决于合并报表理论。国际上流行的三种合并报表理论分别是所有权理论、实体理论和母公司理论。

1. 所有权理论

该理论侧重母公司对其子公司所拥有的所有权。与其他理论不同，它既不强调集团中存在的法定控制关系，也不强调企业集团的各成员企业所构成的经济实体，而是强调编制合并会计报表的企业所拥有的对另一企业的经济活动和财务决策具有重大影响的所有权。在编制报表时，对于子公司的资产和负债，只按母公司所持有股权的份额计入合并资产负债表；对于子公司的收入和费用，也只按母公司持有股权的份额计入合并利润表。简单来讲，所有权理论下的合并即是一种比例合并法。

它的编制方法有如下特点：①按母公司在子公司中的持股比例，将子公司的资产、负债、收入、费用等项目纳入合并报表；②在购并过程中形成的子公司净资产的升值（或贬值），按母公司的持股比例进行合并和摊销，对购并过程中形成的商誉，按受益期摊销；③集团内部交易额及其内部未实现利润，按母公司的持股比例予以抵销；④在编制过程中没有将属于少数股东的权益和收益纳入合并范畴，所以在合并报表中不会出现少数股东权益和少数股东损益项目。

所有权理论能够解决同时隶属于两个或两个以上企业集团的合并报表的编制问题，它主要用于联营企业或合营企业的合并实务。所有权理论存在如下问题：①人为地将子公司的资产、负债、收入、费用等划分为两部分，缺乏现实经济意义；②对子公司的净资产采用了两种计量基础；③过分强调对子公司的拥有权，违背了控制的经济实质。

2. 实体理论

该理论认为在企业集团内所有的股东应同等看待，合并财务报表是站在合并的所有股东的立场上编制的，并不过分强调控股公司股东的权益。采用这种理论编制的合并财务报表，能够满足整个企业集团对财务报表的需要，也能满足企业集团内整个生产经营活动管理的需要。

它的编制方法有如下特点：①将子公司的资产、负债、收入、费用等项目全额纳入合并报表；②子公司的净资产全部采用购买日市价计价，即子公司中归属于母公司的股权和少数股东权益均按公允价值计量，子公司净资产的升值（或贬值）和商誉全部予以合并和摊销；③集团内部交易额及其内部未实现利润，全部予以抵销；④净资产中属于少数股东的份额以少数股东权益列示，当期损益中属于少数股东的份额以少数股东损益列示。少数股东权益属于企业集团所有者权益的一部分，少数股东损益属于企业集团当期收益的一部分。

实体理论克服了比例合并法的弊端，采用的是完全合并法，更符合控制的经济实质。其存在的问题主要是对子公司商誉的推定计算以及对编制目的的假设，与实际情况并不相符。

3. 母公司理论

该理论认为合并财务报表是母公司财务报表的延伸，是站在母公司股东的立场上编制的，主要是为了满足母公司股东的信息需求，并不考虑少数股东。它的编制方法有如下特点：①将子公司的资产、负债、收入、费用等项目全额纳入合并报表，以子公司的资产和负债代替母公司对子公司的股权投资，以子公司的收入、费用、利得和损失代替母公司对子公司获得的投资收益；②子公司的净资产采用双重计价方法，其中母公司的股权采用公允价值计量，少数股东权益则按子公司账面价值计价；③少数股东权益在合并报表中列为长期负债，将少数股东权益的收益视为费用；④合并报表中所产生的商誉等于母公司投资成本与子公司可辨认净资产公允价值中相当于母公司的份额部分的差额，即仅列示属于母公司部分的商誉。

母公司理论实质上是所有权理论和实体理论的折中与修正，它继承了这两种理论的各自优点，克服了两种极端原则的合并观念固有的局限性。但它也存在这样的问题：

①对子公司的净资产采用了两种计量属性,这样对同一项目采用了双重计价标准,违背了一致性原则;②将少数股权股东的权益作为负债,将少数股权股东的收益看作费用,不符合负债和费用会计要素的定义,将少数股东视作债权人,违背股份经济的基本原则,即同股同权。

表 6-1 是对三种合并理论的比较。

表 6-1 三种合并理论的比较

项　　目	所有权理论	实体理论	母公司理论
立场	母公司股东	企业集团全体股东	母公司股东
子公司净资产	按股权比例纳入	全部纳入,单一标准	全部纳入,双重标准
少数股东权益	不在合并财务报表中反映	所有者权益	长期负债
少数股东损益	不在合并财务报表中反映	净损益	费用
内部交易处理	按母公司持股比例抵销	全额抵销	顺销时全额抵销,逆销时按母公司持股比例抵销
商誉处理	按母公司股权比例确定	按持股比例分摊商誉	按母公司股权比例确定

合并财务报表最早出现于美国,随着企业合并实务的不断复杂化,不同国家在合并财务报表理论的选择上也存在着巨大的差异,但是总体的趋势是向实体理论过渡。从我国颁布的《企业会计准则第 33 号——合并财务报表》和《企业会计准则第 20 号——企业合并》的相关规定可以看出,我国合并财务报表理论不是单纯地运用某一种合并理论,而是将实体理论和母公司理论相结合,侧重于实体理论。其具体表现为:所遵循的立场不是狭义的母公司股东立场,而是整个企业集团所有股东的立场;以控制为基础界定合并范围,且将子公司全部净资产纳入合并财务报表,同时确认少数股东权益及损益。在非同一控制下的企业合并中,净资产公允价值与账面价值的差额予以全部确认,少数股东权益按可辨认净资产公允价值确认;合并商誉仅限于母公司投资成本高于其在子公司可辨认净资产份额的差额部分,不为少数股权确认商誉。

二、合并范围的确定

正确界定合并范围,是编制合并会计报表的前提。合并财务报表的合并范围应当以控制为基础加以确定,不仅包括根据表决权(或类似权利)本身或者结合其他安排确定的子公司,也包括基于一项或多项合同安排决定的结构化主体。

(一)控制的内涵及其要素

控制,是指投资方拥有对被投资方的权力,通过参与被投资方的相关活动而享有可变回报,并且有能力运用对被投资方的权力影响其回报金额。控制的定义包含以下三项基本要素:

1. 投资方拥有对被投资方的权力

投资方需要识别被投资方并评估其设立目的和设计、识别被投资方的相关活动以及对相关活动进行决策的机制、确定投资方及涉入被投资方的其他方拥有的与被投资方相关的权利等，以确定投资方当前是否有能力主导被投资方的相关活动。当投资方能够主导被投资方的相关活动时，称为拥有对被投资方享有"权力"。

在判断投资方是否对被投资方拥有权力时，应注意以下几点：①权力只表明投资方主导被投资方相关活动的现时能力，并不要求投资方实际行使其权力。②权力是一种实质性权利，而不是保护性权利。在判断投资方是否拥有对被投资方的权力时，应仅考虑投资方及其他方享有的实质性权利。实质性权利，是指持有人在对相关活动进行决策时有实际能力行使的可执行的权利。实质性权利通常是当前可执行的权利，但某些情况下目前不可行使的权利也可能是实质性权利。例如，持有被投资方的股票期权，行权后可产生实质性权利。保护性权利，是指仅为了保护持有权利持有人利益却没有赋予持有人对相关活动的决策权。例如，少数股东批准发行权益工具或债务工具的权利，就是一种保护性权利。投资方仅持有保护性权利不能对被投资方实施控制，也不能阻止其他方对被投资方实施控制。③权力通常表现为表决权，但有时也可能表现为其他合同安排。通常情况下，持有半数以上的表决权能表明对投资方拥有权力，但也有例外；在股权相对分散的情况下，拥有半数以下但相对集中的表决权，也可以拥有对被投资方的权力。

2. 因参与被投资方的相关活动而享有可变回报

可变回报是不固定的并可能随被投资方业绩而变动的回报，可能是正数，也可能是负数，或者有正有负。投资方在判断其享有被投资方的回报是否变动以及如何变动时，应当根据合同安排的实质，而不是法律形式。例如，投资方持有固定利率的交易性债券投资时，虽然利率是固定的，但该利率取决于债券违约风险及债券发行方的信用风险，因此，固定利率也可能属于可变回报。再如，管理被投资方资产获得的固定管理费也属于可变回报，因为管理者是否能获得此回报依赖于被投资方是否能够产生足够的收益用于支付该固定管理费。其他可变回报的例子包括：股利、被投资方经济利益的其他分配、投资方对被投资方投资的价值变动；因向被投资方的资产或负债提供服务而得到的报酬、因提供信用支持或流动性支持收取的费用或承担的损失、被投资方清算时在其剩余净资产中所享有的权益、税务利益，以及因涉入被投资方而获得的未来流动性；其他利益持有方无法得到的回报。例如，投资方将自身资产与被投资方的资产一并使用，以实现规模经济，达到节约成本、为稀缺产品提供资源、获得专有技术或限制某些运营或资产，从而提高投资方其他资产价值的目的。另外，即使只有一个投资方控制被投资方，也不能说明只有该投资方才能获取可变回报。例如，少数股东可以分享被投资方的利润。

3. 有能力运用对被投资方的权力影响其回报金额

只有当投资方不仅拥有对被投资方的权力、通过参与被投资方的相关活动而享有可变回报，并且有能力运用对被投资方的权力来影响其回报的金额时，投资方才能控制被投资方。拥有决策权的投资方在判断是否控制被投资方时，需要考虑其决策行为是以主要责任人（即实际决策人）的身份进行还是以代理人的身份进行。在其他方拥有决策权时，投资方还需要考虑其他方是否是以代理人的身份代表该投资方行使决策权。

（二）能够实施"控制"的判断依据

1. 权力源自表决权

一般情况下，权力来自表决权。表决权是对企业经营计划、投资方案、年度财务预算和决算方案、利润分配和弥补亏损方案、内部管理机构的设置、聘任或解聘公司经理及确定其报酬、公司的基本管理制度等事项进行表决而持有的权利。除公司章程另有规定外，表决权比例通常与其出资比例或持股比例是一致的。通常，当投资方直接或间接持有被投资方过半数表决权，或者主导被投资方相关活动的管理层多数成员由持有半数以上的投资方聘任时，表明投资方拥有对被投资方的权力。图 6-1 中，A 公司直接持有 B 公司 90% 的表决权，直接持有 C 公司 30% 的表决权，同时，间接持有 C 公司 60% 的表决权。除特殊情况外，A 公司同时拥有对 B 公司和 C 公司的权力。

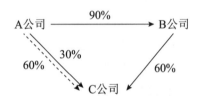

图 6-1　A、B、C 公司间的持股关系

持有被投资方过半数表决权而无权力的特殊情况包括：①投资方未拥有主导被投资方的现时能力，如被投资方相关活动被政府、法院、接管人和清算人等其他方主导；②投资方所拥有的表决权非实质性权利；③主导相关活动的决策所需要的表决权比例要求高于半数。

相反地，投资方拥有半数以下表决权，但仍可通过表决权判断其是否拥有对被投资方的权力，如股权相对集中或通过与其他股东协议安排而享有权力。例如，A 公司持有 B 公司 35% 有表决权股份，剩余股份由分散的小股东持有，所有小股东单独持有的有表决权股份均未超过 1%，且他们之间或其中一部分股东均未达成进行集体决策的协议。这种情况下，可以判断 A 公司拥有对 B 公司的权力。

【例 6-1】根据以下信息确定 P 公司的合并范围：①P 和 A 共同投资 W 公司，根据 W 公司章程和合资协议的约定，P 公司可以单方面主导 W 公司的相关活动。②P 和 B 分别持有 X 公司 60% 和 40% 的普通股，X 公司相关活动以董事会会议上多数表决权主导，P 和 B 各自有权任命 6 名和 4 名董事。③P 持有 Y 公司 48% 的投票权，剩余投票权由数千位股东持有，但没有股东持有超过 1% 的投票权，没有任何股东与其他股东达成协议或能够作出共同决策。④P 持有 Z 公司 45% 的投票权，其他两位投资者各持有 Z 公司 26% 的投票权，剩余投票权由其他三位股东持有。

本例中，P公司可以单方面主导W公司的相关活动，能够对W公司实施控制；X公司的相关活动以董事会会议上多数表决权主导，而P拥有董事会多数表决权，能够控制X相关活动；P持有Y公司48%的投票权，虽不足半数，仍相对集中，实质上能够拥有对被投资方的权力；P持有Z公司45%的投票权，但不足以与其他股东抗衡。因此，W公司、X公司和Y公司应纳入P集团公司合并范围。

2. 权力源自表决权之外的其他权利

投资方对被投资方的权力通常来自表决权，但有时，投资方对一些主体的权力不是来自表决权，而是由一项或多项合同安排决定。例如，证券化产品、资产支持融资工具、部分投资基金等结构化主体。结构化主体，是指在确定其控制方时，没有将表决权或类似权利作为决定因素而设计的主体。主导该主体相关活动的依据，通常是合同安排或其他安排。

（三）控制的持续评估

控制的评估是持续的，当环境或情况发生变化时，投资方需要评估控制的三项基本要素中的一项或多项是否发生了变化。如果有任何事实或情况表明控制的三项基本要素中的一项或多项发生了变化，投资方应重新评估对被投资方是否具有控制权。①如果对被投资方的权力的行使方式发生变化，该变化必须反映在投资方对被投资方权力的评估中。例如，决策机制的变化可能意味着投资方不再通过表决权主导相关活动，而是由协议或者合同等其他安排赋予其他方主导相关活动的现时权利。②某些事件即使不涉及投资方，也可能导致该投资方获得或丧失对被投资方的权力。例如，其他方以前拥有的能阻止投资方控制被投资方的决策权到期失效，则可能使投资方因此而获得权力。③投资方应考虑因其参与被投资方相关活动而承担的可变回报风险敞口的变化带来的影响。例如，如果拥有权力的投资方不再享有可变回报（如与业绩相关的管理费合同到期），则该投资方将丧失对被投资方的控制。④投资方还应考虑其作为代理人或主要责任人的判断是否发生了变化。投资方与其他方之间整体关系的变化可能意味着原为代理人的投资方不再是代理人；反之亦然。例如，如果投资方或其他方的权利发生了变化，投资方应重新评估其代理人或主要责任人的身份。

（四）确定合并范围的特殊情况

1. 对被投资方可分割部分的控制

投资方通常应当对是否控制被投资方整体进行判断。但在少数情况下，如果有确凿证据表明同时满足下列条件并且符合相关法律法规规定的，投资方应当将被投资方的一部分视为被投资方可分割部分，进而判断是否控制该部分：①该部分的资产是偿付该部分负债或该部分其他权益的唯一来源，不能用于偿还该部分以外的被投资方的其他负债；②除与该部分相关的各方外，其他方不享有与该部分资产相关的权利，也不享有与该部分资产剩余现金流量相关的权利。实质上该部分的所有资产、负债及相关权益均与被投资方的其他部分相隔离，即该部分的资产产生的回报不能由该部分以外的被投资方其他部分使用,该部分的负债也不能用该部分以外的被投资方资产偿还。

如果被投资方的一部分资产和负债及相关权益满足上述条件,构成可分割部分,则投资方应当基于控制的判断标准,确定其是否能够控制该可分割部分,包括:考虑该可分割部分的相关活动及其决策机制,投资方是否有能力主导可分割部分的相关活动并据以从中取得可变回报等。如果投资方控制该可分割部分,则应将其进行合并。此时,其他方在考虑是否控制并合并被投资方时,应仅对被投资方的剩余部分进行评估,不包括该可分割部分。

2. 合并范围的豁免——投资性主体

《企业会计准则第33号——合并财务报表》第四条规定了合并范围的豁免条款:如果母公司是投资性主体,且不存在为其投资活动提供相关服务的子公司,则不应编制合并财务报表,该母公司以公允价值计量其所有子公司的投资,且公允价值变动计入当期损益。

除上述情况外,该准则不允许有其他情况的豁免。按照准则规定,母公司应当将其全部子公司(包括母公司所控制的被投资单位可分割部分、结构化主体)纳入合并范围。如果母公司是投资性主体,则只应将那些为投资性主体的投资活动提供相关服务的子公司纳入合并范围,其他子公司不应予以合并。投资性主体的母公司,如果其本身不是投资性主体,则应当将其控制的全部主体,包括投资性主体以及通过投资性主体间接控制的主体,纳入合并财务报表范围。

投资性主体的定义中包含三个需要同时满足的条件:①以向投资方提供投资管理服务为目的,其主要活动是向投资者募集资金,且为投资者提供投资管理服务。该主体往往拥有一个以上投资者及一个以上投资,投资者不是该主体的关联方。②唯一经营目的是通过资本增值、投资收益或两者兼而有之让投资者获得回报。投资性主体的所有者权益以股权或类似权益(如合伙权益)存在。③按照公允价值对几乎所有投资的业绩进行计量和评价,对于其固定资产等非投资性资产或其他负债,则不遵从此计量规定。

三、合并财务报表的编制原则和程序

(一)合并财务报表的编制原则

合并财务报表的编制,必须符合财务报表编制的一般原则和基本要求,这些基本要求包括真实可靠、内容完整等。除此之外,合并财务报表的编制还应遵循以个别财务报表为基础的原则、一体性原则和重要性原则。

1. 以个别财务报表为基础的原则

合并财务报表的编制依据不是账簿等记录资料,而是纳入合并范围的各主体的个别财务报表。为了反映由多个主体组成的企业集团的财务状况、经营成果和现金流量,必须将所有纳入合并范围的企业的个别报表加以汇总,在抵销重复列报的内容后,编制企业集团层面的财务报表。

2. 一体性原则

在编制合并财务报表时，应当遵循一体性原则，将母公司和所有子公司组成的企业集团作为一个整体来看待，视为一个主体，母公司和子公司发生的各项经营活动，包括对项目重要性的判断，都应当从企业集团这一整体角度来考虑。合并财务报表编制者要有全局观，对于母公司和子公司之间发生的经济业务，作为企业集团这一整体的内部业务来进行处理，而内部业务不会对合并财务报表的财务状况、经营成果和现金流量产生影响。对于某些特殊交易，如果站在企业集团角度的确认和计量与个别财务报表角度的确认和计量不同，需要站在企业集团角度就同一交易或事项予以调整。

3. 重要性原则

由于合并报表涉及的会计主体比较多，经营活动的范围跨度比较大，经济业务总量庞杂，在进行合并处理时，要遵循重要性原则。不重要的项目，可以简化处理，不必编制抵销分录。值得注意的是，一些项目对于单个企业而言可能比较重要，但对于企业集团总体而言可能并不重要。

（二）编制合并财务报表的前期准备工作

合并财务报表的编制涉及多个子公司，为了使编制的合并财务报表准确、全面反映企业集团的真实情况，必须做好一系列的前期准备工作，主要包括：统一母子公司的会计政策、会计期间和货币单位，收集编制合并财务报表所需要的相关资料等。同时按照国内会计准则及国际财务报告准则对外提供财务报告的B股、H股等上市公司，在编制合并财务报表时，要做到上述"三统一"。

1. 统一母子公司的会计政策

企业可以自主选择和应用与其实际情况相符合的会计政策，母子公司之间、子公司和子公司之间，所应用的会计政策可能会存在差异，这种情况下不能直接进行加总计算。统一母公司和子公司的会计政策，是保证母子公司财务报表各项目反映内容一致的基础。只有在财务报表各项目反映的内容一致的情况下，才能对其进行加总，编制合并财务报表。因此，在编制合并财务报表前，应统一要求子公司所采用的会计政策与母公司保持一致。对一些境外子公司，由于所在国或地区法律、会计准则等方面的原因，确实无法使其采用的会计政策与母公司所采用的会计政策保持一致，则应当要求其按照母公司所采用的会计政策，重新编报财务报表，也可以由母公司根据自身所采用的会计政策对境外子公司报送的财务报表进行调整，以重编或调整编制的境外子公司的财务报表，作为编制合并财务报表的基础。

例如，某公司在海外的子公司所采用的应收账款坏账准备的计提方法与该公司不同，在编制合并财务报表之前，要先将母子公司的坏账准备计提方法进行统一，按照母公司的坏账准备计提政策，对海外子公司应收账款坏账计提结果进行调整。

2. 统一母子公司的资产负债表日及会计期间

只有在反映财务状况的日期和反映经营成果的会计期间都一致的情况下，母子公司的个别财务报表才能进行合并。为了编制合并财务报表,必须统一企业集团内母公司和所有子公司的资产负债表日和会计期间,使子公司的资产负债表日和会计期间与母公司保持一致。对于境外子公司,由于当地法律限制确实不能与母公司财务报表决算日和会计期间一致的,母公司应当按照自身的资产负债表日和会计期间对子公司的财务报表进行调整,以调整后的子公司财务报表为基础编制合并财务报表,也可以要求子公司按照母公司的资产负债表日和会计期间另行编制报送其个别财务报表。

3. 对子公司以外币表示的财务报表进行折算

对母公司和子公司的财务报表进行合并,其前提必须是母子公司个别财务报表所采用的货币计量单位一致。外币业务比较多的企业,应该遵循《外币折算》准则有关选择记账本位币的规定,确定是否采用某一种外币作为记账本位币。在将境外经营纳入合并范围时,应该按照《外币折算》准则的相关规定,统一以人民币作为报表列报货币。

4. 收集编制合并财务报表的相关资料

合并财务报表以母公司和其子公司的财务报表以及其他有关资料为依据,由母公司合并有关项目的数额编制。为编制合并财务报表,母公司应当要求子公司及时提供下列有关资料:子公司相应期间的财务报表;与母公司及与其他子公司之间发生的所有内部交易的相关资料,包括但不限于内部购销交易、债权债务、投资及其产生的现金流量和未实现内部销售损益的期初、期末余额及变动情况等资料;子公司所有者权益变动和利润分配的有关资料;编制合并财务报表所需要的其他资料。

(三)合并财务报表的编制程序

合并财务报表编制程序主要包括如下五个步骤:

1. 设置合并工作底稿

合并财务报表的编制是在合并工作底稿上完成的。将母公司和纳入合并范围的子公司的个别财务报表项目的金额在工作底稿中进行汇总、抵销和调整处理,最后据以确定合并报表中应列示的各项目的金额。合并工作底稿的基本格式如表 6-2 所示。

表 6-2 合并财务报表工作底稿

项 目	个 别 报 表		合计金额	调整与抵销分录		合并金额
	母公司	子公司		借	贷	
利润表						
...						
资产负债表						
...						
现金流量表等						

2. 将个别财务报表的数据过入合并工作底稿

将母公司、子公司个别资产负债表、利润表、现金流量表和所有者权益变动表各项目的数据过入合并工作底稿,并在合并工作底稿中对母子公司个别财务报表各项目的数据进行加总,计算得出个别资产负债表、利润表、现金流量表、所有者权益变动表各项目合计金额。

3. 编制调整分录和抵销分录

进行调整抵销处理是合并财务报表编制的关键和主要内容,其目的在于将因会计政策及计量基础的差异对个别财务报表的影响进行调整,以及将个别财务报表各项目的加总数据中重复的因素等予以抵销。在合并工作底稿中编制的调整分录和抵销分录,借记或贷记的均为财务报表项目(即资产负债表项目、利润表项目、现金流量表项目和所有者权益变动表项目),而不是具体的会计科目。比如,在涉及调整或抵销固定资产折旧、固定资产减值准备等均通过资产负债表中的"固定资产"项目,而不是"累计折旧""固定资产减值准备"等科目来进行调整和抵销。

4. 计算合并财务报表各项目的合并金额

在母公司和子公司个别财务报表各项目加总金额的基础上,分别计算出合并财务报表中各资产项目、负债项目、所有者权益项目、收入项目和费用项目等的合并金额。其计算方法如下。

(1)资产负债表项目合并金额。

资产类项目合并金额 = 合计金额 + 调整与抵销的借方发生额 − 调整与抵销的贷方发生额

负债类项目合并金额 = 合计金额 − 调整与抵销的借方发生额 + 调整与抵销的贷方发生额

所有者权益类项目合并金额 = 合计金额 − 调整与抵销的借方发生额 + 调整与抵销的贷方发生额

(2)利润表和所有者权益变动表的合并金额。收入、收益、利得类项目的合并金额,采用与负债和所有者权益类项目相同的方法计算确定;成本、费用、损失类项目和利润分配项目的合并金额,采用与资产类项目相同的方法计算确定。

(3)现金流量表的合并金额。对成员企业之间的现金流量进行抵销时,借方为付现项目,贷方为收现项目。故:

现金流入项目合并金额 = 合计金额 − 抵销分录的贷方发生额

现金流出项目合并金额 = 合计金额 − 抵销分录的借方发生额

5. 填列合并财务报表

根据合并工作底稿中计算出的资产、负债、所有者权益、收入、费用类以及现金流量表中各项目的合并金额,填列生成正式的合并财务报表。

四、合并财务报表的格式及需要调整抵销的项目

根据准则规定,合并财务报表的类别包括合并资产负债表、合并利润表、合并所有

者权益变动表和合并现金流量表。一般企业、商业银行、保险公司和证券公司等的合并财务报表，可参照《企业会计准则第30号——财务报表列报》及其应用指南，以及财政部对合并报表格式的相关规定编制和列报。

（一）合并资产负债表

合并资产负债表是以母公司和纳入合并范围的子公司的个别资产负债表为基础编制的。个别资产负债表则是以单个企业为会计主体进行会计核算的结果，它从母公司本身或子公司本身的角度对其财务状况进行反映。

1. 合并资产负债表的格式

与个别资产负债表不同，合并资产负债表在所有者权益项目下增加"归属于母公司所有者权益合计"，用于反映企业集团的所有者权益中归属于母公司所有的部分，包括实收资本（或股本）、资本公积、其他综合收益、盈余公积和未分配利润等项目的金额；同时，在所有者权益项目下，增加"少数股东权益"项目，用于反映非全资子公司的所有者权益中不属于母公司的份额。如果有子公司使用外币作为编报货币，则应该进行外币报表折算，"外币报表折算差额"列示在合并报表"其他综合收益"项目中。所有者权益合计是"归属于母公司所有者权益合计"和"少数股东权益"加总的结果。

2. 合并资产负债表需要调整抵销的项目

对于企业集团内部发生的经济业务，从发生内部经济业务的企业来看，发生经济业务的两方都在其个别资产负债表中进行了反映。在这种情况下，资产、负债和所有者权益类各项目的加总数额中，必然包含重复计算的因素。作为反映企业集团整体财务状况的合并资产负债表，必须将这些重复计算的因素予以扣除。这些需要扣除的重复因素，就是合并财务报表编制时需要进行抵销处理的项目。

编制合并资产负债表时需要进行抵销处理的项目，主要有如下项目：①母公司对子公司股权投资项目与子公司所有者权益（或股东权益）项目；②母公司与子公司、子公司相互之间发生内部债权债务项目；③存货项目，即内部购进存货价值中包含的未实现内部销售损益；④固定资产项目（包括固定资产原价和累计折旧项目），即内部购进固定资产价值中包含的未实现内部销售损益；⑤无形资产项目，即内部购进无形资产价值包含的未实现内部销售损益。

（二）合并利润表与合并所有者权益变动表

1. 合并利润表与合并所有者权益变动表的格式

与个别利润表相比，合并利润表主要增加了以下项目：①在"净利润"项目下增加"归属于母公司所有者的净利润"和"少数股东损益"两个项目，分别反映净利润中由母公司所有者享有的份额和非全资子公司当期实现的净利润中归属于少数股东的份额。同一控制下企业合并增加子公司的，还应在"净利润"项目下增加"其中：被合并方在合并前实现的净利润"项目，用于反映同一控制下企业合并中取得的被合并方在合并日前实现的净利润。②在"综合收益总额"项目下增加"归属于母公司所有者的综合收益总额"和"归属于少数股东的综合收益总额"两个项目，分别反映综合收益总额中由母公司所有者享有的份额和非全资子公司当期综合收益总额中归属于少数股东的份额。

合并所有者权益变动表的格式与个别所有者权益变动表的格式基本相同。所不同的只是在子公司存在少数股东的情况下，合并所有者权益变动表增加"少数股东权益"栏目，用于反映少数股东权益变动的情况。另外，合并资产负债表中列示"专项储备""一般风险准备""库存股"等项目的，合并所有者权益变动表中应设置与之对应的栏目。

2. 编制合并利润表和合并所有者权益变动表需要调整抵销的项目

合并利润表和合并所有者权益变动表是以母公司和纳入合并范围的子公司的个别利润表和个别所有者权益变动表为基础编制的，它从母公司或从子公司本身反映一定会计期间经营成果的形成及其分配情况。在以个别利润表及个别所有者权益变动表为基础计算的收益和费用等项目的加总数额中，也必然包含重复计算的因素。在编制合并利润表和合并所有者权益变动表时，也需要将这些重复的因素予以扣除。

编制合并利润表和合并所有者权益变动表时需要进行抵销处理的项目，主要包括：①内部销售收入和内部销售成本项目；②内部投资收益项目，包括内部利息收入与利息支出项目、内部股份投资收益项目；③信用减值和资产减值损失项目，即与内部交易相关的内部应收账款、存货、固定资产、无形资产等项目的减值损失；④纳入合并范围的子公司利润分配项目。

合并报表准则规定，合并所有者权益变动表应当以母公司和子公司的所有者权益变动表为基础，在抵销内部交易对合并所有者权益变动表的影响后，由母公司编制。合并所有者权益变动表也可以根据合并资产负债表和合并利润表进行编制。

（三）合并现金流量表

合并现金流量表是综合反映母公司及其子公司组成的企业集团，在一定会计期间现金流入、现金流出数量以及其增减变动情况的财务报表。合并现金流量表与个别现金流量报表的格式基本相同，增加了"子公司支付给少数股东的股利、利润"等项目。

合并现金流量表需要进行抵销的内容主要有：①母子公司之间当期以现金投资或收购股权增加的投资所支付产生的现金流量与吸收投资收到的现金流量相互抵销；②母子公司之间当期取得投资收益收到的现金与分配股利、利润或偿付利息支出的现金相互抵销；③母子公司之间以现金结算债权与债务所产生的现金流量相互抵销；④母子公司之间当期销售商品所产生的现金流量与购买商品支付的现金流量相互抵销；⑤母子公司之间处置固定资产、无形资产和其他长期资产收回的现金净额与购建固定资产、无形资产和其他长期资产支付的现金相互抵销；等等。

第二节 股权取得日合并财务报表的编制

合并财务报表一般包括合并资产负债表、合并利润表、合并所有者权益变动表（或合并股东权益变动表）、合并现金流量表和报表附注。在股权取得日所需编制的合并财务报表种类，与企业合并的类型有关。对于非同一控制下企业合并，股权取得日只需要编制合并资产负债表。

一、同一控制下合并日合并财务报表的编制

（一）同一控制下合并日合并报表的编制要点

因同一控制下企业合并增加子公司及业务，视同合并后形成的报告主体自最终控制方开始实施时一直是一体化存续下来的。因此，在合并日编制的财务报表，通常包括合并资产负债表、合并利润表和合并现金流量表。

编制合并资产负债表时，应当调整合并资产负债表所有相关项目的期初数；相应地，合并资产负债表的留存收益项目应当反映母子公司一直作为一个整体运行至合并日应实现的盈余公积和未分配利润的情况，同时应当对比较报表的相关项目进行调整。

在合并日编制合并利润表时，经营成果应当持续计算，将该子公司合并当期期初至报告期末的收入、费用、利润纳入合并利润表，而不是从合并日开始纳入合并利润表；同时应当对比较报表的相关项目进行调整。由于这部分净利润是因企业合并准则所规定的同一控制下企业合并的编表原则所致，而非母公司管理层通过生产经营活动实现的净利润，因此应当在合并利润表中单列"其中：被合并方在合并前实现的净利润"项目进行反映。

在编制合并流量表时，应当将新增加的子公司以及业务自合并当期期初至报告期末的现金流量纳入合并现金流量表，同时应当对比较报表的相关项目进行调整，视同合并后的报告主体自最终控制方开始控制时点起一直存在。合并现金流量表一般是以母公司和子公司的现金流量表为基础，在抵销母公司与子公司、子公司相互之间发生的内部交易对合并现金流量表的影响后，由母公司编制而成。合并现金流量表及其补充资料也可以根据合并资产负债表和合并利润表进行编制。

（二）合并日合并资产负债表的合并处理

不考虑合并日及以前期间发生的现金投资和其他内部交易，合并日编制的工作底稿中，重点是对合并资产负债表项目的合并抵销处理。母公司在将购买取得子公司股权登记入账后，编制合并日合并资产负债表时，应进行如下处理：

1. 抵销长期股权投资与子公司所有者权益项目

母公司在编制合并日的合并财务报表时，需要将母公司对子公司的长期股权投资与其在子公司所有者权益中所拥有的份额进行抵销处理，这是因为母公司所记录的长期股

权投资，其本身就反映了母公司在子公司净资产中所享有的权益份额，该权益同时记录在子公司所有者权益项目中。将母公司和子公司的各项资产、负债和所有者权益项目的金额进行加总后，子公司的净资产及相应权益被重复列报。为消除重复因素，应将企业集团的内部投资与内部权益进行抵销处理。与母公司个别资产负债表相比，合并资产负债表中的资产和负债部分，抵销了母公司对子公司的长期股权投资，纳入了子公司的各项资产和负债项目；在所有者权益部分，抵销了子公司报表中反映的所有者权益项目，保留了母公司报表中所反映的所有者权益项目（即企业集团的外部投资者所享有的权益）。

在同一控制下的企业合并中，长期股权投资的初始投资成本是按照所享有的被合并方账面所有者权益的份额确定的，因此可以直接将长期股权投资项目与子公司所有者权益项目进行抵销处理。借记子公司所有者权益各项目，贷记长期股权投资项目。

2. 子公司被合并前留存收益的恢复

同一控制下的企业合并会计处理的一个基本理念是，合并后的报告主体视同自最终控制方开始控制时一直存在。因此，合并利润表及合并资产负债表的留存收益部分，应反映母子公司作为一个整体运行至合并日所实现的经营成果。在将长期股权投资与子公司所有者权益项目进行抵销处理后，被合并方在合并前实现的留存收益中归属于合并方的部分，已经被抵销掉，导致子公司留存收益项目无法体现在留存收益的合计金额中。应当以合并方账面资本公积（资本溢价或股本溢价）的余额为限，将被合并方合并前取得的留存收益予以恢复。

【例6-2】康普公司与A公司为同一集团公司控制下的两家企业，其所采用的会计政策一致。20×1年1月1日，康普公司以29 000万元的价格取得A公司100%的股权。根据A公司资产负债表，A公司股东权益总额为32 000万元，其中股本为20 000万元，资本公积为8 000万元，盈余公积为1 200万元，未分配利润为2 800万元。合并完成后，康普公司与A公司的资产负债表数据详见表6-3。

表6-3 合并财务报表工作底稿

编制单位：康普公司　　　　　　20×1年1月1日　　　　　　单位：万元

项　目	康普公司	A公司	合计数	抵销和调整分录		合并数
				借方	贷方	
流动资产：						
货币资金	9 000	4 200	13 200			13 200
…	…	…	…			…
流动资产合计	62 000	35 000	97 000			97 000
非流动资产：						
债权投资	11 400	0	11 400			11 400
长期股权投资	32 000	0	32 000		32 000（1）	0
…	…	…	…			…
非流动资产合计	100 400	23 000	123 400		32 000	91 400
资产总计	162 400	58 000	220 400		32 000	188 400

续表

项　　目	康普公司	A公司	合计数	抵销和调整分录 借方	抵销和调整分录 贷方	合并数
流动负债：						
短期借款	12 000	5 000	17 000			17 000
…	…	…	…			…
流动负债合计	60 000	21 000	81 000			81 000
非流动负债：						
长期借款	4 000	3 000	7 000			7 000
…	…	…	…			…
非流动负债合计	26 000	5 000	31 000			31 000
负债合计	86 000	26 000	112 000			112 000
股东权益：						
股本	40 000	20 000	60 000	20 000（1）		40 000
资本公积	6 800	8 000	14 800	8 000（1） 4 000（2）		2 800
盈余公积	11 000	1 200	12 200	1 200（1）	1 200（2）	12 200
未分配利润	18 600	2 800	21 400	2 800（1）	2 800（2）	21 400
股东权益合计	76 400	32 000	108 400	36 000	4 000	76 400
负债和股东权益总计	162 400	58 000	220 400	36 000	4 000	188 400

本例属于同一控制下的企业控股合并，合并后，A公司成为康普公司的全资子公司。康普公司对A公司长期股权投资的初始投资成本＝A公司股东权益×100%＝32 000（万元）

合并对价29 000万元与长期股权投资的初始投资成本之间的差额，调整股东权益项目，增加资本公积。编制合并日合并资产负债表时，康普公司应进行如下抵销处理：

（1）抵销长期股权投资与A公司所有者权益项目：

借：股本　　　　　　　　　　　　　　　　　　　　　　　　　200 000 000
　　资本公积　　　　　　　　　　　　　　　　　　　　　　　　80 000 000
　　盈余公积　　　　　　　　　　　　　　　　　　　　　　　　12 000 000
　　未分配利润　　　　　　　　　　　　　　　　　　　　　　　28 000 000
　　贷：长期股权投资　　　　　　　　　　　　　　　　　　　　320 000 000

抵销处理后，A公司的所有者权益各项目均被抵销掉，为反映康普公司与A公司作为一个整体所实现的经营成果，将A公司留存收益项目金额自康普公司的资本公积中予以恢复，在工作底稿中编制如下会计分录：

（2）恢复A公司原留存收益项目金额：

借：资本公积　　　　　　　　　　　　　　　　　　　　　　　　40 000 000
　　贷：盈余公积　　　　　　　　　　　　　　　　　　　　　　12 000 000
　　　　未分配利润　　　　　　　　　　　　　　　　　　　　　28 000 000

康普公司在对投资业务进行账务处理后编制的资产负债表,以及A公司当日的资产负债表、抵销调整分录和合并数,详见表6-3所示的合并工作底稿。

合并资产负债表的资产总额是康普公司除对A长期股权投资之外的其他资产与A公司资产的合计数,负债总额为双方负债的合计数,所有者权益总额为康普公司的股东所享有的权益。

【例6-3】云帆公司和W公司为同一控制下的两家企业。20×1年1月1日云帆公司取得W公司80%的股权,并为此支付了银行存款25 740万元。根据W公司资产负债表,W公司股东权益总额为28 800万元,其中股本为18 000万元,资本公积为7 200万元,盈余公积为1 080万元,未分配利润为2 520万元。另外,合并W公司过程中,云帆公司发生法律、评估、审计等服务费用108万元,也以银行存款支付。W公司采用的会计政策与云帆公司一致。合并日编制的合并工作底稿,如表6-4所示。

本例中,云帆公司对W公司进行合并所发生的服务费用108万元,记入当期损益(管理费用)。

长期股权投资的初始投资成本=合并后云帆公司在W公司股东权益中所拥有的份额=28 800×80%=23 040(万元)

少数股东权益=28 800×20%=5 760(万元)

W公司留存收益中由云帆公司所享有的份额=(1 080+2 520)×80%=2 880(万元)

云帆公司的资本公积为9 000万元,其在W公司留存收益中享有的份额可全部恢复。

编制合并日合并资产负债表时,云帆公司编制的工作底稿如表6-4所示。

表6-4 合并财务报表工作底稿

编制单位:云帆公司　　　　　　20×1年1月1日　　　　　　单位:万元

项目	云帆公司	W公司	合计数	抵销和调整分录		少数股东权益	合并数
				借方	贷方		
流动资产:							
货币资金	8 100	3 780	11 880				11 880
…	…	…	…			…	…
流动资产合计	55 800	31 500	87 300				87 300
非流动资产:							
债权投资	10 260	0	10 260				10 260
长期股权投资	23 040	0	23 040		23 040①		0
…	…	…	…			…	…
非流动资产合计	84 600	20 700	105 300		23 040		82 260
资产总计	140 400	52 200	192 600		23 040		169 560
流动负债:							
短期借款	10 800	4 500	15 300				15 300
…	…	…	…			…	…

续表

项　　目	云帆公司	W公司	合计数	抵销和调整分录 借方	抵销和调整分录 贷方	少数股东权益	合并数
流动负债合计	54 000	18 900	72 900				72 900
非流动负债：							
长期借款	3 600	2 700	6 300				6 300
…	…	…	…			…	…
非流动负债合计	23 400	4 500	27 900				27 900
负债合计	77 400	23 400	100 800				100 800
股东权益：							
股本	36 000	18 000	54 000	18 000 ①			36 000
资本公积	9 000	7 200	16 200	7 200 ① 2 880 ②			6 120
盈余公积	9 900	1 080	10 980	1 080 ①	864 ②		10 764
未分配利润	8 100	2 520	10 620	2 520 ①	2 016 ②		10 116
归母股东权益合计	63 000	28 800	91 800	31 680	2 880		63 000
少数股东权益						5 760 ①	5 760
负债和股东权益总计	<u>140 400</u>	<u>52 200</u>	<u>192 600</u>	<u>31 680</u>	<u>2 880</u>	<u>5 760</u>	<u>169 560</u>

① 抵销长期股权投资与子公司所有者权益项目：

借：股本　　　　　　　　　　　　　　　　　　　　180 000 000

　　资本公积　　　　　　　　　　　　　　　　　　　72 000 000

　　盈余公积　　　　　　　　　　　　　　　　　　　10 800 000

　　未分配利润　　　　　　　　　　　　　　　　　　25 200 000

　　贷：长期股权投资　　　　　　　　　　　　　　　230 400 000

　　　　少数股东权益　　　　　　　　　　　　　　　 57 600 000

② 将W公司留存收益的80%予以恢复：

借：资本公积　　　　　　　　　　　　　　　　　　 28 800 000

　　贷：盈余公积　　　　　　　　　　　　　　　　　 8 640 000

　　　　未分配利润　　　　　　　　　　　　　　　　 20 160 000

二、非同一控制下购买日合并财务报表的编制

（一）非同一控制下购买日合并资产负债表的编制要点

根据《企业会计准则第33号——合并财务报表》的规定，非同一控制下企业合并或其他方式增加的子公司或业务，应当从购买日起编制合并财务报表。在编制合并资产负债表时，不对期初数进行调整。合并中取得的子公司各项可辨认资产、负债及或有负债

应当以公允价值在合并财务报表中列示。因此，对于非同一控制下的企业合并，编制购买日合并资产负债表时进行合并处理的第一步，是按公允价值对被购买方的各项资产负债予以调整，相应调整被购买方的所有者权益。

以合并成本（合并对价的公允价值）为基础确定的长期股权投资的初始投资成本，与子公司所有者权益项目的加总金额可能不对等，即存在合并价差。对于非同一控制下的企业合并，合并处理的第二步，是将长期股权投资与子公司所有者权益项目（公允价值）进行相互抵销，长期股权投资成本大于取得的子公司可辨认净资产公允价值份额的差额，作为合并商誉在合并资产负债表中予以确认。如果是负商誉，由于不编制合并利润表，该差额应调整合并资产负债表的留存收益项目。

（二）非同一控制下购买日编制合并资产负债表时的合并处理

1. 按公允价值对子公司的财务报表项目进行调整

母公司购买子公司时，要对子公司的资产负债的公允价值进行评估，并设置备查簿，登记所购买的子公司各项可辨认资产和负债的公允价值。从子公司角度看，作为一个持续经营的主体，一般情况下，不应将评估价值的变动登记入账，其个别财务报表反映的是各项资产和负债的原有账面价值。母公司必须按照购买日子公司资产、负债的公允价值对其财务报表项目进行调整，将各项资产、负债的公众价值变动模拟入账，以购买日子公司各项资产和负债的公允价值为基础编制购买日的合并财务报表。这一调整是通过在合并工作底稿中编制调整分录进行的。

假定子公司各项资产中，应收账款的公允价值低于账面价值，存货和固定资产的公允价值高于账面价值，则调整分录如下：

借：存货、固定资产等【评估增值】
　　贷：应收账款等【评估减值】
　　　　资本公积【差额，也可能在借方】

2. 抵销母公司长期股权投资与子公司所有者权益项目

在编制购买日的合并资产负债表时，需要将母公司的长期股权投资与子公司所有者权益项目进行相互抵销。在非全资子公司的情况下，不属于母公司所拥有的份额在抵销处理时转为少数股东权益。对于非同一控制下的企业合并，无论是确定母公司长期股权投资的初始投资成本，还是确定子公司各项可辨认资产、负债的并表金额，均采用公允价值这一新的计价基础。按公允价值对子公司财务报表调整处理后，在编制合并财务报表时则可以将长期股权投资与母公司所拥有的子公司所有者权益份额相互抵销。母公司的合并成本超过所取得的子公司可辨认净资产公允价值的份额，作为合并商誉处理。

应当注意的是，母公司在子公司所有者权益中所拥有的份额，是按净资产的公允价值为基础计算的，少数股东权益也要按这一基础计算确定。

【例6-4】普邦公司与K公司是非同一控制下的两家企业。20×1年6月30日普邦公司以定向增发公司普通股票的方式，购买取得K公司70%的股权。普邦公司定向增发普通股股票3 000万股，每股面值为1元，每股市场价格为2.95元。增发股票完成并购当日，普邦公司和 K 公司的资产负债表及评估确认的资产负债数据如表 6-5 所示。假定不考虑普邦公司增发该普通股股票所发生的审计评估等费用。

表 6-5 资产负债表

20×1 年 6 月 30 日　　　　　　　　　　　　　　　　　　　单位：万元

资　产	普邦公司	K 公司		负债和所有者权益（或股东权益）	普邦公司	K 公司	
		账面价值	公允价值			账面价值	公允价值
流动资产：				流动负债：			
货币资金	2 700	1 260	1 260	短期借款	3 600	1 500	1 500
交易性金融资产	1 200	540	540	交易性金融负债	1 140	0	0
应收票据	1 410	900	900	应付票据	3 000	900	900
应收账款	1 740	1 176	1 146	应付账款	5 400	1 260	1 260
预付款项	600	264	264	预收款项	900	390	390
应收股利	1 260	0	0	应付职工薪酬	1 800	480	480
其他应收款	0	0	0	应交税费	600	360	360
存货	9 300	6 000	6 330	应付股利	1 200	1 200	1 200
其他流动资产	390	360	360	其他流动负债	360	210	210
流动资产合计	18 600	10 500	10 800	流动负债合计	18 000	6 300	6 300
非流动资产：				非流动负债：			
债权投资	1 800	0	0	长期借款	1 200	900	900
其他债权投资	3 300	0	0	应付债券	6 000	600	600
长期股权投资	9 600	0	0	长期应付款	600	0	0
固定资产	6 300	5 400	6 300	非流动负债合计	7 800	1 500	1 500
在建工程	6 000	1 020	1 020	负债合计	25 800	7 800	7 800
无形资产	1 200	480	480	股东权益：			
商誉	0	0	0	股本	12 000	6 000	
非流动资产合计	28 200	6 900	7 800	资本公积	3 000	2 400	
				盈余公积	3 300	360	
				未分配利润	2 700	840	
				股东权益合计	21 000	9 600	10 800
资产总计	46 800	17 400	18 600	负债和股东权益总计	46 800	17 400	18 600

本例中，普邦公司将购买取得的 K 公司 70% 的股权作为长期股权投资入账，其账务处理如下：

① 记录长期股权投资：

借：长期股权投资——K 公司 [30 000 000×2.95]　　　　　　88 500 000

　　贷：股本　　　　　　　　　　　　　　　　　　　　　　　　30 000 000

资本公积　　　　　　　　　　　　　　　　　　　　　　　58 500 000

② 编制购买日的合并资产负债表时，按照 K 公司资产和负债的评估增值或减值，分别调增或调减相关资产和负债项目的金额。在合并工作底稿中调整分录如下：

借：存货　　　　　　　　　　　　　　　　　　　　　　　3 300 000
　　固定资产　　　　　　　　　　　　　　　　　　　　　　9 000 000
　　贷：应收账款　　　　　　　　　　　　　　　　　　　　　300 000
　　　　资本公积　　　　　　　　　　　　　　　　　　　　12 000 000

调整后 K 公司的资本公积 = 2 400 + 1 200 = 3 600（万元）
调整后 K 公司的股东权益总额 = 9 600 + 1 200 = 10 800（万元）
合并商誉 = 8 850 - 10 800 × 70% = 1 290（万元）
少数股东权益 = 10 800 × 30% = 3 240（万元）

③ 抵销普邦公司的长期股权投资与其在 K 公司所有者权益中拥有的份额：

借：股本　　　　　　　　　　　　　　　　　　　　　　　60 000 000
　　资本公积　　　　　　　　　　　　　　　　　　　　　36 000 000
　　盈余公积　　　　　　　　　　　　　　　　　　　　　 3 600 000
　　未分配利润　　　　　　　　　　　　　　　　　　　　 8 400 000
　　商誉　　　　　　　　　　　　　　　　　　　　　　　12 900 000
　　贷：长期股权投资——K 公司　　　　　　　　　　　　88 500 000
　　　　少数股东权益　　　　　　　　　　　　　　　　　32 400 000

将上述记录长期股权投资的会计分录、调整分录和抵销分录反映在普邦公司购买日编制的合并工作底稿中，如表 6-6 所示。

表 6-6　合并财务报表工作底稿

编制单位：普邦公司　　　　　　　20×1 年 6 月 30 日　　　　　　　单位：万元

项目	普邦公司	K 公司	合计数	调整分录 借方	调整分录 贷方	抵销分录 借方	抵销分录 贷方	少数股东权益	合并数
流动资产：									
货币资金	2 700	1 260	3 960						3 960
交易性金融资产	1 200	540	1 740						1 740
应收票据	1 410	900	2 310						2 310
应收账款	1 740	1 176	2 916		30 ②				2 886
预付款项	600	264	864						864
应收股利	1 260	0	1 260						1 260
存货	9 300	6 000	15 300	330 ②					15 630
其他流动资产	390	360	750						750
流动资产合计	18 600	10 500	29 100	<u>330</u>	<u>30</u>				29 400
非流动资产：									0
债权投资	1 800	0	1 800						1 800

续表

项　目	普邦公司	K公司	合计数	调整分录 借方	调整分录 贷方	抵销分录 借方	抵销分录 贷方	少数股东权益	合并数
其他债权投资	3 300	0	3 300						3 300
长期股权投资	9 600	0	9 600	8 850①			8 850③		9 600
固定资产	6 300	5 400	11 700	900②					12 600
在建工程	6 000	1 020	7 020						7 020
无形资产	1 200	480	1 680						1 680
商誉	0	0	0			1 290③			1 290
非流动资产合计	28 200	6 900	35 100	9 750		1 290	8 850		37 290
资产总计	46 800	17 400	64 200	10 080	30	1 290	8 850		66 690
流动负债：									
短期借款	3 600	1 500	5 100						5 100
交易性金融负债	1 140	0	1 140						1 140
应付票据	3 000	900	3 900						3 900
应付账款	5 400	1 260	6 660						6 660
预收款项	900	390	1 290						1 290
应付职工薪酬	1 800	480	2 280						2 280
应交税费	600	360	960						960
应付股利	1 200	1 200	2 400						2 400
其他流动负债	360	210	570						570
流动负债合计	18 000	6 300	24 300						2 430
非流动负债：									
长期借款	1 200	900	2 100						2 100
应付债券	6 000	600	6 600						6 600
长期应付款	600	0	600						600
非流动负债合计	7 800	1 500	9 300						9 300
负债合计	25 800	7 800	33 600						33 600
股东权益：									
股本	12 000	6 000	18 000	3 000①		6 000③			15 000
资本公积	3 000	2 400	5 400	5 850① 1 200②		3 600③			8 850
盈余公积	3 300	360	3 660			360③			3 300
未分配利润	2 700	840	3 540			840③			2 700
归母股东权益合计	21 000	9 600	30 600	10 050		10 800			29 850
少数股东权益	0	0	0					3 240③	3 240
负债和股东权益总计	46 800	17 400	64 200	10 050		10 800		3 240	66 690

第三节 股权取得日后投资相关合并处理

股权取得日后,需要在每个资产负债表日,编制母子公司的合并资产负债表、合并利润表、合并现金流量表和合并所有者权益变动表。与股权取得日的合并处理相比,股权取得日后的合并处理更为复杂。这是因为股权投资后要对投资收益和股利分配事项进行会计处理,母公司在子公司所有者权益中拥有的份额也会发生变化。对于非同一控制下的企业合并,还要基于公允价值对子公司实现的净利润进行调整。

一、股权取得日后股权投资相关合并处理程序

在合并处理程序上,同一控制下的企业合并与非同一控制下的企业合并存在着差异,如表6-7所示。

表6-7 股权取得日后同一控制下与非同一控制下合并处理程序

	步　骤	同一控制下企业合并	非同一控制下企业合并
1	以购买日确定的各项可辨认资产负债公允价值为基础调整子公司报表		√
2	按权益法调整长期股权投资和投资收益等	√	√
3	抵销长期股权投资与所有者权益项目	√	√
4	抵销投资收益与子公司利润分配项目等	√	√

对于非同一控制下的企业控股合并,首先要以购买日确定的各项可辨认净资产的公允价值为基础,调整子公司报表,再进行后续合并处理。在购买法下,购买方所取得的被购买方各项资产和负债,应当按新的计价基础即公允价值在合并报表中进行确认。期末编制合并财务报表时,第一,根据购买股权备查簿,在工作底稿中按照购买日公允价值与账面价值的差额,对子公司财务报表项目进行调整,将子公司相关资产、负债项目的账面价值调整至公允价值,并调整所有者权益部分资本公积等项目的金额。第二,为了反映购买日后子公司各项资产和负债公允价值的变化,以及这种变化对净利润的影响,应当基于当期公允价值的实现情况进行后续调整。

假设应收账款按公允价值收回、坏账损失被核销,存货按公允价值实现销售,固定资产按公允价值计提折旧,则相关调整分录如下:

借:营业成本【存货出售,其增值部分计入营业成本】
　　管理费用【固定资产增值部分计提的折旧】
　　应收账款
　贷:存货
　　　固定资产——累计折旧
　　　信用减值损失【应收账款收回,减值核销】

上述调整分录中的"营业成本""管理费用"和"信用减值损失",直接影响净利润的金额,即按照公允价值实现情况调整了子公司的净利润。

二、按权益法调整股权投资相关项目金额

母公司对子公司的长期股权投资是按照成本法进行日常核算的,除增资和减资外,长期股权投资的账面价值保持不变,且只在子公司宣告发放股利时才记录投资收益。采用成本法进行核算的结果是,母公司记录的长期股权投资与子公司所有者权益中母公司拥有的份额不对等,母公司记录的投资收益与子公司实现的经营成果也毫无关联。编制股权取得日后合并财务报表时,必须在工作底稿中按权益法调整长期股权投资和投资收益项目,将成本法核算结果转换为权益法下的结果。

将成本法核算调整为权益法核算时,对于子公司当年实现的净利润中属于母公司享有的份额,调整增加对子公司长期股权投资的金额,并调整增加当年投资收益;对于子公司当期分派的现金股利或宣告分派的股利中母公司享有的份额,则调整减少长期股权投资的账面价值,同时调整减少投资收益。子公司发生除净损益以外所有者权益的其他变动,在按照权益法对成本法核算的结果进行调整时,应当根据子公司其他权益变动归属于母公司的金额,对长期股权投资和其他综合收益进行调整。按照权益法对成本法核算的结果进行调整的方法如表 6-8 所示。

表 6-8 将长期股权投资和投资收益由成本法转换为权益法下的结果

项 目	成 本 法	权 益 法	调整分录
子公司实现净利润	不核算	①确认投资收益;同时调增长期股权投资的账面数	按①调整 借:长期股权投资 贷:投资收益
子公司宣告发放股利	确认投资收益 借:应收股利 贷:投资收益	②视同投资返还,调减投资 借:应收股利 贷:长期股权投资	调整为② 借:投资收益 贷:长期股权投资
子公司其他权益变动	不核算	③调增或调减投资及权益(其他综合收益)	按③调整,如果调增投资及权益,则 借:长期股权投资 贷:其他综合收益

表 6-8 中,之所以要按子公司分派或宣告分派的现金股利调整减少投资收益,是因为在成本法核算的情况下,母公司在当期的财务报表中已按子公司分派或宣告分派的现金股利确认了投资收益。按照权益法调整的结果是,长期股权投资调整后的金额正好反映母公司在子公司所有者权益中所拥有的份额;投资收益调整后的金额正好反映母公司在子公司净利润中所享有的份额。在取得子公司长期股权投资的第二年,将成本法调整为权益法核算的结果时,则在调整计算第一年年末权益法核算的对子公司长期股权投资的金额基础上,按第二年子公司实现的净利润和其他权益中母公司所拥有的份额,调

增长期股权投资的金额；按子公司分派或宣告分派的现金股利中母公司所拥有的份额，调减长期股权投资的金额。以后各年，比照上述做法进行调整处理。

三、股权投资相关合并抵销处理

（一）长期股权投资与子公司所有者权益项目的抵销

经过前面的公允价值调整和权益法转换处理后，母公司的长期股权投资，反映了其在子公司所有者权益中所享有的份额，由此，可以将母公司长期股权投资项目与子公司所有者权益项目相互抵销，以此消除编制合并资产负债表时遇到的重复因素。对于非同一控制下的企业合并，由于长期股权投资是按合并成本计量的，合并成本大于子公司可辨认净资产公允价值份额的差额，确认为商誉；若出现负商誉，则记入当期损益。

对于全资子公司，进行抵销处理时，将对子公司长期股权投资的金额与子公司所有者权益全额抵销；而对于非全资子公司，则将长期股权投资与子公司所有者权益中母公司所拥有的份额进行抵销，不属于母公司的份额，即属于子公司少数股东的权益，应将其转为少数股东权益。

（二）投资收益与子公司利润分配项目的抵销

经过公允价值调整和权益法转换处理后，母公司的投资收益与子公司当年实现的净利润建立了对等关系。母公司记录的投资收益与子公司实现的可用来分配的净利润，是同一事物的两个方面，它们之间存在着重复因素。因此，在编制合并利润表及所有者权益变动表时，必须通过抵销处理消除重复因素。从母公司来看，其记录的投资收益属于内部收益，应该被抵销掉；从子公司来看，其对母公司的利润分配属于内部分配，也应该予以抵销。由此，所需要进行的抵销处理是，将母公司的投资收益项目与子公司的利润分配项目进行相互抵销。

从单一企业来讲，当年实现的净利润加上年初未分配利润是企业利润分配的来源，企业对其进行分配，提取盈余公积、向股东分配股利以及留待以后年度的未分配利润等，则是利润分配的去向。为了使合并财务报表反映企业集团股东权益的变动情况，必须将母公司投资收益、少数股东损益和期初未分配利润与子公司当年利润分配以及期末未分配利润的金额相抵销。这一抵销处理是基于利润分配的来源、去向之间的平衡关系达成的。相关抵销分录如下：

借：投资收益【调整后的金额】
　　少数股东损益【归属于少数股东的损益】
　　年初未分配利润
　　贷：提取盈余公积
　　　　向股东分配利润
　　　　年末未分配利润

子公司当年实现的净利润,一部分属于母公司所有,另一部分则属于少数股东所有,即少数股东损益。如为损失,则在贷方抵销。

(三)应收股利与应付股利的抵销

当子公司宣告发放股利时,母公司记录"应收股利",子公司记录"应付股利"。这两者均属于内部款项往来,从企业集团角度看,没有债权债务的发生。在编制合并资产负债表时,应将母子公司间的应收应付股利予以抵销。要注意的是,抵销应付股利的金额仅限于母公司所享有的部分,子公司发放给少数股东的股利,不应当被抵销。

【例6-5】永邦公司与S公司为同一控制下的两家企业,它们采用的会计政策相互一致。20×1年1月1日,永邦公司以28 600万元的价格取得S公司80%的股权,使其成为子公司。合并日,S公司股东权益总额为32 000万元,其中股本为20 000万元,资本公积为8 000万元,盈余公积为1 200万元,未分配利润为2 800万元。

S公司20×1中全年实现净利润10 500万元,经公司董事会提议并经股东会批准,提取盈余公积2 000万元;向股东宣告分派现金股利4 500万元。20×1年12月31日,S公司股东权益总额为38 000万元,其中股本为20 000万元,资本公积为8 000万元,盈余公积为3 200万元,未分配利润为6 800万元。永邦公司和S公司20×1年度资产负债表、利润表和股东权益变动表的相关数字详见表6-9。

本例中,永邦公司对S公司长期股权投资的初始投资成本=32 000×80%=25 600(万元),20×1年因S公司分派现金股利而确认的投资收益为3 600万元(4 500×80%)。

为编制20×1年度合并财务报表,永邦公司在工作底稿中应进行如下会计处理:

第一,将成本法核算结果调整为权益法下的结果:

① 借:长期股权投资——S公司　　　　　　　　　　　　　84 000 000
　　　贷:投资收益 [105 000 000×80%]　　　　　　　　　 84 000 000
② 借:投资收益 [45 000 000×80%]　　　　　　　　　　　 36 000 000
　　　贷:长期股权投资——S公司　　　　　　　　　　　　36 000 000

经过上述调整后,永邦公司对S公司长期股权投资的账面价值为30 400万元(25 600+8 400−3 600)。该长期股权投资账面价值30 400万元,正好与永邦公司在S公司股东权益中所拥有的份额(38 000×80%)相等;投资收益调整为8 400万元,正好与S公司实现净利润的80%相等。

第二,抵销长期股权投资与子公司所有者权益项目:

③ 借:股本　　　　　　　　　　　　　　　　　　　　　200 000 000
　　　资本公积　　　　　　　　　　　　　　　　　　　　 80 000 000
　　　盈余公积　　　　　　　　　　　　　　　　　　　　 32 000 000
　　　未分配利润　　　　　　　　　　　　　　　　　　　 68 000 000
　　　贷:长期股权投资　　　　　　　　　　　　　　　　 304 000 000
　　　　少数股东权益 [380 000 000×20%]　　　　　　　　 76 000 000

第三,将永邦公司的投资收益与子公司利润分配项目相抵销:

④ 借：投资收益　　　　　　　　　　　　　　　　　　84 000 000
　　　少数股东损益 [105 000 000×20%]　　　　　　　21 000 000
　　　年初未分配利润　　　　　　　　　　　　　　　28 000 000
　　贷：提取盈余公积　　　　　　　　　　　　　　　　20 000 000
　　　　向股东分配利润　　　　　　　　　　　　　　　45 000 000
　　　　年末未分配利润　　　　　　　　　　　　　　　68 000 000

第四，抵销应收应付股利。S公司本年宣告分派现金股利4 500万元，永邦公司按照其所享有的份额确认应收股利3 600万元，这属于母子公司之间的债权债务，在编制合并财务报表时必须将其予以抵销，其抵销分录如下：

⑤ 借：应付股利　　　　　　　　　　　　　　　　　　36 000 000
　　贷：应收股利　　　　　　　　　　　　　　　　　　　36 000 000

根据上述调整分录①和②和抵销分录③至⑤，编制合并工作底稿如表6-9所示。

表6-9　合并财务报表工作底稿

20×1年度　　　　　　　　　　　　　　　　　　单位：万元

项　　　目	永邦公司	S公司	合计数	调整分录 借方	调整分录 贷方	抵销分录 借方	抵销分录 贷方	少数股东权益	合并数
（利润表项目）									
一、营业收入	150 000	94 800	244 800						244 800
减：营业成本	96 000	73 000	169 000						169 000
税金及附加	1 800	1 000	2 800						2 800
销售费用	5 200	3 400	8 600						8 600
管理费用	6 000	3 900	9 900						9 900
财务费用	1 200	800	2 000						2 000
资产减值损失	600	300	900						900
加：投资收益	9 800	200	10 000	3 600 ②	8 400 ①	8 400 ④			6 400
二、营业利润	49 000	12 600	61 600	3 600	8 400	8 400			58 000
加：营业外收入	1 600	2 400	4 000						4 000
减：营业外支出	2 600	1 000	3 600						3 600
三、利润总额	48 000	14 000	62 000	3 600	8 400	8 400			58 400
减：所得税费用	12 000	3 500	15 500						15 500
四、净利润	36 000	10 500	46 500	3 600	8 400	8 400			42 900
少数股东损益								2 100 ④	2 100
归属于母公司股东损益									40 800
五、其他综合收益的税后净额									
六、综合收益总额	36 000	10 500	46 500	3 600	8 400	8 400		2 100	40 800
（股东权益变动表项目）									

续表

项 目	永邦公司	S公司	合计数	调整分录 借方	调整分录 贷方	抵销分录 借方	抵销分录 贷方	少数股东权益	合并数
一、年初未分配利润	9 000	2 800	11 800			2 800 ④			9 000
二、本年增减变动金额									
（一）综合收益总额	36 000	10 500	46 500	3 600	8 400	8 400		2 100	40 800
（二）利润分配									
1. 提取盈余公积	7 000	2 000	9 000				2 000 ④		7 000
2. 对股东的分配	20 000	4 500	24 500				4 500 ④		20 000
三、年末未分配利润	18 000	6 800	24 800	3 600	8 400	6 800 ③ 18 000	6 800 ④ 13 300	2 100	22 800*
（资产负债表项目）									
流动资产：									
货币资金	5 700	6 500	12 200						12 200
交易性金融资产	3 000	5 000	8 000						8 000
应收票据	7 200	3 600	10 800						10 800
应收账款	8 500	5 100	13 600						13 600
预付款项	1 500	2 500	4 000						4 000
应收股利	4 800	0	4 800				3 600 ⑤		1 200
其他应收款	500	1 300	1 800						1 800
存货	37 000	18 000	55 000						55 000
其他流动资产	1 800	1 000	2 800						2 800
流动资产合计	70 000	43 000	113 000				3 600		109 400
非流动资产：									
债权投资	8 000	0	8 000						8 000
其他债权投资	13 000	4 000	17 000						17 000
长期股权投资	40 000	0	40 000	8 400 ①	3 600 ②		30 400 ③		14 400
固定资产原价	28 000	26 000	54 000						54 000
在建工程	13 000	4 200	17 200						17 200
无形资产	6 000	1 800	7 800						7 800
商誉	2 000	0	2 000						2 000
其他非流动资产	0	0	0						0
非流动资产合计	110 000	36 000	146 000	8 400	3 600		30 400		120 400
资产总计	180 000	79 000	259 000	8 400	3 600		34 000		229 800
流动负债：									
短期借款	10 000	4 800	14 800						14 800
交易性金融负债	4 000	2 400	6 400						6 400
应付票据	13 000	3 600	16 600						16 600

续表

项目	永邦公司	S公司	合计数	调整分录 借方	调整分录 贷方	抵销分录 借方	抵销分录 贷方	少数股东权益	合并数
应付账款	18 000	5 200	23 200						23 200
预收款项	4 000	3 900	7 900						7 900
应付职工薪酬	5 000	1 600	6 600						6 600
应交税费	2 700	1 400	4 100						4 100
应付股利	5 000	4 500	9 500			3 600⑤			5 900
其他应付款	300	700	1 000						1 000
其他流动负债	2 000	900	2 900						2 900
流动负债合计	64 000	29 000	93 000			3 600			89 400
非流动负债：									
长期借款	4 000	5 000	9 000						9 000
应付债券	20 000	7 000	27 000						27 000
长期应付款	6 000	0	6 000						6 000
非流动负债合计	30 000	12 000	42 000						42 000
负债合计	94 000	41 000	135 000			3 600			131 400
股东权益：									
股本	40 000	20 000	60 000			20 000③			40 000
资本公积	10 000	8 000	18 000			8 000③			10 000
盈余公积	18 000	3 200	21 200			3 200③			18 000
未分配利润	18 000	6 800	24 800	3 600	8 400	18 000	13 300	2 100	22 800
归母股东权益合计	86 000	38 000	124 000	3 600	8 400	49 200	13 300	2 100	90 800
少数股东权益								7 600③	7 600
负债和股东权益总计	180 000	79 000	259 000	3 600	8 400	52 800	13 300	5 500	229 800

注：*22 800=24 800+（8 400-3 600）+（13 300-18 000）-2 100

根据上述合并工作底稿，可以编制永邦公司20×1年度合并资产负债表、合并利润表和合并股东权益变动表，如表6-10、表6-11和表6-12所示。

表6-10 合并资产负债表

会合01表

编制单位：永邦公司　　　　　　20×1年12月31日　　　　　　单位：万元

资产	年末余额	年初余额	负债和所有者权益（或股东权益）	年末余额	年初余额
流动资产：			流动负债：		
货币资金	12 200		短期借款	14 800	
交易性金融资产	8 000		交易性金融负债	6 400	
应收票据	10 800		应付票据	16 600	
应收账款	13 600		应付账款	23 200	

续表

资　　产	年末余额	年初余额	负债和所有者权益（或股东权益）	年末余额	年初余额
预付款项	4 000		预收款项	7 900	
应收股利	1 200		应付职工薪酬	6 600	
其他应收款	1 800		应交税费	4 100	
存货	55 000		应付股利	5 900	
其他流动资产	2 800		其他应付款	1 000	
流动资产合计	109 400		其他流动负债	2 900	
			流动负债合计	89 400	
非流动资产：			非流动负债：		
债权投资	8 000		长期借款	9 000	
其他债权投资	17 000		应付债券	27 000	
长期股权投资	14 400		长期应付款	6 000	
固定资产	54 000		非流动负债合计	42 000	
在建工程	17 200		负债合计	131 400	
无形资产	7 800		股东权益：		
商誉	2 000		股本	40 000	
非流动资产合计	120 400		资本公积	10 000	
			盈余公积	18 000	
			未分配利润	22 800	
			归属于母公司股东权益合计	90 800	
			少数股东权益	7 600	
			股东权益合计	98 400	
资产总计	229 800		负债和股东权益总计	229 800	

表 6-11　合并利润表　　　　　　　　　　　　　　　会合 02 表

编制单位：永邦公司　　　　　　20×1 年度　　　　　　　　单位：万元

项　　目	本年金额	上年金额
一、营业收入	244 800	
减：营业成本	169 000	
税金及附加	2 800	
销售费用	8 600	
管理费用	9 900	
财务费用	2 000	
资产减值损失	900	
加：投资收益（损失以"-"号填列）	6 400	

续表

项　　目	本年金额	上年金额
二、营业利润（亏损以"－"号填列）	58 000	
加：营业外收入	4 000	
减：营业外支出	3 600	
三、利润总额（亏损总额以"－"号填列）	58 400	
减：所得税费用	15 500	
四、净利润（净亏损以"－"号填列）	42 900	
归属于母公司股东的净利润	40 800	
少数股东损益	2 100	
五、其他综合收益的税后净额		
六、综合收益总额	42 900	
七、每股收益		

表6-12　合并股东权益变动表（简表）　　　　会合04表

编制单位：永邦公司　　　　20×1年度　　　　单位：万元

项　目	本年余额							上年余额						
	归属于母公司股东权益					少数股东权益	股东权益合计	归属于母公司股东权益					少数股东权益	股东权益合计
	股本	资本公积	盈余公积	未分配利润	其他			股本	资本公积	盈余公积	未分配利润	其他		
一、上年年末余额	40 000	10 000	11 000	9 000			70 000							
加：会计政策变更														
其他						6 400	6 400							
二、本年年初余额	40 000	10 000	11 000	9 000		6 400	76 400							
三、本年增减变动金额（减少以"－"号填列														
（一）综合收益总额				40 800		2 100	42 900							
（二）股东投入和减少资本														
1. 所有者投入资本														
2. 其他														
（三）利润分配														
1. 提取盈余公积			7 000	−7 000										
2. 对股东的分配				−20 000		−900	−20 900							

续表

项目	本年余额 归属于母公司股东权益 股本	本年余额 归属于母公司股东权益 资本公积	本年余额 归属于母公司股东权益 盈余公积	本年余额 归属于母公司股东权益 未分配利润	本年余额 归属于母公司股东权益 其他	本年余额 少数股东权益	本年余额 股东权益合计	上年余额 归属于母公司股东权益 股本	上年余额 归属于母公司股东权益 资本公积	上年余额 归属于母公司股东权益 盈余公积	上年余额 归属于母公司股东权益 未分配利润	上年余额 归属于母公司股东权益 其他	上年余额 少数股东权益	上年余额 股东权益合计
3. 其他														
（四）股东权益内部结转														
四、本年年末余额	40 000	10 000	18 000	22 800		7 600	98 400							

【例6-6】20×1年1月1日，佳禾公司以9 580万元的价格购得非关联方R公司80%的股权，使其成为子公司，当日，R公司的净资产公允价值为11 300万元。R公司采用的会计政策与佳禾公司一致。除表6-13所列示的资产外，R公司的其他资产和负债的公允价值与账面价值不存在差异。

表6-13 R公司公允价值与账面价值存在差异的资产项目   单位：万元

项 目	账面价值	公允价值	差 额
应收账款	1 960	1 560	−400
存货	800	900	100
固定资产（办公楼）	3 000	5 000	2 000
合计			1 700

R公司20×1年1月1日个别资产负债表中的股东权益总额为9 600万元，其中股本为6 000万元，资本公积为2 400万元，盈余公积为360万元，未分配利润为840万元；20×1年12月31日，股东权益总额为11 400万元，其中股本为6 000万元，资本公积为2 400万元，盈余公积为960万元，未分配利润为2 040万元。

R公司20×1全年实现净利润3 150万元，经公司董事会提议并经股东会批准，提取盈余公积600万元；向股东宣告分派现金股利1 350万元。佳禾公司和R公司20×1年12月31日资产负债表、利润表和股东权益变动表相关数字见表6-15。

本例中，佳禾公司对R公司的长期股权投资的初始投资成本＝合并成本＝9 580万元。合并商誉＝9 580−11 300×80%＝540（万元）

20×1年12月31日，佳禾公司的合并处理如下：

第一，按公允价值调整子公司的财务报表项目。

根据购买股权备查簿，在工作底稿中将R公司购买日净资产的账面价值调整至公允价值。以下重复购买日合并工作底稿中对子公司公允价值调整的分录：

① 借：存货   1 000 000
    固定资产   20 000 000
    贷：应收账款   4 000 000

资本公积 17 000 000

将子公司的各项资产和负债调整至公允价值后，由于收回、出售和折旧等原因，购买日后其数额会发生变化，并影响到当期损益。因此，在编制购买日后的合并报表时，需要基于公允价值和账面价值计量的差额调整损益项目。截至20×1年12月31日，应收账款按购买日确定的金额收回，确认的坏账已核销；购买日存货已全部对外销售，其公允价值大于实际成本的差额已实现；购买日固定资产公允价值的增值部分2 000万元，假定在未来40年内摊销，每年摊销50万元。

② 借：营业成本 1 000 000
　　　　管理费用 500 000
　　　　应收账款 4 000 000
　　　贷：存货 1 000 000
　　　　　固定资产 500 000
　　　　　信用减值损失 4 000 000

按已实现公允价值调整后R公司20×1年度净利润=3 150（当年实现的净利润）+400（因应收账款减值的实现而冲销的信用减值损失）-100（因存货增值的实现而调增的营业成本）-50（因固定资产增值计算的折旧而调增的管理费用）=3 150+250=3 400（万元）。

上述调整对20×1年12月31日R公司所有者权益项目的影响见表6-14。

表6-14　公允价值调整对R公司所有者权益项目的影响

所有者权益项目	调整前	调　整	调整后
股本	6 000		6 000
资本公积	2 400	公允价值调整+1 700	4 100
盈余公积	960		960
未分配利润	2 040	按公允价值调整净利润+250	2 290
所有者权益合计	1 1400		13 350

佳禾公司在R公司所有者权益中所拥有的份额=13 350×80%=10 680（万元）
年末少数股东权益=13 350×20%=2 670（万元）

第二，将成本法核算的结果调整为权益法核算的结果。

R公司调整后净利润3 400万元，其中佳禾公司应分享2 720万元（3 400×80%），少数股东应分享680万元（3 400×20%）。

③ 借：长期股权投资——R公司 27 200 000
　　　贷：投资收益 27 200 000

R公司当年宣告分配的股利为1 350万元，其中佳禾公司应分享1 080万元。

④ 借：投资收益 10 800 000
　　　贷：长期股权投资——R公司 10 800 000

调整后佳禾公司长期股权投资的账面价值=9 580+2 720-1 080=11 220（万元）
商誉=长期股权投资调整后金额-R公司调整后所有者权益的母公司份额
　　=11 220-10 680=540（万元）

第三，抵销长期股权投资与子公司所有者权益项目，抵销投资收益与子公司利润分配项目。

⑤ 借：股本 60 000 000
　　　　资本公积（24 000 000+17 000 000） 41 000 000
　　　　盈余公积 9 600 000
　　　　未分配利润（20 400 000+2 500 000） 22 900 000
　　　　商誉 [112 200 000−106 800 000] 5 400 000
　　　贷：长期股权投资 112 200 000
　　　　　少数股东权益 26 700 000

⑥ 借：投资收益 27 200 000
　　　　少数股东损益 6 800 000
　　　　年初未分配利润 8 400 000
　　　贷：提取盈余公积 6 000 000
　　　　　向股东分配利润 13 500 000
　　　　　年末未分配利润 22 900 000

第四，抵销应收应付股利。R公司本年宣告分派现金股利1 350万元，佳禾公司按照其所享有的金额1 080万元（1 350×80%）已确认应收股利，这在编制合并财务报表时必须将其予以抵销，其抵销分录如下：

⑦ 借：应付股利 10 800 000
　　　贷：应收股利 10 800 000

根据上述调整分录和抵销分录，编制合并工作底稿如表6-15所示。

表6-15　合并财务报表工作底稿

20×1年度　　　　　　　　　　　　　　　　　　　　　单位：万元

项　目	佳禾公司	R公司	合计数	调整分录		抵销分录		少数股东权益	合并数
				借方	贷方	借方	贷方		
（利润表项目）									
一、营业收入	45 000	28 440	73 440						73 440
减：营业成本	28 800	21 900	50 700	100 ②					50 800
税金及附加	540	300	840						840
销售费用	1 560	1 020	2 580						2 580
管理费用	1 800	1 170	2 970	50 ②					3 020
财务费用	160	240	400						400
信用减值损失	380	90	470		400 ②				70
加：投资收益	2 940	60	3 000	1 080 ④	2 720 ③	2 720 ⑥			1 920
二、营业利润	14 700	3 780	18 480	<u>1 230</u>	<u>3 120</u>	<u>2 720</u>			17 650
加：营业外收入	480	720	1 200						1 200
减：营业外支出	780	300	1 080						1 080

续表

项 目	佳禾公司	R公司	合计数	调整分录 借方	调整分录 贷方	抵销分录 借方	抵销分录 贷方	少数股东权益	合并数
三、利润总额	14 400	4 200	18 600	1 230	3 120	2 720			17 770
减：所得税费用	3 600	1 050	4 650						4 650
四、净利润	10 800	3 150	13 950	1 230	3 120	2 720			13 120
少数股东损益								680 ⑥	680
归属于母公司股东净利润									12 440
五、其他综合收益税后净额									
六、综合收益总额	10 800	3 150	13 950	1 230	3 120	2 720		680	12 440
（股东权益变动表项目）									
一、年初未分配利润	2 700	840	3 540			840 ⑥			2 700
二、本年增减变动金额									
（一）综合收益总额	10 800	3 150	13 950	1 230	3 120	2 720		680	12 440
（二）利润分配									
1.提取盈余公积	2 100	600	2 700				600 ⑥		2 100
2.对股东的分配	6 000	1 350	7 350				1 350 ⑥		6 000
三、年末未分配利润	5 400	2 040	7 440	1 230	3 120	2 290 ⑤ 5 850	2 290 ⑥ 4 240	680	7 040*
（资产负债表项目）									
流动资产：									
货币资金	1 710	1 950	3 660						3 660
交易性金融资产	900	1 500	2 400						2 400
应收票据	2 160	1 080	3 240						3 240
应收账款	2 550	1 530	4 080	400 ②	400 ①				4 080
预付款项	450	750	1 200						1 200
应收股利	1 440	0	1 440				1 080 ⑦		360
其他应收款	150	390	540						540
存货	11 100	5 400	16 500	100 ①	100 ②				16 500
其他流动资产	540	300	840						840
流动资产合计	21 000	12 900	33 900	500	500		1 080		32 820
非流动资产：									
债权投资	2 400	0	2 400						2 400
其他债权投资	3 900	1 200	5 100						5 100
长期股权投资	12 000	0	12 000	2 720 ③	1 080 ④		11 220 ⑤		2 420

续表

项目	佳禾公司	R公司	合计数	调整分录 借方	调整分录 贷方	抵销分录 借方	抵销分录 贷方	少数股东权益	合并数
固定资产	8 400	7 800	16 200	2 000 ①	50 ②				18 150
在建工程	3 900	1 260	5 160						5 160
无形资产	1 800	540	2 340						2 340
商誉	600	0	600	540 ⑤					1 140
非流动资产合计	33 000	10 800	43 800	5 260	1 130		11 220		36 710
资产总计	54 000	23 700	77 700	5 260	1 130		12 300		69 530
流动负债:									
短期借款	3 000	1 440	4 440						4 440
交易性金融负债	1 200	720	1 920						1 920
应付票据	3 900	1 080	4 980						4 980
应付账款	5 400	1 560	6 960						6 960
预收款项	1 200	1 170	2 370						2 370
应付职工薪酬	1 500	480	1 980						1 980
应交税费	810	420	1 230						1 230
应付股利	1 500	1 350	2 850			1 080 ⑦			1 770
其他应付款	90	210	300						300
其他流动负债	600	270	870						870
流动负债合计	19 200	8 700	27 900			1 080			26 820
非流动负债:									
长期借款	1 200	1 500	2 700						2 700
应付债券	6 000	2 100	8 100						8 100
长期应付款	1 800	0	1 800						1 800
非流动负债合计	9 000	3 600	12 600						12 600
负债合计	28 200	12 300	40 500			1 080			39 420
股东权益:									
股本	12 000	6 000	18 000			6 000 ⑤			12 000
资本公积	3 000	2 400	5 400		1 700 ①	4 100 ⑤			3 000
盈余公积	5 400	960	6 360			960 ⑤			5 400
未分配利润	5 400	2 040	7 440	1 230	3 120	5 850	4 240	680	7 040
归母股东权益合计	25 800	11 400	37 200	1 230	4 820	16 910	4 240	680	27 440
少数股东权益								2 670 ⑤	2 670
负债和股东权益总计	54 000	23 700	77 700	1 230	4 820	17 990	4 240	1 990	69 530

注：*7 040=7 440+（3 120-1 230）+（4 240-5 850）-680

根据上述合并工作底稿,编制佳禾公司20×8年度合并资产负债表、合并利润表和合并股东权益变动表,如表6-16、表6-17和表6-18所示。

表6-16 合并资产负债表

会合01表

编制单位:佳禾公司　　　　　　20×1年12月31日　　　　　　单位:万元

资　产	期末余额	年初余额	负债和股东权益	期末余额	年初余额
流动资产:			流动负债:		
货币资金	3 660		短期借款	4 440	
交易性金融资产	2 400		交易性金融负债	1 920	
应收票据	3 240		应付票据	4 980	
应收账款	4 080		应付账款	6 960	
预付款项	1 200		预收款项	2 370	
应收股利	360		应付职工薪酬	1 980	
其他应收款	540		应交税费	1 230	
存货	16 500		应付股利	1 770	
其他流动资产	840		其他应付款	300	
流动资产合计	32 820		其他流动负债	870	
			流动负债合计	26 820	
非流动资产:			非流动负债:		
债权投资	2 400		长期借款	2 700	
其他债权投资	5 100		应付债券	8 100	
长期股权投资	2 420		长期应付款	1 800	
固定资产	18 150		非流动负债合计	12 600	
在建工程	5 160		负债合计	39 420	
无形资产	2 340		股东权益:		
商誉	1 140		股本	12 000	
非流动资产合计	36 710		资本公积	3 000	
			盈余公积	5 400	
			未分配利润	7 040	
			归属于母公司股东权益合计	27 440	
			少数股东权益	2 670	
			股东权益总额	30 110	
资产总计	69 530		负债和股东权益总计	69 530	

表 6-17　合并利润表　　　　　　　　　　　　　　　　　　　　　会合 02 表

编制单位：佳禾公司　　　　　　20×1 年度　　　　　　　　　单位：万元

项　目	本年金额	上年金额
一、营业收入	73 440	
减：营业成本	50 800	
税金及附加	840	
销售费用	2 580	
管理费用	3 020	
财务费用	400	
资产减值损失	70	
加：投资收益（损失以"－"号填列）	1 920	
二、营业利润（亏损以"－"号填列）	17 650	
加：营业外收入	1 200	
减：营业外支出	1 080	
其中：非流动资产处置损失	0	
三、利润总额（亏损总额以"－"号填列）	17 770	
减：所得税费用	4 650	
四、净利润（净亏损以"－"号填列）	13 120	
归属于母公司股东的净利润	12 440	
少数股东损益	680	
五、其他综合收益税后净额		
六、综合收益总额	13 120	
七、每股收益		

表 6-18　合并股东权益变动表（简表）　　　　　　　　　　　　　会合 04 表

编制单位：佳禾公司　　　　　　20×1 年度　　　　　　　　　单位：万元

项　目	本年余额						上年余额					
	归属于母公司股东权益				少数股东权益	股东权益合计	归属于母公司股东权益				少数股东权益	股东权益合计
	股东	资本公积	盈余公积	未分配利润	其他			股东	资本公积	盈余公积	未分配利润	其他		
一、上年年末余额	12 000	3 000	3 300	2700			21 000						
加：会计政策变更													
其他						1 920	1 920						
二、本年年初余额	12 000	3 000	3 300	2 700		1 920	22 920						
三、本年增减变动金额（减少以"－"号填列）													
（一）综合收益总额				12 440		1 020	13 460						
（二）股东投入和减少资本													

续表

项目	本年余额							上年余额						
	归属于母公司股东权益					少数股东权益	股东权益合计	归属于母公司股东权益					少数股东权益	股东权益合计
	股东	资本公积	盈余公积	未分配利润	其他			股东	资本公积	盈余公积	未分配利润	其他		
（三）利润分配														
1. 提取盈余公积			2 100	−2 100										
2. 对股东的分配				−6 000		−270	−6 270							
3. 其他														
（四）股东权益内部结转														
四、本年年末余额	12 000	3 000	5 400	7 040		2 670	30 110							

第四节 内部商品交易和债权债务的抵销处理

在日常经营过程中，企业集团内部成员之间会发生商品交易，并会产生债权债务。根据一体性原则，这些内部交易和内部往来，都不会影响企业集团层面的经营成果和财务状况，在编制合并财务报表时，应予以抵销处理。

一、内部商品交易的抵销处理

在内部商品购销活动中，销售企业将集团内部销售作为收入确认并计算销售利润，而购买企业则是以支付购货的价款作为其成本入账，对于同一笔购销业务，在销售企业和购买企业的个别利润表中都做了反映。销售企业获取的收入属于内部销售收入，购买企业所支付的购货成本则包含了销售企业毛利，从整个企业集团的角度看，企业集团成员企业之间发生内部购销业务（不论顺销、逆销或平销），属于内部销售收入和销售成本的部分，应在合并时予以抵销。内部商品交易包括以下两种情况：第一，内部购进的商品当期全部实现对外销售；第二，内部购进的商品形成存货。

（一）内部销售收入和内部销售成本的抵销处理

如当期内部购进商品全部实现对外销售，则应将销售企业的销售收入与购买企业的购买成本这一对关系予以抵销，使得合并报表只反映从集团外部购入存货的成本，以及向集团外部出售商品的收入。

借：营业收入【内部销售收入】
　　贷：营业成本【内部购买成本】

企业集团内部销售，如当期商品全部实现对外销售，无论是合并纳税还是单独纳税，其结果是一致的。本节不考虑所得税的影响。

（二）内部购进形成存货的抵销处理

内部购进商品未实现对外销售而形成期末存货时，其存货价值中包括两部分内容：一部分为从企业集团外部购入时形成的存货成本（即销售企业销售该商品的成本）；另一部分为销售企业的销售毛利（即其销售收入减去销售成本的差额）。对于期末存货价值中包括的这部分销售毛利，从企业集团整体来看，并不是真正实现的利润，称为未实现内部销售损益。因为从整个企业集团来看，集团内部企业之间的商品购销活动实际上相当于企业内部的物资调拨活动，既不会实现利润，也不会增加商品的价值。在编制合并资产负债表时，应当将存货价值中包含的未实现内部销售损益予以抵销。

1. 当期内部购进的商品全部形成期末存货

当期内部购进的商品，全部未实现销售而形成期末存货时，企业集团并未真正实现销售，只是商品存放地点发生了变动。编制合并报表时，母公司所确认的"营业收入""营业成本"并不属实，应予以抵销；同时应抵销子公司"存货"中包含的未实现内部销售损益。

借：营业收入【内部销售收入】
　　贷：营业成本【内部销售成本】
　　　　存货【存货中包含的未实现内部销售损益】

2. 当期内部购进的商品部分形成期末存货

当期内部购进的商品中，一部分实现了对外销售，另一部分未实现销售而形成期末存货。从企业集团来看，内部购进的存货部分实现对外销售，合并报表中应确认的收入、结转的成本及期末存货列报金额如下（假设卖方成员企业为 P，买方成员企业为 S）：

应确认的收入 = S 实现的收入
应确认的销售成本 = P 确认的成本 × 销售比例 = S 确认的成本 ×（1-P 毛利率）
应列报的期末存货成本 = S 期末存货成本 ×（1-P 毛利率）

个别报表中，P、S 两公司分别确认了相应的营业收入和营业成本，其中 S 公司营业成本中包含了 P 公司所赚取的毛利，S 公司期末存货中也包含一部分未实现内部销售利润。故合并报表应抵销 P 确认的收入、S 期末存货中包含的未实现内部销售利润，至于营业成本的抵销，可以有不同的思路，简单地来看，是所抵销的收入、抵销的期末存货中包含的内部销售未实现利润二者的差额（轧平额）。编制抵销分录时，按照集团内部销售企业销售该商品的销售收入，借记"营业收入"项目，按照当期期末存货价值中包含的未实现内部销售损益的金额，贷记"存货"项目，按照借贷差额，贷记"营业成本"项目。抵销会计分录如下：

借：营业收入【内部销售收入】
　　贷：营业成本【轧平额】
　　　　存货【存货中包含的未实现内部销售损益】

【例 6-7】P 公司于 20×1 年 1 月控股合并了 S 公司,系 S 公司的母公司。20×1 年 P 公司向 S 公司销售一批商品,成本为 3 500 万元,收入为 5 000 万元,毛利率为 30%。截至 20×1 年底,S 公司将其中 60% 对外售出,取得收入 3 750 万元,其销售成本为 3 000 万元,毛利率为 20%。余下的 40% 形成 S 公司的期末存货。不考虑所得税因素。

本例中,P 公司向 S 公司销售商品,属于内部销售。对于最终实现对外销售的那部分内部商品交易,应将其包含的 3 000 万元(5 000×60%)内部销售收入和内部销售成本予以抵销:

借:营业收入(P)　　　　　　　　　　　　　　　　　30 000 000
　　贷:营业成本(S)　　　　　　　　　　　　　　　　　　30 000 000

对于未实现对外销售的那部分内部商品交易,应抵销内部销售收入 2 000 万元、内部销售成本 1 400 万元(3 500×40%)和存货中包含的未实现内部销售损益 600 万元:

借:营业收入(P)　　　　　　　　　　　　　　　　　20 000 000
　　贷:营业成本(P)　　　　　　　　　　　　　　　　　14 000 000
　　　　存货(S)　　　　　　　　　　　　　　　　　　　6 000 000

换一种思路,从企业集团角度看:

应确认的收入为 3 750 万元,P 公司确认的 5 000 万元收入应予以抵销。
应确认的销售成本 = 2 100 万元 [3 000×(1−30%)或 3 500×60%]
应抵销的成本 = 3 500 + 3 000 − 2 100 = 4 400(万元)
应列报的期末存货成本 = 2 000×(1−30%)= 1 400(万元)
应抵销期末存货中包含的未实现内部销售利润 600 万元。

以上合并抵销分录可以合二为一,如下:

借:营业收入　　　　　　　　　　　　　　　　　　　50 000 000
　　贷:营业成本　　　　　　　　　　　　　　　　　　　44 000 000
　　　　存货　　　　　　　　　　　　　　　　　　　　　6 000 000

(三)内部购进存货计提跌价准备的抵销处理

如果内部购进的存货被购买企业计提了跌价准备,而从整个企业集团看,应计提的存货跌价准备与个别报表有所不同,这时,需要对内部购进的存货计提跌价准备的金额进行相关抵销处理。有以下两种情形:一是内部购进存货的可变现净值低于购买企业的取得成本(买方成本),但高于销售企业的取得成本(卖方成本);二是内部购进存货的可变现净值既低于买方成本,也低于卖方成本。如图 6-2 所示。

图 6-2　存货跌价准备计提相关抵销处理示意图

在第一种情形下,从购买企业个别财务报表来看,购买企业按该存货的可变现净值低于其取得成本的金额确认存货跌价准备,并在其个别资产负债表中通过抵减存货项目的金额列示;同时,在利润表中列示相应的资产减值损失。从合并财务报表来看,随着内部购进存货包含的未实现内部销售损益的抵销,该存货在合并财务报表中列示的成本为抵销未实现内部销售损益后的成本。当该存货的可变现净值低于购买企业的取得成本(买方成本),但高于该存货在合并财务报表中的成本(卖方成本)时,不需要计提存货跌价准备。因此,个别财务报表中计列的存货跌价准备和资产减值损失,应予以全额抵销。进行合并处理时,应当按照购买企业本期计提存货跌价准备的金额,借记"存货"项目,贷记"资产减值损失"项目。

在第二种情形下,从购买企业个别财务报表来看,购买企业按该存货的可变现净值低于其取得成本的金额确认资产减值损失和存货跌价准备。但从合并财务报表层面来看,随着内部购进存货价值中包含的未实现内部销售损益的抵销,存货在合并报表中的成本调整为卖方成本,只需将可变现净值低于卖方成本的差额计提存货跌价准备。因此,在编制合并财务报表时,须将多计提的部分(等于内部购进存货价值中包含的未实现内部销售损益)予以抵销。进行抵销处理时,按此金额,借记"存货"项目,贷记"资产减值损失"项目。

可见,内部购进存货计提跌价准备的情况下,一方面,通过抵销存货跌价准备,将存货跌价准备对存货价值的减记影响予以消除;另一方面要抵销存货中包含的未实现内部销售损益。这两笔调整对存货价值的影响方向是相反的,其最终效果是将持有存货的买方所列报的存货账面价值调整为合并报表中应列报的成本(卖方成本)。

【例 6-8】 A 公司系 B 公司的母公司,A 公司本期向 B 公司销售商品 3 000 万元,其销售成本为 2 100 元;B 公司购进的该商品当期全部未实现对外销售而形成期末存货。B 公司期末对存货进行检查时,发现该商品已经部分陈旧。假定以下两种情形。

(1) 存货的可变现净值已降至 2 760 万元。为此,B 公司期末对该存货计提存货跌价准备 240 万元,并在其个别财务报表中列示。

(2) 存货其可变现净值降至 1 980 万元,B 公司期末对该存货计提存货跌价准备 1 020 万元,并在其个别财务报表中列示。

本例中,卖方 A 公司的存货取得成本为 2 100 万元,买方 B 公司的存货取得成本为 3 000 万元。从合并报表层面看,存货在合并报表中列示的成本应剔除存货价值中包含的未实现内部销售损益,即按卖方成本 2 100 万元列示。合并工作底稿中抵销内部销售收入、成本及存货价值中包含的未实现内部销售损益的会计分录如下:

借:营业收入　　　　　　　　　　　　　　　　　　　　30 000 000
　　贷:营业成本　　　　　　　　　　　　　　　　　　　21 000 000
　　　　存货　　　　　　　　　　　　　　　　　　　　　 9 000 000

对于情形(1),由于存货的可变现净值 2 760 万元高于合并报表列报成本 2 100 万元,B 公司对该存货计提的存货跌价准备 240 万元应全额予以抵销,抵销分录如下:

借:存货　　　　　　　　　　　　　　　　　　　　　　 2 400 000
　　贷:资产减值损失　　　　　　　　　　　　　　　　　 2 400 000

对于情形（2），该存货的可变现净值 1 980 万元低于合并报表列报成本 2 100 万元，差额 120 万元应确认为合并报表层面的存货跌价准备。在 B 公司本期计提的存货跌价准备 1 020 万元中，其中的 900 万元相当于 B 公司取得成本（3 000 万元）高于 A 公司的取得成本（2 100 万元）的部分，从整个企业集团来说，是不需要计提的，必须将其予以抵销，抵销分录如下：

借：存货　　　　　　　　　　　　　　　　　　　　　　9 000 000
　　贷：资产减值损失　　　　　　　　　　　　　　　　　　　9 000 000

二、内部债权债务的抵销处理

集团内部母公司与子公司、子公司相互之间的债权和债务项目，是指母公司与子公司、子公司相互之间因销售商品、提供劳务以及发生结算业务等原因产生的往来款项，如应收账款与应付账款、应收票据与应付票据、预付账款与预收账款、其他应收款与其他应付款等。发生在母公司与子公司、子公司相互之间的这些项目，企业集团内部企业的一方在其个别资产负债表中反映为资产，而另一方则反映为负债。例如，集团内部母公司与子公司之间发生的赊购赊销业务，对于赊销企业来说，在其个别资产负债表中反映为应收账款，对于购买企业而言，在其个别资产负债表中反映为应付账款。从企业集团整体角度来看，它只是内部资金运动，既不能增加企业集团的资产，也不能增加负债。因此，为了消除个别资产负债表直接加总中的重复计算因素，在编制合并财务报表时应当将内部债权债务项目予以抵销。

以应收账款和应付账款为例，抵销内部应收账款和应付账款时，其抵销分录为

借：应付账款【债务方账面价值】
　　贷：应收账款【债权方账面原值】

如果为应收账款计提了坏账准备，由于某一会计期间坏账准备的金额是以当期应收账款为基础计提的。在编制合并财务报表时，随着内部应收账款的抵销，与此相联系，也须将内部应收账款计提的坏账准备予以抵销。内部应收账款计提的坏账准备抵销时，其抵销分录为

借：应收账款——坏账准备
　　贷：信用减值损失

【例6-9】20×1 年 A 公司向其关联企业 B 公司销售商品 150 万元，尚未收款，A 公司对该项应收账款提取坏账准备 25 万元。故 A 公司个别资产负债表中应收账款 125 万元，为 20×1 年向 B 公司销售商品发生的应收账款的账面价值。B 公司个别资产负债表中的应付账款 150 万元，系 20×1 年向 A 公司购进商品存货时发生的应付购货款。

本例中，在编制合并财务报表时，应将内部应收账款与应付账款相互抵销；同时还应将内部应收账款计提的坏账准备予以抵销，其抵销分录如下：

借：应付账款　　　　　　　　　　　　　　　　　　　　1 500 000
　　贷：应收账款　　　　　　　　　　　　　　　　　　　　1 500 000

借：应收账款——坏账准备　　　　　　　　　　　　　　　　　250 000
　　贷：信用减值损失　　　　　　　　　　　　　　　　　　　　　250 000

【例 6-10】20×1 年，A 公司与关联企业 B 公司之间的债权债务往来如下：
① A 公司预收 B 公司 300 万元货款，在 A 公司个别资产负债表中反映的预收账款 300 万元为 B 公司的预付账款；② A 公司销售产品给 B 公司，收到 B 公司开具的票面金额为 500 万元的商业承兑汇票；③ B 公司发行的债券，120 万元为 A 公司所持有，在 A 公司个别资产负债表中反映为债权投资 120 万元。

本例中，在编制 A 公司和 B 公司的合并资产负债表时，应编制如下抵销分录。
将内部预收账款与内部预付账款抵销时，应编制如下抵销分录：
借：预收款项　　　　　　　　　　　　　　　　　　　　　　　3 000 000
　　贷：预付款项　　　　　　　　　　　　　　　　　　　　　　3 000 000
将内部应收票据与内部应付票据抵销时，应编制如下抵销分录：
借：应付票据　　　　　　　　　　　　　　　　　　　　　　　5 000 000
　　贷：应收票据　　　　　　　　　　　　　　　　　　　　　　5 000 000
将债权投资与应付债券抵销时，应编制如下抵销分录：
借：应付债券　　　　　　　　　　　　　　　　　　　　　　　1 200 000
　　贷：债权投资　　　　　　　　　　　　　　　　　　　　　　1 200 000

三、连续编制合并报表时的合并抵销处理

（一）期初存货包含的未实现内部销售损益的抵销处理

内部商品交易形成期末存货的情况下，在编制合并财务报表进行抵销处理时，需要将期末存货价值中包含的未实现内部销售损益予以抵销。该抵销处理对期末未分配利润也产生了影响。连续编制合并报表的情况下，期末存货理应变为下一期的期初存货。但是，在本期以母公司和子公司个别财务报表为基础编制合并财务报表时，期初存货中包含的未实现内部销售损益并没有从期初未分配利润中剔除掉。由此，母子公司期初未分配利润的加总数与上期合并报表中的期末未分配利润的金额不一致。因此，本期编制合并财务报表时，必须在加总母子公司期初未分配利润的基础上，抵销个别报表中从上期延续下来的未实现内部销售损益，调整本期期初未分配利润的金额。

上期购进的存货结转下期，有两种情况：①上期购进、本期仍未销售，形成本期期末存货。②上期购进，本期全部实现对外销售。假定上期结存存货在本期全部被售出，本期期末存货完全是本期购货形成，则抵销上期存货价值中包含的未实现内部销售损益、调整期初未分配利润的会计分录如下：
借：期初未分配利润【上期期末存货中包含的未实现内部销售损益】
　　贷：营业成本

对于本期发生的内部商品购销交易和期末存货包含的未实现内部销售损益,采用前面所述的方法进行抵销处理。

【例6-11】 20×1年初,乙公司从同一集团内的甲公司购入的商品库存为2 000万元,20×1年甲公司又向乙公司销售6 000万元的产品,成本为4 200万元,甲公司的销售毛利率为30%。乙公司从甲公司购进的商品,本期实现销售收入5 625万元,销售成本为4 500万元,销售毛利率为20%。乙公司期末内部购进形成的存货为3 500万元。

本例中,首先应当对乙公司期初存货价值中包含的未实现内部销售损益对本期期初未分配利润的影响进行抵销。然后,再对本期内部购进存货和期末存货进行合并处理。

(1)抵销期初存货价值中包含的未实现内部销售损益对期初未分配利润的影响:

借:期初未分配利润 [20 000 000×30%]   6 000 000
  贷:营业成本   6 000 000

(2)抵销本期内部销售收入、成本和存货包含中的未实现内部销售损益:

借:营业收入   60 000 000
  贷:营业成本   49 500 000
    存货 [35 000 000×30%]   10 500 000

(二)上期内部购进存货计提跌价准备的抵销处理

连续编制合并报表时,对于存货跌价准备的合并处理如下:首先,将上期抵销的存货跌价准备对本期期初未分配利润的影响予以抵销,借记"存货"或"营业成本"项目,贷记"期初未分配利润"项目。其次,对本期因内部交易计提的存货跌价准备进行合并抵销处理。

(三)期初应收账款坏账准备的抵销处理

连续编制合并财务报表时,就内部应收账款而言,上期期末抵销信用减值损失和坏账准备时对期末未分配利润产生的影响,会转化为对本期期初未分配利润的影响。因此,抵销上期结存下来的内部应收账款和内部应付账款时,期初内部应收账款相关的坏账准备,也应一并抵销,同时调整期初未分配利润的金额,分录如下:

借:应收账款——坏账准备
  贷:期初未分配利润

如果本期期末应收账款和坏账准备相比期初有所增加,即产生了新的应收款项,应将本期增加的款项视同首次发生进行合并抵销处理。如果期末金额小于期初金额,则在抵销期末内部应收应付账款的同时,按本期冲销的坏账准备金额,进行如下合并抵销处理:

借:信用减值损失
  贷:应收账款——坏账准备

第五节　内部固定资产交易和无形资产交易的抵销处理

内部固定资产交易或无形资产交易，是指企业集团内部发生与固定资产或无形资产有关的购销业务。对于企业集团内部的固定资产交易和无形资产交易，由于存在重复列报的因素，在编制合并报表时，需要进行相关抵销处理。

一、内部固定资产交易的抵销处理

内部固定资产交易是指企业集团内部发生的与固定资产有关的购销业务。与存货的情况不同，固定资产的使用寿命较长，往往要跨越若干个会计年度。对于内部交易形成的固定资产，不仅在该内部固定资产交易发生的当期需要进行抵销处理，而且在以后使用该固定资产的期间也需要进行抵销处理。

（一）内部固定资产交易当期的抵销处理

在固定资产交易当期，需要进行以下处理。其一是对内部固定资产交易形成的未实现损益的抵销处理；其二是对当期多提或少提折旧的抵销处理。此外，如果购买企业对该项固定资产计提了减值准备，也需要对该内部交易形成的固定资产计提的减值准备进行相应的抵销处理。

1. 企业集团内部固定资产购销交易的抵销处理

对于企业集团内部固定资产交易，根据销售企业销售的是产品还是固定资产，可以将其划分为两种类型：第一种是企业集团内部企业将自身使用的固定资产出售给企业集团内的其他企业作为固定资产使用；第二种是企业集团内部企业将自身生产的产品销售给企业集团内的其他企业作为固定资产使用。此外，还有一种是企业集团内部企业将自身使用的固定资产出售给企业集团内的其他企业作为普通商品，这种类型的固定资产交易，一般情况下在企业集团内部发生得极少。

（1）自用固定资产的内部销售。企业集团内部企业将其自用的固定资产出售给集团内部的其他企业，对于销售企业来说，在其个别资产负债表中表现为固定资产的减少，同时在其个别利润表中表现为固定资产处置收益，当处置收入大于或小于该固定资产账面价值时，表现为本期的"资产处置收益"；对于购买企业来说，在其个别资产负债表中则表现为固定资产的增加，其固定资产原价中既包含该固定资产在原销售企业中的账面价值，也包含销售企业因该固定资产出售所实现的损益。但从整个企业集团来看，这一交易属于集团内部固定资产调拨性质，它既不能产生收益，也不会发生损失。因此，必须将销售企业因该内部交易所实现的固定资产处置损益予以抵销，同时将购买企业固定资产原价中包含的未实现内部销售损益的金额予以抵销。通过抵销，使该固定资产原价在合并财务报表中仍然以销售企业的原账面价值反映。

（2）产品出售形成其他企业固定资产。企业集团内部企业将其生产的产品出售给集团内部的其他企业，对于销售企业来说，在其个别利润表中表现为收入的实现和销货成本的结转，其差额并入当期的利润总额；对于购买企业来说，在其个别资产负债表中则表现为固定资产的增加，包含销售企业因该固定资产出售所实现的损益。应将与内部交易形成的固定资产相关的销售收入、销售成本以及原价中包含的未实现内部销售损益予以抵销。

2. 固定资产折旧费用的抵销处理

固定资产在使用过程中是通过折旧的方式将其价值转移到产品价值之中，由于固定资产按原价计提折旧，在固定资产原价中包含未实现内部销售损益的情况下，每期计提的折旧费中也必然包含着未实现内部销售损益的金额，由此也需要对该内部交易形成的固定资产每期计提的折旧费进行相应的抵销处理。内部交易形成的固定资产，当期如果多计提了折旧费，一方面增加当期的费用，另一方面形成累计折旧。因此，对内部交易形成的固定资产当期多计提的折旧费抵销时，应按当期多计提的折旧额，借记"固定资产——累计折旧"项目，贷记"管理费用"等项目。如果为少计提折旧，处理方法相反。以下示例均假定该固定资产为购买企业的管理用固定资产，通过"管理费用"项目进行抵销。

【例6-12】 A 公司将账面价值 130 万元固定资产以 120 万元价格出售给 B 公司作为管理用固定资产。A 公司因该固定资产交易发生处置损失 10 万元，转作资产处置损益。B 公司以 120 万元作为该项固定资产的成本入账，对该固定资产按 5 年的使用寿命采用年限平均法计提折旧，预计净残值为 0。该项固定资产交易时间为 20×1 年 6 月 29 日，交易金额已在当日全部付清，B 公司当年计提了 6 个月的折旧。

本例中，编制合并财务报表应抵销未实现的内部销售损益，有关抵销处理如下：

（1）将内部交易固定资产相关的处置损益以及原价中包含的未实现内部销售损益予以抵销。

借：固定资产——原价　　　　　　　　　　　　　　　　　100 000
　　贷：资产处置收益　　　　　　　　　　　　　　　　　　　100 000

（2）该项固定资产在 A 公司提取 6 个月折旧（130 万元÷5 年÷12 月×6 月＝13 万元），在 B 公司提取 6 个月折旧（120 万元÷5 年÷12 月×6 月＝12 万元），合计 25 万元，而在合并报表层面应当提取 26 万元折旧（130 万元÷5 年＝26 万元），实际少提 1 万元折旧。有关补提折旧的分录如下：

借：管理费用　　　　　　　　　　　　　　　　　　　　　10 000
　　贷：固定资产——累计折旧　　　　　　　　　　　　　　　10 000

【例6-13】 A、B 公司为同一控制下的子公司，A 公司于 20×1 年 1 月 1 日，将成本为 1 200 万元的产品销售给 B 公司作为行政管理用固定资产，取得销售收入 1 680 万元。B 公司以 1 680 万元作为该固定资产的入账价值，并采用年限平均法计提折旧。该资产预计使用年限 4 年，预计净残值为零，为简化合并处理，假设当年按 12 个月计提折旧。

本例中，有关抵销处理如下：

（1）抵销内部交易销售收入、销售成本及原价中包含的未实现内部销售利润：

借：营业收入　　　　　　　　　　　　　　　　　　　　　　16 800 000
　　贷：营业成本　　　　　　　　　　　　　　　　　　　　　12 000 000
　　　　固定资产——原价　　　　　　　　　　　　　　　　　 4 800 000

（2）抵销当期多计提的折旧：

B 公司计提的年折旧额 ＝1 680÷4＝420（万元）

抵销未实现内部销售损益后计提的折旧额 ＝1 200÷4＝300（万元）

当期多计提的折旧额 ＝420－300＝120（万元）

借：固定资产——累计折旧　　　　　　　　　　　　　　　　 1 200 000
　　贷：管理费用　　　　　　　　　　　　　　　　　　　　　 1 200 000

通过上述抵销分录，在合并工作底稿中固定资产累计折旧在加总数的基础上调减 480 万元，在合并财务报表中该固定资产年末的账面价值为 1 200 万元（1 680－480）；管理费用调减 120 万元，当期企业集团为该固定资产计提的折旧费（管理费用）为 300 万元。

（二）内部交易固定资产后期抵销处理

为内部购入固定资产进行第二期抵销处理时，必须将购入年度的抵销分录在本年度重复编制一次，然后再进行本年度多提或少提折旧的抵销处理。以后年度进行抵销处理时，按照以下步骤进行：

（1）抵销固定资产原价中包含的未实现内部销售损益，调整期初未分配利润：

借：期初未分配利润 [未实现内部销售利润]
　　贷：固定资产——原价

（2）抵销以前年度该固定资产累计多计提或少计提的折旧，如为多计提，则

借：固定资产——累计折旧
　　贷：期初未分配利润

（3）对当期多计提或少计提的折旧进行抵销处理，如为多计提，则

借：固定资产——累计折旧
　　贷：管理费用

对于内部交易固定资产正常清理年度的抵销处理，步骤如下：首先是对期初未分配利润的抵销处理。固定资产清理后，该资产在个别报表中不予列示，无论是固定资产的账面原值还是累计折旧，均从账面转出。因此，对于固定资产原值中包含的未实现内部销售损益和以前期间累计多计提或少计提的折旧，计算其净值，调整期初未分配利润，同时调整本期资产处置损益项目。其次是抵销本期该固定资产多计提或少计提的折旧，调整资产处置损益项目。内部交易固定资产正常清理损益，不再属于内部损益，无须进行抵销处理。

【例 6-14】接【例 6-13】，A 公司将成本为 1 200 万元的产品，按 1 680 万元销售给 B 公司作为行政管理用固定资产。假设 20×4 年 12 月，该固定资产使用期满，B 公司

对其进行清理，取得清理净收益 14 万元。不考虑所得税影响。

本例中，该内部交易固定资产 20×1—20×4 年的相关数据，如表 6-19 所示。

表 6-19 　内部交易固定资产相关数据表　　　　　　　　单位：万元

项　　目	20×1	20×2	20×3	20×4
B 企业固定资产原值	1 680	1 680	1 680	1 680
减：累计折旧	420	840	1 260	1 680
B 企业列报的固定资产净值	1 260	840	420	0
企业集团固定资产原值	1 200	1 200	1 200	1 200
减：累计折旧	300	600	900	1 200
合并报表列报的固定资产净值	900	600	300	0

（1）接【例 6-13】，20×2—20×3 年对于该内部交易固定资产的相关抵销处理如下。

①抵销固定资产原价中包含的未实现内部销售损益：

借：期初未分配利润　　　　　　　　　　　　　　　　　　4 800 000
　　贷：固定资产——原价　　　　　　　　　　　　　　　　　　4 800 000

②抵销以前年度该固定资产多计提的折旧：

借：固定资产——累计折旧 [20×3 年为 2 400 000 元]　　　1 200 000
　　贷：期初未分配利润　　　　　　　　　　　　　　　　　　1 200 000

③抵销该固定资产当期多计提的折旧：

借：固定资产——累计折旧　　　　　　　　　　　　　　　1 200 000
　　贷：管理费用　　　　　　　　　　　　　　　　　　　　1 200 000

（2）20×4 年固定资产正常报废期间的合并抵销处理。

①抵销内部固定资产交易对期初未分配利润的影响：

借：期初未分配利润 [4 800 000－3 600 000]　　　　　　　1 200 000
　　贷：资产处置收益　　　　　　　　　　　　　　　　　　1 200 000

②将本期多提的折旧予以抵销：

借：资产处置收益　　　　　　　　　　　　　　　　　　　1 200 000
　　贷：管理费用　　　　　　　　　　　　　　　　　　　　1 200 000

由于固定资产使用期满，企业集团和 B 公司该固定资产账面价值均为 0，企业集团的清理收益 =B 企业的清理收益，因此，无须抵销。

二、内部无形资产交易的抵销处理

企业集团内母公司与子公司、子公司相互之间将自身拥有的专利权、专有技术等无形资产，转让销售给其他企业作为无形资产使用，其抵销处理方法与内部交易固定资产类似。对于内部无形资产交易，在编制合并财务报表时，首先必须将由于转让出售无形资产所产生的损益及购入企业无形资产入账价值中包含的未实现内部销售损益予以抵销；其次，随着无形资产价值的摊销，无形资产价值中包含的未实现内部销售损益计入当期费用，为此也必须对内部交易无形资产摊销计入相关费用项目进行抵销处理。

【例6-15】 P公司系S公司的母公司，P公司20×1年1月8日向S公司转让无形资产一项，转让价格为246万元，该无形资产的账面成本为210万元。S公司购入该无形资产后，即投入使用，确定使用年限为5年。S公司20×1年12月31日资产负债表中无形资产项目的金额为196.8万元，利润表管理费用项目中记有当年摊销的该无形资产价值49.2万元。

本例中，S公司该无形资产入账价值为246万元，其中包含的未实现内部销售利润为36万元；按5年的期限对该无形资产进行摊销，本期摊销的金额为49.2万元（与固定资产不同，无形资产从取得的当月起开始摊销），其中包含的未实现内部销售利润的摊销额为7.2万元。

P公司在编制20×1年度合并财务报表时，应当对该内部无形资产交易进行如下抵销处理：

（1）将S公司受让取得该内部交易无形资产时其价值中包含的未实现内部销售利润予以抵销：

借：资产处置收益　　　　　　　　　　　　　　　　　　360 000
　　贷：无形资产　　　　　　　　　　　　　　　　　　　　360 000

（2）将本期该内部交易无形资产摊销额中包含的未实现内部销售利润予以抵销：

借：无形资产——累计摊销　　　　　　　　　　　　　　 72 000
　　贷：管理费用　　　　　　　　　　　　　　　　　　　　 72 000

第六节　所得税相关合并抵销处理

在编制合并财务报表时，对企业集团内部交易进行相关合并抵销处理，可能导致在合并财务报表中反映的资产、负债的账面价值与其计税基础不一致，由此产生暂时性差异。企业应当在计算确定资产、负债的账面价值与计税基础之间差异的基础上，确认相应的递延所得税资产或递延所得税负债。

一、合并财务报表层面暂时性差异的形成

企业在编制合并财务报表时，需要按照《企业会计准则第18号——所得税》，比较合并财务报表中各项资产和负债的账面价值和计税基础，确定暂时性差异，在此基础上确认递延所得税。由于计税基础是基于个别报表中的资产、负债的情况确定的，编制合并报表过程中按公允价值对子公司账面价值进行调整，以及对企业集团内部交易进行合并抵销处理，均会导致在合并报表中反映的账面价值的变化，由此产生暂时性差异。

第一，按照购买法对非同一控制下的企业合并进行处理时，需要将子公司各项资产和负债的账面价值调整为公允价值，由于计税基础保持不变，由此调增或调减的金额形成了新的暂时性差异。如果属于资产被调增的情形，则需要确认递延所得税负债。如资产被调减，则需确认递延所得税资产。

第二，内部商品交易形成的存货价值中，包含一部分未实现内部销售利润，抵销该未实现内部销售利润，必然导致存货在合并资产负债表中所列示的金额小于其在购买企业个别报表中列示的金额，存货的计税基础则是按购买企业的购买成本确定，由此便形成了新的可抵扣暂时性差异。对于这一暂时性差异，需要确认相应的递延所得税资产。

第三，如对存货计提了跌价准备，且在合并报表层面进行了存货跌价准备的抵销处理，则意味着存货在合并报表层面的金额被调增，在计税基础保持不变的情况下，原先所确认的可抵扣暂时性差异有所减少，由此需要对原来所确认的递延所得税资产做转回处理。

第四，在编制合并财务报表时，随着内部债权债务的抵销，也必须将内部应收账款计提的坏账准备予以抵销。由于计提坏账准备会形成可抵扣暂时性差异，抵销坏账准备时，因该暂时性差异确认的递延所得税资产也需要进行抵销处理。

第五，编制合并财务报表时，应当将内部交易形成的固定资产、无形资产价值中包含的未实现内部销售损益予以抵销，由此合并资产负债表中所反映的该固定资产、无形资产的入账价值，与购买企业个别报表所列示的账面价值不同。该资产的计税基础是按照购买企业的取得成本确定的，并不会因企业合并而发生变化，其与合并资产负债表中列示的资产账面价值之间产生暂时性差异，应确认相应的递延所得税影响。对固定资产计提折旧、对无形资产计提摊销，导致上述暂时性差异发生新的变化，企业应当根据该暂时性差异的变化情况，调整所确认的递延所得税资产或递延所得税负债。

二、内部交易所得税相关合并抵销处理

因内部交易产生的暂时性差异、其所得税影响及合并抵销会计分录，如表6-20所示。

表6-20 内部交易所得税相关合并抵销处理

抵销的内容	所得税影响	所得税会计处理	
①抵销期末存货中包含的未实现内部销售利润	存货账面调减，增加确认递延所得税资产	借：递延所得税资产 贷：所得税费用	汇总处理： 借：递延所得税资产 贷：所得税费用 （①－②）×25%
②抵销内部购进存货所计提的跌价准备	存货账面调增，转回原确认的递延所得税资产	借：所得税费用 贷：递延所得税资产	
③抵销内部往来坏账准备	转回原确认的递延所得税资产	借：所得税费用 贷：递延所得税资产	
④抵销固定资产/无形资产原价中包含未实现内部销售利润	资产账面调减，增加确认递延所得税资产	借：递延所得税资产 贷：所得税费用	汇总处理： 借：递延所得税资产 贷：所得税费用 （④－⑤）×25%
⑤抵销多计提的折旧/摊销费用	资产账面调增，转回原确认的递延所得税资产	借：所得税费用 贷：递延所得税资产	

内部商品交易形成期末存货的,则应当抵销期末存货中包含的未实现内部销售损益,如果是未实现内部销售利润,则抵销处理后合并报表列报的存货账面价值小于计税基础,产生可抵扣暂时性差异;抵销所计提的存货跌价准备,会产生相反的效果。综合以上两种情况,确认所得税影响,借记"递延所得税资产",贷记"所得税费用"。

抵销内部往来坏账准备,与计提坏账准备相关的递延所得税资产,应同步予以抵销处理。

抵销内部固定资产、无形资产交易相关未实现内部销售利润时,合并报表列报的固定资产、无形资产账面价值低于其计税基础,综合考虑原价抵销和累计折旧、摊销抵销的所得税影响,借记"递延所得税资产",贷记"所得税费用"。

【例6-16】P公司为S公司的母公司。P公司和S公司适用的所得税税率均为25%。本期内部交易相关信息如下。

(1) P公司本年个别资产负债表应收账款中有510万元为应收S公司账款,该应收账款账面余额为540万元,P公司当年对其计提坏账准备30万元。S公司本期个别资产负债表中列示有应付P公司账款540万元。

(2) 本年P司向S公司销售产品取得销售收入1 500万元,该产品销售成本为1 050万元。S公司在本年将该批内部购进商品的60%实现对外销售,其销售收入为1 125万元,销售成本为900万元;该批商品的另外40%则形成S公司期末存货,即期末存货为600万元。

(3) P公司于年初将自己生产的产品销售给S公司作为固定资产使用,P公司销售该产品的销售收入为504万元,销售成本为360万元。S公司以504万元的价格作为该固定资产的原价入账,当月投入使用,其折旧年限为4年,预计净残值为零。年末,S公司资产负债表中列示有该固定资产,其原价为504万元、累计折旧为126万元、固定资产净值为378万元。假定当年按12个月计提折旧。

本例中,P公司在编制年末合并财务报表时,应当就内部交易事项进行抵销处理,在此基础上,进行如下所得税相关合并抵销处理。

(1) 对于内部应收账款,按原值540万元将应收账款与应付账款相互抵销;同时抵销内部应收账款所计提的坏账准备30万元,因计提坏账准备确认的递延税款资产7.5万元(30×25%)也应予以抵销,其抵销分录如下:

借:所得税费用　　　　　　　　　　　　　　　　　　　75 000
　　贷:递延所得税资产　　　　　　　　　　　　　　　　　　75 000

(2) 对于内部商品交易,应将内部销售收入、内部销售成本及存货价值中包含的未实现内部销售利润予以抵销。通过合并抵销处理,合并资产负债表中该存货的价值为420万元[600×(1−30%)],其中,30%是P公司所实现的毛利率。该存货账面价值420万元,与其计税基础600万元之间存在180万元的暂时性差异,应确认递延所得税资产45万元(180×25%)。所得税相关合并抵销分录如下:

借:递延所得税资产　　　　　　　　　　　　　　　　　450 000
　　贷:所得税费用　　　　　　　　　　　　　　　　　　　　450 000

（3）对于内部交易固定资产，首先应将内部销售收入、内部销售成本及固定资产原价中包含的未实现内部销售利润予以抵销；同时将当年计提折旧和累计折旧中包含的未实现内部销售利润予以抵销。通过合并抵销处理，合并资产负债表中该固定资产账面价值270万元（360-90）与其计税基础378万元（504-126）之间，存在暂时性差异108万元（378-270），应确认的递延所得税资产净额为27万元（108×25%）。所得税相关合并抵销分录如下：

借：递延所得税资产　　　　　　　　　　　　　　　　　　270 000
　　贷：所得税费用　　　　　　　　　　　　　　　　　　　　　270 000

第七节　合并现金流量表的编制

现金流量表反映了一个会计主体在特定会计期间内的现金流入流出情况，它基于其他三张报表编制而成。与个别企业的现金流量表不同，合并现金流量表一般是将母公司和子公司的个别现金流量表加以汇总后编制的。

一、合并现金流量表概述

合并现金流量表是综合反映母公司及其所有子公司组成的企业集团在一定会计期间内现金流入和流出情况的报表。现金流量表按照收付实现制反映企业经济业务所引起的现金流入和流出情况。按其内容，现金流量分为经营活动产生的现金流量、投资活动产生的现金流量、筹资活动产生的现金流量三大类。现金流量表作为一张主要报表已经为世界上多数国家所采用，合并现金流量表的编制也成为各国会计实务的重要内容。

合并现金流量表的编制原理、方法和程序，与合并资产负债表、合并利润表的编制原理、方法和程序相同。即首先编制合并工作底稿，将母公司和所有子公司的个别现金流量表项目的数据全部过入同一合并工作底稿；然后根据当期母公司与子公司以及子公司相互之间发生的影响其现金流量增减变动的内部交易，编制相应的抵销分录，通过抵销分录将个别现金流量表中重复反映的现金流入量和现金流出量予以抵销；最后，在此基础上计算出合并现金流量表的各项目的合并金额，并填制合并现金流量表。合并现金流量表及其补充资料，也可以根据合并资产负债表和合并利润表进行编制。

需要注意的是，如果母公司在报告期内增加子公司，在合并现金流量表中亦应当区分同一控制下的企业合并企业增加的子公司和非同一控制下的企业合并增加的子公司两种情况。对于同一控制下企业合并增加的子公司，在合并日编制合并现金流量表时，根据一体化存续原则，应当将该子公司合并当期期初至报告期末的现金流量纳入合并现金流量表，并对比较期间的数字进行重述。对于非同一控制下的企业合并，因购买日之前被购买方现金流量表上的项目与购买方无关，在购买日不需要编制合并现金流量表。股权取得日后编制合并财务报表，不论是同一控制下企业合并还是非同一控制下的企业合并，都要编制合并现金流量表。对于非同一控制下企业合并增加的子公司，在编制合并现金流量表时，应当将该子公司购买日至报告期末的现金流量纳入合并现金流量表。母公司在报告期内处置子公司，应将该子公司期初至处置日的现金流量纳入合并现金流量表。

二、编制合并现金流量表需要抵销的项目

现金流量表作为单个会计主体进行会计核算的结果，分别从母公司和子公司本身反映其在一定会计期间现金流入和现金流出的情况。编制合并现金流量表时，以母子公司个别现金流量表为基础计算的现金流入和现金流出的加总金额中，必然包含重复计算的因素，编制合并现金流量表时，需要将这些重复的因素予以剔除。企业集团母公司与子公司、子公司相互之间发生的现金流入或流出，体现为企业集团内部的现金流转，从企业集团层面看，现金存量既没有增加也没有减少，应将相对应的内部现金流入和内部现金流出相互抵销。现金流量抵销分录，借记现金流出量减少额，贷记现金流入量的减少额。编制合并现金流量表需要抵销的项目主要有以下几类。

（一）企业集团内部投资、筹资活动现金流量的抵销

1. 企业集团内部投资支付的现金与吸收投资收到的现金的抵销处理

母公司直接以现金对子公司进行的长期股权投资或以现金从子公司的其他所有者处收购股权，表现为母公司现金流出，在母公司个别现金流量表作为投资活动现金流出列示。子公司接受这一投资时，表现为现金流入，在其个别现金流量表中反映为筹资活动的现金流入。从企业集团整体来看，母公司以现金对子公司进行的长期股权投资实际上相当于母公司将资本拨付下属核算单位，并不引起整个企业集团的现金流量的增减变动。因此，编制合并现金流量表时，应当在母公司与子公司现金流量表数据简单相加的基础上，将母公司当期以现金对子公司长期股权投资所产生的现金流出与子公司吸收投资收到的现金予以抵销。抵销分录如下：

借：投资支付的现金
　　贷：吸收投资收到的现金

2. 企业集团内部投资收益收到的现金与分配股利、利润或偿付利息支付的现金的抵销处理

母公司对子公司进行长期股权投资或债权投资，在持有期间收到子公司分派的现金股利（利润）或利息，表现为现金流入；子公司向母公司分派现金股利（利润）或支付债券利息，表现为现金流出。这两项现金流动均为企业集团内部的现金流动，不会增加或减少企业集团整体的现金流量，应该予以抵销处理。抵销分录如下：

借：分配股利、利润或偿付利息支付的现金
　　贷：取得投资收益收到的现金

3. 企业集团内部处置长期资产等收回的现金净额与购建长期资产等支付的现金的抵销处理

母公司和子公司之间、子公司与子公司之间，有时会发生固定资产、无形资产和其他长期资产的处置和购买交易。处置资产的一方收到现金，在个别报表上反映为"处置固定资产、无形资产和其他长期资产收回的现金净额"，购买资产的一方支付现金，反映为"购建固定资产、无形资产和其他长期资产支付的现金"，两者应该相互抵销，以避免内部交易给合并现金流量表带来的影响。抵销分录如下：

借：购建固定资产、无形资产和其他长期资产支付的现金
  贷：处置固定资产、无形资产和其他长期资产收回的现金净额

如果是将自己生产的产品作为固定资产出售，则出售方在个别现金流量表中反映的项目为"销售商品、提供劳务收到的现金"，抵销分录如下：

借：购建固定资产、无形资产和其他长期资产支付的现金
  贷：销售商品、提供劳务收到的现金

（二）企业集团内部经营活动现金流量的抵销

1. 企业集团内部当期销售商品或提供劳务所产生的现金流量的抵销处理

母公司与子公司之间、子公司与子公司之间会发生内部商品或劳务交易，收到现金的一方，会增加个别报表的经营活动现金流入；支付现金的一方，则表现为经营活动现金流出。这种内部商品或劳务交易，并不会带来企业集团整体的现金流量的增减变动，因此应将企业集团内部销售方"销售商品、提供劳务收到的现金"与购买方"购买商品、接受劳务支付的现金"，进行相互抵销处理。抵销分录如下：

借：购买商品、接受劳务支付的现金
  贷：销售商品、提供劳务收到的现金

2. 以现金结算债权与债务所产生的现金流量的抵销处理

母公司与子公司、子公司相互之间当期以现金结算应收账款或应付账款或内部往来产生的债权与债务活动，表现为现金流入或现金流出，在债权方个别现金流量表中作为"收到其他与经营活动有关的现金"列示，在债务方个别现金流量表中作为"支付其他与经营活动有关的现金"列示。从整个企业集团来看，这种现金结算债权与债务，并不引起整个企业集团的现金流量的增减变动。因此，编制合并现金流量表时，应当在母公司与子公司现金流量表数据简单相加的基础上，将母公司当期以现金结算债权与债务所产生的现金流量予以抵销。抵销分录如下：

借：支付其他与经营活动有关的现金
  贷：收到其他与经营活动有关的现金

三、合并现金流量表中少数股东权益项目的反映

合并现金流量表编制与个别现金流量表相比，一个特殊的问题就是在子公司为非全资子公司的情况下，涉及子公司与其少数股东之间的现金流入和现金流出的处理问题。

对于子公司与少数股东之间发生的现金流入和现金流出，因其影响到其企业集团整体的现金流入和流出数量的增减变动，必须在合并现金流量表中予以单独反映。

子公司与少数股东之间发生的影响现金流入和现金流出的经济业务包括：少数股东对子公司增加权益性投资、子公司向其少数股东支付现金股利或利润、少数股东依法从子公司中抽回权益性投资等。对于子公司的少数股东增加在子公司中的权益性投资，在合并现金流量表中应当在"筹资活动产生的现金流量"之下的"吸收投资收到的现金"项目下"其中：子公司吸收少数股东投资收到的现金"项目反映；对于子公司向少数股东支付现金股利或利润，在合并现金流量表中应当在"筹资活动产生的现金流量"之下的"分配股利、利润或偿付利息支付的现金"项目下"其中：子公司支付给少数股东的股利、利润"项目反映；对于子公司的少数股东依法抽回在子公司中的权益性投资，在合并现金流量表中应当在"筹资活动产生的现金流量"之下的"支付其他与筹资活动有关的现金"项目反映。

【例 6-17】甲公司系 A 公司的母公司，20×1 年 A 公司实现净利润 1 000 万元，向甲公司分派现金股利 480 万元，向其他股东分配现金股利 120 万元。甲公司 20×1 年向 A 公司销售商品 3 500 万元，实际收到 A 公司支付的银行存款 2 600 万元；A 公司向甲公司销售商品 1 000 万元，货款已全部收到。A 公司将其生产的产品出售给甲公司作为固定资产使用，价款 300 万元已结清。甲公司将其固定资产转让给 A 公司，价款 120 万元已全部收到。

即测即练 6

甲公司年末在编制合并财务报表时，应编制如下分录抵销内部现金流量。

① 借：分配股利、利润或偿付利息支付的现金　　　　　　　4 800 000
　　　贷：取得投资收益收到的现金　　　　　　　　　　　　4 800 000
② 借：购买商品、接受劳务支付的现金 [2 600+1 000]　　　36 000 000
　　　贷：销售商品、提供劳务收到的现金　　　　　　　　　36 000 000
③ 借：购建固定资产、无形资产和其他长期资产支付的现金　 3 000 000
　　　贷：销售商品、提供劳务收到的现金　　　　　　　　　 3 000 000
④ 借：购建固定资产、无形资产和其他长期资产支付的现金　 1 200 000
　　　贷：处置固定资产、无形资产和其他长期资产收回的现金净额　1 200 000

假定甲公司与 A 公司的会计政策和会计期间一致，不考虑所得税影响，编制合并工作底稿如表 6-21 所示。

表 6-21　合并财务报表工作底稿

编制单位：甲公司　　　　　　　　　　20×1 年　　　　　　　　　　单位：万元

项　　目	甲公司	A公司	合计金额	抵销分录 借方	抵销分录 贷方	少数股东权益	合并金额
（现金流量表项目）							
经营活动产生的现金流量：							
销售商品、提供劳务收到的现金	7 675	5 990	13 665		3 600 ② 300 ③		9 765

续表

项　　目	甲公司	A公司	合计金额	抵销分录 借方	抵销分录 贷方	少数股东权益	合并金额
收到其他与经营活动有关的现金	0	0	0				0
经营活动现金流入小计	7 675	5 990	13 665		3 900		9 765
购买商品、接受劳务支付的现金	1 420	3 270	4 690	3 600 ②			1 090
支付给职工以及为职工支付现金	1 100	250	1 350				1 350
支付的各项税费	1 820	758	2 578				2 578
支付其他与经营流动有关的现金	45	22	67				67
经营活动现金流出小计	4 385	4 300	8 685	3 600			5 085
经营活动产生的现金流量净额	3 290	1 690	4 980	3 600	3 900		4 680
投资活动产生的现金流量:							
收回投资收到的现金							
取得投资收益收到的现金	500		500		480 ①		20
处置固定资产、无形资产和其他长期资产收回的现金净额	120		120		120 ④		0
处置子公司及其他营业单位收到的现金净额							
收到其他与投资活动有关的现金							
投资活动现金流入小计	620		620		600		20
购建固定资产、无形资产和其他长期资产支付的现金	930	800	1 730	300 ③ 120 ④			1 310
投资支付的现金							
取得子公司及其他营业单位支付的现金净额	3 000		3 000				3 000
支付其他与投资活动有关的现金							
投资活动现金流出小计	3 930	800	4 730	420			4 310
投资活动产生的现金流量净额	-3 310	-800	-4 110	420	600		-4 310
筹资活动产生的现金流量:							
吸收投资收到的现金							
取得借款收到的现金							
收到其他与筹资活动有关的现金							
筹资活动现金流入小计							
偿还债务支付的现金							
分配股利、利润或偿付利息支付的现金	1 980	690	2 670	480 ①			2 190
其中:子公司支付给少数股东的股利、利润		120					120
支付其他与筹资活动有关的现金							

续表

项　　目	甲公司	A公司	合计金额	抵销分录 借方	抵销分录 贷方	少数股东权益	合并金额
筹资活动现金流出小计	1 980	690	2 670	480			2 190
筹资活动产生的现金流量净额	-1 980	-690	-2 670	480			-2 190
现金及现金等价物净增加额	-2 000	200	-1 800	4 500	4 500		-1 800
加：年初现金及现金等价物余额	3 000	300	3 300				3 300
年末现金及现金等价物余额	1 000	500	1 500				1 500

【案例讨论】

资料1：华邦健康以自有资金 7 085 272 元的价格受让关联方张某所持有的重庆卓瑞纵横 99% 的股权，华邦健康与卓瑞纵横合并前后均受实际控制人及张某控制且该控制并非暂时性的，因此该合并为同一控制下企业合并。卓瑞纵横被华邦健康纳入 20×9 年公司合并报表范围。根据公司审议通过的《关于同一控制下企业合并追溯调整财务数据的议案》，华邦健康对 20×8 年 12 月 31 日资产负债表、20×8 年度利润表及现金流量表的相关项目进行调整，视同合并后的报告主体在以前期间一直存在。

讨论题目：

（1）华邦健康对卓瑞纵横的合并属于同一控制下的企业合并，其依据是什么？

（2）华邦健康为什么要对 20×8 年末资产负债表及 20×8 年度利润表及现金流量表项目进行调整？

资料2：华锋股份 20×8 年度财务报告显示，本期实现营业总收入 64 993.81 万元，同比增长 47.89%，实现归属于上市公司股东的净利润 7 814.94 万元，同比增长 174.20%。公司期末总资产 1 781 514 909.03 元，较上年同期增长 185.07%，归属于上市公司股东的所有者权益 1 260 233 672.00 元，较上年同期增长 236.96%；归属于上市公司股东的每股净资产 7.12 元，较上年同期增长 159.85%。公司营业总收入、净利润、总资产和净资产等有大幅增长，主要是本报告期公司完成对理工华创 100% 股权的收购，理工华创成为公司的全资子公司，从 20×8 年 9 月 30 日开始纳入合并范围。

理工华创是一家具有自主研发能力和显著技术优势的新能源汽车动力系统平台技术、产品及服务提供商，为以新能源商用车为主的新能源汽车整车制造企业提供定制化的动力系统平台解决方案，并提供相应的产品销售和技术服务。本次收购理工华创 100% 股权与上市公司布局新能源汽车领域的战略目标相契合，可实现公司从新材料产业到新能源产业的发展布局和产业升级。

20×8 年 8 月 13 日，中国证监会核准华锋股份公司发行股份购买理工华创的 100% 股权。20×8 年 9 月 7 日，理工华创股权完成工商变更。20×8 年 9 月 27 日，公司披露了《发行股份购买资产暨关联交易实施情况及新增股份上市公告书》，双方约定相关资产在 20×8 年 9 月 30 办理交接手续，截至 20×8 年 9 月 30 日，完成对理工华创 100%

股权的收购，9月30日为购买日。

经中国证监会核准，华锋股份非公开发行股份39 155 702股购买理工华创100%的股权，每股面值1元，每股发行价格为21.13元，股权对价合计为827 359 983.26元。新增注册资本（股本）39 155 702元，股权对价中扣除股票发行费用15 217 924.53元后，剩余人民币772 986 356.73元计入"资本公积"。

新能电动、波兰华创、华创新能源及广东华创系理工华创子公司，于20×8年9月随理工华创纳入华锋股份合并范围。理工华创截至20×8年9月30日的资产负债在华锋股份第三季报中并入华锋股份资产负债表。交易完成后，华锋股份合并资产负债表中的总资产与净资产都有大幅增长。

华锋股份合并资产负债表中金额变化较大的项目信息如表6-22所示。

表6-22　华锋股份合并资产负债表　　　　　　　　　单位：元

项　目	20×7年12月31日	20×8年9月30日	20×8年12月31日	变化原因
货币资金	29 334 956.92	42 389 211.57	88 210 318.06	期末新增贷款尚未使用以及新增理工华创货币资金余额2 136万元
应收账款	138 852 261.19	170 949 443.82	326 895 970.29	理工华创纳入合并报表所致
存货	54 735 730.90	110 356 834.29	118 123 351.52	并入理工华创期末存货余额3 336.49及4 000万元
其他应收款	12 179 146.69	3 539 344.94	4 509 385.01	上年末对理工华创有1 000万元其他应收款为内部应收应付，合并抵销
流动资产合计	321 933 138.89	412 669 794.74	618 108 620.71	
长期股权投资	0	0	908 450.44	无重大变化
固定资产	220 186 416.26	292 462 886.78	287 578 231.40	在建工程转固，以及并入理工华创固定资产余额1 428.87万元
无形资产	23 903 340.71	132 385 518.21	130 067 328.11	理工华创无形资产评估增值
商誉		677 148 216.59	685 015 419.92	非同一控制下企业合并形成
非流动资产合计	303 000 415.10	1 146 956 343.83	1 163 406 288.32	
资产总计	624 933 553.99	1 559 626 138.57	1 781 514 909.03	
负债合计	251 500 815.81	351 185 249.44	515 892 395.05	
股本	136 000 000.00		176 239 202.00	
归属于母公司所有者权益合计	372 532 921.30	1 203 485 763.99	1 260 233 672.00	
所有者权益合计	373 432 738.18	1 208 440 889.13	1 265 622 513.98	
负债和所有者权益总计	624 933 553.99	1 559 626 138.57	1 781 514 909.03	

此次收购为非同一控制下的企业合并，在购买日编制的合并报表中，对合并成本大于合并中取得的理工华创可辨认净资产公允价值的差额，确认了商誉。

	购买日公允价值	购买日账面价值
资产	243 586 344.06	160 426 873.08
负债	99 519 744.28	87 045 823.63
净资产	144 066 599.78	73 381 049.45
减：少数股东权益	1 722 036.44	1 722 036.44
取得的净资产	142 344 563.34	71 659 013.01

理工华创从 20×8 年 9 月 30 日后产生的收入、成本和利润于 20×8 年 10 月开始并入华锋股份的利润表，理工华创从 20×8 年 9 月 30 日后产生的现金流于 20×8 年 10 月开始并入华锋股份的现金流量表。购买日至期末被购买方的收入为 148 085 890.42 元；购买日至期末被购买方的净利润为 55 292 354.49 元。华锋股份 20×8 年合并利润表中列示的投资收益为 0，母公司利润表中列示的投资收益为 20 000 000 元。

讨论题目：

（1）华锋股份合并理工华创，属于非同一控制下的企业合并，依据是什么？

（2）20×8 年第三季报母公司长期股权投资期末余额 955 729 983.26 元，期初余额 128 370 000.00 元；20×8 年 9 月 30 日编制的合并资产负债表中，华锋股份对理工华创的长期股权投资为何为 0？

（3）计算购买日合并资产负债表应列报的商誉金额。

（4）20×8 年 9 月，华锋股份购买理工华创，对 20×8 年度合并利润表的影响有哪些？利润表中的投资收益为 20 000 000.00 元，为何没有反映在合并利润表中？

（5）编制 20×8 年度合并报表时，应在工作底稿中编制的调整抵销分录有哪些？

案例讨论思路 6

【业务训练题】

1. 资料： A、B 公司分别为 P 公司控制下的两家子公司；A 公司于 20×7 年 3 月 10 日自母公司 P 处取得 B 公司 100% 的股权，合并后 B 公司仍维持其独立法人资格继续经营。为进行该项企业合并，A 公司发行了 600 万股本公司普通股（每股面值 1 元）作为对价。假定 A、B 公司采用的会计政策相同。合并日，A 公司及 B 公司的所有者权益构成见表 6-23。

表 6-23 合并日 A、B 公司的所有者权益构成   单位：万元

项　　目	A 公司	B 公司
股本	3 600	600
资本公积	1 000	200
盈余公积	800	400
未分配利润	2 000	800
合计	7 400	2 000

要求： 为 A 公司编制合并日合并工作底稿中应编制的抵销和调整分录。

2. 资料： 宏途公司是一家从事新能源产业开发的上市公司。20×8年1月1日，宏途公司支付33 000万元的银行存款，取得B公司80%的股权，于同日通过产权交易所完成了该项股权转让程序，并完成了工商变更登记。宏途公司与B公司属于非同一控制下的企业。B公司股东权益总额为32 000万元，其中股本为20 000万元，资本公积为8 000万元，盈余公积为1 200万元，未分配利润为2 800万元。根据宏途公司的购买股权备查簿，B公司除表6-24所列示的资产外，其他资产和负债的公允价值与账面价值不存在差异。假定不考虑所得税。

表6-24 B公司公允价值与账面价值存在差异的资产项目

项目	账面价值	公允价值	差额
应收账款	3 920	3 820	-100
存货	20 000	21 100	1 100
固定资产	18 000	21 000	3 000

要求：

（1）记录宏途公司长期股权投资。

（2）编制合并工作底稿中将子公司资产和负债调整为公允价值的会计分录。

（3）将宏途公司长期股权投资与B公司所有者权益项目进行抵销处理。

3. 资料： A、B公司属于非同一控制下的公司，且A公司是B公司的母公司。20×4年A、B公司的资产负债表（部分）数据如表6-25所示。不考虑所得税的影响，20×4年发生如下业务。

（1）1月1日，A公司以银行存款6 000万元取得子公司80%的股份，其中固定资产公允价值比账面价值高200万元，尚可使用10年，假定当年按12个月计提折旧。

（2）20×4年B公司实现净利润2 000万元，提取盈余公积200万元，分配现金股利800万元。

（3）20×4年B公司实现其他综合收益200万元。

表6-25 资产负债表（部分） 单位：万元

项目	A公司	B公司	
	20×4年12月31日	20×4年1月1日	20×4年12月31日
固定资产净值	8 200	2 400	4 000
长期股权投资	9 400		
其他资产	13 600	9 000	8 000
资产合计	31 200	11 400	12 000
负债	17 200	4 400	3 600
股本	8 000	4 000	4 000
资本公积	1 600	3 000	3 000

续表

项　目	A 公司	B 公司	
	20×4 年 12 月 31 日	20×4 年 1 月 1 日	20×4 年 12 月 31 日
盈余公积	2 000	0	200
其他综合收益			200
未分配利润	2 400	0	1 000
所有者权益	14 000	7 000	8 400
负债及所有者权益合计	31 200	11 400	12 000

要求（单位：万元）：

（1）编制 A 公司 20×4 年度合并财务报表中的相关调整及抵销分录。

（2）编制 A 公司 20×4 年合并报表工作底稿，将相关数据填列在"合并工作底稿"中。

4. **资料**：20×3 年 9 月，A 公司向集团内部 B 公司销售商品，款项尚未收到。B 公司记录的应付账款金额为 1 000 万元。A 公司按应收账款余额的 5% 计提了坏账准备，20×3 年 12 月 31 日，A 公司资产负债表中的内部应收账款为 950 万元。20×4 年 12 月 31 日，该笔货款中仍有 50% 未能收回。

要求：分别编制 20×3 年 12 月 31 日和 20×4 年 12 月 31 日与内部应收账款有关的合并抵销分录。

5. **资料**：20×4 年，A 公司合并 B 公司并开始编制合并报表，其内部商品交易信息如下。

（1）5 月 2 日，A 公司把成本为 600 万元的甲产品用 800 万元销售给 B 公司，B 公司全部实现对外销售。

（2）7 月 12 日，A 公司把单位成本为 0.4 万元的乙产品 4 000 件销售给 B 公司，销售单价为 0.5 万元，B 公司对外销售 3 000 件，期末形成存货 1 000 件。

（3）8 月 20 日，A 公司把成本为 1 000 万元的丙产品以 1 200 万元销售给 B 公司，B 公司全部形成存货。

（4）12 月 13 日，A 公司把成本为 500 万元的存货以 800 万元销售给 B 公司，B 公司作为固定资产使用，折旧期为 10 年。

（5）12 月 31 日，B 公司为丙产品计提存货跌价准备 300 万元。

要求（单位：万元）：不考虑所得税影响，编制 20×4 年合并报表的相关抵销分录。

6. **资料**：S 公司 20×2 年 6 月 30 日从其母公司（P 公司）购进不需安装的设备一台，用于公司行政管理，以银行存款支付设备价款 200 万元（不含增值税），于当日投入使用。该设备系 P 生产，其生产成本为 180 万元。S 公司对该设备采用年限平均法计提折旧，预计使用年限为 5 年，预计净残值为零。S 公司 20×4 年 9 月 30 日变卖该设备，收到变卖价款 200 万元，款项已收存银行。变卖该设备时支付清理费用和相关税费 20 万元。

要求（单位：万元）：不考虑所得税影响，编制 S 公司 20×2—20×4 年度该设备相关的合并抵销分录。

7. **资料**：20×4 年 1 月 1 日，P 公司用银行存款 700 万元购得非关联方 S 公司 60%

的股份，从购买日起对 S 公司实施控制，P 公司在个别资产负债表中采用成本法核算该项长期股权投资。购买日，S 公司股东权益账面价值为 1 020 万元，可辨认净资产的公允价值与账面价值存在差异的只有一项固定资产项目，其公允价值低于账面价值的差额为 100 万元，该固定资产的剩余折旧年限为 5 年，采用年限平均法计提折旧。P、S 公司适用所得税率均为 25%。

20×4 年，S 公司实现净利润 300 万元，提取盈余公积 30 万元，向股东分派现金股利 120 万元。20×4 年 12 月 31 日，S 公司股东权益总额为 1 200 万元，其中股本为 600 万元，资本公积为 420 万元，盈余公积为 30 万元，年末未分配利润为 150 万元（年初未分配利润为 0）。

20×4 年，P 公司与 S 公司发生如下内部交易事项：

（1）20×4 年 1 月 1 日，P 公司以 90 万元的价格将其生产的产品销售给 S 公司作为管理用固定资产使用，其销售成本为 81 万元。S 公司按 90 万元将该固定资产入账，并对该固定资产按 3 年的使用寿命采用年限平均法计提折旧（假设当年按 12 个月计提折旧），预计净残值为 0。

（2）P 公司向 S 公司销售商品 300 万元，款项已收。P 购买该批商品的成本为 240 万元，其销售毛利率为 20%。S 公司对内部购进的该批商品按照 25% 的毛利率对外销售。截至 20×4 年底，2/3 的商品实现了对外销售，其余 1/3 的商品形成期末存货，S 公司对该存货计提的跌价准备为 10 万元。

要求：

（1）假设不考虑所得税影响，编制 20×4 年度合并财务报表时：①按公允价值调整子公司个别财务报表项目。②按权益法调整对 S 公司的长期股权投资和投资收益项目。③编制 P 公司长期股权投资与 S 公司所有者权益的抵销分录。④编制 P 公司投资收益与 S 公司利润分配项目的抵销分录。

（2）考虑所得税影响，对 20×4 年 P 公司与 S 公司发生的内部交易事项进行抵销处理。

业务训练题提示 6

第七章 衍生金融工具与薪酬性股票期权

🔖 【本章导读】

金融工具是公允价值计量的主要应用领域，也是争议最大的计量领域。2014年，IASB发布完整版《金融工具》准则（IFRS第9号），给金融工具的会计处理带来了根本性的变化。我国先后发布和修订了《金融工具确认和计量》等四项金融工具相关准则，基本实现了国际趋同。衍生金融工具是金融工具领域的难点，本章讲述了衍生金融工具的确认和计量、套期会计等相关知识；同时考虑到衍生金融工具在股份支付领域的应用，就薪酬性股票期权的会计处理进行概要讲解。

✳️ 【内容框架】

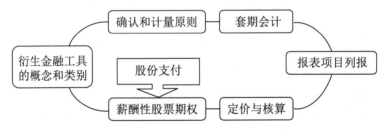

金融是现代经济社会的核心，金融市场是金融工具交易的场所。金融工具可以分为基本金融工具和衍生金融工具两大类。本章主要探讨衍生金融工具相关会计处理问题。

第一节 衍生金融工具概述

【引例】巴林银行曾是英国伦敦历史最久、名声显赫的商业银行集团，素以发展稳健、信誉良好著称，其业务网点广泛分布于亚洲和拉美国家。1995年一次偶然的投机活动导致了巴林银行的倒闭。新加坡巴林公司某期货经理错误地判断了日本股市的走向，分别在东京和大阪等地购买了大量期货合同，期盼在日经指数上升时赚取大额利润。然而突发的日本阪神地震打击了日本股市，股价持续下跌，巴林银行损失金额高达14亿美元，这座曾经辉煌的金融大厦就此倒塌。

一、金融工具的概念与分类

金融工具的本质是合同或合约。1990年,美国SFAS 105号《具有资产负债表外风险及集中信用风险的金融工具的信息披露》中,从会计学角度对金融工具进行了定义:金融工具包括现金、在另一企业的所有权益以及如下两种合约:①某一实体从另一实体收到现金或其他金融工具,或在潜在有利的条件下与其他实体交换金融工具的合约权利;②某一实体向其他实体转交现金或其他金融工具,或在潜在的不利条件下与其他实体交换金融工具的合约规定的义务。根据国际财务报告准则第9号(IFRS 9)和我国于2017年修订的《企业会计准则第22号——金融工具确认和计量》,金融工具是指形成一方的金融资产并形成其他方的金融负债或权益工具的合同。

(一)金融资产、金融负债和权益工具

金融工具包括金融资产、金融负债和权益工具。金融资产是指企业持有的现金、其他方的权益工具,以及符合资产定义的其他金融工具。如果企业不能无条件地避免交付现金、其他金融资产和自身权益工具的合同义务,则形成金融负债。权益工具是金融工具中形成股权的一类工具,是指能证明拥有某个企业的剩余权益的合同。比如企业发行的普通股,企业发行的、使持有者有权以固定价格购入固定数量本企业普通股的认股权证等。权益工具的发行人有义务根据公司的盈利状况向资产的持有者支付红利。以下重点讲述金融资产和金融负债的分类。

1. 金融资产的分类

国际会计准则第39号(IAS 39)根据企业自身业务特点以及金融资产的属性、企业的投资策略和风险管理要求,在初始确认时将金融资产划分为以下四类:以公允价值计量且其变动计入当期损益的金融资产、持有至到期投资、贷款和应收款项、可供出售金融资产。这种划分方法为我国所接受,并在10多年的时间里广为应用。

相对于IAS 39,IFRS 9最显著的变化之一,是将金融资产的分类方法由四分法改为三分法,即包括以下三类:以摊余成本计量的金融资产、以公允价值计量且其变动计入其他综合收益的金融资产、以公允价值计量且其变动计入当期损益的金融资产。我国在修订金融工具相关准则时,也遵从了这一分类方法。传统金融工具分类标准不一致,主观性强,影响金融工具会计信息的可比性。新修订的金融工具确认和计量准则减少了金融资产类别,提高了分类的客观性和会计处理的一致性。金融资产分类如图7-1所示。

金融资产的分类标准是:①企业管理金融资产的业务模式,指企业如何管理其金融资产以产生现金流量。业务模式决定金融资产现金流量的来源是收取合同现金流量、出售金融资产还是两者兼有。②金融资产的合同现金流特征,指金融工具合同约定的、反映相关金融资产经济特征的现金流量属性,如相关金融资产在特定日期产生的合同现金流量仅为对本金和以未偿付本金金额为基础的利息的支付。

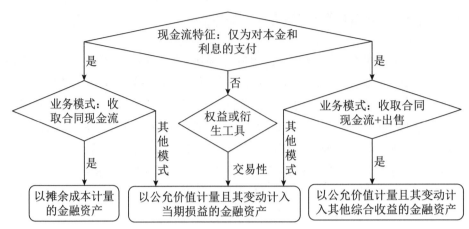

图 7-1 金融资产分类示意图（未包含指定情形）

以摊余成本计量的金融资产同时符合下列条件：企业管理该金融资产的业务模式是以收取合同现金流量为目标；该金融资产的合同条款规定，在特定日期产生的现金流量，仅为对本金和以未偿付本金金额为基础的利息的支付。

以公允价值计量且其变动计入其他综合收益的金融资产同时符合下列条件：企业管理该金融资产的业务模式既以收取合同现金流量为目标又以出售该金融资产为目标；该金融资产的合同条款规定，在特定日期产生的现金流量，仅为对本金和以未偿付本金金额为基础的利息的支付。在初始确认时，企业可以将非交易性权益工具投资指定为以公允价值计量且其变动计入其他综合收益的金融资产，并按照规定确认股利收入。该指定一经作出，不得撤销。

未归属于以上两类金融资产的，属于以公允价值计量且其变动计入当期损益的金融资产。在初始确认时，如果能够消除或显著减少会计错配，企业可以将金融资产指定为以公允价值计量且其变动计入当期损益的金融资产。该指定一经作出，不得撤销。出于交易性目的而持有的金融资产、属于进行集中管理的可辨认金融工具组合的一部分且有客观证据表明企业近期采用短期获利方式对该组合进行管理的金融资产，以及衍生金融工具等，可以归为该类别。如果衍生工具被企业指定为有效套期工具，则不应确认为该类别。

企业改变其管理金融资产的业务模式时，应当按照规定对所有受影响的相关金融资产进行重分类。重分类日，是指导致企业对金融资产进行重分类的业务模式发生变更后的首个报告期间的第一天。以摊余成本计量的金融资产重分类为其他类别，应当按照该资产在重分类日的公允价值进行计量，原账面价值与公允价值之间的差额计入当期损益或计入其他综合收益。

以公允价值计量且其变动计入当期损益的金融资产重分类为以摊余成本计量的金融资产的，应当以其在重分类日的公允价值作为新的账面余额。以公允价值计量且其变动计入其他综合收益的金融资产重分类为以摊余成本计量的金融资产的，应当将之前计入其他综合收益的累计利得或损失转出，调整该金融资产在重分类日的公允价值，并以调整后的金额作为新的账面价值，即视同该金融资产一直以摊余成本计量。

以公允价值计量且其变动计入其他综合收益的金融资产、以公允价值计量且其变动计入当期损益的金融资产之间的相互转变，应当继续以公允价值计量。之前计入其他综合收益的累计利得或损失从其他综合收益转入当期损益。

2. 金融负债的分类

金融负债分为：①以摊余成本计量的金融负债；②以公允价值计量且其变动计入当期损益的金融负债，包括交易性金融负债（含属于金融负债的衍生工具）和指定为以公允价值计量且其变动计入当期损益的金融负债。

在初始确认时，满足下列条件之一的，可以将金融负债指定为以公允价值计量且其变动计入当期损益的金融负债：①能够消除或显著减少会计错配；②根据正式书面文件载明的企业风险管理或投资策略，以公允价值为基础对金融负债组合或金融资产和金融负债组合进行管理和绩效考核，并在企业内部以此为基础向关键管理人员报告。

企业对所有金融负债均不得进行重分类。

（二）基础金融工具和衍生金融工具

基础金融工具指在实际信用活动中出具的、能证明债权债务关系或所有权关系的合法凭证，包括现金、银行存款、商业票据、债券等债权债务凭证和股票、基金等所有权凭证。

衍生金融工具，又称金融衍生产品，是与基础金融产品相对应的一个概念，指建立在基础产品或基础变量之上，其价格随基础金融产品的价格（或数值）变动的派生金融产品，包括远期合同、期货合同、互换和期权，以及具有远期合同、期货合同、互换和期权中一种或一种以上特征的工具。衍生金融工具具有跨期性，一般在未来某一日期结算；具有联动性，其价值随特定利率、汇率、基础金融工具价格和商品价格的变动而变动；一般不要求净投资，具有以小搏大的特点。

二、衍生金融工具的确认和计量

（一）衍生金融工具的初始确认和计量

衍生金融工具的特征表现在以下三个方面：①其价值随基础金融工具的价格变化而变化；②常采用保证金交易方式，不要求初始净投资，或者初始净投资的金额较少；③在未来某一日期结算，结算时一般采用净额交割。投资者只需动用少量资金即可进行数额巨大的交易，因此，衍生金融工具具有以小搏大的特点，表现出极强的杠杆性，由此也使衍生金融工具收益和风险成倍数扩大。

根据《企业会计准则第 22 号——金融工具确认和计量》的规定，当企业成为衍生金融工具合同的一方，合同的权利和义务得以形成时，将衍生金融工具确认为一项金融资产或金融负债，或确认为套期工具。

衍生金融工具通常可用于风险管理，如进行套期保值。为套期保值而持有的衍生金融工具均作为套期工具予以反映。

以远期合同为例，企业应在成为远期合同的一方时（承诺日而不是结算日），确认一项金融资产或金融负债。当企业成为远期合同的一方时，权利和义务的公允价值通常相等，因此该远期合同的公允价值净额为零。如果不为零，则该合同应被确认为一项金融资产或金融负债。

企业初始确认衍生金融资产或金融负债时，应当按照公允价值计量，通常将相关金融资产或金融负债的交易价格作为其公允价值。公允价值，是指市场参与者在计量日发生的有序交易中，出售一项资产所能收到或者转移一项负债所需支付的价格。依据相同资产或负债在活跃市场上的报价或者以仅使用可观察市场数据的估值技术确定金融资产或金融负债的公允价值的，企业应当将该公允价值与交易价格之间的差额确认为一项利得或损失。金融资产或金融负债的公允价值以其他方式确定的，企业应当将该公允价值与交易价格之间的差额递延，并根据某一因素在相应会计期间的变动程度将该递延差额确认为相应会计期间的利得或损失。

交易费用，是指可直接归属于购买、发行或处置金融工具的增量费用，包括支付给代理机构、咨询公司、券商、证券交易所、政府有关部门等的手续费、佣金、相关税费及其他必要支出，不包括债券溢价、折价、融资费用、内部管理成本和持有成本等与交易不直接相关的费用。对于以公允价值计量且其变动计入当期损益的金融资产和金融负债，相关交易费用应当直接计入当期损益；对于其他类别的金融资产或金融负债，相关交易费用应当计入初始确认金额。

（二）衍生金融工具的后续计量

初始确认后，企业应当对不同类别的金融资产，分别以摊余成本、以公允价值计量且其变动计入其他综合收益或以公允价值计量且其变动计入当期损益进行后续计量。企业持有的衍生金融工具在后续计量时，根据企业持有衍生金融工具的目的和意图不同，采用不同的计量基础：一是对投机套利而持有的衍生金融工具，在资产负债表日按公允价值计量，其公允价值变动计入当期损益；二是为套期保值而持有的衍生金融工具，在资产负债表日按照公允价值计量。对于公允价值套期，套期工具的公允价值变动形成的利得和损失计入当期损益，同时被套期项目因被套期风险敞口形成的利得或损失也应当计入当期损益，并调整被套期项目的账面价值；对于现金流量套期，有效套期部分计入其他综合收益，无效套期部分计入当期损益。

一般地，当金融资产发生减值时，要确认相应的减值损失。如果衍生金融工具被划归为以公允价值计量且其变动计入当期损益的金融资产，其账面价值与公允价值相一致，公允价值变动损益完全体现在当期利润表中，无须考虑减值问题。

第二节 套期会计

2008年国际金融危机发生后，金融工具相关会计问题凸显，国际会计准则理事会对《金融工具》国际财务报告准则进行了较大幅度的修订，这其中包括套期会计。我国于2017年3月完成了对套期会计准则的修订，实现了与国际会计准则的接轨。新修订的套期会计准则拓宽了套期工具和被套期项目的范围、以定性的套期有效性要求取代原有定量要求、允许通过调整套期工具和被套期项目的数量实现套期关系的"再平衡"，从而使得套期会计更好地反映企业的风险管理活动及其影响。

一、套期的概念与分类

（一）套期的概念

企业在经营活动中会面临各类风险，其中涉及外汇风险、利率风险、价格风险、信用风险等。对于此类风险敞口，企业可能会选择通过利用金融工具产生反向的风险敞口（即开展套期业务）来进行风险管理活动。

套期，是指企业为管理外汇风险、利率风险、价格风险、信用风险等特定风险引起的风险敞口，指定金融工具为套期工具，以使套期工具的公允价值或现金流量变动，预期抵销被套期项目全部或部分公允价值或现金流量变动的风险管理活动。

这一概念的核心是对冲机制。例如，当利率发生变化时，企业持有的金融资产和金融负债的价值会发生相反的变化，这样会形成自然套期。人为开展的套期活动中，套期工具和被套期项目之间由于相反的价值变化，也会导致相互抵销效应。

被套期项目，是指使企业面临公允价值或现金流量变动风险，且被指定为被套期对象的、能够可靠计量的项目，包括已确认资产或负债、尚未确认的确定承诺和极可能发生的预期交易等。套期工具，是指企业为进行套期而指定的、其公允价值或现金流量变动预期可抵销被套期项目的公允价值或现金流量变动的金融工具，包括以公允价值计量且其变动计入当期损益的衍生工具（签出期权除外）和非衍生金融工具（指定为以公允价值计量且其变动计入当期损益且其自身信用风险变动引起的公允价值变动计入其他综合收益的金融负债除外）。

（二）套期的分类

套期分为公允价值套期、现金流量套期和境外经营净投资套期三类。

1. 公允价值套期

公允价值套期，是指对已确认资产或负债、尚未确认的确定承诺，或上述项目组成部分的公允价值变动风险敞口进行的套期。该公允价值变动源于特定风险，且将影响企业的损益或其他综合收益。其中，影响其他综合收益的情形，仅限于企业对指定为以公允价值计量且其变动计入其他综合收益的非交易性权益工具投资的公允价值变动风险敞口进行的套期。

【例 7-1】20×8 年 1 月 1 日，甲公司持有 A 存货的成本为 100 万元，公允价值为 110 万元。为规避所持有 A 存货公允价值下降的风险，甲公司签订了一项期货合同，以 110 万元的价格销售相同数量的 A 存货，并将其指定为对 A 存货公允价值变动风险的套期工具。20×8 年 3 月 31 日，A 存货尚未出售，公允价值变为 107 万元。

本例中，存货是被套期项目，期货合同是套期工具。存货在 20×8 年 3 月 31 日的价值与 20×8 年 1 月 1 日比减少了 3 万元，但衍生工具的公允价值上涨了 3 万元，完全抵销了存货价格下跌对列报的公允价值的影响。

其他公允价值套期的例子有：①企业签订一项固定利率换浮动利率的互换合同，对其承担的固定利率负债的公允价值变动风险进行套期。②电力公司签订 6 个月后以固定价格购买煤炭的合同（未确认的确定承诺），为规避煤炭价格变动风险，签订一项期货合同，对该确定承诺的价格变动风险进行套期等。③某企业购买一项看跌期权合同，对持有的选择以公允价值计量且其变动计入其他综合收益的非交易性权益工具投资的证券价格风险引起的公允价值变动风险敞口进行套期。

2. 现金流量套期

现金流量套期，是指对现金流量变动风险敞口进行的套期。该现金流量变动源于与已确认资产或负债、极可能发生的预期交易，或与上述项目组成部分有关的特定风险，且将影响企业的损益。

【例 7-2】20×8 年 1 月 1 日，甲公司预期在 20×8 年 3 月 31 日出售一批 A 存货，预计售价为 110 万元。为规避与产品价格有关的现金流量变动风险，甲公司签订了一项期货合同，以 110 万元的价格销售相同数量的 A 存货，并将其指定为对该产品预期销售收入现金流风险的套期工具。20×8 年 3 月 31 日，甲公司按 107 万元的价格将 A 存货出售，同时将期货合约买入平仓，假设买入平仓期货价格为 107 万元。

本例中，存货是被套期项目，期货合同是套期工具。存货在 20×8 年 3 月 31 日出售时，实现的现金流与 20×8 年 1 月 1 日预期的现金流减少了 3 万元，但期货结算获得了现金流 3 万元，完全抵销了存货价格下跌对现金流的不利影响。

现金流量套期的例子还包括：①企业对承担的浮动利率债券的现金流量变动风险进行套期，与金融企业签订一项浮动利率换固定利率的互换合同，将浮动利率利息转化成了固定利率利息。②航空公司为规避 3 个月后预期很可能发生的与购买飞机相关的现金流量变动风险进行套期等。③某橡胶制品公司签订一项未来转入橡胶的远期合同，对 3 个月后预期极可能发生的与购买橡胶相关的价格风险引起的现金流量变动风险敞口进行套期。

3. 境外经营净投资套期

境外经营净投资，是指企业在境外经营净资产中的权益份额。境外经营净投资套期，是指对境外经营净投资外汇风险敞口进行的套期。对确定承诺的外汇风险进行的套期，企业可以将其作为公允价值套期或现金流量套期处理。

二、套期会计方法及其应用

套期会计方法,是指企业将套期工具和被套期项目产生的利得或损失在相同会计期间计入当期损益(或其他综合收益),以反映风险管理活动影响的方法。

(一)套期会计应用的前提

企业开展套期业务的目的是进行风险管理,但是如果按照常规的会计处理方法,可能会导致损益产生更大的波动,这是因为企业被套期项目和对套期工具的确认和计量的基础不一定相同。例如,企业使用衍生工具对某项极可能发生的预期交易的价格风险进行套期,按照常规会计处理方法,该衍生工具应当以公允价值计量且其变动计入当期损益,而预期交易则需到交易发生时才能予以确认。这样,企业利润表反映的损益就会产生较大的波动,从而产生财务报表上的"扩大风险"。为了克服常规会计处理方法下有可能会产生的会计错配和损益波动现象,套期会计方法基于企业风险管理活动,将套期工具和被套期项目产生的利得或损失在相同会计期间计入当期损益,力求如实反映企业进行风险管理活动的影响。

公允价值套期、现金流量套期或境外经营净投资套期同时满足下列条件的,才能运用套期会计准则规定的套期会计方法进行处理:①套期关系仅由符合条件的套期工具和被套期项目组成;②在套期开始时,企业正式指定了套期工具和被套期项目,并准备了关于套期关系、企业从事套期的风险管理策略和风险管理目标的书面文件;③套期关系符合套期有效性要求。

套期会计应用的前提是认定套期关系。套期关系是指套期工具和被套期项目之间的关系。只有当企业的风险管理策略将这两个要素有机地连接起来,才构成一项套期关系。

套期有效性,是指套期工具的公允价值或现金流量变动能够抵销被套期风险引起的被套期项目公允价值或现金流量变动的程度。套期工具的公允价值或现金流量变动大于或小于被套期项目的公允价值或现金流量变动的部分为套期无效部分。如果套期关系由于套期比率的原因而不再满足套期有效性要求,但指定该套期关系的风险管理目标没有改变,企业可以进行套期关系再平衡,通过调整套期关系的套期比率,使其重新满足套期有效性要求,从而延续套期关系。

(二)套期会计处理方法

1. 会计科目设置

套期会计处理需要设置的主要会计科目包括:①"套期工具"科目,核算企业开展套期业务的套期工具及其公允价值变动形成的资产或负债,该科目可按套期工具类别或套期关系进行明细核算;②"被套期项目"科目,核算企业开展套期业务的被套期项目及其公允价值变动形成的资产或负债,该科目可按套期工具类别或套期关系进行明细核算;③"套期损益"科目,核算套期工具和被套期项目价值变动形成的利得和损失;④"净敞口套期损益"科目,核算净敞口套期下被套期项目累计公允价值变动转入当期损益的金额或现金流量套期储备转入当期损益的金额。

在"其他综合收益"科目下设置"套期储备"明细科目,核算现金流量套期下套期工具累计公允价值变动中的套期有效部分;设置"套期损益"明细科目,核算公允价值套期下对指定为以公允价值计量且其变动计入其他综合收益的非交易性权益工具投资或其组成部分进行套期时,套期工具和被期项目公允价值变动形成的利得和损失;"套期成本"明细科目核算期权的时间价值等产生的公允价值变动。

2. 公允价值套期的会计处理方法

公允价值套期的会计处理遵循以下原则:①套期工具产生的利得或损失应当计入当期损益。如果套期工具是对选择以公允价值计量且其变动计入其他综合收益的非交易性权益工具投资(或其组成部分)进行套期的,套期工具产生的利得或损失应当计入其他综合收益。②被套期项目因被套期风险敞口形成的利得或损失应当计入当期损益,同时调整未以公允价值计量的已确认被套期项目的账面价值。

被套期工具为金融工具的,公允价值套期的会计处理方法如表 7-1 所示。

表 7-1 公允价值套期的会计处理方法

被套期项目(金融工具)	被套期项目风险敞口的利得和损失	被套期项目账面价值调整	套期工具利得和损失
以摊余成本计量的金融工具(或其组成部分)	计入当期损益	调整额按照开始摊销日的实际利率进行摊销	计入当期损益
以公允价值计量且其变动计入其他综合收益的金融资产(或其组成部分)	计入当期损益	不调整	计入当期损益
选择以公允价值计量且其变动计入其他综合收益的权益工具投资(或其组成部分)	计入其他综合收益	不调整	计入其他综合收益

被套期项目为尚未确认的确定承诺(或其组成部分)的,其在套期关系指定后因被套期风险引起的公允价值累计变动额应当确认为一项资产或负债,相关的利得或损失应当计入各相关期间损益。当履行确定承诺而取得资产或承担负债时,应当调整该资产或负债的初始确认金额,以包括已确认的被套期项目的公允价值累计变动额。

3. 现金流量套期的会计处理方法

现金流量套期的会计处理遵循以下原则:①套期工具产生的利得或损失中属于套期有效的部分,作为现金流量套期储备,应当计入其他综合收益。②套期工具产生的利得或损失中属于套期无效的部分(即扣除计入其他综合收益后的其他利得或损失),应当计入当期损益。

每期计入其他综合收益的现金流量套期储备的金额应当为当期现金流量套期储备的变动额。现金流量套期储备的余额,应当按照下列两项的绝对额中较低者确定:套期工具自套期开始的累计利得或损失或被套期项目自套期开始的预计未来现金流量现值的累计变动额。

涉及的现金流量套期,企业应当在被套期的预期现金流量影响损益的相同期间,将原在其他综合收益中确认的现金流量套期储备金额转出，计入当期损益。被套期项目为预期交易，且该预期交易使企业随后确认一项非金融资产或非金融负债的，或者非金融资产或非金融负债的预期交易形成一项适用于公允价值套期会计的确定承诺时，企业应当将原在其他综合收益中确认的现金流量套期储备金额转出，计入该资产或负债的初始确认金额。当企业对现金流量套期终止运用套期会计，且被套期的未来现金流量预期不再发生的，累计现金流量套期储备的金额应当从其他综合收益中转出，计入当期损益。

【例7-3】20×8年1月1日，甲公司持有铜存货的账面价值和成本均为100万元，公允价值为110万元，预期2个月后的销售总价款为110万元。为规避特定风险，甲公司与某金融机构签订了一项铜期货合同，铜期货合同的标的资产与被套期项目铜存货在数量、质次和产地方面相同。20×8年1月31日，铜存货的公允价值及预期售价下降了2.5万元，铜期货合同公允价值上涨了2.5万元。20×8年2月28日，铜存货的公允价值及预期售价上升1.5万元，铜期货合同公允价值下降了1.5万元。当日，甲公司将铜存货出售，并将铜期货合同进行结算。假定以下两种情形。

A情形：为规避所持有铜存货公允价值变动风险，并将期货合同指定为对20×8年前两个月铜商品价格变化风险的套期工具。

B情形：为规避该预期销售中与商品价格有关的现金流量变动风险，并将期货合同指定为对该预期商品销售的套期工具。

本例中，铜存货与铜期货合同存在经济关系，套期比率也符合套期有效性要求。应用套期会计方法进行的相关账务处理如下。

方法1：公允价值套期。

（1）20×8年1月1日，指定铜存货为被套期项目：

借：被套期项目——库存商品铜　　　　　　　　　　　　　　1 000 000
　　贷：库存商品——铜　　　　　　　　　　　　　　　　　　　　　1 000 000

当日，铜期货合同的公允价值为0，不做账务处理。

（2）20×8年1月31日，确认公允价值变动：

借：套期工具——铜期货合同　　　　　　　　　　　　　　　　25 000
　　贷：套期损益　　　　　　　　　　　　　　　　　　　　　　　　　25 000

借：套期损益　　　　　　　　　　　　　　　　　　　　　　　　25 000
　　贷：被套期项目——库存商品铜　　　　　　　　　　　　　　　　25 000

（3）20×8年2月28日，确认套期公允价值变动：

借：套期损益　　　　　　　　　　　　　　　　　　　　　　　　15 000
　　贷：套期工具——铜期货合同　　　　　　　　　　　　　　　　　15 000

借：被套期项目——库存商品铜　　　　　　　　　　　　　　　　15 000
　　贷：套期损益　　　　　　　　　　　　　　　　　　　　　　　　　15 000

（4）确认铜存货销售收入（不考虑增值税）：

借：应收账款或银行存款　　　　　　　　　　　　　　　　　1 090 000
　　贷：主营业务收入　　　　　　　　　　　　　　　　　　　　　1 090 000

（5）结转铜存货销售成本：

借：主营业务成本　　　　　　　　　　　　　　　　　　　　　990 000
　　贷：被套期项目——库存商品铜　　　　　　　　　　　　　　　990 000

（6）结算铜期货合同：

借：银行存款　　　　　　　　　　　　　　　　　　　　　　　　10 000
　　贷：套期工具——铜期货合同　　　　　　　　　　　　　　　　10 000

方法2：现金流量套期。

（1）20×8年1月1日，甲公司不作账务处理，但需编制指定文档。

（2）20×8年1月31日，确认现金流量套期储备：

套期工具自套期开始的累计利得或损失，与被套期项目自套期开始的预计未来现金流量的变动额一致，因此将套期工具公允价值变动全部作为现金流量套期储备计入其他综合收益。

借：套期工具——商品期货合同　　　　　　　　　　　　　　　　25 000
　　贷：其他综合收益——套期储备　　　　　　　　　　　　　　　25 000

（3）20×8年2月28日，确认现金流量套期储备：

借：其他综合收益——套期储备　　　　　　　　　　　　　　　　15 000
　　贷：套期工具——商品期货合同　　　　　　　　　　　　　　　15 000

（4）确认商品的销售收入：

借：应收账款或银行存款　　　　　　　　　　　　　　　　　1 090 000
　　贷：主营业务收入　　　　　　　　　　　　　　　　　　　1 090 000

（5）结算商品期货合同：

借：银行存款　　　　　　　　　　　　　　　　　　　　　　　　10 000
　　贷：套期工具——商品期货合同　　　　　　　　　　　　　　　10 000

（6）将现金流量套期储备金额转出，调整主营业务收入：

借：其他综合收益——套期储备　　　　　　　　　　　　　　　　10 000
　　贷：主营业务收入　　　　　　　　　　　　　　　　　　　　　10 000

【例7-4】甲公司于20×7年11月1日与境外乙公司签订合同，约定于20×8年1月30日以外币（FC）每吨60元的价格购入100吨橄榄油。甲公司为规避购入橄榄油成本的外汇风险，于当日与某金融机构签订一项3个月到期的外汇远期合同，约定汇率为1FC=15元人民币，合同金额FC 6 000元。20×7年12月31日，FC对人民币1个月远期汇率为1FC=14.8元人民币。20×8年1月30日，甲公司以净额方式结算该外汇远期合同，并购入橄榄油，当日，FC对人民币即期汇率为1FC=14.6元人民币。假定该套期符合运用套期会计的条件，且不考虑增值税等相关税费和远期合同的远期要素。

本例中，对确定承诺的外汇风险进行的套期，既可以划分为公允价值套期，也可以划分为现金流量套期。以下分别两种情形进行会计处理。

情形1：将上述套期划分为公允价值套期。

（1）20×7年11月1日，外汇远期合同的公允价值为0，不做账务处理，但需编制指定文档。

（2）20×7年12月31日，确认套期工具和被套期项目公允价值变动：

外汇远期合同的公允价值 =（14.8－15）×6 000 = －1 200（元人民币）

借：套期损益	1 200
贷：套期工具——外汇远期合同	1 200
借：被套期项目——确定承诺	1 200
贷：套期损益	1 200

（3）20×8年1月30日，确认套期工具和被套期项目公允价值变动：

外汇远期合同的公允价值 =（14.6－14.8）×6 000 = －1 200（元人民币）

借：套期损益	1 200
贷：套期工具——外汇远期合同	1 200
借：被套期项目——确定承诺	1 200
贷：套期损益	1 200

（4）结算外汇远期合同：

借：套期工具——外汇远期合同	2 400
贷：银行存款	2 400

（5）购入橄榄油（14.6×6 000）：

借：库存商品——橄榄油	87 600
贷：银行存款	87 600

（6）将被套期项目的余额转入橄榄油的账面价值：

借：库存商品——橄榄油	2 400
贷：被套期项目——确定承诺	2 400

情形2：将上述套期划分为现金流量套期。

（1）20×7年11月1日，外汇远期合同的公允价值为0，不做账务处理，但需编制指定文档。

（2）20×7年12月31日，确认现金流量套期储备：

外汇远期合同的公允价值 =（14.8－15）×6 000 = －1 200（元人民币）

套期工具自套期开始的累计利得或损失，与被套期项目自套期开始的预计未来现金流量的变动额一致，因此将套期工具公允价值变动全部作为现金流量套期储备计入其他综合收益。

借：其他综合收益——套期储备	1 200
贷：套期工具——外汇远期合同	1 200

（3）20×7年1月30日，确认现金流量套期储备：

外汇远期合同的公允价值 =（14.6－15）×6 000 = －2 400（元人民币）

外汇远期合同公允价值的变动额 = －1 200（元人民币）

借：其他综合收益——套期储备	1 200
贷：套期工具——外汇远期合同	1 200

(4) 结算外汇远期合同：

借：套期工具——外汇远期合同　　　　　　　　　　　　　2 400
　　贷：银行存款　　　　　　　　　　　　　　　　　　　　2 400

(5) 购入橄榄油：

借：库存商品——橄榄油　　　　　　　　　　　　　　　　87 600
　　贷：银行存款　　　　　　　　　　　　　　　　　　　　87 600

(6) 将计入其他综合收益中的套期储备转出：

借：库存商品——橄榄油　　　　　　　　　　　　　　　　2 400
　　贷：其他综合收益——套期储备　　　　　　　　　　　　2 400

4. 境外经营净投资套期的会计处理方法

对境外经营净投资的套期，包括对作为净投资的一部分进行会计处理的货币性项目的套期，应当按照类似于现金流量套期会计的规定处理：①套期工具形成的利得或损失中属于套期有效的部分，应当计入其他综合收益。全部或部分处置境外经营时，上述计入其他综合收益的套期工具利得或损失应当相应转出，计入当期损益。②套期工具形成的利得或损失中属于套期无效的部分，应当计入当期损益。

第三节　薪酬性股票期权

按照《中华人民共和国证券法》《上市公司股权激励管理办法》等法规的规定，企业可以通过股票期权等权益工具对职工实施激励。薪酬性股票期权是股份支付的一种具体形式。

一、股份支付的特征及工具类型

股份支付，是"以股份为基础的支付"的简称，是指企业为获取职工和其他方提供服务而授予权益工具或者承担以权益工具为基础确定的负债的交易。

（一）股份支付工具的特征

股份支付具有以下特征。

（1）股份支付是企业与职工或其他方之间发生的交易。以股份为基础的支付可能发生在企业与股东之间，或者企业与其职工之间。发生在企业与职工（或向企业提供服务的其他方）之间的交易，才可能符合股份支付的定义。

（2）股份支付是以获取职工或其他方服务为目的的交易。企业在股份支付交易中旨在获取其职工或其他方提供的服务或取得这些服务的权利。企业获取这些服务或权利的目的是用于其正常生产经营，不是转手获利等。

（3）股份支付交易的对价或其定价与企业自身权益工具未来的价值密切相关。股份支付交易相较于企业与其职工间其他类型交易的最大不同,是交易对价或其定价与企业自身权益工具未来的价值密切相关。在股份支付中,企业要么向职工支付其自身权益工具,要么向职工支付一笔现金,而其金额高低取决于结算时企业自身权益工具的公允价值。

(二)股份支付工具的类型

1. 以权益结算的股份支付

以权益结算的股份支付,是指企业为获取服务而以股份或其他权益工具作为对价进行结算的交易。以权益结算的股份支付最常用的工具有两类:限制性股票和股票期权。

限制性股票是指职工或其他方按照股份支付协议规定的条款和条件,从企业获得一定数量的本企业股票。企业授予职工一定数量的股票,在一个确定的等待期内或在满足特定业绩指标之前,职工出售股票要受到持续服务期限条款或业绩条件的限制。股票期权是指企业授予职工或其他方在未来一定期限内以预先确定的价格和条件购买本企业一定数量股票的权利。

2. 以现金结算的股份支付

以现金结算的股份支付,是指企业为获取服务而承担的以股份或其他权益工具为基础计算的交付现金或其他资产的义务的交易。以现金结算的股份支付最常用的工具有两类:现金股票增值权和模拟股票。

现金股票增值权和模拟股票,是用现金支付模拟的股权激励机制,即与股票挂钩,但用现金支付。除不需实际行权和持有股票之外,现金股票增值权的运作原理与股票期权是一样的,都是一种增值权形式的与股票价值挂钩的薪酬工具。除不需实际授予股票和持有股票之外,模拟股票的运作原理与限制性股票是一样的。

二、薪酬性股票期权的环节和可行权条件

(一)薪酬性股票期权的环节

薪酬性股票期权的股份支付通常涉及四个主要环节:授予、可行权、行权和出售。如图 7-2 所示。

图 7-2 薪酬性股票期权的时间轴示意图

授予日是指股份支付协议获得批准的日期。企业与职工或其他方就股份支付的协议条款和条件已达成一致,该协议获得股东大会或类似机构的批准,履行了必要的程序并满足了特定的要求。

股票期权在授予后通常不可立即行权,一般需要职工或其他方履行一定期限的服务

后，或在企业达到一定业绩条件时才可行权。可行权日是指可行权条件得到满足、职工或其他方具有从企业取得权益工具或现金权利的日期。只有具备了可行权的权利，员工才真正拥有股票期权这一"财产"，才能去择机行权。从授予日至可行权日的时段，是可行权条件得到满足的期间，因此称为"等待期"，又称"行权限制期"。

行权日是指职工和其他方行使权利、获取股份支付的日期。在可行权日之后、期权到期日之前，可选择行权。在行权日，持有股票期权的职工行使了以特定价格购买一定数量本公司股票的权利。可出售日是指员工有权将行权后取得的股票予以出售的日期。按照我国法规规定，用于期权激励的股份支付协议，应在行权日与出售日之间设立禁售期，其中国有控股上市公司的禁售期不得低于两年。

【例 7-5】乙公司为上市公司，按照乙公司发布的股票期权激励计划，公司拟向 543 名激励对象授予 21 016 万份股票期权，涉及的标的股票种类为人民币 A 股普通股，约占公司股本总额的 9.9%。激励对象包括公司公告本计划草案时在公司任职的中高层管理人员及核心技术（业务）骨干人员。激励计划的有效期为 3 年，在满足行权条件的情况下，激励对象获授的每一份股票期权拥有在其行权期内以行权价格购买 1 股公司股票的权利。本次授予的股票期权的行权价格为 7.11 元 / 股。激励对象获授的股票期权适用不同的等待期，均自授予登记完成之日起计算，分别为 12 个月、24 个月。等待期满后可以开始行权。

本例中，乙公司的激励对象是 543 名中高层管理人员及核心技术（业务）骨干，采用的方式是股票期权。等待期至少 1 年，之后，可行权条件得到满足，这些员工才能按照既定的价格（7.11 元 / 股）购买取得公司的股票。如果乙公司股票的市场价格低于执行价格，可以放弃行权。

（二）可行权条件的设定和修改

股份支付中通常涉及可行权条件。可行权条件是指能够确定企业是否得到职工或其他方提供的服务，且该服务使职工或其他方具有获取股份支付协议规定的权益工具或现金等权利的条件。在满足这些条件之前，职工或其他方无法获得股份。可行权条件包括服务期限条件和业绩条件。业绩条件是指职工或其他方完成规定服务期限且企业已达到特定业绩目标才可行权的条件，具体包括市场条件和非市场条件。

市场条件是指行权价格、可行权条件以及行权可能性与权益工具的市场价格相关的业绩条件，如股份支付协议中关于股价上升至何种水平、可相应取得多少股份的规定。非市场条件是指除市场条件之外的其他业绩条件，如股份支付协议中关于达到最低盈利目标或销售目标才可行权的规定。

【例 7-6】20×7 年 1 月，为奖励并激励高管，丙上市公司与其管理层成员签署股份支付协议，规定如果管理层成员在其后 3 年中都在公司中任职，且公司股价每年均提高 10% 以上，管理层成员即可以低于市价的价格购买一定数量的本公司股票。同时作为协议的补充，公司把全体管理层成员的年薪提高了 50 000 元，但公司将这部分年薪按月存入公司专门建立的内部基金，3 年后，管理层成员可用属于其个人的部分抵减未来行权时支付的购买股票款项。如果管理层成员决定退出这项基金，可随时全额提取。

本例中，如果不同时满足服务3年和公司股价年增长10%以上的要求，管理层成员就无权行使其股票期权，因此两者都属于可行权条件，其中服务满3年是一项服务期限条件，10%的股价增长要求是一项市场条件。虽然公司要求管理层成员将部分薪金存入统一账户保管，但不影响其可行权，因此统一账户条款是非可行权条件。

通常情况下，股份支付协议生效后，不应对其条款和条件随意修改，但在某些情况下，可能需要修改授予权益工具的股份支付协议中的条款和条件。例如，股票除权、除息或其他原因需要调整行权价格或股票期权数量。此外，为取得更佳的激励效果，有关法规也允许企业依据股份支付协议的规定，调整行权价格或股票期权数量，但应当由董事会作出决议并经股东大会审议批准，或者股东大会授权董事会决定。

三、薪酬性股票期权的确认和计量

（一）薪酬性股票期权确认和计量的原则

薪酬性股票期权应当按照其在授予日的公允价值进行计量，在等待期内的每一个资产负债表日，以对可行权数量的最佳估计为基础，将当期取得的服务确认为一项薪酬费用。如果授予日权益工具的公允价值无法可靠计量，企业应以内在价值计量该权益工具。内在价值是指拟认购或取得的股份的公允价值与股票期权的执行价格之间的差额。以权益结算的股份支付，需区分所换取服务的来源作出不同的会计处理。

扩展阅读 7.2
IFRS 2《基于股份的支付》

1. 换取职工服务的股份支付

对于换取职工服务的股份支付，企业应当以股份支付所授予的权益工具的公允价值计量。企业应在等待期内的每个资产负债表日，以对可行权权益工具数量的最佳估计为基础，按照权益工具在授予日的公允价值，将当期取得的服务计入相关资产成本或当期费用，同时计入资本公积中的其他资本公积。待激励对象行权时，将计入其他资本公积的溢价转入资本公积中的股本溢价。

2. 换取其他方服务的股份支付

对于换取其他方服务的股份支付，企业应当以股份支付所换取的服务的公允价值计量。企业应当按照其他方服务在取得日的公允价值，将取得的服务计入相关资产成本或费用。如果其他方服务的公允价值不能可靠计量，但权益工具的公允价值能够可靠计量，企业应当按照权益工具在服务取得日的公允价值，将取得的服务计入相关资产成本或费用。

（二）薪酬性股票期权公允价值的确定

对于授予的存在活跃市场的期权等权益工具，应当按照活跃市场中的报价确定其公允价值。对于授予职工的股票期权，因其通常受到一些不同于交易期权的条款和条件的限制，所以在许多情况下难以获得其市场价格，应通过期权定价模型来估计所授予的期权的公允价值。在选择适用的期权定价模型时，企业应考虑熟悉情况和自愿的市场参与者将会考虑的因素，包括：①期权的行权价格；②期权期限；③基础股份的现行价格；④股价的预计波动率；⑤股份的预计股利；⑥期权期限内的无风险利率，一般以零息国债的内含收益率代表。

【例7-7】接【例7-5】，乙公司首次授予的股票期权数量为21 016万份（总股本的9.9%，不考虑预留份额），分两个行权期50%、50%行权。

选择Black-Scholes模型（B-S模型）对乙公司股票期权激励计划中授予日股票期权的公允价值进行测算。相关参数取值见表7-2。

表7-2 用Black-Scholes模型测算的参数取值

序号	相关变量	变量取值
（1）	期权的行权价格	7.11元/股
（2）	期权的剩余存续期限	每个行权期所对应股票期权的存续时间分别为2年、3年
（3）	标的股票在期权授予日的价格	6.62元/股
（4）	标的股票收益的波动率	31.292 8%（最近12个月股票收益的年化波动率）
（5）	预期股息率	1.1%
（6）	无风险收益率	2年、3年利率分别为：3.5%、3.6%

本例中，根据上述参数，计算得出乙公司授予的股票期权的公允价值见表7-3。

表7-3 乙公司授予的股票期权的公允价值

项目	第一个行权期	第二个行权期	合计
每份股票期权的公允价值/（元/份）	1.071 5	1.375 1	—
期权份数/万份	10 508	10 508	21 016
期权总成本/万元	11 259.32	14 449.55	25 708.87

股票期权的理论价值是在一定的参数取值和定价模型基础上计算出来的，理论价值会随着参数取值的变化而变化，当标的股票的市场价格、无风险利率、股票价格波动率等发生变化时，理论价值也会发生变化。

计量所授予的股份或期权的公允价值时是否应当考虑预计股利，取决于被授予方是否有权取得股利或股利等价物。在估计基础股份的预计波动率和股利时，目标是尽可能接近当前市场或协议交换价格所反映的价格预期。在通常情况下，对于未来波动率、股利和行权行为的预期存在一个合理的区间。这时应将区间内的每项可能数额乘以其发生概率，加权计算上述输入变量的期望值。

确定授予职工的股票期权的公允价值，还需要考虑提早行权的可能性。如果股票期权是从企业签出的，在行权时需要增加已发行在外的股份数量，这种现实或潜在的稀释效应可能会降低股价。如果市场已预期企业将会授予期权，则可能已将潜在稀释效应体现在了授予日的股价中。企业应考虑所授予的股票期权未来行权的潜在稀释效应，是否可能对股票期权在授予日的公允价值构成影响。

(三)薪酬性股票期权的账务处理

对于附有市场条件的股份支付,只要职工满足了其他所有非市场条件,企业就应当确认已取得的服务。在会计核算上,无论已授予的权益工具的条款和条件如何修改,甚至取消权益工具的授予或结算该权益工具,企业都应至少确认按照所授予的权益工具在授予日的公允价值来计量获取的相应服务,除非因不能满足权益工具的可行权条件(除市场条件外)而无法行权。

股份支付的会计处理必须以完整、有效的股份支付协议为基础。

(1)授予日。除了立即可行权的股份支付外,无论是权益结算的股份支付还是现金结算的股份支付,企业在授予日均不做会计处理。

(2)等待期内每个资产负债表日。企业应当在等待期内的每个资产负债表日,按照权益工具的公允价值,将取得职工或其他方提供的服务计入成本费用,同时确认所有者权益或负债。企业应当根据最新取得的可行权职工人数变动等后续信息作出最佳估计,修正预计可行权的权益工具数量。以当期累计已确认金额减去前期累计已确认金额,作为当期应确认的成本费用金额。

累计应确认的成本费用金额 = 权益工具的公允价值 × 预计可行权的权益工具数量

对于权益结算的涉及职工的股份支付,应当按照授予日权益工具的公允价值计入成本费用和资本公积(其他资本公积),不确认其后续公允价值变动。结算企业是接受服务企业的投资者的,应确认为对接受服务企业的长期股权投资。

(3)可行权日之后。对于权益结算的股份支付,在可行权日之后不再对已确认的成本费用和所有者权益总额进行调整。企业应在行权日根据行权情况,确认股本和股本溢价,同时结转等待期内确认的资本公积(其他资本公积)。

【例7-8】20×1年1月1日,丙公司股东大会批准了一项股份支付协议。该协议规定,公司的40名销售人员必须为公司服务3年,才能在期满时以每股7元的价格购买本公司股票100股。丙公司股票期权在授予日的公允价值估计为15元。在第一年,1名销售人员离开了公司,丙公司预计3年中销售人员的离开比例将达到10%,第二年,销售人员中有2名离开了公司,丙公司估计销售人员离开的比例将达到15%,第三年,又有1名销售人员离开。

本例中,薪酬费用和资本公积的计算过程如下:

20×1年:40×(1−10%)×100×15×1/3=18 000(元)

20×2年:40×(1−15%)×100×15×2/3−18 000=16 000(元)

20×3年:(40−1−2−1)×100×15−18 000−16 000=20 000(元)

合计:54 000元

丙公司的账务处理如下:

(1)20×1年1月1日,不做账务处理。

(2)等待期内的每个资产负债表日,记录激励对象的薪酬费用:

借:销售费用   18 000

贷：资本公积——其他资本公积　　　　　　　　　　　　　　　　　　18 000

（注：第二年16 000元，第三年20 000元，借贷科目同上）

（3）假设36名销售人员在20×4年行权，则收到认缴款25 200元（36×100×7）。假设丙公司股票每股面值为1元，则

借：银行存款　　　　　　　　　　　　　　　　　　　　　　　　　　25 200

　　资本公积——其他资本公积　　　　　　　　　　　　　　　　　　54 000

　　贷：股本　　　　　　　　　　　　　　　　　　　　　　　　　　　3 600

　　　　资本公积——股本溢价　　　　　　　　　　　　　　　　　　 75 600

（四）回购股份进行职工期权激励

　　企业用于实施员工持股或股票期权激励计划的股份，有多种来源。企业以回购股份形式奖励本企业职工的，属于权益结算的股份支付。企业回购股份时，应按回购股份的全部支出作为库存股处理，同时进行备查登记。企业应当在等待期内每个资产负债表日按照权益工具在授予日的公允价值，将取得的职工服务计入成本费用，同时增加资本公积（其他资本公积）。在职工行权购买本企业股份时，企业应转销交付职工的库存股成本和等待期内资本公积（其他资本公积）累计金额，同时，按照其差额调整资本公积（股本溢价）。会计分录如下：

借：银行存款

　　资本公积——其他资本公积

　　贷：库存股

　　　　资本公积——股本溢价

即测即练7

　　企业如果回购其职工已可行权的权益工具，应当减少所有者权益，回购支付的金额高于该权益工具在回购日公允价值的部分，计入当期费用。

【案例讨论】

　　资料1：据《证券日报》报道，随着期货市场的快速发展，我国4 500多家A股上市公司中有近千家参与期货套期保值。美国非金融上市公司500强约有3/4使用衍生工具进行风险管理，大幅降低了利润的波动率。从行业来看，食品、能源和公用事业板块的上市公司参与衍生品交易的占比超过60%，表现突出。从业务来看，美国上市公司使用掉期、远期等场外衍生品的总量明显高于场内衍生品。我国衍生品市场容量持续增长，产品体系和市场生态日益丰富，为上市公司参与衍生品业务提供了可能。但同时国务院国有资产监督管理委员会要求国企严格管理金融衍生业务，管控风险，严守套保原则。

　　讨论题目：利用衍生品进行套期保值的原理是什么？我国上市公司应否积极开展衍生品套期活动？

　　资料2：国轩高科向符合授予条件的1 063名激励对象实际授予2 998万份股票期权，

行权价格为 39.30 元/份。公司分别召开了董事会、监事会会议和临时股东大会，审议通过了股票期权激励计划的相关议案。公司独立董事对该事项发表了同意的独立意见，监事会对本次授予股票期权的激励对象名单进行了核实。本激励计划有效期为自股票期权授权之日起至激励对象获授的股票期权全部行权或注销完毕之日止，最长不超过 48 个月。在约定期间因未达到行权条件的、达到条件但未行权的股票期权，公司将予以注销。在之后的 3 个会计年度中，分年度对公司及个人层面的业绩指标进行考核，以达到业绩考核目标作为激励对象当年度的行权条件之一。

公司以 Black-Scholes 模型（B-S 模型）作为定价模型，以董事会确定的授权日为计算基准日，测算本次授予的 2 998 万份股票期权的股份支付费用总额为 61 591.31 万元。该等费用将在本激励计划的实施过程中按行权比例进行分期摊销。公司将在等待期内的每个资产负债表日，根据最新取得的可行权人数变动、业绩指标完成情况等后续信息，修正预计可行权的股票期权数量，并按照股票期权授权日的公允价值，将当期取得的服务计入相关成本或费用和资本公积。

案例讨论思路 7

讨论题目：

（1）探讨国轩高科实施股票期权激励计划的动因及其影响。

（2）薪酬性股票期权的会计处理方法是怎样的？

【业务训练题】

1. 资料： 甲公司拟采用某衍生金融工具对库存商品的公允价值及其预期销售额进行套期保值。库存商品的成本为 36 万元，市场价格为 38 万元。一个月后，衍生金融工具的公允价值上升了 5 000 元，库存商品的市场价值下降了 6 000 元。

要求：

（1）甲公司可采用哪类衍生金融工具对其库存商品进行套期保值？

（2）分别按照公允价值套期和现金流量套期进行相应的会计处理。

2. 资料： 丁公司 20×7 年 8 月 1 日预期将在次年 1 月 30 日销售一批 A 商品，根据目前的市场情况，预期销售价格为 100 万元，综合市场情况分析，未来销售价格有走低的风险。为了规避风险，丁公司于 8 月 1 日与某金融机构签订了一项衍生金融工具合同，将其用于为此项预期销售进行套期保值。签约当天，衍生工具的公允价值为 0，20×7 年 12 月 31 日，衍生工具的公允价值上涨了 20 000 元，商品 A 的预期销售价格下降了 20 000 元。至结算日，衍生工具的公允价值又上涨了 5 000 元，商品 A 的实际销售价格也比 1 个月以前的预期价格下降了 5 000 元。

要求： 为丁公司进行有关账务处理。

3. 资料： 20×1 年 1 月 1 日，A 公司董事会批准了一项股份支付协议。该协议规定，公司向 200 名管理人员每人授予 100 份股票期权，条件是这些管理人员必须为公司连续服务 3 年。服务期满时可按每股 4 元的价格购买 100 股 A 公司股票。公司股票期权在授予日的公允价值估计为 15 元。在第一年，20 名管理人员离开了公司，A 公司预计管理人员的离开比例将达到 20%，第二年，管理人员中有 10 名离开了公司，A 公司估计管理人员离开的比例将达到 15%，第三年，又有 15 名管理人员离开。

要求：

（1）计算该股票期权激励计划中每一年计入管理费用的金额。

（2）编制相关会计分录。

业务训练题提示 7

第八章 债务重组

【本章导读】

在市场经济条件下,债务重组已成为企业在高风险、强竞争环境下解决债务问题的重要渠道。本章在讲述债务重组的概念、方式和会计处理一般原则的基础上,重点讲述债权人和债务人对债务重组的会计处理,包括以资产偿还债务、债务转资本、修改其他债务条件及其组合方式下的处理方法。

【内容框架】

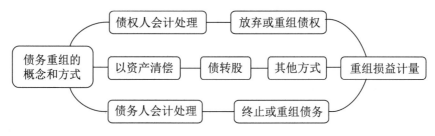

债务重组是债务双方根据达成的协议,对原债务条件进行重新规定,借以减轻债务人的偿债压力,最大化债权人利益的一种安排。在实践中,债务重组的形式多样,不同的债务重组方式其会计处理方法也有所不同,其中,债务重组损益的确定是会计处理的关键。2019年6月,财政部发布第三次修订的《企业会计准则第12号——债务重组》。这次修订重新界定了债务重组的定义,修改了债权人和债务人的会计处理方法。

第一节 债务重组概述

【引例】长方集团的债务重组协议。因受疫情影响,长方集团未能按照合同约定足额及时向债权人聚灿光电支付相应货款,聚灿光电向深圳市中级人民法院提起诉讼。双方拟进行和解并实施债务重组,协议如下:①双方确认所欠货款的本金7 912万元及利息1 196万元,本息共计9 108万元。②双方同意,长方集团按照协议约定向聚灿光电支付货款本金7 912万元及利息656万元,共计8 568万元。③对第2条中的债务8 568万元,长方集团拟分两期支付,其中首期支付5 000万元。④如未能按照约定完全履行第一期或第二期还款义务,长方集团自愿额外支付违约金 500 万元,同时以未支付的货款本金为基数,按每年利率 6.525% 计算迟延履行利息。

一、债务重组的定义

在市场经济条件下,企业必须面对激烈的市场竞争。企业需要不断地根据环境的变化,调整经营策略,防范和控制经营及财务风险。但有时,由于各种内外部因素(如企业经营不善、经济周期处于下行阶段或银行收缩信贷规模等)的影响,企业可能出现一些暂时性或严重的财务困难,致使资金周转不灵,难以按期偿还债务。当深陷债务困境时,负债企业倾向于采取以下两种积极方式:一是申请破产保护,如果该企业达到有关破产法律规定的破产界限,可以向法院申请破产保护;二是债务重组,通过债务转让、豁免、抵销和债转股等方式对企业的负债进行重新组合。从债权人角度看,通过法律程序,运用诉讼、仲裁、强制执行和拍卖等手段来解决债务争端,可能会出现两败俱伤的结果,债务人最终会走向破产,债权人虽然能够在一定程度上保护自我利益,但损失无可挽回。在这种情况下,债权人可以采取另一种方式,通过互相协商和债务重组,使债务人减轻负担,渡过难关。

债务重组和破产重整均是建立在公司财务困难、难以偿还债务的基础上,债务重组是首先考虑的方式,债务重组失败后将会进入法律程序进行破产重整,在此过程中债权人和债务人有可能再次就债务的偿还达成一致意见。与破产程序相比,非破产债务重组体现为双方当事人之间按照平等、自愿、互利的原则进行谈判与协议的过程,为了将损失降低到最小,债权人通常须作出一定的让步。

债务重组,是指不改变交易对手方的情况下,经债权人和债务人协定或法院裁定,就清偿债务的时间、金额或方式等重新达成协议的交易。该定义删除了以前版本中"债务人发生财务困难""债权人作出让步"等词语。在新定义下,经债权人和债务人协定或法院裁定确定的债务偿还条件不同于原协议的,均作为债务重组。

二、债务重组的方式

债务重组是在债务企业面临还款困境时,经双方协议达成的一种创新性解决问题的方式,最终目标是实现债务人和债权人的利益双赢。债务重组一般包括下列方式或下列一种以上方式的组合。

(一)以资产清偿债务

债务重组中的以资产清偿债务,是指债务人转让其资产给债权人以清偿债务的债务重组方式。债务人通常用于偿债的资产主要有现金、存货、金融资产、固定资产、无形资产等。这里的现金,是指货币资金,即库存现金、银行存款和其他货币资金。非现金资产,是指除现金之外的其他货币性资产,如应收账款等,以及非货币性资产,如固定资产等。2019年修订后的《企业会计准则第12号——债务重组》删除了"在对方做出让步的前提下以资产偿还债务"的规定,与同期修订后的《企业会计准则第7号——非货币性资产交换》准则所界定的交易内容、计量基础和处理方法趋于一致。

(二)将债务转为权益工具

债务重组中的将债务转为权益工具是指债务人将债务转为资本,同时债权人将债权转为股权的债务重组方式。债务人根据转换协议,将应付可转换公司债券转为资本的,则属于正常情况下的债务转资本,不能作为债务重组处理。

债务转为权益工具(或债转股)时,实践中有两种方法:一是债务人增资扩股;二是股权转让,债务人转让在其他公司的股权。对于前者,其结果是债务人因此而增加了股本(或实收资本),债权人因此而增加了股权投资。

在我国,从推动力量来看,债转股包括政策性债转股、商业性债转股和市场化债转股等。对债务企业而言,债转股虽然能降低杠杆率,不必再支付贷款利息,但股本融资是一种比债务融资成本更高的融资方式;同时,引入新的股权所有者,可能导致企业股权稀释甚至控制权的转移。对债权人而言,债转股意味着放弃了原有的债权固定收益和对原有债权抵押担保的追索权,而由此换得的股本收益权能否真正得以保证,取决于债转股后企业的经营管理状况能否有根本的改善和股东权利能否确保落实。

(三)其他方式及组合方式

债务重组的其他方式是指修改其他债务条款,即修改不包括上述第一、第二种情形在内的债务条件进行债务重组的方式,如调整债务本金、改变债务利息、变更还款期限等。

债务重组方式可能是多样化的,如采用以上三种方式的组合。例如,以转让资产清偿某项债务的一部分,另一部分债务通过修改其他债务条件进行债务重组。可能的组合方式包括:①债务的一部分以资产清偿,另一部分则转为资本;②债务的一部分以资产清偿,另一部分则修改其他债务条件;③债务的一部分转为资本,另一部分则修改其他债务条件;④债务的一部分以资产清偿,一部分转为资本,另一部分则修改其他债务条件。

在企业债务重组过程中,往往并不单纯涉及债务人和债权人两方当事人,与银行签订协议取得融资款或引入战略投资者作为重组方,也是常用的重组方案。

三、债务重组会计核算的科目设置

2019年修订的债务重组准则,将债权人确认受让资产模式改为"购买交易模式",即债权人对债务重组换入资产的初始成本,应当以放弃债权的公允价值加上直接相关费用进行计量,与一般购买资产的初始计量原则一致。对于债务人,在以资产清偿债务情况下,债务重组损益以清偿债务账面价值和转让资产账面价值确定,不涉及公允价值计量。

鉴于此，按照 2019 年修订的《企业会计准则第 12 号——债务重组》应用指南，债务重组会计核算的科目设置也有所变化。债务重组利得或损失不再计入"营业外收支"。对于债权人，债务重组导致的债权终止确认，按金融工具相关准则及财务报表格式相关规定，应计入"投资收益"项目列报。债务人以资产清偿债务，不需要区分资产处置损益和债务重组损益，也不需要区分不同资产的处置损益，而应将所清偿债务账面价值与转让资产账面价值之间的差额，记入"其他收益——债务重组收益"或"投资收益"科目。偿债资产已计提减值准备的，应结转已计提的减值准备。

第二节 债务重组的会计处理

债务重组方式的不同，相应的会计处理方法也不同。在债务人发生财务困难的情况下，如果债权人作出让步，对债权人来说则意味着损失，对债务人来说则意味着收益。债务重组的会计处理，要正确地反映债权人和债务人通过债务重组取得的损失或收益。

一、以资产清偿债务

在债务重组中，债务人以资产清偿债务的，通常包括以现金等金融资产清偿债务和以非金融资产清偿债务等方式。债权人核算相关受让资产的类别可能与债务人不同。例如，债务人以作为固定资产核算的房产清偿债务，债权人可能将受让的房产作为投资性房地产核算；债务人以存货清偿债务，债权人可能将受让的资产作为固定资产核算等。

（一）以金融资产清偿债务

1. 债权人的会计处理

债权人受让包括现金在内的单项或多项金融资产的，应当按照《企业会计准则第 22 号——金融工具确认和计量》的规定进行处理。金融资产初始确认时应当以其公允价值计量，金融资产确认金额与债权终止确认日账面价值之间的差额，记入"投资收益"科目，但收取的金融资产的公允价值与交易价格（即放弃债权的公允价值）存在差异的，应当进行如下处理。

（1）收取的金融资产的公允价值依据相同资产在活跃市场上的报价或者以仅使用可观察市场数据的估值技术确定的，企业应当将该公允价值与交易价格之间的差额确认为一项利得或损失。

（2）收取的金融资产的公允价值以其他方式确定的，企业应当将该公允价值与交易价格之间的差额递延并在后期确认为相应会计期间的利得或损失。

2. 债务人的会计处理

债务人以现金等金融资产清偿债务时，债务的账面价值与偿债金融资产账面价值的差额,记入"投资收益"科目。偿债金融资产已计提减值准备的,应结转已计提的减值准备。对于分类为以公允价值计量且其变动计入其他综合收益的债务工具投资,以其清偿债务时,之前计入其他综合收益的累计利得或损失应当从其他综合收益中转出,记入"投资收益"科目。对于指定为以公允价值计量且其变动计入其他综合收益的非交易性权益工具投资,以其清偿债务的,之前计入其他综合收益的累计利得或损失应当从其他综合收益中转出,记入"盈余公积""利润分配——未分配利润"等科目。

以下示例中,若无特殊说明,均假定债权人将应收债权分类为以摊余成本计量的金融资产,债务人将应付债务分类为以摊余成本计量的金融负债。

【例8-1】20×8年7月1日乙公司销售给戊公司一批产品,价值450 000元(包括应收取的增值税额)。20×8年12月31日,戊公司财务发生困难,短期内将不能支付货款。经与乙公司协商,戊公司以其所拥有的作为交易性金融资产核算的其他公司的股票抵偿债务,该金融资产按当日的活跃市场报价确定的价值是380 000元。假定乙公司为该项应收账款提取了坏账准备50 000元,用于抵债的股票于当日即办理相关转让手续。

(1)债权人(乙公司)的账务处理。

①计算债务重组损失:

应收账款账面原值	450 000
减:已计提坏账准备	50 000
应收账款净值	400 000
减:受让金融资产的公允价值	380 000
差额	20 000

②相关会计分录如下:

借:交易性金融资产	380 000	
投资收益	20 000	
坏账准备	50 000	
贷:应收账款		450 000

(2)债务人(戊公司)的账务处理。

借:应付账款	450 000	
贷:交易性金融资产		380 000
投资收益(450 000-380 000)		70 000

(二)以非金融资产清偿债务

经双方协商确定的债务重组方案中,涉及以非金融资产清偿某项债务的,债权人以所放弃债权的公允价值计价,还是以受让的非现金资产的公允价值计价,是争议的焦点。目前,《企业会计准则第7号——非货币性资产交换》规定,以公允价值为基础计量的非货币性资产交换,企业应首先选择以换出资产的公允价值和应支付的相关税费作为换入资产的成本,进行初始计量;对于换出资产,应当在终止确认时,将换出资产的公允价值与其账面价值之间的差额计入当期损益。

1. 债权人的会计处理

修订后的债务重组准则,在取得资产的初始计量方面与《企业会计准则第 7 号——非货币性资产交换》实现了协同。债权人确认受让资产的模式改为"购买交易模式",即按照支付的对价(重组债权的公允价值)和直接相关费用确定其初始计量金额。债权人收取非金融资产时发生的有关运杂费等,应当计入受让资产的成本中。放弃债权的公允价值与账面价值的差额,记入"投资收益"科目。

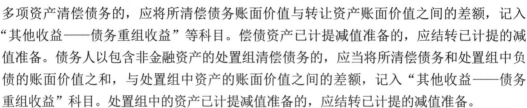

2. 债务人的会计处理

债务人以单项或多项非金融资产(如固定资产、日常活动产出的商品或服务等)清偿债务,或者以包括金融资产和非金融资产在内的多项资产清偿债务的,应将所清偿债务账面价值与转让资产账面价值之间的差额,记入"其他收益——债务重组收益"等科目。偿债资产已计提减值准备的,应结转已计提的减值准备。债务人以包含非金融资产的处置组清偿债务的,应当将所清偿债务和处置组中负债的账面价值之和,与处置组中资产的账面价值之间的差额,记入"其他收益——债务重组收益"科目。处置组中的资产已计提减值准备的,应结转已计提的减值准备。

如果债务人以存货抵偿债务,有两种处理思路:一是按修订后的债务重组准则,将存货账面价值与债务账面价值的差额计入当期损益;二是按照收入准则,视同销售确认收入并结转成本,将应收对价与债务账面价值之间的差额确认为债务重组损益。由于债务重组不同于企业日常活动,不适用收入准则,因此应采用第一种处理思路进行会计处理。

债务人在转让非现金资产的过程中发生的税费,如资产评估费、运杂费等,直接计入当期损益。对于增值税应税项目,如债权人不向债务人另行支付增值税,则以含税价格确认债务重组损益。

【**例 8-2**】20×8 年 12 月 3 日,丙公司与戊公司进行债务重组,丙公司同意戊公司以一台设备偿还其应收账款 200 000 元。该设备的账面原价为 170 000 元,已提折旧 55 000 元。假定债权的公允价值为 180 000 元,丙公司对该项应收账款已提取坏账准备 20 000 元。抵债设备已于 20×8 年 12 月 10 日运抵丙公司,丙公司支付运费 1 000 元。假定不考虑该项债务重组相关的税费。

(1)债权人(丙公司)的账务处理:

借:固定资产(180 000+1 000)	181 000
坏账准备	20 000
贷:应收账款	200 000
银行存款	1 000

(2)债务人(戊公司)的账务处理:

①将固定资产净值转入固定资产清理

借:固定资产清理	115 000
累计折旧	55 000
贷:固定资产	170 000

②确认债务重组损益：

借：应付账款 200 000
　　贷：固定资产清理 115 000
　　　　其他收益——债务重组收益 85 000

二、债务转为权益工具

（一）债务转为权益工具产生的影响

债务重组涉及债权人和债务人各项基本权利和义务的调整，与一般的债务重组方式不同，债务转为权益工具（或债转股）对债权人和债务人的影响更为显著，它将原有的债权关系变成了股权关系。

债转股包括各类政策性债转股、市场化债转股和商业性债转股。根据债转股的承载主体不同，可以将其分为三种运作模式：一是直接模式，如银行对企业的债权直接转化为银行对企业的股权；二是间接模式，如银行将其对企业的不良债权打包出售给第三方（如金融资产管理公司），债权随之转移给第三方，再由第三方将这笔债权转化为其对企业的股权；三是委托模式，在直接模式后，银行再将其对企业的股权委托给第三方管理，银行从第三方那里获取股息和分红。

债转股是一项以时间换空间的"缓兵之计"，如果作为债务人的企业成长性较好，盈利能力较强，则有起死回生的希望。债转股对"僵尸企业"兼并重组、处置银行不良资产有积极意义。但如果不对企业进行彻底的改革，仅仅采用债转股的方式来剥离银行有毒资产，债转股的效果就会大打折扣。

（二）债务转为权益工具的会计处理

1. 债权人的会计处理

当债务转为权益工具（或债转股）时，债权人将债权转为对联营企业或合营企业的投资。该投资应以放弃债权的公允价值和可直接归属于该资产的税金等其他成本的合计数，作为初始入账金额。放弃债权的公允价值与账面余额之间的差额，计入当期损益。

2. 债务人的会计处理

以债转股形式进行债务重组的，债务人应按照权益工具的公允价值对权益工具进行初始计量，清偿债务的账面价值与权益工具公允价值之间的差额计入当期损益。当权益工具公允价值不能可靠计量时，应当按照所清偿债务的公允价值对权益工具进行初始计量。所清偿债务账面价值与权益工具确认金额之间的差额，记入"投资收益"科目。

如果债务人为股份有限公司，债务人应将债权人因放弃债权而享有股份的面值总额确认为股本；股份的公允价值总额与股本之间的差额确认为资本公积。债务人为其他企业时，债务人应将债权人因放弃债权而享有的股权份额确认为实收资本；股权的公允价值与实收资本之间的差额确认为资本公积。

【例8-3】20×8年7月1日，甲公司应收乙公司账款的账面余额为60 000元，由于乙公司发生财务困难，无法偿付应付账款。经双方协商同意，采取将乙公司所欠债务转为乙公司股本的方式进行债务重组，假定乙公司普通股的面值为1元，乙公司以20 000股抵偿该项债务，股票每股市价为2.5元。假设债权的公允价值为55 000元，甲公司对该项应收账款计提了2 000元的坏账准备。股票登记手续已办理完毕，甲公司将其作为交易性金融资产处理。

（1）债权人（甲公司）的账务处理。

① 计算债务重组损失：

应收账款账面原值	60 000
减：已计提坏账准备	2 000
应收账款净值	58 000
减：应收账款的公允价值	55 000
差额	3 000

② 相关会计分录如下：

借：交易性金融资产	55 000
投资收益	3 000
坏账准备	2 000
贷：应收账款	60 000

（2）债务人（乙公司）的账务处理。

① 应计入资本公积的金额 = 股票的公允价值 − 股票的面值总额
　　　　　　　　　　　= 50 000 − 20 000 = 30 000（元）

② 计算应确认的债务重组收益：

债务账面价值	60 000
减：股票的公允价值	50 000
债务重组利得	10 000

③ 相关会计分录如下：

借：应付账款	60 000
贷：股本	20 000
资本公积——股本溢价	30 000
投资收益	10 000

三、以其他方式或组合方式进行的债务重组

（一）以修改其他条款方式进行的债务重组

1. 修改其他条款导致全部债权债务终止确认

债务重组通过调整债务本金、改变债务利息、变更还款期限等修改合同条款方式进

行的,为修改其他条款方式。如果修改其他条款导致全部债权终止确认,债权人应当按照修改后的条款以公允价值初始计量重组债权,重组债权的确认金额与债权终止确认日账面价值之间的差额,记入"投资收益"科目。债务重组采用修改其他条款方式进行的,如果修改其他条款导致债务终止确认,债务人应当按照公允价值计量重组债务,终止确认的债务账面价值与重组债务确认金额之间的差额,记入"投资收益"科目。

如果重组债务未来现金流量现值与原债务剩余期间现金流量现值之间的差异超过10%,则意味着作出了"实质性修改"。在这种情况下,债权人和债务人需终止确认原债权债务,同时按修改后的条款重新确认新的金融资产和金融负债。

2. 修改其他条款未导致债权债务终止确认

如果修改其他条款未导致债权终止确认,债权人应当根据其分类,继续以摊余成本、以公允价值计量且其变动计入其他综合收益,或者以公允价值计量且其变动计入当期损益进行后续计量。对于以摊余成本计量的债权,债权人应当根据重新议定合同的现金流量变化情况,考虑信用调整情况,重新计算该重组债权的账面余额,并将相关利得或损失记入"投资收益"科目。对于修改或重新议定合同所产生的成本或费用,债权人应当调整修改后的重组债权的账面价值,并在修改后重组债权的剩余期限内摊销。

如果修改其他条款未导致债务终止确认,或者仅导致部分债务终止确认,对于未终止确认的部分债务,债务人应当根据其分类,继续以摊余成本、以公允价值计量且其变动计入当期损益或其他适当方法进行后续计量。对于以摊余成本计量的债务,债务人应当根据重新议定合同的现金流量变化情况,重新计算该重组债务的账面价值,并将相关利得或损失记入"投资收益"科目。对于修改或重新议定合同所产生的成本或费用,债务人应当调整修改后的重组债务的账面价值,并在修改后重组债务的剩余期限内摊销。

【例8-4】甲公司于20×8年1月20日销售一批材料给戊公司,含税价格为226 000元,按合同规定,戊公司应于20×8年4月1日前偿付货款。由于戊公司发生财务困难,无法按合同规定的期限偿还债务,经双方协议于7月1日进行债务重组。经双方协议,甲公司同意减免戊公司50 000元的债务,余额176 000元延迟一年偿清。甲公司已为该项应收债权计提了5 000元的坏账准备。

(1)债权人(甲公司)的账务处理。

重组债权为176 000元,它与原债权账面价值221 000元之间的差额为45 000元。

借:应收账款——债务重组 176 000
　　投资收益 45 000
　　坏账准备 5 000
　　贷:应收账款 226 000

(2)债务人(戊公司)的账务处理。

重组债务为176 000元,与原债务账面价值226 000元之间的差额为50 000元。

借:应付账款 226 000
　　贷:应付账款——债务重组 176 000
　　　　投资收益 50 000

(二)以组合方式进行的债务重组

债务重组采用组合方式进行的,一般可以认为对全部债权的合同条款作出了实质性修改,债权人应当按照修改后的条款,以公允价值初始计量重组债权和受让的新金融资产,按照受让的金融资产以外的各项资产在债务重组合同生效日的公允价值比例,对放弃债权在合同生效日的公允价值扣除重组债权和受让金融资产当日公允价值后的净额进行分配,并以此为基础分别确定各项资产的成本。放弃债权的公允价值与账面价值之间的差额,记入"投资收益"科目。

债务重组采用以资产清偿债务、将债务转为权益工具、修改其他条款等方式的组合进行的,对于权益工具,债务人应当在初始确认时按照权益工具的公允价值计量,权益工具的公允价值不能可靠计量的,应当按照所清偿债务的公允价值计量。所清偿债务的账面价值与转让资产的账面价值、权益工具和重组债务的确认金额之和的差额,记入"其他收益——债务重组收益"或"投资收益"(仅涉及金融工具时)科目。

【例8-5】20×8年12月31日,A公司因资金周转问题,无法偿还到期的B银行贷款的本金5 000万元。该贷款年利率为6%,按年付息。20×9年1月10日,B银行同意与A公司就该项贷款重新达成协议,新协议约定:①A公司将一项作为固定资产核算的房产转让给B银行,用于抵偿债务本金1 000万元,该房产账面原值1 200万元,累计折旧400万元,未计提减值准备;②A公司向B银行增发股票500万股,

即测即练8

面值1元/股,占A公司股份总额的1%,用于抵偿债务本金2 000万元,A公司股票于2×20年1月10日的收盘价为4元/股;③在A公司履行上述偿债义务后,B银行免除A公司500万元债务本金,并将尚未偿还的债务本金1 500万元展期至20×9年12月31日,年利率8%;如果A公司未能履行①②所述偿债义务,B银行有权终止债务重组协议,尚未履行的债权调整承诺随之失效。A公司以摊余成本计量该贷款,并已按时支付所有利息。截至20×9年1月10日,该贷款的账面价值为5 000万元。不考虑相关税费。

B银行以摊余成本计量该贷款,已计提贷款损失准备300万元。该贷款于20×9年1月10日的公允价值为4 600万元,予以展期的贷款的公允价值为1 500万元。20×9年3月2日,双方办理完成房产转让手续,B银行将该房产作为投资性房地产核算。3月31日,B银行为该笔贷款补提了100万元的损失准备。5月9日,双方办理完成股权转让手续,B银行将该股权投资分类为以公允价值计量且其变动计入当期损益的金融资产,A公司股票当日收盘价为4.02元/股。

本例中,以组合方式进行债务重组,并对合同条款作出了实质性修改,债权银行应确认重组债权和相关损益,A公司待执行结果不确定性消除后,确认重组债务和相关损益。

(1)债权人(B银行)的账务处理如下。

①3月2日,B银行将受让房产作为投资性房地产核算:

受让的投资性房地产成本 = 贷款的公允价值4 600 - 受让股权公允价值2 000 - 重组债权公允价值1 500 = 1 100(万元)

借：投资性房地产 11 000 000
  贷：贷款——本金 11 000 000

② 3月31日，B银行为该笔贷款补提100万元的损失准备时：
借：信用减值损失 1 000 000
  贷：贷款损失准备 1 000 000

③ 5月9日，双方办理完成股权转让手续并确认重组债权时：
受让股权的公允价值 =4.02×500=2 010（万元）
借：交易性金融资产 20 100 000
  贷款——本金 15 000 000
  贷款损失准备 4 000 000
  贷：贷款——本金 39 000 000
    投资收益 100 000

（2）债务人（A公司）的账务处理如下。
① 3月2日，将固定资产净值转入固定资产清理并以其抵偿银行债务：
借：固定资产清理 8 000 000
  累计折旧 4 000 000
  贷：固定资产 12 000 000
借：长期借款——本金 8 000 000
  贷：固定资产清理 8 000 000

② 5月9日，双方办理完成股权转让手续并确认重组债务时：
借款的新现金流量现值 =1 500×（1+8%）/（1+6%）=1 528.3（万元）
现金流变化 =(2 000 - 1 528.3)/2 000=23.59%>10%

针对剩余2 000万元本金部分的合同条款修改，构成了实质性修改，应终止确认该部分负债。

5月9日，该债务重组协议的执行过程和结果不确定性消除，债务人清偿该部分债务的现时义务已经解除，可以确认债务重组相关损益，并按照修改后的条款确认新金融负债。

借：长期借款——本金 42 000 000
  贷：股本 5 000 000
   资本公积 15 100 000
   长期借款——本金 15 000 000
   其他收益——债务重组收益 6 900 000

【案例讨论】

资料： 中国第二重型机械集团公司（以下简称"中国二重"）始建于1958年，是中央直接管理的大型企业集团。由于连年亏损，经国务院批准，中国二重无偿划转给国机集团。20×7年底，中国二重资产负债率已达133.7%，有息负债高达162亿元，集团及其下属子公司的金融负债约140亿元,60多亿元银行债务逾期。在国资委和银监会的支持下,中国二重及其母公司国机集团启动银行债务重组。经过一年时间,与近20家债权银行艰苦磋商40余次,最终达成多方认可的"以股抵债+现金偿还+保留债务"的综合受偿方案。其中,现金偿还不低于15亿元,保留债务不低于15亿元,"以股抵债"的银行债权金额不高于本金91.38亿元。最终,债权行的综合受偿率(保全率)为60.92%。

按照当时的会计准则进行核算,二重获得了高达34.93亿元的债务重组收益,公司利润表扭亏为盈。通过债务重整,中国二重妥善处置各类金融性债务逾134亿元,每年可减少利息支出6亿~8亿元,资产负债率大幅下降,并同步解决了企业债、中票、融资租赁等问题,卸下了沉重的债务负担,有效化解了债务风险,极大改善了地方金融生态环境,实现多方多赢。

讨论题目:

(1)中国二重的债务重组主要采取了哪几种方式?各有什么特点?

(2)通过以股抵债,中国二重获得了高达34.93亿元的债务重组收益。如果按照最新债务重组会计准则的规定,是否还能确认该金额的收益?

案例讨论思路8

【业务训练题】

1. 资料: 甲公司20×2年12月31日应收乙公司账款的账面余额为327 000元,其中,27 000元为累计未付的利息。乙公司由于连年亏损,现金流量不足,不能偿付该应付账款。经协商,双方于20×2年12月31日进行债务重组。甲公司同意将债务本金减至250 000元,免去债务人所欠的全部利息,并将债务到期日延至20×3年12月31日,利息按年支付。甲公司已对该项应收账款计提了40 000元坏账准备。

要求: 根据上述资料,做出甲、乙公司的相关账务处理。

2. 资料: 20×1年6月30日,甲公司就应收A公司账款6 000万元与A公司签订债务重组合同。合同规定A公司以其拥有的一栋在建写字楼偿付该项债务。8月10日,A公司将在建写字楼的所有权转移至甲公司。同日,A公司该在建写字楼的账面余额为4 000万元,未计提减值准备,公允价值为5 000万元。甲公司已为该债权计提坏账准备800万元,重组日该债权的公允价值为5 100万元。不考虑该项债务重组相关的税费。

要求:

(1)计算债务重组日甲公司应确认的损益并编制相关会计分录。

(2)计算债务重组日A公司应确认的损益并编制相关会计分录。

3. 资料: 5月20日,甲公司销售一批库存商品给丙公司,开出的增值税专用发票上注明的销售价款为300 000元,增值税税率为13%,款项尚未收到。甲公司将该应收账款分类为以摊余成本计量的金融资产,丙公司将应付账款分类为以摊余成本计量的金融负债。8月10日,丙公司与甲公司协商进行债务重组,重组协议如下:甲公司减免丙公司债务 39 000 元;余额以一台设备和债务转为资本的方式偿还 60%,40% 延至次年 12月31日偿还。该设备的账面原价为 50 000 元,已计提折旧 10 000 元,其公允价值为 60 000 元。甲公司获得丙公司 5% 的股权作为交易性金融资产,其公允价值为 100 000 元。重组日放弃债权的公允价值为 280 000 元,重组债权的公允价值为 120 000 元。假定债务重组交易没有发生任何相关税费。

要求:编制甲、丙公司与上述债务重组有关的会计分录。

第九章 政府补助

📖 【本章导读】

政府向企业提供经济支持，以鼓励或扶持特定行业、地区或领域的发展，政府补助是政府进行宏观调控的重要手段，也是国际上通行的做法。本章在介绍政府补助的定义及其特征的基础上，区分不同类型的政府补助，讲述相应的会计处理方法。进行政府补助的会计处理，必须首先界定政府补助的性质，是与资产相关的政府补助，还是与收益相关的政府补助；此外，还要考虑与企业日常活动是否相关，以及所选择的方法是总额法还是净额法。

❖ 【内容框架】

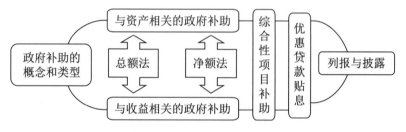

上市公司接受政府补助的现象比较常见。政府补助是扶贫还是济困？有的上市公司常年接受大额政府补助，成为其扭亏为盈的法宝。有的公司则有效地利用政策红利，以政府补助补足其开拓市场、提高生产技术水平和创新产品所急需的资金，突破了发展中的瓶颈。

第一节 政府补助概述

【引例】彩虹股份的主营业务为液晶面板。20×1 年，公司某从事液晶玻璃的控股子公司累计收到各项政府补助合计 9 762 万元，均为与收益相关政府补助。近年来，彩虹股份深陷"增收不增利"的困局，年均净亏 8.2 亿元。经查询，近五年来，公司先后发布 17 条政府补助相关公告，每年均多次收到"政府补助大礼包"。公司主营业务不振，仅靠政府补助"输血"，似乎并不能有效扭转公司亏损的局面。

一、政府补助的概念和特征

（一）政府补助的概念

政府补助是指企业从政府无偿取得货币性资产或非货币性资产，包括政府对企业的无偿拨款、税收返还、财政贴息，以及无偿给予非货币性资产等。其中，税收返还是指政府按照国家有关规定采取先征后返（退）、即征即退等办法向企业返还的税。通常情况下，直接减征、免征、增加计税抵扣额、抵免部分税额等不涉及资产直接转移的情形，不适用政府补助会计准则。此外，增值税出口退税不属于政府补助。根据税法规定，在对出口货物取得的收入免征增值税的同时，退付出口货物前道环节发生的进项税额，增值税出口退税实际上是政府退回企业事先垫付的进项税，所以不属于政府补助。

扩展阅读 9.1
IAS20《政府补助会计与政府援助的披露》

不是所有来源于政府的经济资源都属于政府补助准则规范的政府补助，政府对企业的资本性投入或者政府购买服务所支付的对价，一般不属于政府补助。

企业从政府取得的经济资源，如果与企业销售商品或提供劳务等活动密切相关，且来源于政府的经济资源是企业商品或服务的对价或者是对价的组成部分，应当按照《企业会计准则第 14 号——收入》的规定进行会计处理，不适用政府补助准则。

（二）政府补助的特征

政府补助具有以下特征。

（1）政府补助是来源于政府的经济资源。政府主要是指行政事业单位及类似机构。对企业收到的来源于其他方的补助，如有确凿证据表明政府是补助的实际拨付者，其他方只是起到代收代付的作用，则该项补助也属于来源于政府的经济资源。例如，某集团公司母公司收到一笔政府补助款，有确凿证据表明该补助款实际的补助对象为该母公司下属子公司，母公司只是起到代收代付作用，在这种情况下，该补助款属于对子公司的政府补助。

（2）政府补助是无偿的，即企业取得来源于政府的经济资源，不需要向政府交付商品或服务等对价。无偿性是政府补助的基本特征。这一特征将政府补助与政府作为企业所有者投入的资本、政府购买服务等互惠性交易区别开来。政府如以企业所有者身份向企业投入资本，享有相应的所有权权益，政府与企业之间是投资者与被投资者的关系，属于互惠交易。需要说明的是，政府补助通常附有一定条件，这与政府补助的无偿性并无矛盾，只是政府为了推行其宏观经济政策，对企业使用政府补助的时间、使用范围和方向进行了限制。

政府补助常见的例子如表 9-1 所示。

表 9-1 政府补助的例子

描 述	是否属于政府补助（√或×）	备 注
技术改造专项拨款	√	
拆迁补偿	√	
政府以投资者身份向企业投资	×	非无偿性
所得税或流转税优惠	×	不涉及政府经济资源的转移
增值税出口退税	×	是政府退回企业事先垫付的进项税
财政贴息贷款	√	
先征后返的增值税	√	

【例9-1】我国鼓励新能源汽车的发展，相关政策规定，凡是购买符合要求的新能源汽车的消费者，可以享受财政补贴，购车时只需要支付总价款扣减补贴后的差价就可以。用于新能源汽车补贴的财政资金直接拨付给新能源汽车生产企业。M 企业是一家生产和销售新能源汽车的企业，20×8 年度，M 企业因销售新能源汽车产品获得财政资金 5 000 万元。

本例中，M 企业虽然取得财政补贴资金，但最终受益人是从 M 企业购买新能源汽车的消费者。实际操作时，政府并没有直接从事新能源产品的购销，但以补贴资金的形式通过 M 企业的销售行为实现了政府推广使用新能源汽车产品的目标。对 M 企业而言，销售新能源产品是其日常经营活动，财政补贴资金是 M 企业产品对价的组成部分。可见，M 企业收到的补贴资金 5 000 万元，应当按照收入准则的规定进行会计处理。

【例9-2】N 企业是一家经营重型机械的高新技术企业。为推动科技创新，N 企业所在地政府于 20×8 年 8 月向 N 企业拨付了 3 000 万元资金，要求 N 企业将这笔资金用于技术改造项目研究，研究成果归 N 企业享有。

本例中，N 企业的日常经营活动是生产和销售重型机械，其从政府取得了 3 000 万元资金用于研发支出，研究成果归企业享有。这项财政拨款具有无偿性，N 企业收到的 3 000 万元资金应当按照政府补助准则的规定进行会计处理。

二、政府补助的分类

确定了来源于政府的经济利益属于政府补助后，还应当对其进行恰当的分类。政府补助准则规定，政府补助应当划分为与资产相关的政府补助和与收益相关的政府补助，两类政府补助给企业带来经济利益或者弥补相关成本或费用的形式不同，从而在具体账务处理上存在差别。

（一）与资产相关的政府补助

与资产相关的政府补助，是指企业取得的、用于购建或以其他方式形成长期资产的政府补助。通常情况下，相关补助文件会要求企业将补助资金用于取得长期资产。长期资产将在较长的期间内给企业带来经济利益，因此，政府补助的受益期比较长。会计上有两种处理方法可供选择,一是总额法,将与资产相关的政府补助确认为递延收益,随着资产的使用而逐步结转计入损益;二是净额法,用补助冲减资产的账面价值,以反映长期资产的实际取得成本。

(二)与收益相关的政府补助

与收益相关的政府补助,是指除与资产相关的政府补助之外的政府补助。此类补助主要是用于补偿企业已发生或即将发生的费用或损失。受益期相对较短,所以通常在满足补助所附条件时计入当期损益或冲减相关成本。

三、政府补助的确认和计量的基本原则

关于确认,主要解决两个问题,第一,何时确认;第二,如何确认。根据政府补助准则的规定,政府补助同时满足下列条件的,才能予以确认:一是企业能够满足政府补助所附条件;二是企业能够收到政府补助。

确认政府补助,须区分补助是否与企业日常活动相关。与企业日常活动相关的政府补助,应当按照经济业务实质,计入其他收益或冲减相关成本费用。与企业日常活动无关的政府补助,计入营业外收入或冲减相关损失。通常情况下,若政府补助补偿的成本费用是营业利润之中的项目,或该补助与日常销售等经营行为密切相关如增值税即征即退等,则认为该政府补助与日常活动相关。

在计量方面,政府补助为货币性资产的,应当按照收到或应收的金额计量。如果企业已经实际收到补助资金,应当按照实际收到的金额计量;如果资产负债表日企业尚未收到补助资金,企业应当在这项补助成为应收款时按照应收的金额计量。政府补助为非货币性资产的,应当按照公允价值计量;公允价值不能可靠取得的,按照名义金额(1元)计量。

第二节 政府补助的会计处理

政府补助有两种会计处理方法,即总额法和净额法。通常情况下,对同类或类似政府补助只能选用一种方法,同时,企业对该业务应当一贯地运用该方法,不得随意变更。

扩展阅读 9.2
我国政府补助会计准则的演变

一、总额法与净额法

企业应当根据经济业务的实质,判断某一类政府补助业务应当采用总额法还是净额法。总额法下,在确认政府补助时将政府补助金额一次或分次确认为收益,而不是作为相关资产账面价值或者成本费用

等扣减。净额法下，将政府补助作为相关资产账面价值或所补偿成本费用等扣减。两种方法的比较，如表 9-2 所示。

表 9-2　政府补助的会计处理：总额法与净额法的比较

类　别		总　额　法	净　额　法
与资产相关	初始确认	记入"递延收益"科目	冲减相关资产账面价值；或先记为"递延收益"，待取得资产时再冲减相关资产账面价值
	后续处理	在相关资产使用寿命内，将"递延收益"分期计入"其他收益"或"营业外收入"	按照扣减了政府补助后的资产价值，对相关资产计提折旧或进行摊销
与收益相关		①补偿以后成本费用的，确认为"递延收益"；②补偿过去成本费用的，计入"其他收益"或"营业外收入"	冲减相关成本费用或"营业外支出"

（一）与资产相关的政府补助

实务中，企业通常先收到补助资金，再按照政府要求将补助资金用于购建固定资产或无形资产等长期资产。企业在收到补助资金时，有两种会计处理方法可供选择：一是总额法，即按照补助资金的金额借记"银行存款"等科目，贷记"递延收益"科目；然后在相关资产使用寿命内按合理、系统的方法分期计入损益。其中，与日常活动相关的政府补助通过"其他收益"科目核算；与日常活动无关的政府补助通过"营业外收入"科目核算。二是净额法，将补助冲减相关资产账面价值，企业按照扣减了政府补助后的资产价值对相关资产计提折旧或进行摊销。

总额法下，如果企业先收到补助资金，再购建长期资产，则应当在开始对相关资产计提折旧或摊销时将递延收益分期计入损益。如果企业先开始购建长期资产，再收到补助资金，则应当在相关资产的剩余使用寿命内按照合理、系统的方法将递延收益分期计入损益。

企业对与资产相关的政府补助选择总额法后，为避免出现前后方法不一致的情况，结转递延收益时不得冲减相关成本费用，而是将递延收益分期转入其他收益或营业外收入，借记"递延收益"科目，贷记"其他收益"或"营业外收入"科目。相关资产在使用寿命结束时或结束前被处置（出售、转让、报废等），尚未分摊的递延收益余额应当一次性转入资产处置当期的损益，不再予以递延。

【例 9-3】按国家政策，企业购置环保设备可以获得政府补助。20×8 年 3 月，T 公司某节能技术改造项目正式经当地经济发展局核准，T 公司就该技改项目向当地政府申请补助，补助用途为资产建设投资。20×8 年 5 月，T 司全额收取"中央预算投资"项下的政府补助 120 万元。20×8 年 6 月，T 公司购入环保设备一台，实际成本为 240 万元，预计使用寿命 10 年。

本例中，T 公司收到的政府补助属于与资产相关的政府补助，采用总额法和净额法的会计处理见表 9-3。

表 9-3 总额法和净额法的会计处理比较　　　　　　　　单位：万元

事　　项	总　额　法	净　额　法
（1）收到政府补助时	借：银行存款　　　120 　贷：递延收益　　　　120	同左
（2）购入设备时	借：固定资产　　　240 　贷：银行存款　　　　240	借：固定资产　　　240 　贷：银行存款　　　　240 借：递延收益　　　120 　贷：固定资产　　　　120
（3）各资产负债表日计提折旧、分摊递延收益，其中20×8年12月31日：	借：制造费用　　　12 　贷：累计折旧　　　　12 借：递延收益　　　6 　贷：其他收益　　　　6	借：制造费用　　　6 　贷：累计折旧　　　　6

实务中存在政府无偿给予企业长期非货币性资产的情况，如无偿给予的土地使用权和天然林等。对无偿给予的非货币性资产，企业在收到时，应当按照公允价值借记有关资产科目，贷记"递延收益"科目，在相关资产使用寿命内按合理、系统的方法分期计入损益，借记"递延收益"科目，贷记"其他收益"或"营业外收入"科目。对公允价值无法确定而以名义金额（1元）计量的政府补助，在取得时计入当期损益。

（二）与收益相关的政府补助

对于与收益相关的政府补助，企业应当区分情况进行相应会计处理：①用于补偿企业以后期间的相关成本费用或损失的，在收到时应当将补助确认为递延收益，并在确认相关费用或损失的期间，计入当期损益或冲减相关成本。②用于补偿企业已发生的相关成本费用或损失的，直接计入当期损益或冲减相关成本。这类补助通常与企业已经发生的行为有关，是对企业已发生的成本费用或损失的补偿，或是对企业过去行为的奖励。

企业可以选择采用总额法或净额法进行会计处理。选择总额法的，应当计入其他收益或营业外收入；选择净额法的，应当冲减相关成本费用或营业外支出。

【例 9-4】 Q 企业 20×8 年收到两项政府补助，一是因新材料开发与产业化给予的补助资金 500 万元，相关项目预计持续两年；二是因企业遭受重大自然灾害收到政府补助资金 200 万元。Q 企业已收到相关补助资金。

本例中，Q 企业选择总额法进行会计处理，区分两项政府补助的性质，其账务处理如下。

（1）收到补助款项时：
借：银行存款　　　　　　　　　　　　　　　　　　　　　　　7 000 000
　　贷：递延收益　　　　　　　　　　　　　　　　　　　　　　5 000 000
　　　　营业外收入　　　　　　　　　　　　　　　　　　　　　2 000 000
（2）确认新材料开发与产业化相关费用时，将递延收益分两次计入当期损益：
借：递延收益　　　　　　　　　　　　　　　　　　　　　　　2 500 000
　　贷：其他收益　　　　　　　　　　　　　　　　　　　　　　2 500 000

如 Q 企业采用净额法核算，则应当将自然灾害补助冲减营业外支出，并将递延收益分摊计入当期损益，冲减新材料开发与产业化相关费用。

二、特定业务的会计处理

（一）综合性项目政府补助

综合性项目政府补助同时包含与资产相关的政府补助和与收益相关的政府补助，企业需要将其进行分解并分别进行会计处理；难以区分的，企业应当将其整体归类为与收益相关的政府补助进行处理。

【例 9-5】20×8 年 6 月 5 日，某市科技创新委员会与 R 企业签订了科技计划项目合同书，拟对 R 企业的新药临床研究项目提供研究补助资金 200 万元。按合同规定的开支范围，补助资金中的 60 万元用于补助设备购置成本，其余 140 万元用于材料费、测试化验加工费和差旅费等，作为研发支出核算。根据双方约定，R 企业应当对市科技创新委员会资助的经费实行专款专用。项目实施期限为自合同签订之日起 30 个月，期满后 R 企业如未通过验收，在该项目实施期满后 3 年内不得再向市政府申请科技补贴资金。R 企业于 20×8 年 7 月 10 日收到补助资金，在项目期内按照合同约定的用途使用了补助资金。相关设备的购置成本为 150 万元，其中使用补助资金 60 万元，该设备使用年限为 10 年，采用直线法计提折旧（不考虑净残值）。

本例中，R 企业收到的政府补助是综合性项目政府补助，需要区分与资产相关的政府补助和与收益相关的政府补助，并分别进行处理。假设 R 企业对收到的与资产相关的政府补助选择净额法进行会计处理。R 企业的账务处理如下。

（1）R 企业实际收到补贴资金时：

借：银行存款　　　　　　　　　　　　　　　　　　　　2 000 000
　　贷：递延收益　　　　　　　　　　　　　　　　　　　　2 000 000

（2）购入设备时：

借：固定资产　　　　　　　　　　　　　　　　　　　　1 500 000
　　贷：银行存款　　　　　　　　　　　　　　　　　　　　1 500 000
借：递延收益　　　　　　　　　　　　　　　　　　　　　600 000
　　贷：固定资产　　　　　　　　　　　　　　　　　　　　　600 000

（3）自 20×8 年 8 月起每个资产负债表日（月末）计提折旧，折旧费用计入研发支出：

借：研发支出　　　　　　　　　　　　　　　　　　　　　　7 500
　　贷：累计折旧　　　　　　　　　　　　　　　　　　　　　　7 500

（4）对其他与收益相关的政府补助，R 企业应当在确认相关费用或损失的期间，根据当期累计使用的金额，借记"递延收益"科目，贷记"研发支出"科目。

（二）政策性优惠贷款贴息

政策性优惠贷款贴息是政府为支持特定领域或区域发展，根据国家宏观经济形势和

政策目标,对承贷企业的银行借款利息给予的补贴。企业取得政策性优惠贷款贴息的,应当区分以下两种情况,分别进行会计处理:

1. 财政将贴息资金拨付给贷款银行

在财政将贴息资金拨付给贷款银行的情况下,由贷款银行以政策性优惠利率向企业提供贷款。这种方式下,受益企业按照优惠利率向贷款银行支付利息,没有直接从政府取得利息补助,企业可以选择下列方法之一进行会计处理:一是以实际收到的金额作为借款的入账价值,按照借款本金和该政策性优惠利率计算借款费用。通常情况下,实际收到的金额即为借款本金。二是以借款的公允价值作为借款的入账价值并按照实际利率法计算借款费用,实际收到的金额与借款公允价值之间的差额确认为递延收益,递延收益在借款存续期内采用实际利率法摊销,冲减相关借款费用。企业选择了上述两种方法之一后,应当一致地运用,不得随意变更。在这种情况下,向企业发放贷款的银行并不是受益主体,其仍然按照市场利率收取利息,只是一部分利息来自企业,另一部分利息来自财政贴息。所以金融企业发挥的是中介作用,并不需要确认与贷款相关的递延收益。

2. 财政将贴息资金直接拨付给受益企业

财政将贴息资金直接拨付给受益企业,企业先按照同类贷款市场利率向银行支付利息,财政部门定期与企业结算贴息。在这种方式下,由于企业先按照同类贷款市场利率向银行支付利息,所以实际收到的借款金额通常就是借款的公允价值,企业应当将对应的贴息冲减相关借款费用。

【例9-6】S企业因在建工程与银行签订贷款合同,本金为100万元,年利率为9%,S企业按月计提利息,按季度向银行支付贷款利息,以付息凭证向财政申请贴息资金,财政按年与S企业结算贴息资金。假设贴息后的实际利率为3%。

本例中,S企业的账务处理如下。

(1)S企业取得银行贷款100万元时:

借:银行存款　　　　　　　　　　　　　　　　　　　　1 000 000
　　贷:长期借款——本金　　　　　　　　　　　　　　　　　　1 000 000

(2)S企业按月计提利息,应向银行支付的利息金额为1 000 000×9%÷12=7 500(元),S企业实际承担的利息支出为1 000 000×3%÷12=2 500(元),应收政府贴息为5 000元。假设S公司采用净额法核算政府补助,会计分录如下:

借:在建工程　　　　　　　　　　　　　　　　　　　　7 500
　　贷:应付利息　　　　　　　　　　　　　　　　　　　　　7 500
借:其他应收款　　　　　　　　　　　　　　　　　　　5 000
　　贷:在建工程　　　　　　　　　　　　　　　　　　　　　5 000

三、政府补助的退回

已计入损益的政府补助需要退回的,应当在需要退回的当期分情况按照以下规定进行会计处理：①初始确认时冲减相关资产账面价值的，调整资产账面价值；②存在相关递延收益的，冲减相关递延收益账面余额，超出部分计入当期损益；③属于其他情况的，直接计入当期损益。此外，对于属于前期差错的政府补助退回，应当按照前期差错更正进行追溯调整。

【例9-7】T企业于20×2年11月与某开发区政府签订合作协议，在开发区内投资设立生产基地。协议约定，开发区政府自协议签订之日起6个月内向T企业提供300万元产业补贴资金用于奖励该企业在开发区内投资，T企业自获得补贴起5年内注册地址不迁离本区。如果T企业在此期限内提前搬离开发区，开发区政府允许T企业按照实际留在本区的时间保留部分补贴，并按剩余时间追回补贴资金。T企业于20×3年1月3日收到补贴资金。

假设T企业在实际收到补助资金时，客观情况表明T企业在未来5年内搬离开发区的可能性很小，T企业应当在收到补助资金时计入"递延收益"科目。由于协议约定如果T企业提前搬离开发区，开发区政府有权追回部分补助，说明企业每留在开发区内一年，就有权取得与这一年相关的补助，与这一年补助有关的不确定性基本消除，补贴收益得以实现，所以T企业应当将该补助在5年内平均摊销结转计入损益。

假定T公司采用总额法核算政府补助。

本例中，T企业的账务处理如下。

（1）20×3年1月3日T企业实际收到补贴资金：

借：银行存款　　　　　　　　　　　　　　　　　　　　　3 000 000
　　贷：递延收益　　　　　　　　　　　　　　　　　　　　3 000 000

（2）20×3年12月31日及以后年度，T企业分期将递延收益结转入当期损益：

借：递延收益　　　　　　　　　　　　　　　　　　　　　　600 000
　　贷：其他收益　　　　　　　　　　　　　　　　　　　　　600 000

假设20×5年1月，因T企业重大战略调整，搬离开发区，开发区政府根据协议要求T企业退回补贴180万元：

借：递延收益　　　　　　　　　　　　　　　　　　　　　1 800 000
　　贷：其他应付款　　　　　　　　　　　　　　　　　　　1 800 000

第三节　政府补助的列报

一、政府补助在利润表上的列示

企业应当在利润表中的"营业利润"项目之上单独列报"其他收益"项目，计入其他收益的政府补助在该项目中反映。冲减相关成本费用的政府补助，在相关成本费用项目中反映。与企业日常经营活动无关的政府补助，在利润表的营业外收支项目中列报。

二、政府补助的附注披露

企业应当在附注中披露与政府补助有关的下列信息：政府补助的种类、金额和列报项目；计入当期损益的政府补助金额；本期退回的政府补助金额及原因。

因政府补助涉及递延收益、其他收益、营业外收支以及成本费用等多个报表项目，为了全面反映政府补助情况，企业应当在附注中单设项目披露政府补助的相关信息。

即测即练 9

【案例讨论】

资料：大×熊主营稀土新材料——烧结钕铁硼永磁材料的研发、生产和销售，生产的产品主要应用于汽车工业、工业电机和高端消费类电子等重要工业产品领域。2×21年11月17日晚间公司发布公告称，2×21年1月1日至2×21年11月16日，公司累计获得政府补助款项1 093.53万元，其中：与收益相关的政府补助556.93万元，与资产相关的政府补助536.6万元。计入与资产相关的政府补助，是因为项目存在验收条件及需按照资产进行分摊，需在满足相关条件后才能计入当期损益。该公司2×20年7月首次公开发行股票并在科创板上市。上市之前，2×17—2×19年，大地熊的政府补助分别占同期利润总额的20.96%、17.93%和22.91%。上市之后，2×20年7月1日至2×20年12月31日，公司累计获得与收益相关的政府补助1 000.48万元，与资产相关的政府补助161.64万元。

大×熊在2×20年财务报表附注中披露的政府补助相关信息如下。

收到的其他与经营活动有关的现金（政府补助）24 280 126.66元。

递延收益：期初余额66 918 108.73元，本期增加11 895 400元，本期减少7 437 358.22元，期末余额71 376 150.51元。

计入其他收益的政府补助12 736 483.79元。

计入营业外收入的政府补助7 000 000元（上交所科创板上市奖励）。

公司称上述政府补助主要和研发项目及技术创新相关。有专业人士分析，大地熊自身的盈利能力并不突出，一旦相关补助政策发生变化，获得的政府补助金额减少，会对大地熊的经营业绩产生一定影响。

讨论题目：

（1）大×熊获得的政府补助如何影响其当期净利润？政府补助这一非经常性损益的持续性如何？

（2）2×20年度，大×熊计入当期损益的政府补助是多少？公司2×20年度实现净利润52 201 514.99元，政府补助的贡献比例是多少？

案例讨论思路 9

【业务训练题】

1. 资料： 20×1年1月，A公司向地方政府财政部门提交了1 000万元的补助申请，作为对其购置环保设备的补贴。20×1年3月，A公司收到政府补助1 000万元。20×1年4月A公司购入不需要安装的污水处理设备，实际成本为2 000万元，设备使用寿命10年，采用直线法计提折旧，不考虑净残值。20×7年5月A公司出售了这台设备，取得价款1 130万元。

要求： 分别采用总额法和净额法进行相关会计处理。

2. 资料： 为扶持农业产业化经营，某市启动实施相关重点龙头企业贷款项目财政贴息政策，A公司符合申报项目的支持范围。20×5年1月1日，A公司为建造一项固定资产向银行专门借款1 000万元，期限2年，年利率为6%，每年年末付息。当年1月1日，A公司向当地政府提出财政贴息申请。经审核，当地政府批准按照实际贷款额1 000万元给予A公司年利率3%的财政贴息，共计60万元，分两次支付。20×5年6月15日，第一笔财政贴息资金30万元到账。20×5年12月31日，工程完工，第二笔财政贴息资金30万元到账。该固定资产预计使用寿命10年，采用直线法计提折旧，不考虑净残值。

要求： 分别采用总额法和净额法进行相关会计处理。

3. 资料： 甲公司为上市公司，20×2年1月，内审部门在审核公司20×1年度财务报表时，对以下交易或事项的会计处理提出质疑。

（1）20×1年11月，甲公司某节能技术改造项目经当地经济发展局核准，属于国家重点节能技术改造项目。项目总投资为2亿元，其中长期资产的建设投资额为1.5亿元，流动资金等其他投资额合计5 000万元。甲公司同时也就该技术改造项目向当地政府申请补助，补助用途为资产建设投资。20×1年12月20日，甲公司全额收取"中央预算投资"项下的政府补助5 000万元。甲公司将其计入其他收益。

（2）20×1年12月20日，甲公司收到了某市经济技术开发区管理委员会《关于给予甲公司科技三项补贴的批复》，该批复同意拨付甲公司20×2年"科技三项"财政补贴资金3 000万元。20×2年1月15日，甲公司实际收取该笔补贴款。20×1年12月31日，甲公司同时确认了其他应收款和其他收益3 000万元。

甲公司采用总额法核算政府补助。假定不考虑增值税等相关税费及其他因素。

要求： 根据资料（1）和资料（2），逐项判断甲公司的会计处理是否正确，并说明理由。

业务训练题提示9

第十章 租 赁

【本章导读】

经过长达 10 年的讨论，国际会计准则理事会于 2016 年 1 月发布了《国际财务报告准则第 16 号——租赁》(IFRS 16)。为保持企业会计准则与国际财务报告准则的持续趋同，我国财政部借鉴 IFRS 16，于 2018 年 12 月发布了《企业会计准则第 21 号——租赁》，IFRS 16 和《企业会计准则第 21 号——租赁》于 2019 年 1 月 1 日同步生效。由此，传统的租赁会计处理与之前相比发生了重大变化。

【内容框架】

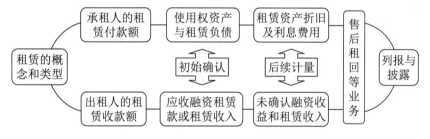

在历史上，租赁往往是表外负债的隐身之地。许多长期租赁实质上具有融资的性质，但却没有在报表中反映与之相应的负债。租赁会计处理的改革势在必行。

第一节 租赁概述

【引例】传统的租赁划分标准将某些具有融资性质的租赁划归为经营租赁，从而无法在表内体现。以飞机经营租赁业务为例，一架波音 737 或空客 A320 的使用年限可达 25~30 年，而飞机经营租赁的期限一般为 12 年，不符合目前判断融资租赁的标准，这样一项长期的业务每年只体现租赁费用，显然是不合理的。新租赁会计准则的实施之初，国际会计准则委员会估计，将有 3 万亿美元的新增租赁债务出现在企业和政府的资产负债表上。新租赁准则对零售、航空、医疗、交通物流、文化传媒和电信业等行业的影响尤其显著。

一、租赁的概念和界定

（一）租赁的概念

租赁是指在一定期间内，出租人将资产的使用权让与承租人以获取对价的合同。租赁是一种以一定费用借贷实物的经济行为，出租人将自己所拥有的某种物品交与承租人使用，承租人由此获得在一段时期内使用该物品的权利，但物品的所有权仍保留在出租人手中。承租人为其所获得的使用权需向出租人支付一定的对价（租金）。

租赁的概念包括以下要素：①租赁当事人，包括出租人和承租人。出租人原则上应为租赁物的所有人，对租赁物享有使用权、收益权或租赁权的人也可以成为出租人，但须经租赁物所有人同意。承租人是指在租赁业务中，依法获得租赁物一定时期的使用权，并须支付租赁费的人。②租赁标的，用于租赁的物件。③租赁期限，指出租人出让物件给承租人使用的期限。按《中华人民共和国民法典》的规定，物品的租赁期限不得超过20年。租赁期间届满，当事人可以续订租赁合同，但约定的租赁期限自续订之日起不得超过20年。④租赁费用，即租金，是承租人在租期内获得租赁物品的使用权而支付的对价。

租赁的基本特征有：①所有权与使用权相分离，租赁资产的所有权与使用权分离是租赁的主要特点之一。②融资与融物相结合，租赁是以商品形态与货币形态相结合提供的信用活动，出租人在向企业出租资产的同时，解决了企业的资金需求，具有信用和贸易双重性质。③租金的分期支付。出租方的资金一次投入，分期收回。对于承租方而言，通过租赁可以提前获得资产的使用价值，分期支付租金便于分期规划未来的现金流出量。

（二）租赁与服务的区分

修订后的《企业会计准则第21号——租赁》所界定的租赁概念，与之前并没有本质的变化，但为了区分租赁与服务，引入"已识别资产""控制资产使用的权利"等概念。

在合同开始时，企业应当评估合同是否是租赁或者是否包含租赁。如果合同让渡了在一定期间内控制一项或多项已识别资产使用的权利以换取对价，则该合同是租赁或者包含租赁。

已识别资产通常由合同明确指定，也可以在资产可供客户使用时隐性指定。为确定合同是否让渡了在一定期间内控制已识别资产使用的权利，企业应当评估合同中的客户是否有权获得因使用已识别资产所产生的几乎全部经济利益，并有权在该使用期间主导已识别资产的使用。

存在下列情况之一的，可视为客户有权主导已识别资产的使用：①客户有权在使用期间主导已识别资产的使用目的和使用方式；②已识别资产的使用目的和使用方式已预先确定，并且客户有权在使用期间自行或主导他人按照其确定的方式运营该资产；或者客户设计了该资产，并预先确定了其使用目的和使用方式。

例如，承租人租赁一辆货车，在租赁期如何使用这辆货车基本是由承租人来结合自己的运营模式和需要来规划的。又如，某咖啡销售公司与机场经营者签订了一份合同，使用机场大厅的一定区域摆放可移动摊位（已识别资产）出售咖啡。除对区域的大小有明确规定以外，机场经营者有权在合同期内的任何时间改变分配给咖啡销售公司的可移动摊位的位置。在该案例中，该合同并不属于租赁而属于服务合同。机场经营者实际上能够改变客户所用的区域，并且有权在不经过咖啡销售公司同意的情况下改变其位置。因此，机场具有替换所用区域的实质性权利，该合同并没有让渡在一定期间内控制已识别资产使用的权利。如果承租人对于明确划定的零售区域有不受限制的使用权（包括承租人对店铺设计的控制、对进入该区域的控制及对所售商品的控制等），则表明承租人有控制资产使用的权利。

二、租赁的分类

传统的租赁会计处理方法，是建立在对租赁进行分类的基础上的。租赁包括两类：经营性租赁和融资租赁。其中，融资租赁的相关资产、负债将出现在承租方的资产负债表上，融资租赁租入的资产在使用期间视同自有资产计提折旧；而经营性租赁则不会在资产负债表上体现相关资产，承租方每期应支付的租赁费计入当期损益，未支付的部分在报表附注中进行相关信息披露。

按照新修订的《企业会计准则第 21 号——租赁》，承租人的会计处理与之前相比发生了根本性变化。除了短期（期限短于 12 个月）或者低价值租赁外，其余的均视同融资租赁进行处理。

将租赁区分为融资租赁与经营租赁进行会计处理的做法仅限于出租人。出租人应当在租赁开始日将租赁分为融资租赁和经营租赁。租赁开始日可能早于租赁期开始日。租赁开始日，是指租赁合同签署日与租赁各方就主要租赁条款作出承诺日中的较早者。融资租赁，是指实质上转移了与租赁资产所有权有关的几乎全部风险和报酬的租赁，其所有权最终可能转移，也可能不转移。经营租赁，是指除融资租赁以外的其他租赁。

扩展阅读 10.1
租赁会计准则的变迁

租赁属于融资租赁还是经营租赁取决于交易的实质，而不是合同的形式。如果一项租赁实质上转移了与租赁资产所有权有关的几乎全部风险和报酬，出租人应当将该项租赁分类为融资租赁。

一项租赁存在下列一项或多项情形的，通常分类为融资租赁：①在租赁期届满时，租赁资产的所有权转移给承租人；②承租人有购买租赁资产的选择权，所订立的购买价款与预计行使选择权时租赁资产的公允价值相比足够低，因而在租赁开始日就可以合理确定承租人将行使该选择权；③资产的所有权虽然不转移，但租赁期占租赁资产使用寿命的大部分（75% 及以上）；④在租赁开始日，租赁收款额的现值几乎相当于租赁资产的公允价值；⑤租赁资产性质特殊，如果不做较大改造，只有承租人才能使用。

转租出租人应当基于原租赁产生的使用权资产对转租赁进行分类。原租赁为短期租赁，且转租出租人对原租赁进行简化处理的，转租出租人应当将该转租赁分类为经营租赁。

第二节 承租人的会计处理

除了短期或低价值租赁外,承租人均需按照传统融资租赁的方式进行会计处理。

一、租赁期开始日的会计处理

在租赁期开始日,承租人应当对租赁确认使用权资产和租赁负债。使用权资产,是指承租人可在租赁期内使用租赁资产的权利。租赁期是承租人有权使用租赁资产且不可撤销期间。租赁期开始日,是指出租人提供租赁资产,使其可供承租人使用的起始日期。承租人有权选择续租或终止租赁该资产的,确定租赁期时还应当考虑这些因素,租赁期应包括续租和终止租赁选择权涵盖的期间。

使用权资产应当按照成本进行初始计量。该成本包括:①租赁负债的初始计量金额;②在租赁期开始日或之前支付的租赁付款额;存在租赁激励的,扣除租赁激励相关金额;③承租人发生的初始直接费用,即为达成租赁所发生的增量成本,如归属于租赁项目的手续费、律师费、差旅费、印花税等;④承租人为拆卸及移除租赁资产、复原租赁资产所在场地或将租赁资产恢复至租赁条款约定状态预计将发生的成本。前述成本属于为生产存货而发生的除外。

租赁负债应当按照租赁期开始日尚未支付的租赁付款额的现值进行初始计量。租赁付款额,指承租人向出租人支付的与在租赁期内使用租赁资产权利相关的款项,包括:①固定付款额及实质固定付款额(扣除租赁激励);②取决于指数或比率的可变租赁付款额,即承租人为取得在租赁期内使用租赁资产的权利,向出租人支付的因租赁期开始日后的事实或情况发生变化(而非时间推移)而变动的款项(不与指数或比率等指标挂钩的可变租赁付款额,应当在实际发生时计入当期损益)。③购买选择权的行权价格,前提是承租人合理确定将行使该选择权;④行使终止租赁选择权需支付的款项,前提是租赁期反映出承租人将行使终止租赁选择权;⑤根据承租人提供的担保余值预计应支付的款项。

在计算租赁付款额的现值时,承租人应当采用租赁内含利率作为折现率;无法确定租赁内含利率的,应当采用承租人增量借款利率作为折现率。租赁内含利率,是指使租赁收款额的现值与未担保余值的现值之和等于租赁资产公允价值与出租人的初始直接费用之和的利率。承租人增量借款利率,是指承租人在类似经济环境下为获得与使用权资产价值接近的资产,在类似期间以类似抵押条件借入资金须支付的利率。

【例 10-1】甲公司采用融资租赁方式从乙公司租入生产设备一台,租赁期限为 3 年,自起租日起每年末支付租金 100 000 元。甲公司的增量借款利率(即实际利率)为 5%。在租入生产设备时,甲公司支付手续费、公证费、印花税等各项费用为 50 000 元。该设备的使用寿命为 5 年,期满后所有权仍归乙公司。

本例中,年租赁付款额 =100 000 元

租赁负债的初始计量金额 = 尚未支付的租赁付款额的现值 =100 000×(P/A,5%,3)

$$= 100\,000 \times 2.7232 = 272\,320（元）$$

租赁期开始日使用权资产的入账价值 = 租赁负债的初始计量金额 + 初始直接费用

$$= 272\,320 + 50\,000 = 322\,320（元）$$

借：使用权资产　　　　　　　　　　　　　　　　322 320
　　租赁负债——未确认融资费用　　　　　　　　 27 680
　　贷：租赁负债——租赁付款额　　　　　　　　300 000
　　　　银行存款　　　　　　　　　　　　　　　 50 000

在初始确认的时候承租方需要将租入资产确认为承租方的资产，后续计提折旧和计提减值准备，将未来租金的现值确认为负债计入资产负债表。承租人选择租赁而非购买固定资产的原因之一可能是避免在财务报表上反映负债。因此，新租赁准则可能影响"买还是租"的业务决策。

二、租赁负债和使用权资产的后续计量

一般地，应采用成本模式对使用权资产进行后续计量。如果租赁的标的物是房地产，且承租人采用公允价值模式计量投资性房地产的，使用权资产也应当采用公允价值模式进行后续计量。

（一）租赁负债的重新计量

在租赁期开始日后，由于以下原因导致租赁期和租赁付款额发生变化的，应及时调整。①实质固定付款额发生变动；②续租选择权、终止租赁选择权或购买选择权的评估结果发生变化等原因导致租赁期变化的，承租人应当根据新的租赁期重新确定租赁付款额。在计算变动后租赁付款额的现值时，承租人应当采用剩余租赁期间的租赁内含利率作为折现率；无法确定剩余租赁期间的租赁内含利率的，应当采用重估日的承租人增量借款利率作为折现率。③担保余值预计的应付金额发生变动，或者用于确定租赁付款额的指数或比率变动导致未来租赁付款额发生变动的，承租人应当按照变动后的租赁付款额现值重新计量租赁负债。在租赁期开始日后，在该情形下，承租人采用的折现率不变，除非租赁付款额的变动源自浮动利率变动。

重新计量租赁负债时，应当相应调整使用权资产的账面价值。使用权资产的账面价值已调减至零，但租赁负债仍需进一步调减的，承租人应当将剩余金额计入当期损益。

（二）使用权资产的折旧

承租人应按有关折旧规定，对使用权资产计提折旧。承租人能够合理确定租赁期届满时取得租赁资产所有权的，应当在租赁资产使用寿命内计提折旧。无法合理确定租赁期届满时能够取得租赁资产所有权的，应当在租赁期与租赁资产使用寿命两者孰短的期间内计提折旧。

（三）租赁利息的摊销

承租人应当采用实际利率法计算租赁期内各个期间的利息，并计入当期损益。会计准则规定应当计入相关资产成本的除外。

【例 10-2】乙公司与出租人签订了为期 5 年的零售建筑物租赁合同，租期于 20×1 年 1 月 1 日开始，每年末支付租金 155 万元。租赁合同规定每年的租金将基于上一年度消费物价指数的涨幅而上涨。在开始日，消费物价指数为 120；20×1 年末，消费物价指数上涨到 125。乙公司的增量借款利率为 5.9%，初始直接费用为零，无租赁激励、预付款或复原成本。

本例中，乙公司应在租赁期开始日确认使用权资产和租赁负债，其金额计算如下：

使用权资产的入账价值 = 租赁负债的初始计量值 = 租赁付款额的现值

$$=155×（P/A，5.9\%，5）=155×4.224\,1=654.74（万元）$$

借：使用权资产	6 547 400
租赁负债——未确认融资费用	1 202 600
贷：租赁负债——租赁付款额	7 750 000

20×1 年 12 月 31 日应计提的折旧额 = 654.74÷5 = 130.95（万元）

借：管理费用	1 309 500
贷：使用权资产累计折旧	1 309 500

20×1 年 12 月 31 日支付租金 155 万元：

借：租赁负债——租赁付款额	1 550 000
贷：银行存款	1 550 000

20×1 年的利息费用 = 654.74×5.9% = 38.63（万元）

借：财务费用	386 300
贷：租赁负债——未确认融资费用	386 300

根据物价指数变化调整计算的第 2 年的付款额 = 155×125÷120 = 161.46（万元）

由于租赁付款额是取决于指数的可变付款额，乙公司调整了租赁负债来反映这一变化。

租赁负债的调整额 =（重新评估的付款额 − 原租赁付款额）×（P/A，5.9%，4）

$$=（161.46-155）×3.473=22.44（万元）$$

其中，租赁付款额的调整额 =（161.46-155）×4 = 25.84（万元）

该调整额应同时调整使用权资产的账面价值：

借：使用权资产	224 400
租赁负债——未确认融资费用	34 000
贷：租赁负债——租赁付款额	258 400

三、短期和低价值租赁的会计处理

短期租赁，是指在租赁期开始日，租赁期不超过 12 个月的租赁，包含购买选择权的租赁不属于短期租赁。低价值资产租赁，是指单项租赁资产为全新资产时价值较低的租赁。低价值租赁的判定，应基于租赁资产为全新状下的价值进行评估，不考虑资产已被使用的年限；它不受承租人性质和规模的影响，也无须考虑其对于承租人或相关租赁交易的重要性。承租人转租或预期转租租赁资产的，原租赁不属于低价值资产租赁。

对于短期租赁和低价值资产租赁，承租人可以根据具体情况采取简化会计处理方法。承租人可以选择不确认使用权资产和租赁负债，而是在租赁期内各个期间按照能反映承租人的受益模式的方法，如直线法或其他系统合理的方法，将租赁付款额计入相关资产成本或当期损益。支付租金时，借记"预付账款"科目，贷记"银行存款"科目；分摊租金时，借记"管理费用"等科目，贷记"预付账款"科目。

第三节 出租人的会计处理

IFRS 16 和《企业会计准则第 21 号——租赁》取消了目前对承租人区分资产负债表内融资租赁和资产负债表外经营租赁的双重会计模型，转而使用单一的资产负债表内会计模型。出租人的会计处理仍类似于现行的做法，即出租人继续将租赁分类为融资租赁和经营租赁。

一、出租人对融资租赁的会计处理

在租赁期开始日，出租人应终止确认融资租赁资产，并将租赁投资净额作为应收融资租赁款的入账价值。租赁投资净额为租赁期开始日应收租赁收款额、未担保余值按照租赁内含利率折现的现值之和，它在金额上等于租赁资产在租赁期开始日的公允价值与出租人发生的租赁初始直接费用之和。

租赁收款额，是指出租人因让渡在租赁期内使用租赁资产的权利而应向承租人收取的款项，包括：①承租人需支付的固定付款额及实质固定付款额（扣除租赁激励相关金额）；②取决于指数或比率的可变租赁付款额；③购买选择权的行权价格，前提是承租人合理确定将行使该选择权；④承租人行使终止租赁选择权需支付的款项，前提是租赁期反映出承租人将行使终止租赁选择权；⑤由承租人、与承租人有关的一方以及有经济能力履行担保义务的独立第三方向出租人提供的担保余值。对比出租人应收取的租赁收款额与承租人所承担的租赁付款额，可以看出二者所包含的内容基本一致；唯一的差别在于担保余值，承租人是根据其自身提供的担保余值预计应支付的款项，而出租人则根据承租人、与承租人有关的一方以及有经济能力履行担保义务的独立第三方所提供的担保余值确定租赁款收款额。

出租人应当采用实际利率法计算并确认租赁期内各个期间的利息收入。在转租的情况下，若转租的租赁内含利率无法确定，转租出租人可采用原租赁的折现率（根据与转租有关的初始直接费用进行调整）计量转租投资净额。

生产商或经销商作为出租人的融资租赁，在租赁期开始日，该出租人均应当按照租赁资产公允价值与租赁收款额按市场利率折现的现值两者孰低确认收入，并按照租赁资产账面价值扣除未担保余值的现值后的余额结转销售成本。为取得融资租赁发生的成本不属于初始直接费用，应当在租赁期开始日计入当期损益。

【例10-3】 假定【例10-1】中，乙公司将该租赁分类为融资租赁。租赁期开始日，租赁资产的账面价值为260 000元、公允价值为262 320，无担保余值，初始直接费用为10 000元，以银行存款支付。

本例中，乙公司在租赁期开始日，应终止确认融资租赁资产，并将租赁投资净额作为应收融资租赁款的入账价值。

租赁投资净额 = 租赁资产的公允价值 + 出租人初始直接费用
 = 262 320 + 10 000 = 272 320（元）

未实现融资收益 = 租赁投资总额 − 租赁投资净额 = 100 000 × 3 − 272 320 = 27 680（元）

借：应收融资租赁款——租赁收款额　　　　　　　　300 000
　　贷：融资租赁资产　　　　　　　　　　　　　　260 000
　　　　资产处置损益　　　　　　　　　　　　　　　2 320
　　　　银行存款　　　　　　　　　　　　　　　　 10 000
　　　　应收融资租赁款——未实现融资收益　　　　 27 680

后续收取租金时，结转"应收融资租赁款"相关科目对应金额，并确认"租赁收入"。

二、出租人对经营租赁的会计处理

在租赁期内各个期间，出租人应当采用能够合理地反映因使用租赁资产所产生经济利益的消耗模式，如直线法或其他系统合理的方法，将经营租赁的租赁收款额确认为租金收入。

出租人发生的与经营租赁有关的初始直接费用应当资本化，在租赁期内按照与租金收入相同的确认基础分期计入当期损益。金额较小的，可以在实际发生时计入当期损益。对于经营租赁资产中的固定资产，出租人应当采用类似资产的折旧政策计提折旧；对于其他经营租赁资产，应当根据该资产适用的企业会计准则，采用系统合理的方法进行摊销。

出租人取得的与经营租赁有关的可变租赁付款额（与指数或比率挂钩的除外），应当在实际发生时计入当期损益。

三、售后租回交易

承租人和出租人应当按照《企业会计准则第14号——收入》的规定，评估确定售后租回交易中的资产转让是否属于销售。在标的资产的法定所有权转移给出租人并将资产租赁给承租人之前，承租人可能会先获得标的资产的法定所有权。如果承租人在资产转移给出租人之前已经取得对标的资产的控制，则该交易属于售后租回交易。然而，如果承租人未能在资产转移给出租人之前取得对标的资产的控制，那么即便承租人在资产转移给出租人之前先获得标的资产的法定所有权，该交易也不属于售后租回交易。

售后租回交易中的资产转让属于销售的，承租人应当按原资产账面价值中与租回获得的使用权有关的部分，计量售后租回所形成的使用权资产，并仅就转让至出租人的权利确认相关利得或损失。如果销售对价的公允价值与资产的公允价值不同，或者出租人未按市场价格收取租金，则卖方兼承租企业应当将低于市场价格的款项作为预付租金进行会计处理，将高于市场价格的款项作为出租人向承租人提供的额外融资进行会计处理。同时，承租人按照公允价值调整相关销售利得和损失，出租人按照市场价格调整租金收入。

第四节 租赁的列报和信息披露

承租人和出租人应在财务报表及报表附注中，就租赁相关财务信息与非财务信息进行充分披露，以揭示租赁业务给企业带来的影响。

一、承租人的列报和信息披露

承租人应当在资产负债表中单独列示使用权资产和租赁负债。其中，租赁负债通常分别非流动负债和一年内到期的非流动负债列示。符合投资性房地产定义的使用权资产，应当在投资性房地产项目列示。

在利润表中，承租人应当分别列示租赁负债的利息费用与使用权资产的折旧费用。租赁负债的利息费用在财务费用项目列示。

在现金流量表中，偿还租赁负债本金和利息所支付的现金应当计入筹资活动现金流出，支付的短期租赁付款额和低价值资产租赁付款额以及未纳入租赁负债计量的可变租赁付款额，应当计入经营活动现金流出。

承租人应当在附注中披露与租赁有关的下列信息：①各类使用权资产的期初余额、期末余额以及累计折旧额和减值金额；②租赁负债的利息费用；③简化处理短期和低价值租赁费用；④未纳入租赁负债计量的可变租赁付款额；⑤转租使用权资产取得的收入；⑥与租赁相关的总现金流出；⑦售后租回交易产生的相关损益；⑧其他租赁负债相关信息。

扩展阅读10.2
表外负债

承租人应当根据理解财务报表的需要，披露有关租赁活动的其他定性和定量信息。此类信息包括：①租赁活动的性质和基本情况描述；②未纳入租赁负债计量的未来潜在现金流出；③租赁导致的限制或承诺；④售后租回交易除损益之外的其他信息；⑤其他相关信息。

二、出租人的列报和信息披露

出租人应当根据资产的性质，在资产负债表中列示经营租赁资产。

出租人应当在附注中披露与融资租赁有关的下列信息：①销售损益、租赁投资净额的融资收益以及与未纳入租赁投资净额的可变租赁付款额相关的收入；②资产负债表日后连续五个会计年度每年将收到的未折现租赁收款额，以及以后年度将收到的未折现租赁收款额总额；③未折现租赁收款额与租赁投资净额的调节表。

出租人应当在附注中披露与经营租赁有关的下列信息：①租赁收入，并单独披露与不取决于指数或比率的可变租赁付款额相关的收入；②将经营租赁固定资产与出租人持有自用的固定资产分开，并按经营租赁固定资产的类别按相关要求披露信息；③资产负债表日后连续五个会计年度每年将收到的未折现租赁收款额以及以后年度将收到的未折现租赁收款额总额。

出租人应当根据理解财务报表的需要，披露有关租赁活动的其他定性和定量信息。此类信息包括：①租赁活动的性质和基本情况描述；②对其在租赁资产中保留的权利进行风险管理的情况；③其他相关信息。

即测即练 10

【案例讨论】

资料：永辉超市（601933.SH）2021 年上半年财报显示，公司亏损 10.83 亿元，毛利率同比下降 3.55%。永辉超市将关闭多家 mini 店、超级物种店及永辉生活店等，关店数超过开店数，公司正面临前所未有的严峻挑战。公司称，公司于 2021 年 1 月 1 日起执行新的租赁会计准则，使得账面非流动负债（租赁负债）增加近 260 亿元，新租赁准则执行使得报告期利润总额减少 2.5 亿元，净利润减少 2.06 亿元。

讨论题目：

（1）新修订的租赁准则与原租赁准则相比，最显著的变化是什么？对哪类企业的影响最大？

（2）永辉超市执行新租赁准则，导致报告期利润总额和净利润大幅减少，原因是什么？

案例讨论思路 10

【业务训练题】

1. 资料：出租人就租赁一台生产机器与承租人签订了一份租赁合同，年租金 10 万元。约定不可撤销期间为 12 个月，且承租人拥有一年的续租选择权。在租赁开始日，承租人判断可以合理确定将行使续租选择权，续租期的月租赁付款额明显低于市场价格。该设备的剩余使用年限为 3 年。

要求：为出租人判断租赁所属的类别。

2. 资料：甲公司某科研项目所需的一台关键设备系向乙公司租赁而来。根据租赁条款，租赁开始日为 20×1 年 1 月 1 日，租赁期 4 年，每年年末支付租金 10 万元。租赁内含利率为 7%，初始直接费用双方各承担 1.2 万元。作为对甲公司的激励，乙公司同意补偿甲公司 1 万元。租赁开始日，该设备为全新设备。租入设备采用年限平均法计提折旧。已知：(P/A, 7%, 4) = 3.387 2，(P/F, 7%, 4) = 0.762 9。

要求：

（1）为甲公司进行相关会计处理。

（2）为乙公司作出相关会计处理。

业务训练题提示 10

参 考 文 献

[1] 中国注册会计师协会. 会计 [M]. 北京：中国财政经济出版社，2022.

[2] 企业会计准则编审委员会. 企业会计准则及应用指南实务详解 [M]. 北京：人民邮电出版社，2020.

[3] 陈保郎. 国际财务报告准则实务指引 [M]. 北京：中国财政经济出版社，2011.

[4] 王丽新，周霞. 高级财务会计 [M]. 北京：经济科学出版社，2011.

[5] 比姆斯，等. 高级会计学 [M]. 北京：中国人民大学出版社，2011.

[6] 中华人民共和国财政部. 企业会计准则（合订本）[M]. 北京：经济科学出版社，2020.

[7] 中国证券监督管理委员会. 上市公司执行企业会计准则案例解析 [M]. 北京：中国财政经济出版社，2016.

[8] 陈文军，傅桂英. 高级财务会计 [M]. 北京：清华大学出版社，2016.

[9] 王跃堂. 高级财务会计 [M]. 北京：高等教育出版社，2019.

[10] 苏强. 高级财务会计 [M]. 北京：经济科学出版社，2021.

[11] 王颖，等. 高级财务会计 [M]. 北京：北京交通大学出版社，2021.

[12] 罗素清，贾明月. 高级财务会计 [M]. 北京：中国人民大学出版社，2021.

[13] 宋夏云. 高级财务会计学理论基础与研究内容思考 [J]. 财会通讯（上），2010（11）：4.

[14] 黄申. 高级财务会计内容构成探究——中级高级财务会计的区分标准视角 [J]. 财会月刊，2017（3）：79-81.

[15] 高德毅，宗爱东. 从思政课程到课程思政：从战略高度构建高校思想政治教育课程体系 [J]. 中国高等教育，2017（1）：43-46.

[16] 吕慧. 基于课程思政的会计专业课程教学改革研究 [J]. 科教文汇（下旬刊），2020，513（11）：131-132.

[17] 陈艳秋，赵泽松. 高级财务会计教材比较研究 [J]. 财会月刊（理论版）（下），2009，000（001）：109-110.

[18] 李青. 基于新会计准则体系下高级财务会计教学实践的探讨 [J]. 云南财经大学学报（社会科学版），2009（6）：2.

[19] 马晨，张俊瑞，李彬，等. 或有事项：研究述评与展望 [J]. 管理现代化，2011（6）：4.

[20] 杨有红，张丽丽. 关于完善《或有事项》和《资产负债表日后事项》准则的几点建议——一桩未决诉讼案件引起的思考 [J]. 北京工商大学学报（社会科学版），2012（1）：5.

[21] 谭玉林. 资产负债表日后调整事项的所得税处理 [J]. 财会月刊，2008（10）：14-15.

[22] 袁荣京，罗映娜. 会计政策变更累积影响数的分析与处理 [J]. 财会月刊，2012，25（No.629）：39-40.

[23] 何杰卢，卢静，周安川. 从会计估计变更看上市公司财务报表粉饰 [J]. 商业会计，2011，00（06Z）：29-31.

[24] 程晓刚. 上市公司会计差错更正问题探讨 [J]. 财务与会计，2020（15）：2.

[25] 郑庆华，胡亚楠，徐峥.内部交易对合并会计报表的所得税影响[J].财务与会计，2020（11）：5.

[26] 马永义.谈其他权益工具投资的所得税会计处理[J].财会月刊，2020（9）：3.

[27] 陈宏.权益结合法与购买法差异分析[J].财会通讯，2021（2011-1）：81-82.

[28] 吴鑫奇，徐洪波.同一控制下合并日合并财务报表编制问题探讨[J].财会月刊，2021（2013-4）：40-42.

[29] 蒋德启，卫慧平.高级财务会计教学案例的撰写及运用[J].财会月刊（中），2011（1）：3.

[30] 耿建新，赵越.政府补助会计准则的国际趋同与贸易争端[J].财会月刊，2020（9）：8.

[31] 徐经长，刘畅.租赁准则的修订及其影响透析[J].2021（2019-3）：57-61.

附　　录

《高级财务会计（第2版）》课程思政元素目录

章次	章名	节次	思政元素	课程思政融入点
第一章	或有事项	第二节、第三节	社会责任	企业不仅是盈利性组织，还要兼顾社会责任，自觉承担社会义务，如产品质量保证义务、消费者权益保障义务和环境损害修复义务等
第二章	外币折算	第一节	爱国情怀	我国企业的记账本位币一般是人民币。人民币是我国发行的通用货币，维护人民币的稳定对于国计民生意义重大。通过货币符号传播爱国情怀
第三章	所得税	第一节	守法意识	纳税是每个社会公民的法定义务，逃税漏税是违法行为。会计人员必须知法、守法，如实核算应交税费
第四章	会计变更、前期差错更正和日后事项	第一节、第二节、第三节	与时俱进、诚实守信、知错必改	会计变更是与时俱进的表现，变更是为了更好地反映企业的财务状况和经营成果。日后事项也包含了不断调整的含义。出现了会计差错，无论大小，均要改正，做到知错必改，诚实守信，不做假账
第五章	企业合并	第二节	国际化和本土化观念	企业合并采用购买法核算，是国际惯例，是国际化的体现；同一控制下的企业合并是我国的特色，与我国国情相匹配，是本土化的体现。引导学生思考国际化和本土化的利弊得失
第六章	合并财务报表	第一节	一体化理念和全局观	编制合并报表，必须遵循一体化理念，从企业集团整体角度来看待和分析问题，统一会计政策、统一货币单位。有全局观，对于成员单位之间的往来和交易采用合并抵销的方式进行处理
第七章	衍生金融工具和薪酬性股票期权	第一节	风险防范意识	衍生金融工具可以小搏大，是一把双刃剑，要正确认识其风险因素，善于运用衍生工具进行风险管理
第八章	债务重组	第一节	困境求变和发展观	债务重组是盘活债务企业的重要举措，用创新方式解决债务问题，是着眼于发展的双赢策略
第九章	政府补助	第一节	政府补助中的伦理	引导学生从伦理角度思考政府补助的性质，是扶贫还是济困？是阶段性政策红利，还是粉饰业绩的法宝？
第十章	租赁	第一节	公允反映	租赁往往是表外负债的隐身之地，采用新的租赁会计处理，将表外负债转为表内负债，实现公允反映

教师服务

感谢您选用清华大学出版社的教材！为了更好地服务教学，我们为授课教师提供本书的教学辅助资源，以及本学科重点教材信息。请您扫码获取。

》 教辅获取

本书教辅资源，授课教师扫码获取

》 样书赠送

会计学类重点教材，教师扫码获取样书

 清华大学出版社

E-mail: tupfuwu@163.com
电话：010-83470332 / 83470142
地址：北京市海淀区双清路学研大厦 B 座 509

网址：http://www.tup.com.cn/
传真：8610-83470107
邮编：100084